高等院校财经类专业系列教材
“互联网+”教材（微课版）

国际市场营销学

（第二版）

主　编　朱金生　张梅霞
副主编　孙艳琳　朱　畅

微信扫码
申请课件等相关资源

南京大学出版社

内容简介

国际市场营销学是一门研究以国外顾客需求为中心，从事国际市场营销活动的国际企业管理方面的科学，通过本课程教学，学生能够掌握现代国际市场营销的基本原理及系统的理论知识；具备进行国际市场调研、国际营销 STP 战略和竞争战略拟定的基本能力；具备进行国际市场产品决策、定价决策、分销决策、促销决策等方面的营销策划的综合能力和实践能力。

本书既可作为普通高等学校经济管理类专业本科生的国际市场营销课程教学用书，也可作为相关专业研究生的课程教学参考书，还可为从事相关实践领域的工作人士提供一定的参考作用。

图书在版编目(CIP)数据

国际市场营销学 / 朱金生，张梅霞主编. —2 版. —南京：南京大学出版社，2019.8(2021.7 重印)
ISBN 978 - 7 - 305 - 22612 - 0

Ⅰ. ①国… Ⅱ. ①朱… ②张… Ⅲ. ①国际营销—高等学校—教材 Ⅳ. ①F740.2

中国版本图书馆 CIP 数据核字(2019)第 169680 号

出版发行　南京大学出版社
社　　址　南京市汉口路 22 号　　邮　　编　210093
出 版 人　金鑫荣

书　　名　国际市场营销学(第二版)
主　　编　朱金生　张梅霞
责任编辑　郭亚非　武　坦　　编辑热线　025 - 83592315

照　　排　南京开卷文化传媒有限公司
印　　刷　南京人民印刷厂有限责任公司
开　　本　787×1092　1/16　印张 19.5　字数 512 千
版　　次　2019 年 8 月第 2 版　2021 年 7 月第 2 次印刷
ISBN 978 - 7 - 305 - 22612 - 0
定　　价　49.00 元

网　　址：http://www.njupco.com
官方微博：http://weibo.com/njupco
微信服务号：njuyuexue
销售咨询热线：(025)83594756

前　言

随着我国市场经济体制的逐步完善和对外开放的不断扩大，实施“走出去”战略的企业越来越多。特别是2001年中国正式加入世界贸易组织（WTO）后，国内外企业之间的商务交往更加频繁，联系更加紧密，中国经济正在加快融入全球化的世界经济体系之中。

试想以下情景：早晨，当你从瑞典宜家家居公司（IKEA）的睡床上起来，打开收音机接听美国之音（VOA）或英国广播公司（BBC）的世界新闻，用高露洁刷牙后，吃完法式小面包（French roll）或者意大利细面条（Spaghetti），开着日本丰田车（TOYOTA）去上班，中午陪朋友在麦当劳（McDonald's）或者肯德基（KFC）吃汉堡（Hamburger），晚上回到家里欣赏流行的韩国电视连续剧。这一切都意味着，今天“全球化”已经不再只是一个概念，它实实在在、真真切切地来到了我们的身边。

中共中央总书记、国家主席、中央军委主席习近平同志提出的建设“丝绸之路经济带”和“21世纪海上丝绸之路”（简称“一带一路”）重要倡议，为我国加快形成陆海统筹、东西互济的全方位对外开放新格局指明了方向。国务院总理李克强同志多次强调指出，我国必须实施新一轮高水平对外开放，加快实施自贸区战略，加快构建开放型经济新体制，以开放的主动赢得发展的主动、国际竞争的主动。这些为我们在经济全球化条件下积极参与国际经济活动提供了新的动力。

由上可见，当前国际市场营销面临空前的机遇。然而，由于曾经的长期封闭状况，我们很多企业对国际市场非常陌生，对国际市场竞争缺乏适应能力；同时因为各国之间的社会文化、政治、法律、经济环境等差异较大，企业在国际市场营销中将面临与国内市场营销相比更多的不确定性因素、更大的营销难度和更强的挑战。因此，对我国的企业来说，目前最必要、最迫切的是，了解国际市场的有关知识和技能，从理论和实践两个方面掌握进入国际市场的策略和方法。退一步说，在当前全球化的开放条件下，即使我们不走出国门，也会面对外国产品和跨国公司的竞争，也必须具备国际竞争能力，具备国际营销的知识。在这样的宏观背景下，近年来，国内关于国际市场营销学理论研究的书籍已经出现并快速发展起来，相关教材也在陆续出版，这对于进一步推动国际市场营销课程的教学和研究具有重要的作用。

本书的特色体现在以下几个方面：

(1) 重视理论性和应用性的结合。本教材努力反映新的理论成果，加强对国际市场营销活动的理论分析,使学生能具有扎实的理论基础;并重视本学科固有的应用性特点,突出实践性和可操作性。本书通过在每章结尾安插的综合案例分析题练习,既加深了学生对抽象的理论知识的消化理解,又有助于学生理论联系实际的应用能力培养。

(2) 突出学科知识的逻辑性、可读性和趣味性的有机结合。每章开头通过一个案例导入,吸引学生注意本章可能涉及的相关知识点,中间穿插知识链接、专栏、小问答、小贴士等时鲜要闻和专业素材,引导学生从身边能够感知到的一些喜闻乐见的报道或来自现实的鲜活事例领会可能晦涩难懂的专业知识,力图将学科知识的逻辑性、可读性和趣味性有机结合。

本书在内容安排上,共有四篇十一章。第一篇认识国际市场营销的重要性,内容为第一章国际市场营销导论(朱金生编写)。第二篇分析国际市场营销机会,分四章:第二章国际市场营销环境(朱畅编写);第三章国际市场及顾客购买行为分析(毛在丽、汪玲编写);第四章国际市场调研(刘佳编写);第五章国际市场营销的 STP 战略(郭伟奇编写)。第三篇发展国际市场营销策略,分五章:第六章国际市场营销的产品策略(朱畅编写);第七章国际市场营销的价格策略(孙艳琳编写);第八章国际市场营销的分销策略(张梅霞编写);第九章国际市场营销的促销策略(张梅霞编写);第十章国际服务营销策略(张梅霞编写)。第四篇加强国际市场营销管理,内容为第十一章国际市场营销的计划、执行与控制(胡丹、吕杜编写)。全书由武汉理工大学经济学院朱金生教授、张梅霞副教授负责大纲的拟定、总纂和定稿。

本书的顺利出版首先要感谢南京大学出版社的大力支持!同时在该书的资料收集和排版中得到了武汉理工大学经济学院研究生付子晴、杨晖、陈佩、谭依等同学的协助,在此表示感谢!本书编写过程中,参考了大量同行专家的著作、教材和其他文献资料,在此一并表示谢意!

本书既可作为普通高等学校经济管理类专业本科生的国际市场营销课程教学用书,也可作为相关专业研究生的课程教学参考书,还可为从事相关实践领域的工作人士提供一定的参考作用。

由于时间和水平有限,疏漏之处在所难免,欢迎广大读者批评指正。

编　者

2019 年 5 月

目 录

第一篇 认识国际市场营销的重要性

第二篇 分析国际市场营销机会

第三篇 发展国际市场营销策略

第一篇

认识国际市场营销的重要性

目前，在西方许多大企业中，国际市场营销成为维持企业生存和发展的第一大支柱。它们在世界范围内组织生产和销售，成为多国性的跨国企业，其主要的经营管理活动就是国际市场营销。例如，荷兰飞利浦电子跨国公司的各种产品由遍布全球的400多家工厂生产，并在世界范围销售。泛美航空、埃克森、德士古、莫尔比等公司的国外营业额都超过了各自营业总额的60%；可口可乐、福特、杜邦、吉列等公司的利润中有50%来自国外。而且，当前西方国家企业跨国化的潮流还在继续扩大。不仅大公司如此，中小企业也日益重视国际市场营销。据统计，在美国制造业中从事国际市场营销的企业超过25 000家，并且在不断增加。

企业经营活动的国际化，是一种广泛的现象和必然的趋势，其原因主要如下：

(1) 市场趋向的变化。由于经济的发展和生产水平的提高，一些国家国内市场容量相对生产来说越来越有限，国内市场上的竞争亦越来越激烈。由于传统的国内市场已不能充分吸收现有的产品量，而为了降低生产成本、取得规模经济效益又必须达到一定的生产批量时，企业就不得不向新的市场渗透，将自己的生产和销售转向国际化。

(2) 产品生命周期呈缩短的趋势。几乎所有的产品都有其生命周期。科学技术的发展，使得新产品不断涌现，信息传播媒介的增加和传播速度的加快,人们生活水平的不断提高和消费观念的迅速更新,使产品的生命周期越来越短,产品研究开发投资的回收和预期利润的实现变得越发困难。在产品的成熟期和下降期,市场竞争加剧,边际利润出现平均化,企业便开始努力变换产品的品种及向国际市场扩张,以保持并扩大企业利润。另外,由于同一产品在不同市场上的生命周期不同,在一个国家的市场上已经进入成熟期或下降期的产品,在另一个国家的市场上可能刚刚进入增长期,而在其他国家的市场上则可能处在介绍期。这就是说,产品在国际市场上的生命周期要远比在某一国特别是发达国家市场上的生命周期长得多。因此,将产品扩大到国际市场上,成为延长产品生命周期,保持并增加企业利润的必要手段。

(3) 诸如劳动力费用等这样一些标准费用在各国间存在巨大差别的事实,也促使企业把生产转移到低成本的国家,在世界范围内规划生产经营的最佳配置,并向全世界销售产品。只有这样,企业才能保证其产品成本的降低,增强其产品的市场竞争能力,保证企业经营的最佳整体效益。

(4) 当今世界政治和社会环境复杂性的增加,也迫使企业经营活动向国际化发展。政治和社会环境复杂性的增加,一方面要求将企业经营分散在许多国家进行,以分散企业风险,避免因某一国环境的剧变导致企业蒙受重大损失。另一方面,环境的复杂性要求企业深入各国市场,充分研究了解各国市场环境,紧密结合当地市场情况进行生产和销售。这样才能真正进入并保持其在各国的市场,避免或减少这些国家中阻碍企业经营发展的因素(如关税壁垒等保护主义措施)。

由此可见,企业活动国际化、进行国际市场营销,乃是当今世界经济、市场和企业发展的必然要求。企业(特别是大企业)只有进入国际市场,进行国际市场营销,才能不断降低产品成本,保证企业利润;才能保持企业竞争优势;才能保持并扩大企业的市场,企业也才能生存和发展。

本篇主要介绍国际市场营销学理论基础、国际市场营销发展过程、企业经营观念的演变、国际市场营销的基本步骤、国际市场营销面临的挑战及企业的任务等内容。学生通过学习,在了解国际市场营销学基本理论知识的基础上,可以较好地认识当前企业走向国际市场、从事国际营销的重要性,从而为后面进一步的学习打下基础。

第一章　国际市场营销导论

【学习目标】

了解国际市场营销的基本框架；理解市场营销、国际市场营销的概念；认识国际市场营销及国际市场营销学的产生与发展过程；掌握国际市场营销、国际贸易的联系和区别；熟悉企业跨国营销的基本类型、发展过程和企业经营观念的演变阶段；知晓从事国际市场营销的基本步骤，国际市场营销面临的挑战及企业的任务。

案例导入

华为的国际化战略

如果要评选中国国际化程度最高的十家公司，华为将毫无意外地入选。据华为内部统计，每一分钟天上都至少有3个华为员工在坐飞机。

1988年，华为在深圳安家，公司主要做产品开发，研究与生产销售以及通信技术等经营，给电信运营公司提供数据通信、移动网、固定网与其他一些增值业务方面的网络规划案，在电信市场供应商中占据着不可替代的重要位置。在此前提下，华为采取国际化战略，在全世界覆盖超过一百多个地区与国家，为排名世界领先地位四十多家运营商提供服务，成功迈入国际通信大熔炉中。

华为当年走出国门的决定是英明且睿智的。华为从1996年迈开国际化的步伐，真正开始有收获已经是2003年以后的事了。按照华为轮值CEO徐直军的说法，华为当年的国际化是“被逼出来的”。当时，在国内CDMA以及小灵通如火如荼的时候，华为没有抓住这两个机遇，而竞争对手则利用这两个机会迅速缩小了与华为的距离，再加上当时有关部门对手机牌照的控制，在国内市场失去增长点的华为，进军海外市场就成为“华山一条路”的选择。而电信市场本来就是全球市场，如果只发展国内市场，增长和发展都会受到限制，只有坚持国内和国外“两条腿走路”才是稳定的。徐直军认为“我们的期望是海外一条腿、中国一条腿，有两条腿走路我们就踏实，现在相当于有三条腿，海外有两条腿，是国内的两倍，比我们想象得好。”华为国际化采取的是务实的“先易后难”的战略，是农村包围城市的“海外”翻版。华为的国内市场也是通过先做县城再做城市的农村包围城市的战略创建起来的。华为“先易后难”的发展道路具有两层含义：在国内，华为通过先做县城再做城市的农村包围城市的发展道路创建了企业的国内市场；在国外，华为避免与欧美跨国公司争夺欧美市场，迂回侧翼地把非洲和亚洲的一些第三世界国家作为企业国际化的起点。到目前为止，华为已经拿下了几乎所有的全球市场，特别是华为在2006年到2009年对欧洲市场的突破，更是让华为在发达国家市场站稳脚跟。通过实施国际化战略，华为从一家立足于中国深圳特区，初始资本只有21 000人民币的民营企业，稳健成长为拥有员工约17万人、年销售规模超过2 880亿人民币的世界500强公司。

启发思考：

(1) 华为成功的秘诀有哪些？

(2) 华为的国际化路径是什么？

第一节　国际市场营销理论基础

一、国际市场营销概述

(一) 市场营销与国际市场营销

1960年美国市场营销协会(AMA)将市场营销定义为："市场营销是引导货物和劳务从生产者流向消费者或用户所进行的一切企业活动。"该定义将狭隘的流通过程中的推销活动扩展到企业的大部分经营活动，但仍有明显的局限性，它未能概括整个市场营销活动的全过程，而仅从产品的生产活动结束时开始，到把商品送到消费者或用户手中结束。于是，1985年美国市场营销协会提出"市场营销是为了创造交易和满足个人与组织目的而对主意、产品和服务的创意、定价、促销和分销进行计划和实施的过程"。营销大师菲利普·科特勒认为，"市场营销是个人和群体通过创造并同他人交换产品和价值以满足需要和欲望的一种社会和管理过程。"市场营销学是在总结企业营销活动的成功经验与失败教训的基础上建立起来的，其产生和发展是与企业的营销实践、企业经营观念的发展相适应的。

国际市场营销是在市场营销的基础上发展起来的。最初的市场营销只是针对国内市场，产品也只是为了满足国内的需要。后来，随着生产技术的发展和企业管理的进步，劳动生产率大大提高，国内出现供过于求的情况，于是企业开始向国外出口，由最初的偶然性的出口行为发展到主动开拓国际市场，国际市场营销逐步发展起来。由此可见，国际市场营销是一国国内市场营销在空间上的扩展，是企业进行的跨国界的市场营销活动。国际市场营销(International Marketing)简称国际营销，是指企业向一国以上的市场提供产品或劳务，在满足市场需求的基础上实现更大的经济利益的跨越国界的经济活动。因此，国际市场营销与市场营销必然存在着联系和区别。

1. 国际市场营销与市场营销的联系

国际市场营销与市场营销的联系主要表现在以下三个方面：

(1) 基本原理相同。国际市场营销学与市场营销学都以经济学的基本原理作为理论基础，融合现代管理学、统计学、数学、会计学、社会学、心理学等诸多学科的内容，既可以应用于国内的市场营销活动，又广泛运用于国际市场营销之中。

(2) 都要以消费者的需求为中心。国际市场营销与国内市场营销都经历了一个由"生产观念"到"市场观念"，从以生产者为中心到以满足消费者和用户的需求为中心的发展过程。现在的企业更加认识到不仅要满足消费者和用户对商品或服务在使用价值上的需求，还要满足消费者和用户在心理观念上的需求。因此，不管是在国内市场还是在国际市场，企业首先要给自己生产、销售的产品和服务制定一个很好的市场定位，积极开拓自己的目标市场，建立特定的用户群；其次，企业提供的产品和服务，不仅要能在物质功能上满足目标市场的需求，而且还要符合目标市场的价值观念，此外还要具有挖掘潜在市场需求的能力；再次，企业销售产品和服务的时间、地点、方式、价格等方面，都必须符合顾客的购买习惯和承受能力；最后，还要为顾客提供相应的信息和满意的售后服务，以满足顾客和潜在顾客对商品和服务的多种需要，从中找到产品更新换代的方向，增强产品的竞争能力。

(3) 从经营发生的过程看，国际市场营销是国内市场营销的延伸。一般来说，企业都是先从事国内营销，再逐渐发展到国际市场营销；换句话说，企业发展从国内市场营销走向国际市场营销，一般都有一个渐进的过程。企业最初只面向国内市场，企业的经营范围、发展战略和营销组合策略，都以国内市场需求为导向，仅有部分产品由于某些偶然因素出口销往国际市场。随后由于国内市场疲软，销售不景气，企业被迫向国外市场寻找销路，伺机进入国际市场，但仍以国内市场为主。随着企业在国际目标市场上的逐步深入，对国际市场信息越来越敏感，对国际市场的需求变化的反应越来越敏捷，企业开始为国际市场需求安排生产，组织销售，将越来越多的产品投入国际市场。随着生产的发展、先进技术的采用、企业规模的扩大、经济实力的增强和国际营销经验的积累，企业有条件主要面向国际市场，进行全球跨国营销，实行国际化营销活动。从上述过程可以看出，企业一般先从国内经营开始，逐渐向国际市场扩展，并不断扩大国际市场的范围。

2. 国际市场营销与国内市场营销的区别

国际市场营销与国内市场营销所面临的环境大不相同，因此，从事国际市场营销和从事国内市场营销时也存在较大的区别，具体表现在以下几个方面：

(1) 面临的市场环境更复杂。国内市场营销在本国范围内进行，面临的是一种比较单纯的市场环境结构，它是由企业营销人员比较熟悉的所在国的政治、经济、法律、文化等市场环境构成。国际市场营销所面临的市场环境则是多层次的复杂结构。这是因为凡是从事国际市场营销的企业，都不可避免地要受到整个世界市场环境的影响。这就要求企业首先要面对世界市场环境，包括当今世界的政治、军事、经济、科技等诸多方面的制约；同时，企业还要考虑到各国的市场环境，因为无论企业进入哪一个国家市场，都要直接受到该国特定市场环境的影响。各国都有自己的政治制度、经济结构、法律规范、文化传统、消费习惯等。企业进入两个或更多的国家和地区时，就会面临一个多重的复杂的市场环境结构。企业进入的国外市场越多，所面临的市场环境就越复杂。

(2) 面临的不确定因素更多。由于国际营销面临的营销环境具有复杂性和多变性，使得国际市场比国内市场有更多的不确定因素，主要如下：第一，国际市场对本公司产品的总需求量与国内市场相比，更难以调查和预测，不容易确定。第二，企业对自己的产品，尤其是一般的消费品，不易深入了解谁是主要的购买者，一般只能通过中间商间接地了解。因此，企业对产品的国际市场需求状况及其变化趋势，消费者的购买动机、消费心理，对产品的评价等方面很难确定。第三，企业在国际市场面临的竞争者数量更多也更为强大，当本企业进入国际市场时，难以准确判断竞争者的竞争策略。第四，本企业产品初次进入某国市场时，很难确定一个合理的价格。因为对企业有利可图的、消费者又愿意接受的价格，需要进行广泛而深入的市场调研才能最后确定。第五，在国际市场上，很难选择比较恰当的促销媒介，即使选择了一种促销媒介,对其经济效益和社会效果也难以做出准确的评价,因为各国之间的政策法律的规定以及消费者的文化传统存在很大的差异。第六,由于不同国家的分销渠道结构、消费者的购买习惯、有关法规对渠道的种种限制措施等因素各不相同,这就使得国际产品的分销渠道的选择与控制难以确定。所有这些,都会给企业的国际营销活动带来种种不确定因素。

(3) 企业进入国际市场营销方案的选择更具多样性。企业在国内市场所制定的营销策略,虽然对不同地区、不同目标市场会有所差异,但企业整体的营销策略与方案应是一致的。而在国际营销活动中,其营销策略则明显具有多样性。因为国际市场是由不同国别市场所组成的,显然,不同国别市场的差异远远大于国内市场不同地区市场之间的差异。企业在不同国别市场销售产品不可能采用统一的营销方案,如对规模不大或风险较高的某国市场,应采用间接出口的方式;在政局稳定、市场规模大且发展前景光明的国家,可以采用在当地生产的营销方式,即使都是采用当地生产的营销方式,还可以根据国别市场的劳动力素质、原材料的供给等环境的差异,实施组装业务、合同制造、独资生产等多种方案的选择。不仅如此,由于国际市场比国内市场更为复杂,这种复杂因素又是经常变动的,如国际政治局势的变动、不同国家经济政策的调整等,而且这些因素的变动还很难预测。所以,在计划期内,企业必须准备多种营销计划备选方案,以应对各种不测。

(4) 面临的营销难度更大。国际市场营销的难度,除了国际营销环境的复杂性、不确定性和营销方案的多样性等因素的影响外,还有诸多因素使得国际营销比国内营销更加困难。主要原因如下:第一,国际市场经营具有更大的风险。其风险主要来自东道国的政局更替、政策变动、动乱、外部入侵等因素而引起的政治风险,以及由于企业经营管理不善、市场环境剧烈变动(如汇率波动、通货膨胀)而引起的经济风险。第二,国际市场竞争更加激烈。国际市场上的买方市场的市场竞争剧烈程度更为突出,竞争对手的竞争策略更为高明,市场竞争的空间相对更狭窄,突破所在国的种种贸易保护措施更加困难。所以,在当今国际市场,企业之间除展开价格竞争之外,更注重非价格竞争,采用以优取胜、信誉取胜、服务取胜、方便取胜、满意取胜等多种手段和策略。第三,专业性的、高素质的人才难以获得。从事国际市场营销的营销人员要了解国际市场的形成和发展趋势;掌握国际市场调查、市场行情分析和市场预测的方法;熟知国际市场营销长期形成的国际惯例和有关法规;熟悉所在国的市场环境,尤其是所在国的风俗习惯;具有较高的外语水平;等等。拥有足够数量的高素质的专业人才,是保证企业国际市场营销活动取得成功的必要条件。但在任何国家,这些高素质的人才都是最为稀缺的资源,发展中国家尤其如此。

(二) 国际市场营销与国际贸易

1. 国际市场营销与国际贸易的联系

国际贸易是指世界各国之间货物和服务的交换活动。凡是进行一国以上的商品或服务的交换,就可视为从事国际市场营销。由此可见,它们之间必然存在着密切的关系,主要表现在以下几个方面:

(1) 国际贸易是国际市场营销的先导。产业革命使科学技术的进步、劳动生产率的提高、物质资料的生产变得异常容易,社会只需要很少的人、用很少的时间从事物质资料的生产,然而国内市场已经消化不了这么多的产品,此时自由贸易主义兴起,国际贸易迅速发展,刺激企业不断开拓国外市场,向国外销售产品。因此,国内市场向境外延伸。国际市场营销活动最初只是企业偶然的对外出口，第二次世界大战后各国致力于恢复经济，国际市场需求很大，美国等发达国家开始对外直接投资，兴办跨国公司，制定大量国际市场营销战略，走国际化路线。跨国公司的国际市场营销一般实行全球战略，将其全球范围的经营活动视为一个整体，其目标是追求整体利益的最大化，而不考虑局部利益的得失。它与国际贸易的业务经营相结合，关系十分紧密。

作为国际商品的交换，当代国际市场营销与国际贸易都受世界政治、经济等因素的影响。从国际市场营销实施与国际贸易相结合来看，当代世界贸易的重大变化，深刻地影响着国际市场营销。企业从事国际市场营销不仅需要国际市场营销理论的指导，而且需要掌握国际贸易的理论、政策措施和贸易状况及其发展趋势。国际贸易理论中，国与国分工的世界市场理论、贸易国家区域理论、比较成本论、生产要素禀赋论、人力资本论、技术差距论和偏好相似论等理论都从不同层次阐明国际商品交换产生的原因和贸易的格局，并对企业国际市场营销工作有直接和间接的指导意义。例如，国际市场营销理论中的产品周期论，便是在技术差距论的基础上演化而成的。国际贸易政策和措施对企业的国际市场营销起着重要的激励作用和阻碍作用。进行国际市场营销的企业要根据世界贸易的发展现状与趋势，调研国际市场营销环境。因为国际贸易形式是世界经济，特别是世界商品市场的现状和趋势的总框架。掌握着总框架就能为企业进一步对国际市场营销环境调研打下基础，有利于国际市场营销决策的制定。

(2) 国际市场营销是国际贸易的重要组成部分。第二次世界大战后，跨国公司数量猛增，而且规模巨大、实力雄厚、分布极广，成为国际市场营销的主要经营实体。跨国公司的母公司除了在生产基地国组织生产销售与出口外，还统筹协调各子公司的生产和其在东道国的销售与出口。跨国公司的母公司和子公司的出口，都分别是各该生产基地国和东道国出口贸易的一部分，是国际贸易的重要组成部分。子公司在东道国当地市场的销售是属于子公司的市场营销，对于母公司来说，则是属于国际市场营销的范畴。跨国公司在国际范围内从事经营活动，促进了国际贸易总额的增长，影响了国际贸易商品结构，即制成品贸易所占比重上升，初级产品所占比重下降。由于跨国公司设立的海外子公司大部分集中于发达国家和地区，促进了发达国家之间的贸易。跨国公司的国际营销战略势必影响国际贸易的发展，是国际贸易的重要组成部分。

2. 国际市场营销与国际贸易的区别

国际贸易是从国家整体出发，研究一个国家的进口与出口问题；而国际市场营销则是从微观出发，研究一个企业如何进行国外营销活动。美国经济学家范恩·特普斯特拉(Vern Terpstra)对两者的详细区别进行了分析(见表 1－1)。

表 1－1　国际贸易与国际市场营销的比较

从事领域	国际营销	国际贸易
1. 经营主体	公司	国家
2. 产品是否跨越国界	不一定	是
3. 行为动机	公司利润	比较利益
4. 信息来源	公司记录	国际收支平衡表
5. 市场活动		
(1) 买卖行为	有	有

续 表

从事领域	国际营销	国际贸易
(2) 仓储、运输	有	有
(3) 定价	有	有
(4) 产品开发	有	一般没有
(5) 产品促销	有	一般没有
(6) 渠道管理	有	没有
(7) 市场调研	有	一般没有

国际贸易与国际市场营销之间的差异可以归纳如下：

(1) 经营主体不同。国际营销的经营主体是企业，而国际贸易的经营主体一般是国家的政府、对外贸易部门或对外贸易公司。

(2) 经营动力或行为动机不同。国际营销的经营主体是企业，企业作为自主经营、自负盈亏的经济实体，它从事所有经济活动的目的都是为了追求利润。最大限度地获取利润，是企业从事国际营销的动力和目标。而国际贸易的动力则是能获得比较利益。各国资源条件不同，生产同一种商品的成本费用存在很大的差异。因此，一国生产具有比较优势的产品与其他国家进行交换，获得本国生产不具有比较优势的商品，从而获得比较利益，增加社会总财富，提高社会福利。

(3) 信息来源不同。市场信息是商品经济的产物，企业要根据所掌握的市场信息制定相应的经营策略。在现代经营活动中，掌握一定的市场信息是开展经营活动的前提。国际营销信息的主要来源，是公司的账户及收集的有关记录；国际贸易信息的主要来源，是一个国家的国际收支平衡表。

(4) 商品流通的形态不同。国际贸易的商品流通形态是跨越国界型的，即参加交换的产品或服务必须真正从一国转移到另一国。国际市场营销商品的流通形态则呈现多样化，产品既可以跨越国界，也可以无须跨越国界。因为国际营销既可以是本国生产外国销售、外国生产另一国销售，又可以是外国生产当地销售。国际贸易与国际营销的这一差异，反映到统计数据上，西方国家的海外企业的营业额都载入公司记录中，但不一定计入国际贸易的统计数字中。因此，国际市场营销额往往大于国际贸易额。

(5) 业务范围不同。国际贸易是在国与国之间的独立的个体企业之间进行的交易，业务范围相对狭窄，而且两个分别独立的企业间不可能涉及整体的营销策略，不可能共同进行市场调研、产品开发、分销渠道管理、促销等活动，缺乏整体营销计划、组织和管理。而国际市场营销主要是开拓国外市场，根据消费者的需求开发新产品，然后销售产品或服务，业务范围十分广泛。这种国际经济活动可以在两个独立企业之间进行，也可以在跨国公司的母公司与子公司、子公司与子公司之间进行。跨国公司的内部贸易虽然跨越了国界，但仍是在公司内部进行的，并且执行统一的营销策略。

二、国际市场营销的基本类型

国际市场营销的基本类型是与国际企业发展的基本形态相关联的。国际企业的基本形态发展曾经历贸易型、海外投资型及跨国公司型。伴随国际企业的发展,国际市场营销也先后发生过三种形态变化。

(一) 贸易—对外营销型

这是指产品由国内生产销往国外,或从国外进口的营销决策由国内企业来制定。无论出口或进口,其营销活动都要跨越国界。与国内营销不同,跨国界交易会使市场营销活动遇到新的政治、经济和法律限制,这些限制性因素增加了国际市场营销的难度。

(二) 海外投资—国外营销型

随着国际企业向海外投资,特别是对外直接投资发展,企业采用在海外独资或合资等方式,在国外生产基地从事生产,或委托国外工厂制造,并在国外市场销售。由于每个国家具有自己独特的市场营销环境,国际市场营销活动变得更为复杂。

(三) 跨国公司—多国营销型

随着国际贸易的发展,国际企业由多国企业发展成跨国公司,跨国公司是指在两国或两国以上从事经营活动的公司。跨国公司在国外直接投资,建立子公司或分公司,从事生产制造,并在国外市场上销售,但企业的所有权及控制权仍然操纵在国内的总公司手中,营销决策由总公司做出。

需要指出的是,跨国经营企业和跨国公司是两个有着密切联系而又相互区别的企业组织形式,跨国公司是企业跨国经营的高级形式,国际市场营销学所研究的企业实际上是指跨国公司的形式,但一些尚不是跨国公司的跨国经营企业也不同程度地从事国际市场营销,企业只要有跨国行为或跨国活动,即可视为从事国际市场营销。国际企业的发展与国际营销的基本形态的变化见表 1－2。

表 1－2　国际企业的发展与国际营销的基本形态的变化

基本类型		企业决策中心	市　场	生产基地
贸易—对外营销型	出口	本国	外国	本国
	进口	本国	本国	外国
海外投资—国外营销型		本国	外国	外国
跨国公司—多国营销型		本国	外国	外国

三、国际市场营销基本理论及其发展

第二次世界大战以后,跨国公司、国际企业的大量营销实践为国际营销学的形成奠定了基础。国际营销理论兴盛于 20 世纪 60 年代末到 80 年代。国际营销和国内营销都属于市场营销,两者在基本原理、主要原则、基本步骤和方法上是相同的。国际营销理论虽然必须加入许多具有国际意识的思考基准点,但是就其理论基础而言,仍以传统的市场营销组合 4Ps 理论(产品策略、分销渠道策略、价格策略、促销策略)为主轴。

(一) 市场营销组合理论

1950 年,美国营销专家尼尔·鲍顿提出了市场营销组合概念。所谓营销组合(Marketing Mix)指企业可以控制的各种营销因素的综合运用。传统的营销组合理论,作为产生于 20 世纪50年代的经典理论,奠定了现代营销学的基础。1960年,麦卡锡提出了著名的4Ps组合理论。

4Ps组合理论把影响企业营销活动的决定性因素划分为企业可控制因素与不可控制因素。营销可控制因素主要包括产品(Product)、分销渠道(Place)、促销(Promotion)、价格(Price)。市场营销组合理论主张把企业可控制的这4个基本市场因素(产品、分销渠道、促销、价格)进行有机组合(简称4Ps),使之成为一个有机整体,以适应千变万化的外界环境,并全面影响消费者。

市场学家为了便于分析和应用,在每个P的许多变数中,选择了4个变数,组成了各个P的次组合。于是整个销售因素均涵盖于这16个变数的组合之中,它们是:产品——质量、品种、包装、品牌;价格——基价、折扣、付款时间、信贷条件;分销——渠道、网点、储存、运输;促销——广告宣传、营业推广、人员推销、公共关系。

总之,市场营销就是运用这16项的组合,使之成为一个有机整体(营销方案),去适应千变万化的外界环境,并全面影响消费者。当然,在运用4Ps组合时,还应和外部环境不可控制因素(如政治、经济、文化等)有机结合起来,才能获得最优效果。如今,西方的市场营销组合,已由4Ps发展到包括上述因素在内的10Ps。

(二) 大市场营销理论

现实中,一家公司欲进入一个新的国际市场时,必须先掌握为当地有关政治集团提供利益的技能,这比满足消费者的需求更加重要。从某种意义上说,成功的市场营销是一种政治活动。

企业为了成功地进入某特定市场,在那里从事业务经营,在策略上必须协调地运用经济、心理、政治和公共关系的手段,以获得外国或地方的各有关方面(利益集团)的合作与支持,从而达到预期的目的。这就是美国西北大学教授菲利普·科特勒在1986年所提出的"大市场营销"。

大市场营销的手段一般有两个:一是政治权力,大市场营销者为了进入某一市场并开展经营活动,必须经常地得到具有影响力的企业高级职员、立法部门和政府官员的支持,如一家制药公司欲把一种新产品打入某国,就必须获得该国卫生部的批准,因此,大市场营销离不开政治的技能和策略;二是公共关系,如果说政治权力是一个"推"的策略,那么,公共关系则是一个"拉"的策略。舆论需要较长时间的努力,才能起作用。一旦舆论的力量加强了,它就能帮助公司去占领市场。只靠权力一种策略,还不足以使公司进入一个市场并巩固其市场地位。按照大市场营销理论,除市场营销组合4Ps以外,营销人员还必须加上另外两个P,即政治权力(Political Power)、公共关系(Public Relations, PR),从而将市场营销组合理论4Ps扩展到6Ps。

当今世界,保护型的壁垒市场随处可见,大市场营销理论适应了企业打开这种封闭市场的需要,在20世纪80年代被广泛接受。

(三) 战略营销计划过程理论

20世纪80年代美国营销学家菲利普·科特勒教授在提出"大市场营销"这一概念之后,又提出战略营销计划必须先于战术性营销组合(4Ps)的制定。

而战略营销计划过程也是一个4P过程,即研究(Probing)、划分(Partitioning)、优先(Prioritizing)、定位(Positioning)。他认为只有在搞好战略营销计划过程的基础上,战术性营销组合的制定才能顺利进行。

研究，实际就是市场营销调研，其含义是在市场营销观念的指导下，以满足消费者需求为中心，用科学的方法，系统地收集、记录、整理与分析有关市场营销的情报资料，提出解决问题的建议，确保营销活动顺利进行。市场营销调研是一个老话题，但从此被提到战略的高度来研究。

划分，实际上就是市场细分（Segmentation），其含义就是根据消费者需求的差异性，运用系统的方法，把整体市场划分为若干个消费者群体的过程。每一个消费者群就是一个细分市场，又称为子市场或亚市场。市场细分是衡量市场营销观念是否真正得到贯彻的标志。

优先，即在市场细分的基础上，选择企业要进入的那部分目标市场，或要优先最大限度地满足的那部分消费者，即目标选定（Targeting）。

定位，实际上就是市场定位，其含义是根据竞争者在市场上所处的位置，针对消费者对产品的重视程度，强有力地塑造出本企业产品与众不同的、给人印象鲜明的个性或形象，从而使产品在市场上确定适当的位置。

至此，上述 10Ps 可以归纳为：为了更好地满足消费者的需要，并取得最佳的营销效益，营销人员必须精通产品（Product）、渠道（Place）、价格（Price）和促销（Promotion）四种营销战术，而且必须事先做好调研（Probing）、细分（Partitioning）、优先（Prioritizing）和定位（Positioning）四种营销战略，同时还要求必须具备灵活运用公共关系（Public Relations）和政治权力（Political Power）两种营销技巧的能力。

此外，当代经济技术发展和社会条件的变革，给营销提出了新的挑战，主要有经济全球化、虚拟企业、环境保护等。不少营销学者提出了一些新概念、理论和认识，如 4C 理论、4R 理论、文化营销、品牌营销、延伸营销、承诺营销、价值链营销、全球营销、网络营销、绿色营销等。这些理论和概念已在营销界、传播界流行开来，也是值得我们关注和学习的。营销发展史告诉我们，每十年左右都要出现一些新的概念或理论，正是这些新理念，刺激了研究，指导了实践，从而增进了我们对市场现象的理解、预测和控制能力。所以，营销人员应该具备“活到老学到老”的观念。

第二节　国际市场营销发展过程

一、企业跨国营销的产生

1959 年，R. L. Kramer（克莱姆）教授最早把国际市场营销理论系统化，揭开了研究国际市场营销的序幕。它为企业跨国营销管理、战略规划与监督控制提供了科学的理论依据和实践指导。而国际营销实践作为一种跨越国界的市场策划活动在国际贸易一出现时就产生了。最初，企业只重视国内市场，出口仅仅是一种偶然现象，出口的产品也只是国内的剩余产品。随着国际贸易的发展，经济一体化趋势越来越明显，企业开始注意国外市场，从简单的出口发展到对外直接投资，跨国公司大量兴起，国际市场营销成为企业成败的关键因素。

国际市场营销最典型、最彻底的就是跨国公司的市场营销。第二次世界大战后，科学技术蓬勃发展，生产水平迅速提高，世界范围的生产社会化进程加快，工业化国家之间的国际分工与国际合作进一步加强,国际经济关系更为密切,相互依赖的程度加深,世界经济一体化已是必然。企业为追求高额的利润,积极在国外投资、兴建工厂、成立子公司。美国学者基根指出,世界贸易体系的改善,国际货币体系的创立,世界局势的主流转向和平、通信和交通等技术的发展,各国国内经济的增长和跨国公司的发展等,使各国走向国际市场,其中跨国公司的兴起和发展是最直接、最主要的原因。

跨国公司不仅最深入、最广泛地进入了国际市场,而且把本来是外部的国际市场转变为公司的内部市场。因为跨国公司是一个国际化的生产体系,它与外界的交换、内部子公司与子公司、子公司与母公司的交换都具有跨国界的性质。由此可见,跨国公司内外一切产销活动都完全同国际市场紧紧联系在一起。

二、企业跨国营销的发展过程

企业现代跨国营销的发展经历了国内营销→出口营销→国际营销→多国营销→全球营销的过程(见图 1-1)。从目前现实看,众多国家仍处于国际营销阶段,少数经济发达国家的跨国公司已进入全球营销阶段。

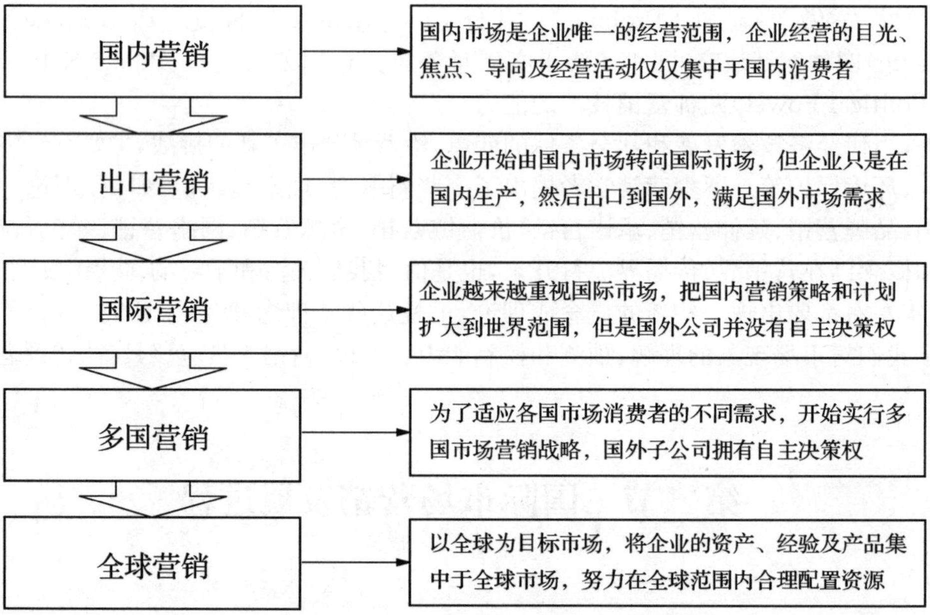

图 1-1 国际市场营销的发展阶段

(一) 国内营销

第二次世界大战以前,企业的基本目标是国内的买方市场,产品结构与市场需求结构并不都是一致的,企业主要是为了增加产量,降低成本,在市场上占有一定的份额。由于有的行业或企业采用了相对先进的技术,实行较为科学的管理,使劳动生产率得到极大的提高,开始出现生产增长超过需求增长的趋势。面对这种市场供求状况,企业重视并研究商品的销售问题,但目光主要还是聚焦于国内市场。另一方面,由于各国受重商主义的影响,采取贸易保护政策,奖励出口反对进口,大大阻碍了国际贸易的发展,增加了企业进入国际市场的难度和风险。

而大部分企业受产品本身的特性和企业管理水平的限制，不具备出口能力。即使是具有出口潜力的企业，也不敢贸然进入国外市场。但是，可能会有外国消费者到本国采购产品或从中间商那里购买到该企业的产品，所以存在着偶尔或间接地销售给国外市场的情况。尽管当时已经开始了对国际市场的研究，但仅限于对销售渠道、推销技巧等方面的研究，研究工作一般也只局限于大学校园里，很少涉及企业开拓市场的实践活动。因此，国内市场是企业唯一的经营范围，企业经营的目光、焦点、导向及经营活动仅仅集中于国内消费者、国内供应商、国内竞争者。

（二）出口营销

随着世界主要资本主义国家先后完成两次技术革命，劳动生产率大大提高，生产资料用品和日用消费品大量生产，国内市场已经无法消化掉这么多的产品，企业开始开拓国外市场。在此之前，出口国外市场只是企业的一种偶然性或间接性行为，在国际市场上销售的也只是在国内市场上的同类产品。1929—1933 年资本主义世界爆发了经济大危机，企业面临的已经不是卖方市场，而是供过于求的买方市场。随后的第二次世界大战，使各国经济遭到严重破坏，国际市场需求激增，工业发达国家的企业，根据不同国家的消费者需求，开展国际市场营销活动，把注意力由国内市场转向国际市场。于是间接国际市场营销转为直接出口营销。企业为占领市场，开始进行市场调查、行情分析、市场预测，但是对国际市场调研、产品开发的自觉性还不够。在这一阶段，企业开始由国内市场转向国际市场，但企业只是在国内生产产品，然后出口到国外，满足国外市场需求，因此产品与经验成为发展出口营销的关键。

（三）国际营销

随着国际贸易的迅速发展，企业也越来越重视国际市场，把国内营销策略和计划扩大到世界范围。在国际营销早期阶段，企业仍集中于国内市场，出口的产品是国内的剩余产品，大多数的营销计划制订权集中于国内总公司。随着企业从事国际营销的经验日益丰富，企业开始以国际市场为主或国际市场与国内市场并重，积极将自己的产品销往国外，并根据调研结果分析目标市场的需求，生产适应的产品，满足需求，获取最大化利润。各国企业抢占国际市场，竞争越来越激烈，各国实行贸易保护主义政策，保护本国企业，为各国的出口产品设置重重障碍。于是，企业开始在国外投资建厂，有的为了绕过该国的保护政策；有的利用当地低廉的劳动力和生产资料进行生产，降低成本，就地销售；有的利用该国所享有的出口优惠政策，实行产品从国内扩展到国外的战略。但是国外公司并没有自主决策的权力，不能根据当地的买方市场的需求做出相应的战略部署，只能按照本国的方法、途径、人员、时间和价值经营。

（四）多国营销

企业进入国际营销后，在一些与本国市场结构相似的国家投资，还能勉强获得利润，但是世界大多数国家市场的需求差异性很大，各国的风俗文化、消费者的消费习惯和消费观念不同，只重视产品的推销是不够的，而且在本国市场上成功的经营理念，不一定适用于他国市场。在经历了一系列的失败之后，企业意识到经营活动必须以满足消费者的需求为中心，既包括现实的需求，又包括潜在的需求。此外，还要入乡随俗符合该国的风俗文化，符合该国消费者的消费习惯和消费观念。因此，为了适应各国市场消费者的不同需求，开始实行多国市场营销战略，即企业为每一个国家制定一种营销战略以适应每个不同条件的国家的需要。在这一阶段，企业不再以国内为中心，而是架设各自不同的、独特的各国市场，对差异化和独特化市场实行相应的战略。跨国公司在这一阶段迅速发展,总公司制定一个整体战略,但并不干涉各国子公司的具体经营计划,子公司则可以根据对当地市场的调研和分析,制定与之相适应的营销战略,而无须完全按照母公司的模式进行产品的生产、推广与销售。

(五) 全球营销

20 世纪 80 年代以后,经济全球化驱使企业的国际市场营销必然进入全球营销的新阶段。科技、信息、人才的全球竞争代替了传统社会的规模经济效益竞争;世界各国消费者需求的同质化加强,生活方式全球化与传统文化民族化并存;世界各国对外投资急剧增加,国际投资总额 1960 年时是 667 亿美元,2014 年已突破 12 300 亿美元,其增长大大超过了国际贸易额的增长速度。

这一阶段,企业的经营已突破国境的概念,企业的一切经营活动均以国际市场为出发点和归宿,围绕国际市场这一中心进行。它以全球为目标市场,将企业的资产、经验及产品集中于全球市场,努力在全球范围内合理配置资源、合理安排企业内部的产业结构和组织机构、充分发挥企业的比较优势、制定多元化战略、实现企业利润最大化。全球营销是以全球文化的共同性为前提的,主要侧重于文化的共同性,实行全球统一的营销战略,同时,也根据各国需求的差异性而实行变通了的地方化营销策略。全球营销实行以地理为中心导向,其产品战略是扩展、适应及创新的混合体。

第三节 企业经营观念的演变

国际企业经营观念是指指导企业开展国际营销活动的态度、思维方式和商业哲学。它研究一个企业以何种观念和态度来处理国际营销活动中所涉及的顾客、企业本身及社会各方面的利益问题。企业经营哲学随着跨国营销的演进而变化,主要经历了以下几个阶段。

一、生产观念

这是盛行于 19 世纪末到 20 世纪 20 年代的观念,由于资本主义国家完成了两次科技革命,科学技术的飞速发展大大提高了劳动生产率,经济高速发展,市场迅速扩大,社会产品供不应求,消费者选择余地有限,企业面临的中心问题是增加产量,降低成本。它以生产为中心,根据企业内部的标准及价值观念生产出好的产品,围绕生产安排一切活动,以产品作为国际市场营销的出发点,不必考虑顾客的需求。因此,产品销售出去以后,企业的国际营销活动也就告终。当生产技术还不够先进,生产出的产品还不能完全满足人们的需要的时候,生产观念在很大程度上推动了生产的发展。但当企业纷纷提高了生产效率,生产出的产品供大于求时,企业不得不考虑销售问题,采取相应的措施扩大产品的销路。因此,随着生产力的发展和市场供给的变化,生产观念必定会被其他观念所替代。

世界著名消费品公司宝洁的营销能力备受业界称颂,但其推出的第一个针对中国市场的本土品牌——润妍洗发水惨遭滑铁卢,短期内就黯然退出了市场。宝洁在润妍的研发上耗费了三年,针对产品质量进行大量的宣传和促销,采用 20 世纪 80 年代的主流产品的方式,分为洗发和润发两个步骤,尽管产品质量高,使用效果好,但是消费者已经用惯了洗护合一的产品,不愿意再进行复杂的洗头程序，最终因不能适应消费者的洗发习惯而一败涂地。

二、推销观念

推销观念盛行于20世纪30—50年代，随着技术的进步，企业的生产水平越来越高，市场上出现了供过于求的现象，特别是1929—1933年的经济大危机，生产出的大量产品销不出去。企业开始将目光由生产转为销售，争取在有限的市场中获得最大的份额，于是开始研究各种推销方法和广告技巧。不久，企业认识到市场是可以创造的，消费者的需求是可以引导的。但是此时的观念只是推销企业已经生产出的产品，并没考虑到消费者的需求，只是想方设法地刺激消费者的欲望购买产品。

太极睡宝上市之初，选择高级宾馆、重点人群、重点单位等开展大规模免费赠送活动，以良好的产品效果通过口碑传播进行营销。睡宝上市当月其市场份额就达到了2.25%，与脑白金相差无几，其针对潜在的顾客群采取了合适的宣传方式，赢得了一个完美的开局。就在人们期待睡宝大放异彩的时候，睡宝突然将市场目标转向时尚白领女性，并提出了"睡眠美容"的新美容理念，可是多数年轻白领女性并不是睡不着，而是睡不够，因此对睡宝的需求并不是很大。按理说"睡眠美容"这样的理念是最能刺激白领女性的购买欲望，可为什么睡宝的女性攻势会以失败告终？其根本原因是睡宝的推销观念使企业只注重通过广告轰炸将已生产的产品推销出去，并没有对消费者的需求进行细致分析，即只以销售为中心，而忽视了消费者的需求才是购买的原动力这一关键。

三、营销新观念

这是20世纪60年代出现的营销观念，此时西方国家市场经济已较充分地发展，出现了真正的买方市场格局，从而推动企业从国内市场扩展到国际市场，从以产品为中心转向以国际市场的顾客需求为中心。此观念认为，企业的主要任务是以国际市场顾客需求为中心，组织资源和人力，运用市场营销组合策略占领国际市场。

1973年，超小型匣式柯达相机诞生，这种相机方便到可以放在口袋或手提袋里，而且照出的相片画面清晰。这种相机上市后仅3个月就在美国销售了100多万架，全世界销量达1 000万架；在中国台湾地区，柯达相机的家庭普及率猛增到40%。人们亲切地称它为"傻瓜相机"。是什么让柯达取得如此傲人的成绩？柯达创始人乔治·伊斯曼第一次接触照相机时，想的就是怎样将照相机做得小一些，怎样将摄影艺术弄得像"用铅笔写字那么简单"。正是因为从一开始柯达就贯彻"人人都会用，人人都用得起"的思想，对怎样方便消费者使用照相机的方法孜孜以求，产品的设计与生产都是以如何方便消费者为中心，才使得柯达从创建开始就一直稳坐该行业老大的宝座。消费者对柯达的忠诚还来自柯达面临逆境时仍把消费者利益放在首位。1964年柯达推出的"立即自动"相机，在进入市场仅一年后就占领了自动相机市场的1/3的份额，但是拍立得公司抢先一步取得了专利权并警告柯达公司退出市场。这对柯达来说，打击无疑是沉重的，但是柯达在遭受损失的同时不忘消费者利益。它宣布：邀请消费者返还"立即自动"相机，每返还一架可以换取一架柯达光盘相机和胶卷，或者一件价值50美元的其他柯达产品，或者一只柯达股票。柯达用这种方法，在推销光盘相机的同时，加强了与消费者的联系，巩固了消费者对柯达的忠诚。

四、营销战略观念

20 世纪 80 年代,企业的经营哲学从营销新观念转向战略观念,即从原来以产品或顾客为中心转为重点研究公司的外部环境。也就是说,仅仅了解国际市场顾客是不够的,为获取营销的成功还必须了解所处的环境,包括竞争、政府政策及法规、经济、社会及政治环境,这些因素影响国际市场的变化,进而影响企业的国际营销。如,某烟草公司通过信息系统了解到以下足以影响其营销业务的环境动向:① 有些国家的政府颁布了法令,规定所有的烟草广告和包装上,都要印制吸烟有害健康的严厉警语;② 有些国家的某些地方政府禁止在公共场所吸烟;③ 许多国家由于对香烟中尼古丁致癌的担心,吸烟人数急剧下降。于是这家烟草公司的研究室很快就发明了用莴苣叶制造无害烟叶的方法。

营销战略观念的另一变化是营销目标从单纯追求利润转向考虑相关利益者的利益,如顾客、社会公众、社会、政府、职工、管理者及投资者的利益。当然,顾客仍是中心和出发点,利润仍是企业的主要目标。

沃尔玛是世界上最大的连锁零售商店,从美国班顿威尔小镇走出来的当今世界最成功的零售帝国。是什么让这样一个默默无闻甚至被人轻视的“小杂货店”取得了这样的业绩?我们看看沃尔玛的经营方式,便知这个秘诀其实很简单,那就是一切以顾客为中心,为顾客提供最好、最便利、最便宜、品种最齐全的商品。沃尔玛推行“天天平价”的价格理念,靠大量的订购取得供应商的绝对低价,越过中间商直接向制造商订货,严格控制进货成本。沃尔玛刚进入中国时,发现中国消费者的消费习惯与西方差别很大,由于中国汽车普及率不及西方国家,很多消费者不太喜欢一次性购买大量的生活用品或其他物品,而是喜欢多次分批购买,因此,沃尔玛采取“轮流低价”战略,即每天都会有好几种产品降价销售,第二天恢复原价,同时对其他一些商品降价。通过提供高质量的服务、更多的折扣增加了顾客光顾的密度,使沃尔玛在中国零售市场这块“大蛋糕”上分得了较大的一块。

五、全球营销观念

全球营销观念是指在当今的技术经济条件下,企业的市场营销活动突破国家(地域)的界限,通过对技术、资源、资金、人才的国际比较,按照资源配置最优化的原则,采取投资、生产、合作等方式,生产出最完整的产品去满足世界各国市场消费者的需求。总之,这是跨国公司的经营理念,其营销范围是全球市场,其市场细分基础是需求的相似性。以世界作为整个市场,企业主要实行标准化营销战略,即标准化产品战略等,将产品销售到全球,满足全球目标顾客的需求。

在许多方面,麦当劳公司的营销战略是全球化的。麦当劳在世界各地的店面都是按照连锁总部所制定的标准统一装修,甚至就连内部设计都是统一布置的。从建筑式样、设计、建造都必须充分保持麦当劳独特的外观特色和商业个性,各连锁店的店堂设计都按照麦当劳的要求,必须严格执行连锁规定。顾客走进任何地方任何一家麦当劳餐厅,都会感到建筑外观、内部陈设、食品规格、服务员的言谈举止和衣着服饰等诸多方面惊人地相似,都能给顾客以同样标准的享受。公司在世界各地销售同样的主要产品(巨无霸汉堡包、炸薯条、可口可乐和奶昔),并尽力保持主要产品的口味(牛肉小馅饼、小面包和炸薯条的口味在世界各地都是相同的)。公司对供应商的要求极其严格,即使是洋葱也要达到特定的标准。在德国,一家无可挑剔的肉制品加工厂要使用计算机来确保制作250万份牛肉小馅饼的牛肉脂肪含量在20%以下。而墨西哥附近的一家巨型面包厂正在按照麦当劳公司近乎苛刻的高标准精细地制作闻名的芝麻小面包。近年来,麦当劳公司实施全球市场营销战略的同时,也针对各地实际情况对自己的营销战略进行了调整,以适合不同地区消费者的口味和风俗习惯。例如,各国餐厅的菜谱有所不同。在德国,最受欢迎的食品一般是汉堡包和有虾子酱的沙拉,而荷兰人更喜欢素汉堡,波兰人对黑葡萄干奶昔情有独钟。在欧洲一些国家的麦当劳餐厅里还供应啤酒,餐厅的装修设计一般要反映当地的文化特色。有时候麦当劳不得不根据当地法律的规定来调整自己的营销战略。例如,德国不允许像"买一送一"这样的促销行为。

六、绿色营销观念

绿色营销观念起源于20世纪70年代欧洲的环保运动,进入20世纪90年代以后,随着全球环保运动的开展以及人类环保意识的普遍提高,绿色营销逐渐有了比较完整的内涵,并日益显示出强大的生命力。所谓"绿色营销"是指企业进行经营决策时以消费者的"绿色消费需求"为中心,尽可能在整体营销活动中减少污染或不污染环境,重视资源、能源的节约以及废品的回收和利用,以期实现企业、消费者和社会利益三者的统一。

企业在选择生产商品及技术的时候,尽量减少不利于环境的因素;在商品消费与使用过程中,尽量设法降低对环保的负面影响;企业在产品设计及包装时,努力简化商品包装或利用残留物;对于各种商品的软件服务,均以节省资源、减少污染为导向。目前,欧美国家的许多企业都在以极高的热情追赶这一最新的营销潮流,对企业产品的要求越来越高,更强调消费、企业和人类社会长期利益相一致的理想状态。

当前,随着我国经济的腾飞和国际地位的上升,国内已有很多企业开始进行对外营销,所以我国企业一方面要学习发达国家跨国公司的经验;另一方面,要树立正确的营销观念,制定切实有效的市场营销策略,在国际市场上占有一席之地。

第四节 国际市场营销的基本步骤

一、企业走向国际市场的原因

企业为什么要进入国际市场?是什么动因促使企业领导做出国际营销决策?对某些企业来说,这似乎是一个难以回答的问题,因为这些企业是在不知不觉中涉足国际市场的。当一个海外客商直接或通过贸易公司等中间机构间接地向一家企业订货,而企业也愿意且有能力供货时,出口生意就这样开始了。不少企业也因此发现了一个更为广阔的市场,企业的目标市场范围也越来越大。但绝大多数企业是由于这样或那样的原因主动向国外市场发展的。这些动因可以粗略地分为两大类:直接的内部推力和间接的外部拉力。企业可能基于其中的一种原因,也可能是基于其中的多种原因而走向国际市场。

(一)直接的内部推力

企业作为独立的经济行为主体,追求利润最大化是其经济行为最根本的驱动力。企业之所以从事跨越国界的营销活动,就是因为这种国际经营活动为企业追求利润最大化提供了更大的可能。具体来说,主要有以下几个方面的原因。

1. 国际市场营销活动有可能延长产品的市场生命周期

市场生命周期理论告诉我们,任何产品推向市场后,都有一个成长、成熟到衰退的过程,只不过是不同产品其市场生命周期的长短有所差异而已。但是,同一种产品在不同的国别或地区市场上其所处的生命周期阶段不可能完全一致,因为不同国家的经济技术发展水平、消费者的购买习惯等环境因素都存在着显著的差异,导致某种新技术的研制开发过程、新产品推向市场的时间以及新产品推向市场以后的普及速度都不可能完全同步。这样就可能出现:产品在本国是处于生命周期的衰退阶段,但在其他国际市场上可能处于引入期或成长期。产品进入新的市场,就相当于延长了产品的市场生命。产品生命周期的延长,使得前期投入的生产资源和长期积累的营销管理经验等资源又可在更大的市场范围内发挥作用,提高资源的利用效率。

2. 国内市场的激烈竞争促使企业向国际市场发展

不同国家的资源禀赋不同,使得不同国家在某些行业或某些产品的生产上具有明显的竞争优势,而在另外一些行业或产品的生产上则有明显的劣势,具有竞争优势的产品其国内市场容量又是有限的。这样,随着时间的推移、企业生产规模的扩大,以及其他国家企业进入本国市场,其产品的供给量会逐步达到或超过国内市场的需求量,导致这些生产企业之间的竞争日趋激烈。为了生存和发展,它们必须寻找新的市场。

3. 国际市场潜量巨大

市场是由人口和购买力等因素构成的,任何一个国家的国内市场都要远远小于世界市场。越来越多的企业把希望和未来寄托在国际市场上,国际市场的巨大潜量为进入国际市场的企业扩大销售量,进而为扩大销售额和利润提供了条件,而且由于销售量的扩大,又有利于企业实现规模经济效益,使得单位产品成本下降,研究开发费用也可以在更大的营业额的基础上分摊;伴随着销售量的扩大和单位产品成本的下降,企业能够获得更多的利润,有了更多的利润这一基础,企业新产品的研制开发能力、产品的分销与促销能力就会相应增强,企业的声誉和品牌的知名度就会相应提高。这样,企业就步入了良性发展的轨迹。

4. 国际市场营销所具有的其他优点

由于国际市场营销业务还包括在国外投资和生产,因而与单纯的出口贸易相比较,国际市场营销还具有以下优点。

(1) 可以避开高运费、高关税、配额等贸易壁垒。目前国际贸易中的贸易保护主义依然盛行,我国许多产品的出口都因进口国有关税和配额等贸易壁垒而受到限制。如果将生产基地移至市场国,就可以避开重重限制,打入市场。此外,也可将生产基地移至无贸易限制的第三国进行,并以该国作跳板,将产品销往目标市场。

(2) 能够利用国外的资金、技术和管理经验,在国外投资生产,还可以利用当地廉价的原材料或国内短缺资源。企业通过合资、独资等形式到国外生产,可以利用国外市场的资金,学习和掌握国外合营者或同类企业的先进技术和管理经验。

(3) 在国外投资和生产，可以充分利用大批廉价的劳动力资源，进一步降低成本，提高竞争力。在工业发达国家，劳动力要素与资本相比越来越昂贵，生产劳动密集型产品已越来越不合算；加之技术革命与革新使得这些国家技术密集型的新产品不断推出，资本密集型的新兴行业不断涌现和迅速发展，因而有关企业将劳动密集型的传统行业和某些劳动密集型新产品的生产转移到劳动力价格低廉的国家或地区。由于传统产品完全成熟，生产工艺规范化，生产操作简单化，发展中国家普通技术水平的劳动力已经能很好地满足生产需要。新兴产业劳动力指向型投资，也多是集中于对劳动力技术水平要求不太高的产品的生产。

(二) 间接的外部拉力

1. 国外市场的商业环境、投资环境的吸引力

不少企业向海外发展，看重的是当地的投资环境与优惠政策。很多发展中国家为了吸引国外先进的技术、管理经验和资金，对外国企业来本国投资制定了各种保护和优惠政策。也有很多发展中国家的企业为了更好地获得国外市场的先进技术，纷纷到发达国家设立自己的生产基地和研究机构。

2. 现代科学技术的发展及广泛应用

现代化的交通、通信技术的发展和广泛应用，为企业开展国际营销活动提供了极大的便利。国际直拨电话、电传、因特网等通信工具的发展，电信机构已能够提供全球性的电信服务，其服务项目和服务范围正在急剧扩大，甚至超出地球范围进行星际电信联系。与现代通信手段相结合的大型喷气式飞机、巨型货轮和油轮、高速铁路和高速公路等交通工具和设施，使时空距离大为缩短。而且，随着这些先进技术的广泛应用，全球范围内的交通、通信成本大幅度下降，跨国经营的许多物理障碍已大为减少甚至不复存在。

二、国际市场营销基本步骤

一般来说，企业国际市场营销的基本步骤由四个阶段组成：分析、计划、实施和控制(见图1-2)。

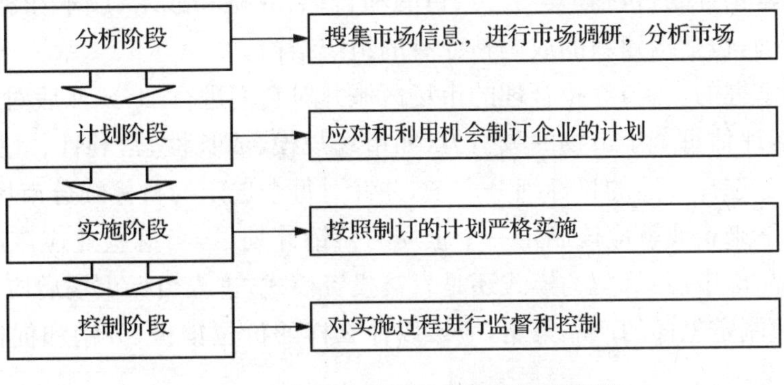

图1-2　企业从事国际市场营销的步骤

(一) 分析阶段

分析阶段的工作是收集有关市场的资料,并使用定量和定性方法进行市场调研。资料来源的种类有二手和一手、内部和外部以及非正式和正式。资料被用于扫描环境中的机会,以便从中确定公司的机会。要根据公司的资料来检查和判断公司的机会是否可以利用,关键是看公司的竞争优势。

首先,企业应该对国际经济形势有一个整体把握,了解当今国际市场上的商品结构和地理结构,从而确定目标市场的范围。然后在该范围内对各国的国际政治、法律、金融、技术、资源环境进行分析,从中找到有利于企业的更好的经营环境。接下来就做确定市场的调研,了解当地消费者的需求偏好、消费水平以及消费习惯;调查当地市场上的竞争者的情况;分析企业的产品能否适应目标市场;企业在什么地方销售会有优势及以什么方式进入市场能更容易被当地消费者所接受。

良好的信息基础是市场营销成功的一个关键条件,因为只有掌握了最准确、最全面的市场信息,才能做出最正确、最迅速的市场营销策略,才能保证整套营销计划是符合市场发展规律的。因此,企业在准备进入国际市场时,需要通过分析和调研积累的资料和信息。一般情况下,企业可参考的资料有两种来源,一种是针对特定的目的而收集的资料,另一种是使用已被收集的资料。

市场分析是一项有计划、有组织的活动,商业目标明确,还要具有很强的客观性,减少偏见、感情和主观判断的影响。在分析阶段应该反复思考企业进入当地市场所需要解决的问题,如该国政局交替是否频繁,该国对企业所从事的行业是不是实行保护政策,消费者购买什么、为何购买、谁决定买、怎么样买、什么时候买、在哪买,市场上的竞争者经营得怎么样以及如何同竞争者打交道等等。

市场分析是联系营销人员与市场的纽带,没有市场分析,市场营销就容易迷失方向,难以实现其功能。因此,市场分析是国际市场营销的前提。

(二) 计划阶段

计划阶段的工作是为应对和利用机会而制订计划。计划包括长期战略和短期战术。针对特定市场制订的营销计划,包括形势分析、目的和目标、战略和战术、成本和利润估计、为实施计划而进行的活动,包括构建新的或调整原有的组织结构。

企业要根据掌握的资料,寻找合理的市场区域并对它们进行细分,然后对所细分出的若干子市场进行描述,评估每个子市场的吸引力,如市场规模、成长性、营利性、规模经济性及风险程度等,通过比较,选择合适的目标细分市场,并针对每个选定的目标细分市场选择最合理、最合适的定位。接下来企业就应该制定一个全局的营销计划了,考虑企业应该以什么模式进入目标市场——产品出口模式、契约模式还是直接投资模式,进入目标市场后应该怎样应对同行之间的竞争,应该制定怎样的产品策略,应该以什么样的价位销售,分销和促销又是如何进行等等。

如果说市场分析是海上的好天气,那么市场计划就是航道上的航标,航船只有在航标的指引下航行,才能最终到达目的地。制订一个合适的营销计划,整个国际市场营销就成功了一半。

（三）实施阶段

实施阶段是指进行计划中的活动。如果计划能反映市场情况并能对公司适应市场的能力进行客观评估，那么计划实施就会成功。计划必须考虑公司内外存在的难以预料的变化因素，并在实施过程中做相应的调整。

一旦营销计划确定，企业就应严格按照计划中的活动按时、按质、按量完成。迅速抢占目标市场，同时促销策略要及时，广告宣传要与产品的销售同步。如果在预期里没有达到计划内的效果或中途遇到临时性的问题，企业要有敏锐的洞察力找到问题所在，并能及时做出响应，解决问题。

实施阶段是企业具体操作阶段，是企业计划从理论走向实践的阶段，企业的营销计划能否达到预期效果，关键在于企业的实际操作过程是否严格，是否具有应对意外情况的能力。之前的分析是否正确，计划是否成功，全都取决于实施阶段是否能使产品在目标市场中完成既定的任务。

（四）控制阶段

实施阶段的同时还必须进行控制。市场是动态的，要求对环境因素、竞争者、渠道参与者及最终顾客进行监控。控制分为短期控制和长期控制。短期控制包括年度计划控制、营利性控制和效率控制。长期控制是全面的或智能型的审计，它保证营销部门不仅正确地做事且只做正确的事。控制的结果为下一轮计划的制订提供有价值的信息。

国际市场营销是一个严密的整体，无论哪一个环节出现失误都会导致整个营销计划的失败。因此，企业在进行国际营销时，对每一个步骤都要有全面的考虑。

第五节　国际市场营销面临的挑战及企业的任务

一、国际市场营销面临的挑战

（一）经济全球化的挑战

“经济全球化”(Economic Globalization)是当今世界经济发展最主要的特征。对于今天的企业而言，开展国际经营不仅是扩展市场、提高利润和回避风险的重要手段，甚至关系到业务经营的存亡。一个不能成功走向全球的公司会面临失去其国内市场的危险，因为其竞争对手可能具有更低的价格、更丰富的经验、更好的产品。

1. 经济全球化的内涵

第二次世界大战后特别是20世纪80年代以来，世界经济发展的全球化趋势日益明显和突出，经济全球化是当代世界经济发展的一种历史趋势，它使各国各地区之间经济和贸易活动的联系不断加强，有利于新知识和高科技的迅速交流和广泛应用，有利于促进各国各地区经济要素在全球范围内实现优化配置，从而提高各自的经济效益。

对于什么是经济全球化，目前还没有一个普遍被接受的定义。按照经合组织(OECD)的定义，经济全球化是指“在货物及劳务贸易、资本流动和技术转移与扩散基础上，不同国家市场和生产之间的依赖程度不断加深的动态过程”。1995年出版的英国《科林斯商务词典》将国际化和全球化等同看待：“国际化或全球化是指公司通过出口公司向国外经济进行扩散，但尤其支持通过外国的投资，建立生产部件的工厂、制造车间和销售公司。”有人把经济全球化等同于“自由化”，一些国际组织例如国际货币基金组织(IMF)为发展中国家对经济全球化开的药方，就是贸易的自由化、投资的自由化和减少政府干预。

对于什么是全球化，我们可以从三个方面理解：① 在内涵上说，经济全球化是指国际经济行为主体间的经济活动的相互影响、渗透和依赖逐渐加深的一种趋势或过程；② 在外延上，经济全球化主要包括贸易(含技术贸易)、金融、投资和生产消费方面的全球化；③ 在地理空间上，经济全球化体现为经济活动突破国家或区域的界限，无论是发达国家还是发展中国家都被纳入以国际分工为基础的全球经济网络中，成为推动经济发展不可分割的组成部分。

通过以上概述，我们认为，经济全球化是建立在国际分工基础上的国际经济主体的诸多经济活动(包括贸易、金融、投资、生产消费等)突破地理界限不断增强和加深彼此之间的交往、依赖和融合的过程。

要完整准确地理解经济全球化的含义，还应该注意把握经济全球化与“全球化”(Globalization)和“经济一体化”(Economic Integration)这两个概念的区别和联系。

全球化并不像许多人认为的那样就是经济全球化，而是涉及国际社会各领域(包括经济、科技、信息、政治、思想、文化等)的全方位的全球化。然而，无可置疑，经济全球化是全球化的先锋、主体和基础，即全球化从经济领域开始并主要表现在经济领域，经济全球化从根本上决定了其他领域的全球化，因为国际交流与合作，首先表现在有直接经济利益关系的经济活动中，其次表现在以经济为基础并为之服务的其他领域。也就是说，其他全球化都是经济全球化的结果。

经济全球化也不等于经济一体化，经济一体化通常是指各个独立的国民经济(或地区经济)在体制上组合成为重大规模的经济集团或共同体的历史过程。经济全球化与全球经济一体化既相互联系和互相促进，又有本质区别。经济全球化是全球经济一体化的必要准备和必由之路，区域经济一体化是经济全球化进程中的一个必经阶段。正是因为这样，各国在参与经济全球化的同时，也致力于参与区域经济一体化。从一定意义上说，经济全球化是世界经济一体化的重要积累。它们的区别主要有：行为主体不同，经济参与的目的不同，调节机制不同，表现形态等也不同。

2. 经济全球化对企业从事国际市场营销的挑战

(1) 企业要转变经营哲学。从只重视国内营销转为重视国际营销，乃至全球营销。自觉树立国际营销观念，积极开拓国际市场，这是企业面临经济全球化求生存与发展的必由之路。因为在经济全球化格局下，任何企业无论是否直接进入国际市场，都会面临国外竞争的挑战。只有积极转变经营指导思想，才能使企业的经营活动赶上经济全球化发展的步伐。

(2) 企业必须对国际市场进行调研。要开拓国际市场,就必须了解和熟悉各国及各地区的营销环境,如经济环境、社会文化环境、政治法律环境等,以便针对性地制定营销战略与策略。然而,至今我国不少从事国际营销的企业很少了解和熟悉各国市场的背景,这往往造成营销的事倍功半。

(3) 要求企业学会根据国际目标市场的特点来制定国际营销组合策略。必须摈弃传统的依靠价格等单个营销手段来开展竞争的方式,学会通过完整的营销组合策略来争取在国际营销中的竞争优势。

(4) 要求企业调整组织结构。目前我国企业的组织结构多为小型、分散、低效企业,即使已组建的大型企业集团效率高的也不多,这种状况不能适应经济全球化的特点,因而必须组建大企业集团,发展跨国企业及跨国银行,造就一批具有强大国际竞争力的企业"航空母舰",以便加强我国参与国际竞争的主导力量。

(二) 区域经济一体化的挑战

近年来,全球经济最令人关注的另一个趋势就是区域经济一体化的加速发展。"区域经济一体化"(Regional Economic Integration)是经济全球化在当代的具体体现,是走向经济全球化的必由之路。区域一体化组织的扩大和各个一体化组织的联合,可推动经济全球化。

1. 区域经济一体化的含义

所谓区域经济一体化,是指两个或两个以上的国家或地区,通过协商并缔结经济条约或协议,实施统一的经济政策和措施,消除商品、生产要素、金融等市场的人为分割和限制,以国际分工为基础来提高效率和获得更大经济效果,把各国或各地区的经济融合起来形成一个区域性经济联合体的过程。

2. 区域经济一体化的层次

根据区域内经济自由度由低到高的排列,经济一体化可以分为 5 个层次:自由贸易区、关税同盟、共同市场、经济联盟和政治联盟。

(1) 自由贸易区(Free Trade Area),即成员国间的贸易壁垒被消除,各成员国将集中于自己具有比较优势的商品与服务的生产,并进口自己在生产上具有比较劣势的产品与服务,贸易的所有壁垒都被取消。一个理论上的自由贸易区里,不允许有任何扭曲成员国之间贸易的歧视性关税、配额、补贴或者行政干扰。然而,各个国家可以自行决定与非成员国之间的贸易政策。

著名的自由贸易安排之一是欧洲自由贸易联盟(EFTA),该联盟创立于 1960 年 1 月,创立之初的成员国有奥地利、英国、丹麦、芬兰和瑞典。它的重点是工业品的自由贸易,对农产品则没有做出安排,各国可以自行决定自己的支持力度。各成员国还可以自主决定针对来自欧洲自由贸易联盟以外国家商品保护政策的力度。另外一个著名的自由贸易区是北美自由贸易协定。

(2) 关税同盟(Customs Union),即各成员国间的各种关税全部被取消,同时建立一致的对非成员国的贸易政策。这种政策往往导致一个统一的对外关税结构。在这种安排中,同盟外国家对所有同盟成员国家的出口都面临同样的关税。

现存的区域一体化集团都不是为了建立关税同盟而成立的,它们中很多都正在寻求共同市场或经济联盟等更高程度的一体化形式。例如欧盟最初就是一个关税同盟,当然目前已经跨越了这个阶段。由于实现更高程度一体化遇到了困难,一些集团实际上还是以关税同盟为结局。加勒比经济共同体(Caribbean EC)和《安第斯条约》(*Andean Pact*)就是两个例子。

(3) 共同市场(Common Market),即各成员国之间不存在贸易壁垒,实行共同的对外贸易政策,各成员国间生产要素自由流动。在共同市场中,诸如资金、劳动力和技术这样的生产资源可根据比较优势原理而进行重新配置。共同市场成功的最佳案例是欧盟,尽管它的目标是实现经济联盟。建立一个共同市场需要在财政政策、货币政策和就业政策等方面高度协调与合作,实践证明要取得这样的合作程度是很困难的。目前南美共同市场也希望最终能够建成一个共同市场。

(4) 经济联盟(Economic Union)是一种更高程度的经济一体化,其特征为商品、服务和生产要素在成员国之间的自由流动,以及各成员国经济政策的高度一致化:统一各成员国的货币和财政政策,具有单一的货币(或各种货币的汇率永久固定化),以及各成员国采用相同的税率和税收结构。绝大多数国家的经济政策都交由集团制定。当今世界上并没有真正的经济联盟,但是欧盟正在明显地朝这一方向发展,尤其是欧盟已经于 2002 年 1 月创建了单一货币欧元。

(5) 政治联盟(Political Union)已经超越了全面的经济一体化,它实行统一的经济政策并拥有单一的政府。这意味着完全的经济一体化,其产生的必要条件是各成员国将其国家权力交给单一的联盟政府。美国是成功的政治联盟的一个例子,它将各独立的州结合成一个政治联盟。欧盟正在走向政治联盟,欧洲议会在欧盟内部发挥着越来越重要的作用,自 20 世纪 70 年代末起,它就是由欧盟各国公民直接选举产生,而且作为欧盟控制决策机构的欧盟部长理事会也是由欧盟各成员国的政府部长组成。

3. 区域经济一体化对企业国际营销的影响

(1) 有利影响。

① 有利于扩大经济一体化组织的内部贸易。贸易自由化是经济一体化组织建立的基本目标,无论是较低层次的贸易优惠安排,还是较高层次的经济联盟,组织内的各成员国之间通过减免关税或消除非关税壁垒,形成较为统一的市场,有利于各成员国之间贸易的扩大。

② 有利于加强经济一体化组织内部的国际分工和技术合作,加快产业结构的调整,提高国际竞争力。经济一体化组织的建立,提高了成员国之间合作的可能性,给各成员国的企业提供了重新组织和提高企业经济效益的机会,通过企业的合作或兼并,加快产业结构的调整,提高国际竞争力。

③ 有利于经济一体化组织内部的贸易与投资自由化发展。地区经济一体化实现的过程既是取消关税或非关税壁垒,加速贸易自由化的进程,也是不断取消投资限制,加快投资自由化步伐的过程。

④ 有利于提高经济一体化组织在国际贸易中的地位和谈判力量。经济一体化促进了各成员国的经济贸易的发展,提升了经济一体化组织的经济实力,增强了组织作为一个整体在世

界贸易谈判中的实力。

(2) 不利影响。

① 非成员国的贸易减少。经济一体化组织对内采取优惠的关税和非关税措施,其内部贸易不断扩大,从而使其对组织之外的非成员国的贸易减少。

② 对发展中国家出口和利用外资不利。经济一体化在各成员国内部实现或向贸易自由化发展,但对非成员国仍保留了关税与非关税壁垒,发展中国家的产品在进入经济一体化组织内部时享受不到优惠的措施,难以开拓自己的出口市场。

知识链接

中美贸易摩擦对我国外贸企业出口的影响

自特朗普政府上台以来,在所谓"美国优先"的口号下,频频挥舞贸易保护主义大棒,制造贸易摩擦,给国际贸易开放秩序和世界经济复苏带来新的挑战。在这场贸易摩擦中,作为世界最大贸易国和全球新兴力量中崛起最快的中国成为美国的重点遏制对象。2017 年 8 月,美国贸易代表办公室宣布对中国重启"301 条款"调查。2018 年 4 月 4 日,美国政府宣布了加征关税的商品清单,将对我输美的 1 333 项总计金额达 500 亿美元的商品加征 25%的关税。紧接着,特朗普又要求美国贸易代表办公室依据"301 调查",额外对 1 000 亿美元中国进口商品加征关税。9 月,中美贸易战再度升级,美方宣布自当月 24 日起将对华 2 000 亿美元商品加征关税,税率为 10%,2019 年 1 月 1 日起将上升至 25%。随后为落实中美两国元首在 G20 阿根廷峰会期间举行会晤时就经贸问题达成的重要共识,美方宣布对中国输美产品加征关税税率提升至 25%的期限从 2019 年 1 月 1 日推迟到 3 月 2 日。中方宣布对原产于美国的汽车及零部件暂停加征关税 3 个月,截止日期为 3 月 31 日。3 月 5 日,美方正式宣布再次推迟对中国输美产品加征关税税率提升至 25%的期限,具体期限另行通知。3 月 31 日,中国国务院关税税则委员会宣布延长对原产于美国的汽车及零部件暂停加征关税措施,截止日期另行通知。2019 年 5 月 9 日,美国政府正式宣布,自 2019 年 5 月 10 日起,对从中国进口的 2 000 亿美元清单商品加征的关税税率由 10%提高到 25%,而中方也对此迅速做出反应。不仅如此,美方还威胁如果中方不能按照美方的要求达成新的贸易协定,或者采取报复措施的话,那么将对剩余的 2 670 多亿美元的中国输美产品加征新的关税。

据统计,美国与中国互为贸易第一大国。2018 年,中美两国之间仅货物贸易就已经超过了 6 300 亿美元,双向投资累计金额超过 2 400 亿美元。2018 年,中国的 GDP 总量按美元计已超过 13 万亿美元,美国则超过 20 万亿美元,中国的 GDP 总量业已接近美国的 70%。从未来的发展来看,中国进一步缩小与美国的差距,几乎是可以确定的大概率事情。而世界银行等国际组织按照购买力平价来测算的经济总量,中国已经达到甚至超过了美国的水平。在这种情况下,以美国为首的西方国家呈现出对中国崛起的"集体焦虑",以经贸为武器打压中国,发动贸易摩擦甚至贸易战必将成为一种"常态"。在此背景之下,我国外贸企业的出口将面临更多的变数与不确定性。

思考:

1. 中美贸易摩擦背后的本质是什么?
2. 中美贸易摩擦对我国外贸企业出口将产生哪些影响?应如何应对?

二、国际市场营销的任务

在国际市场营销中,企业行为不仅要受到国内环境因素的制约,还要受到国际环境因素的影响。由于每一个国家或地区都有其不同于其他国家的特定环境,因此企业所涉及的外国市场越多,它所面临的不可控制因素也越多。

企业从事国际市场营销的基本任务,就是在全面考虑营销环境不可控制因素的基础上,确定营销目标,制定营销战略和策略,并有效地组织实现和检查控制。这里,企业的可控制因素通常包括产品、价格、促销和分销渠道,而不可控制因素包括政治、经济、竞争等环境变量(见图 1-3)。

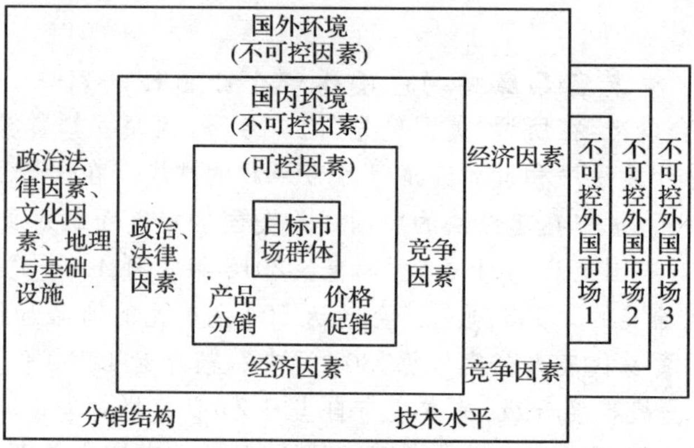

图 1-3 国际市场营销的任务

(一) 营销不可控制因素(Incontrollable Marketing Factor)

不可控制因素既有来自国内的,也有来自国外的。国内不可控因素指企业不可控制的外部环境因素,包括国内政治力量、法律结构、竞争力量和经济景气等。这些因素对于企业在国际市场上的经营活动会产生各种直接或间接影响。例如,本国的对外政策就对企业的国际市场营销活动具有很大的影响。在影响企业国际市场营销活动的诸环境因素中,除了国内不可控制因素,还有更为复杂的国外不可控制因素。这些因素包括:国外的政治因素、经济形势、竞争形势、技术水平、分销渠道结构、地理和基础设施、文化因素等。在国际市场营销中,公司将面临的所有这些不可控制因素中,以国外文化环境因素影响最为广泛和深刻。

(二) 营销可控制因素(Controllable Marketing Factor)

要在国际市场上获得成功,企业必须以目标市场的需求为核心,设计一个适合企业外部环境的营销方案。营销方案的可控制因素,即产品、价格、分销渠道和促销策略等四个能够被公司控制的因素。在公司拥有必要资源的情况下,为了适应不断变化的市场条件和公司目标,营销人员可以对这四个因素进行综合运用。

营销策略是有关国际市场营销的战术问题,是国际市场营销战略目标得以实现的基础。企业除了为国际市场提供一个适销对路的产品,还必须为产品制定合理的价格,选择适当的分销渠道,并配以必要的广告宣传,才能使产品顺利地到达国外最终消费者手中。这些策略不是一成不变的,企业应根据市场条件和企业目标的变化,及时对它们进行调整。

(三) 目标市场群体(Targeted Market Groups)

通过市场细分寻找最佳的市场机会,是国内营销中的重要策略。国际市场营销同样十分重视市场细分。许多企业把在文化、宗教、政治等方面往往具有某种相似性的地理上邻近的有关国家,看作一个市场群体,在经济发展阶段、市场规模、国民收入、流通结构及消费者行为特征等方面具有相似或一致性的市场,也可以被看作是一个目标市场群体。

本章小结

国际市场营销是在市场营销的基础上发展起来的,是一国国内市场营销在空间上的扩展,是企业进行的跨国界的市场营销活动。国际市场营销(International Marketing)简称国际营销,是指企业向一国以上的市场提供产品或劳务,在满足市场需求的基础上实现更大的经济利益的跨越国界的经济活动。国际市场营销与国内市场营销、国际贸易之间既有联系也有区别。

国际市场营销的基本类型是与国际企业发展的基本形态相关联的。国际企业的基本形态发展曾经历贸易型、海外投资型及跨国公司型。伴随国际企业的发展,国际市场营销也先后发生过三种形态变化:贸易—对外营销型、海外投资—国外营销型、跨国公司—多国营销型。

4Ps 理论是营销学的基本理论,它最早将复杂的市场营销活动加以简单化、抽象化和体系化,构建了营销组合理论的基本框架。在它之后,又衍生出 6Ps、10Ps 以及 4C、4R 等新概念。

企业跨国营销的发展经历了国内营销→出口营销→国际营销→多国营销→全球营销的过程。从目前看,众多国家仍处于国际营销阶段,少数经济发达国家的跨国公司已进入全球营销阶段。

国际企业经营观念是指指导企业开展国际营销活动的态度、思维方式和商业哲学。它研究一个企业以何种观念和态度来处理国际营销活动中所涉及的顾客、企业本身及社会各方面的利益问题。企业经营哲学随着跨国营销的演进而变化,主要经历了生产观念、推销观念、营销新观念、营销战略观念、全球营销观念、绿色营销观念。

企业走向国际市场的动因可以粗略地分为两大类:直接的内部推力和间接的外部拉力。企业可能基于其中的一种原因,也可能是基于其中的多种原因而走向国际市场。

一般来说,企业国际市场营销的基本步骤由四个阶段组成:分析、计划、实施和控制。国际市场营销是在全球视角下开展企业的市场营销活动,企业在开展国际市场营销时应根据国内外不可控制的环境因素,应用企业可以控制的因素制定出国际营销的战略目标,并采取具体措施加以实现。

课后习题

1. 什么是国际市场营销?它与市场营销、国际贸易有什么异同?
2. 国际市场营销的基本类型有哪些?
3. 西方跨国企业的国际市场营销经历了哪几个阶段?对我国的企业具有什么借鉴意义?
4. 西方跨国企业经营观念的演变经历了哪几个阶段?对于我国企业走向国际市场有何启示?
5. 企业走向国际市场的动因有哪些?
6. 有效开展国际市场营销分为哪几个步骤?

7. 假如有一个国有企业还不具有国际营销观念,你觉得应该采取什么办法转变其观念?请给出具体方案。

8. 上网查找某跨国公司的经营历史,了解该企业某一产品由本国市场走向其他国家或地区的销售情况,总结该企业经历的营销阶段及其营销观念的转变过程,说明企业国际化经营的重要意义。

案例分析

从面粉到面包

1886 年成立的美国皮尔斯堡面粉公司一直到 20 世纪 20 年代以前,都奉行本公司旨在制造面粉的宗旨,因为当时生产力水平较低,产品供不应求,同时人们的消费水平也不高,面粉公司认为不需要做大量宣传,只需要保持面粉的质量,大批量生产,降低成本和售价,销量就自然增长,利润就大幅度增加。

1930 年左右,美国皮尔斯堡公司发现,在销售公司产品的中间商中,有的已经开始从别的厂家进货,销量也随之不断减少。为了扭转这种局面,公司改变了自己的宗旨,提出了本公司旨在推销面粉的口号,同时在公司内部成立市场调研部门,选派大量的推销人员推销,力图扭转局面,扩大销售。公司非常重视推销技巧,不惜采用各种手段,进行大量的广告宣传,甚至使用硬性兜售的手法推销面粉。

然而各种强力推销方式并没有满足顾客经常变化的新需求,特别是随着人们生活水平的提高,这一问题也就日益明显,迫使面粉公司必须从满足消费者的心理及其实际需要出发,对消费者进行分析研究。1950 年前后,面粉公司经过市场调查,了解到战后美国人民的生活方式已经发生了变化,家庭妇女采购食品时,日益要求多种多样的半成品,如各式饼干、点心、面包等,来代替购买面粉回家做饭。针对市场需求的变化,这家公司开始生产和推销各种成品和半成品的食品,使得销售量迅速上升。

1958 年,这家公司又进一步成立了皮尔斯堡销售公司,着眼长期占领市场,着重研究今后 3 年到 30 年消费者的消费趋势,不断设计和制造新产品,培训新的销售人员,力求更好地满足顾客的需要,并且提出了“顾客是上帝”的口号。

思考题:

1. 皮尔斯堡面粉公司的企业经营观念经历了哪几个过程?每一过程的特点是什么?
2. 结合皮尔斯堡面粉公司这个案例,谈谈你对市场营销的认识。
3. 如果该公司要开拓国际市场,还应该做好哪些工作?

武汉理工大学
精品在线开放课程
教学视频一第一章

第二篇

分析国际市场营销机会

根据我国商务部综合司的最新统计，2018 年我国进出口总值 46 230.4亿美元，同比增长12.6%。其中出口24 874亿美元，增长9.9%；进口 21 356.4 亿美元，增长 15.8%。我国的贸易伙伴更加多样化，其中与欧盟、美国、东盟之间的进出口增速均快于整体增速。其主要原因是企业生产经营日益国际化、全球化，使得原材料、中间产品及最终产品或劳务需要在不同的国家中发生频繁的转移，在这种条件下要求企业在经营活动中必须以战略的眼光，从全球市场出发来制定决策，开展国际市场营销，寻找最有利和最有效的销售机会。

我们知道，国际营销与国内营销之间的主要区别在于营销环境的差别。企业国际营销活动是在一个非常复杂、瞬息万变的国际环境中进行的。营销环境对企业的营销决策至关重要。企业必须根据国际营销环境变化，制定和适时调整营销组合策略，有效利用由于环境因素的变化带来的机遇，才能取得营销活动的成功。

在复杂国际市场营销环境中，决定企业、个人或政府组织在什么时候购买、在什么地点购买，最根本的因素是人，即顾客，尤其是在购买者自身需要方面。为了满足自身需要，购买者就会产生购买动机，探索其购买规律，才能预测可能发生的购买行为，把握潜在需求转化为现实需要的动向,发现市场机会,调整企业经营方向和发展规模,扩大企业产品的销售量。

不管是个人、企业或是政府组织在进行产品购买时都要进行市场调研,尤其是国际营销人员,在面对复杂的国际营销环境时,一定要学会综合运用各种调研方法和手段,利用多种途径,广泛地搜集、分析、整理相关市场信息,充分了解市场需求、消费者购买行为、竞争对手的营销策略变化情况,为营销管理提供资料来源,为企业制定营销战略提供有力的依据。在我国,目前随着经济体制的改革、深化,企业要直接面向变化莫测的市场,参与激烈的市场竞争,必须逐渐地重视市场调研工作,也只有这样才能发掘出更好的市场营销机会。

为了抓住市场营销机会,企业还应对众多的国家进行分类和筛选(Segmentation),从中选择出需求量大,同时又被竞争对手忽略的国家作为目标市场(Targeting),然后对这些国家中的顾客做进一步的细分,选出某些顾客群作为目标市场,实行目标营销和市场定位(Positioning),从而才能在激烈的国际市场竞争中获得竞争优势。

本篇主要介绍如何分析国际市场营销的机会,包括国际市场营销环境分析、国际市场及顾客购买行为分析、国际市场调研及 STP 战略分析。通过本篇的学习,使学生懂得如何在复杂多变的国际环境中借助市场调研等工具深入了解国际市场及顾客购买行为,并通过 STP 战略分析、识别和把握国际市场营销机会。

第二章　国际市场营销环境

【学习目标】

了解国际市场营销中自然环境、文化环境、政治法律环境、技术环境、经济环境、人文环境等基本概念、构成、内容及其对企业国际市场营销的主要影响。

案例导入

北京肉鸡出口的失利和精工手表营销的成功

1979年,我国北京某公司向伊朗出口了200吨肉鸭,这宗业务在国内的一切活动都十分顺利,但货物刚运抵伊朗海关,就被打了回票。中方人员百思不得其解,出面交涉,但被告之,这批鸭子的屠宰方法不合伊斯兰教教规,必须退货。于是,肉鸭不得不"出口转内销",北京出口公司损失惨重。

与之形成鲜明对比的是,日本精工表公司在伊斯兰教国家曾创下了大获全胜的奇迹。过去,该公司生产的精工牌手表虽然物美价廉,但由于国际竞争的剧烈,在伊斯兰教国家的销售一直很难打开局面。怎么办呢?公司的营销管理者突然意识到他们面临的市场,乃是一个有着特殊宗教传统的市场。穆斯林们无论在世界什么地方,每天都要面朝他们的圣地麦加向着真主祷告。于是公司开发了一种具有独特功能的手表,即无论在世界任何地方,手表都能将当地时间转换成穆斯林时间,并能在应当祷告的时刻自动提醒戴手表的人,而且表上的一根"指南针"始终指着麦加的方向!这种手表一投放市场,立即获得了穆斯林们的青睐,而精工表公司也得到了它应该得到的一切。

启发思考:

(1) 中、日的这两家公司国际营销成败的症结是什么?

(2) 作为一个国际营销者,应该如何应对此类问题?

第一节　国际市场营销的自然环境

在国际市场营销中,有很多因素是属于营销者自身无法控制的,但这些因素对营销的影响又是不可忽视的。本节的自然环境就是这样一种因素,包括自然资源、土地面积、地形、地貌和气候条件等。人们常用"向爱斯基摩人推销冰箱"来证明营销策略"人定胜天"般的无所不能,但在实际营销工作中更多的是“人顺应天”——向爱斯基摩人推销防寒服难道不是更好的选择吗?

一、世界主要国家或地区的自然环境

(一) 亚洲

1. 中国

中国位于亚洲东部、太平洋的西岸。领土总面积约960万平方公里,居世界第3位,差不多同整个欧洲面积相等。气候具有夏季高温多雨、冬季寒冷少雨、高温期与多雨期一致的季风气候特征。自然资源方面:海洋资源丰富,近海渔场较多,海盐产量居世界首位,海洋中矿产资源十分丰富;是世界上植物资源和动物资源最为丰富的国家之一;矿产171种,其中钨、锑、稀土、钼、钒和钛等的探明储量居世界首位。煤、铁、铅锌、铜、银、汞、锡、镍、磷灰石、石棉等的储量均居世界前列。

2. 日本

日本位于欧亚大陆以东、太平洋西部。日本是一个岛国,国土总面积共37.795万平方公里,其中约75%属山地丘陵地带。日本气候明显受到季候风及洋流交汇的影响,年温差较小且降水充沛,南北气候差异十分明显。日本矿物品种众多,有“矿藏博物馆”之称,但日本的大部分矿藏难以开采利用或缺乏开采价值,是一个天然资源短缺的国家。

(二) 欧洲

1. 英国

英国是位于西欧的一个岛国,国土面积24.41万平方公里,是由大不列颠岛上英格兰、苏格兰、威尔士以及爱尔兰岛东北部的北爱尔兰共同组成的一个联邦制岛国。英国属温带海洋性气候,全年温和湿润,四季寒暑变化不大,适合植物生长,但天气多变。一日之内,时晴时雨。英国主要的矿产资源有煤、铁、石油和天然气;动植物种类丰富。

2. 德国

德国以温带气候为主,是欧洲联盟中人口最多的国家。德国地形变化多端,有连绵起伏的山峦、高原台地、丘陵,有秀丽动人的湖泊及辽阔宽广的平原。德国自然资源较为贫乏,在原料供应和能源方面很大程度上依赖进口,2/3的初级能源需进口。

3. 法国

法国为欧洲国土面积第三大、西欧面积最大的国家。地势东南高西北低,中南部有中央平原,西北部是北法平原,平原和丘陵约占面积4/5,河流众多。法国主要矿藏为铁矿,次为铝矾土和钾盐矿。

(三) 北美洲

1. 美国

美国面积仅次于俄罗斯、加拿大、中国,排名第四,由美国本土、阿拉斯加州及夏威夷州三个部分所组成。美国的气候大部分地区属温带和亚热带气候,仅佛罗里达半岛南端属热带,河流湖泊众多。农业、矿产和森林资源丰富,在世界上占有举足轻重的地位。矿产方面,铁矿石、煤炭、天然气、铅、锌、银、铀、钼、锆等产量均居世界前列,但战略资源(如钛、锰、锡、钴、铬、镍等)则主要依赖进口。

2. 加拿大

加拿大的国土面积是世界第二,仅次于俄罗斯,这个国土面积比中国还大的国家,人口只有中国的1/40。加拿大地域辽阔,森林、矿藏、能源等资源丰富。矿产有60余种,镍、锌、铂、石棉的产量居世界首位,铀、金、镉、铋、石膏居世界第二位。

(四) 非洲

非洲有"热带大陆"之称,其气候特点是高温、少雨、干燥,气候带分布呈南北对称状。全洲年平均气温在20℃以上的地带约占全洲面积95%,其中一半以上的地区终年炎热,有将近一半的地区有着炎热的暖季和温暖的凉季。全洲1/3的地区年平均降水量不足200毫米。东南部、几内亚湾沿岸及山地的向风坡降水较多。非洲为高原大陆,地势比较平坦,东南部高,西北部低。沙漠广布,沙漠面积占全非洲陆地的1/3。河流季节变化大,多峡谷、急流和瀑布。水能资源丰富,不利航运。

(五) 大洋洲

1. 澳大利亚

其领土面积768.685万平方公里,四面环海,是世界上唯一国土覆盖整个大陆的国家。拥有很多独特的动植物和自然景观的澳大利亚,是一个奉行多元文化的移民国家。作为南半球经济最发达的国家和全球第十二大经济体、全球第四大农产品出口国,其也是多种矿产出口量全球第一的国家,因此被称作"坐在矿车上的国家"。同时,澳大利亚也是世界上放养绵羊数量和出口羊毛最多的国家,也被称为"骑在羊背上的国家"。

2. 新西兰

新西兰是一个政治体制实行君主立宪制混合英国式议会民主制的国家,现为英联邦成员国之一。新西兰位于太平洋西南部,领土由南岛、北岛两大岛屿组成,以库克海峡分隔,南岛邻近南极洲,北岛与斐济及汤加相望。首都惠灵顿以及最大城市奥克兰均位于北岛。

新西兰是一个高度发达的资本主义国家。世界银行将新西兰列为世界上最方便经商的国家之一,其经济成功地从以农业为主,转型为具有国际竞争力的工业化自由市场经济。鹿茸、羊肉、奶制品和粗羊毛的出口值皆为世界第一。新西兰也是大洋洲最美丽的国家之一,总计约有30%的国土为保护区,拥有3项世界遗产、14个国家公园、3座海洋公园、数百座自然保护区和生态区。

二、自然环境对国际市场营销的影响

(一) 对产品需求的影响

自然环境不同的地区对产品的需求、产品性能的要求上都是存在较大差异的。某些在温带地区功能正常的产品到了热带地区则变得不能适用,往往需要经特别冷却或添加润滑剂之后才能适应热带气候。例如,欧洲大陆的气候差异致使西门子公司对其洗衣机做出更改,由于德国晴朗天气较少,在该地区适销的洗衣机转速不得低于1 000转/分,最大转速几乎达到1 600转/分。这样,用户不必再费神去拧干衣服。而在意大利和西班牙,由于阳光充足,洗衣机转速达到500转/分就足够了。拉巴斯是一个高纬度城市,高压锅比普通锅更受欢迎。鄂木斯克的年平均温度只有 1.4℃,最冷月的平均温度为−17.4℃,供暖设备比制冷设备拥有更大的需求。在鄂木斯克,普通标号的车用柴油在冬季根本无法使用。

(二) 对营销体系的影响

自然环境对营销体系的建立和正常运转也有很大的影响。加拿大是个地广人稀、气候寒冷的国家,长途运输和严寒给营销工作带来不小的困难。蒙特利尔等大城市常常会因突降大雪而与外界隔离,那时货物运输常常会被延误 3 至 4 天,因此当地企业的安全存货水平一般会高于正常水平。此外,车皮不足也会导致运输延误,严寒天气下的长途运输所需的取暖费用也使得公司的运输成本上升较多。一般而言,在山地地区和内陆地区,交通不便,信息也较为闭塞,分销体系的建立和营销工作的开展要比沿海地区困难更大,成本更高。

(三) 对营销时机的影响

由于每一个国家的地理位置都不一样,因此在同一个时期,每个国家的自然气候会表现出较大的差异性,有时甚至是完全相反,因此企业在不同的国家开展营销活动时,对于不同时节的产品要特别注意目标国的气候情况。比如澳大利亚和中国,由于分属于南北半球,气候截然相反,如果在中国很畅销的夏季时装,同时拿到澳大利亚销售,恐怕会令人啼笑皆非。

三、环境保护与国际市场营销

人类的经济活动一方面将环境改造得更加适合自身的生存和生活,但另一方面,又带来了一系列深刻的环境问题,如全球气候变暖、酸雨、地球臭氧层遭到破坏、温室气体数量增加、耕地沙漠化、对重要自然资源的过快掠夺、雨林的消失以及物种灭绝等。类似这样戏剧性的变化正在从根本上影响全球环境。经济增长大多要依靠从森林、土地、海洋和河流中获取原材料才能实现。20 世纪工业产出增长了 150 多倍,其中 4/5 的增长都发生在 1950 年以来的半个世纪。由于人类的非持续经济增长活动,地球的重要资源正在下降到警戒水平,未来的经济活动可能会对生态环境造成新的巨大损失。

营销活动不可能把自己同生态问题孤立开来。国际营销者必须考虑满足消费者需要时所需耗费的资源,并考虑消费行为对人类命运和生态环境的影响,这就需要采取“可持续营销”策略,即从竞争和生态角度都具有可持续性的营销思想。可持续营销需要实现两个转变。首先,需要正确地引导顾客需求和期望。通过有效沟通,对客户进行教育、宣传,并把他们的需求引导到符合生态要求的产品和服务上来,改变低效的、对环境造成破坏的消费习惯,必要时甚至可以对某些顾客的消费习惯采取价格和非价格的遏制措施。其次,营销者需要向顾客提供“社会生态型”产品,开发出能满足消费者的眼前需求,而又不牺牲子孙后代利益的产品和服务。不仅要寻求不破坏环境的绿色产品,还要开发出能改善环境状况的产品和服务。有些公司如 3M 公司、道尔化学工业公司、美国电话电报公司和宝马公司等,都已经开始在“可持续营销”方面做出一些努力。

第二节　国际市场营销的文化、政治、法律环境

一、东道国的文化环境

文化是历史的沉淀，虽然历史的进程中不同文明相互影响和渗透，但是不同国家和民族的文化依然保持了各自独特的一面。不同文化的民族在社会行为上存在较大的差异。日本人不喜欢握手，他们见面时鞠躬致意；巴西人等公共汽车不排队，喜欢穿棕色的鞋而不是黑色的鞋，参加鸡尾酒会时常晚到两个小时；希腊人会目不转睛地看人，当他们表示不同意时就点头；法国人用一片面包把吃过的盘子抹干净，把糕点放入咖啡里，在小酒馆和陌生人握手；英国人吃饭时把汤盘放在离自己远一点的地方，倒拿着叉子吃豌豆，还在雨中打高尔夫球。

国际营销不可避免地要面对与母国存在很大差异的文化环境，语言、宗教、价值观这些因素会在很大程度上影响东道国居民的消费行为。因此，国际营销者很有必要研究东道国的文化环境，并在整个营销计划中充分考虑到文化的差异性，因地制宜，制定出具有文化针对性的营销方案。实际上，文化不可避免地渗透到营销各个环节之中，包括产品、定价、渠道和促销，国际营销的成败与否在很大程度上取决于营销努力和文化因素的相互作用。社会文化对国际市场营销的影响如图2－1所示。

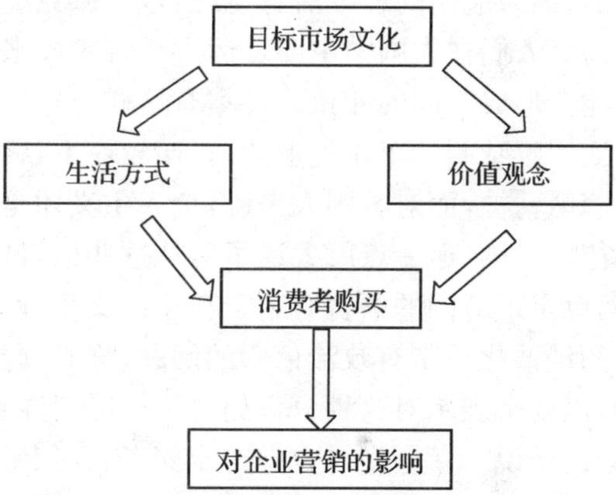

图2－1　社会文化对国际市场营销的影响

（一）文化含义

人和人差异之处有两方面：体质差异和文化差异。根据体质上的差异，如体形和生理特性可以把人类分成不同的类型，如黑人和白人。除此之外，人类还存在文化差异——不同的语言，不同的习惯、思想和信仰，并且还被组合在不同的社会组织中。正是文化上的差异造成了各人所具的个性，其重要性凌驾于体质差异之上。这一点对于在不同国家和地区开展营销的企业来说尤为重要。

爱德华·泰勒在其巨著《原始文化》中对文化的定义是："文化是包括全部的知识、信仰、艺术、道德、法律、风俗以及作为社会成员的人所学习和接受的任何其他的才能和习惯的复合体。"

文化和社会是有区别的，"文化是由大家共同享有的社会产品构成的，而社会则是由共同享有某一种文化的、相互作用着的人们组成的"；但是文化和社会又联系密切，"如果没有文化，一个社会就无法生存。而如果没有社会的维护，文化也无法存在。"

（二）文化的内容及对营销的影响

就文化的内容而言，著名社会学家伊恩·罗伯逊认为，"文化包括大家共同享有的全部人类社会产品。这些产品可以分为基本的两大类：物质的和非物质的。物质文化包括一切由人

类创造出来并赋予它意义的人工制品或物体——轮子、衣服、学校、工厂、城市、书籍、宇宙飞行器、图腾柱。非物质文化则由比较抽象的创造物组成——语言、思想、信仰、规定、风俗、神话、技能、家庭模式、政治态度。"

1. 语言

人类区别于其他动物的重要特征之一就是能够通过语言来彼此交流。语言不是由固定的信号组成的,而是由学来的符号组成的。符号只不过是有意义地代表某样事物的东西。手势、面部表情、图形和数字都是符号,但最有用、最灵活的符号是说出来或写出来的词。词是用以表示物体和概念的符号。每种人类语言都是由几十万个词组成的,它们有着社会约定的含义,并可按照语法规则结合在一起,表达人脑所能产生的思想。

许多语言学家都认同本杰明·沃尔夫的理论或假说,我们所说的语言不仅仅是表达我们的思维,而且是很大程度上决定了我们的思维方式的工具。西班牙人和英国人以不同的方式看待世界,因为西班牙人用西班牙语思维,而英国人用英语思维。英国人以一定的方式活动和生活,因为他们的思维沿着"盎格鲁—撒克逊"的轨迹运行,这个轨迹与近代拉丁语的轨迹完全不同。人们在大脑中主要是运用语言手段来组织印象的。对于同一现象,英国人和西班牙人可能会形成不同的印象。日本有这样一句谚语,"冒尖的钉子挨锤敲"。而美国也有一句类似的话,"嘎吱叫的车轮先上油"。比较一下,我们就会发现两句话中细微的差别。日本人强调的是团队精神,而对美国人来说,个人主义才是重要的。再比较一下英国谚语"迟做总比不做好"和德国谚语"迟一点就太迟了",从这些语言中可以看出不同文化对时间迥然不同的态度。了解、尊重东道国的语言有利于在不同文化背景的国度拓展营销。在有些地方,如法国,本国语言的纯洁化是带有政治色彩的问题,你必须能说一口标准的当地话或借助翻译来进行商务活动,以此来表示对这种语言的尊重。需要注意的是,不同国家的商务礼仪用语也很不同。在日本,由于说"不"会使对方觉得没面子,人们常常用"Hi"来代替,"Hi"的意思是"是的,我明白",但那并不表示同意。日本社会非常重视维护表面的和谐,因此你的日本同行可能只会在朋友之间的交往中才会变得坦率。菲律宾人很少说"不",因为不愿出现对立,他们有时嘴上说"是",头却向下垂表示"不"。在阿拉伯国家,人们经常说"大概"或"也许"来代替说"不"。

不同文化对语言沟通的倚重程度有所不同。爱德华·豪尔(Edward Hall)就此提出高背景和低背景的概念作为理解不同文化的取向的一种方式。在低背景文化中,信息的表达比较直接明确,语言是沟通中大部分信息的载体。高背景文化中,一条信息的语言部分所包含的信息比前者少,而大部分的信息隐含在沟通接触的过程中,涉及参与沟通人员的背景、所属社团及其基本价值观。

表 2-1　高文化背景与低文化背景

因　素	高文化背景	低文化背景
谈判	含蓄,涉及人与人之间的了解	直接明确,速度较快
集体与个人利益	更注重集体利益	侧重个人利益
空间	人与人之间保持较近的距离	十分在乎私人空间
对于尊重的原因	通常会尊重和听从一个高辈分的人	会更考虑对方的品德和提出的建议是否正确
代表性国家	日本、中东	美国、北欧

2. 非语言沟通

除了语言以外，同样要留意不同文化背景下非语言交流方式存在的差异。各种手势和动作，包括人们交谈时相互的距离、眼光对视的多少，以及一个响指或点一下头的含义都是由所在国家的文化决定的。

在身体接触方面，意大利就是以热情的拥抱而著称，而德国则较为保守。在谈话距离上，日本人在交谈过程中也保持较大的距离，可能是为鞠躬留下足够的空间；而阿拉伯人的谈话时保持的距离非常小，对方如果退后对他们而言是一种侮辱。各国对于姿势也有不同的讲究。美国人从小就被要求要坐直和站直，以示尊敬；在印度，合适的姿势是手放背后，以表示恭顺；而在泰国，一个合适的谦恭的姿势是双手合十置于胸前；在新加坡和泰国，把鞋底对着别人的坐姿是一种冒犯，这表示你在精神上把对方踩在脚底。

知识链接

非语言沟通与交际

人们经常用面部表情、眼神和动作来交流，但即使是在同一国度也容易被误解，因为有许多因素影响着我们对这些形体语言的理解。在从事国际商务活动时，很可能戴上自身文化的“有色眼镜”，要准确理解对方的身体用语可能会变得更为困难。以笑为例，希腊人在生气的时候可能会微笑，亚洲人可能用微笑来掩饰不快和尴尬，在日本大笑常常表示尴尬和震惊，而在中国有许多种笑，从“干笑”到“讪笑”。不同文化对目光对视也有不同的理解。美国人认为直接对视表示兴趣、关注和尊敬，否则可能被认为是躲躲闪闪，甚至是撒谎；而在印度却尽量回避对视，以示尊重。即使在同一个国家，目光接触是否恰当也要视情况而定。在伊斯兰国家，女子通常不正视男子，而男子则可以相互对视；在拉美和亚洲，地位较低的人通常不直视地位高的人。在交流过程中，手势的多少和作用随着国家的不同而各异。与一些欧洲和阿拉伯国家相比，美国人较少用手势，日本人则更少做手势；法国人比美国人善谈，也多用手势，而意大利人更爱用手势。而且，同样的手势在不同国家有着不同的理解。“OK”的手势（拇指和食指握成圈，另外三指张开）在美国表示赞许和前进，而在巴西、意大利南部和希腊却是一个卑鄙下流的手势，在苏联和德国的一些地方也属于不礼貌的手势，在日本表示“钱”，在法国南部它代表“零”或“不值钱”。在保加利亚摇头表示“是”，点头则表示“不是”，这和美国恰恰相反。

3. 社会结构

社会结构就是指某一社会制度的基本成分之间有组织的关系。虽然这些基本成分的特征及其彼此间的关系因社会而异，它们却为一切人类社会提供了框架。在不同国家开展营销，需要留意其社会结构。

首先，以血缘关系为基础的家庭，家庭的数量会直接影响到某些商品的需求量。假设在人口总规模一定的条件下，家庭规模如果越小，那么社会中存在的家庭数量就会越多，以家庭为购买单位的消费品市场如电器、家具等产品，市场的购买潜力就会越大。另外，家庭关系紧密程度也会影响到国际营销的开展方式，如在家庭关系较紧密的社会组织中，面向家庭的促销可能比面向家庭成员的促销更为有效。在加拿大，英语地区的观众较为欣赏一位家庭主妇所做的电视旅行广告，而家庭纽带较为密切的法语地区观众则更欣赏夫妇同行的电视旅行广告。

其次,除家庭之外的各种社会组织形式,包括社区组织、特殊社会团体以及社会阶层等,也直接影响着国际市场营销的开展。以社会阶层为例,每个人一出生,就会成为父母所属社会阶层中的一个成员。不同的阶层的人有不同的市场需求,他们在支出模式、休闲活动、信息接收和处理、购物方式等方面都会有差异,因此国际营销应当识别不同社会阶层的消费者,以便更好地满足他们的需求。例如,印度社会等级制度森严,出生背景低下的人们不太可能通过接受教育来大幅提高社会地位,向这些人推销书籍或是其他辅助教育的产品的难度较大。

4. 宗教信仰

宗教是社会共同持有的一套信仰和认识,它引导人们相信存在着某种神圣的超自然的王国。宗教是一种普遍存在的文化现象,它是世界文明的一个组成部分。人类几乎每个民族在不同的历史时期都不同程度地信仰各种不同的宗教。在日常生活中,宗教信仰直接影响人们的生活态度、价值观念、风俗习惯和消费行为。企业要进入某一目标市场国,就必须了解当地的教规,尊重当地人民的宗教信仰,并适当地加以利用。世界宗教分布如图 2-2 所示。

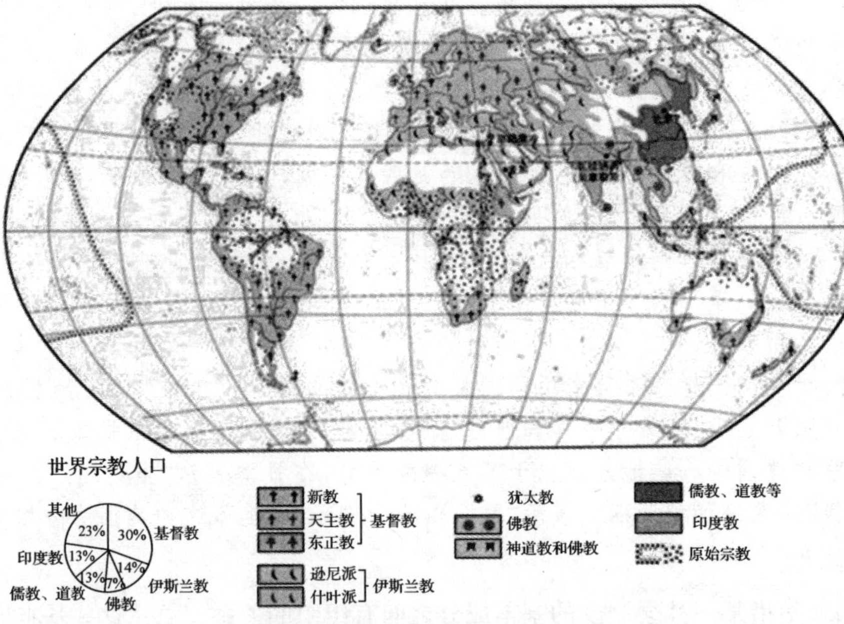

图 2-2　世界宗教分布

在宗教因素上,企业进行国际营销中应注意:

(1) 宗教禁忌。不同的宗教对动物、烟酒、肉食等的需求和使用有不同的禁忌。例如,伊斯兰教徒禁食猪肉及与之有关的一切食品,2001 年印尼的“味之素”风波的影响之恶劣至今仍令业界心有余悸。印度教教徒则将牛奉若神明。在法国,海尔产品主要标志是一个棕色皮肤、一个白色皮肤的两个小男孩,许多在超市买空调的中年女顾客非常喜欢,把他们和西欧传统中的天使形象联系起来。在中东,这两个小孩就不能出现在包装上,因为两个小家伙没穿衣服。

(2) 宗教节日。一般宗教节日是最好的销售旺季,如圣诞节、春节、狂欢节等,欧美国家许多法定节日大都与宗教有关，每年的圣诞节都是购物的高峰期；在中东，朝圣季节是企业推广产品的大好时机，因为朝圣者通常在朝圣时购买大量的家庭用品，但伊斯兰教的斋月是消费的低潮时期。

(3) 宗教组织。宗教组织在社会中有相当大的影响，既是购买团体和消费力量，又对消费者的购买有影响。

(4) 宗教矛盾。有宗教矛盾的地区或国家往往政治不够安定，冲突经常发生，国际企业在这些地区的营销活动应认真考虑。

宗教直接影响着人们的生活态度、价值观念和风俗习惯，从而影响人们的消费行为。企业要成功进入某一个目标市场，尤其是宗教信仰观念浓厚的国家，必须要了解当地的教规，尊重当地的宗教信仰，并可以适当加以利用。例如，日本精工(SEIKO)公司为伊斯兰教徒推出了功能新颖的“穆斯林”手表，此表能将世界各地140个城市的当地时间转换为伊斯兰教圣地——麦加的时间，每天鸣叫5次提醒使用者按时祈祷。这种表一经问世，就受到世界各地的穆斯林的普遍欢迎。而我国某公司向科威特出口北京鸭，因未按照伊斯兰教的屠宰方法处理，违反该国宗教禁忌，致使全部货物退回，不仅经济上受到了损失，政治上也造成了不良影响。

知识链接

外国风俗习惯忌讳要点

(1) 阿拉伯人认为左手是肮脏的，所以在服务过程中绝对不可使用左手。阿拉伯人见面必说“真主保佑”，且要将右手盖在左手上，所以这也成为服务规范之一。

(2) 信奉伊斯兰教的客人特别忌讳任何与猪有联系的东西：一双红漆筷子、口布插花中的猪、骨头煮汤(如锦江接待的一位该教徒的国家元首，刚坐到宴会桌上就拂袖而去，责问道“你们这是什么意思”)。

(3) 美国人喜欢吃牡蛎而不吃蜗牛；法国人吃蜗牛而不吃蝗虫；秘鲁人吃蝗虫而不吃鱼；犹太人吃鱼而不吃猪肉；印度人吃猪肉而不吃牛肉；苏联人不吃蛇而吃牛肉；香港人讲究吃“拌鸭掌”，外宾不吃鳝丝。

(4) 给日本人祝寿可送乌龟作吉祥物；意大利人在任何时候都不愿意看见“不吉利”的菊花。

(5) 郁金香在土耳其被看作爱情的象征，但在德国却被认为是没有感情的花。

(6) 荷花在日本被认为是不祥之物，它意味着祭奠；去医院探视朋友不能送白花，那将表示不吉利。

(7) 菊花是日本皇室的专用花卉，可是菊花在意大利和拉丁美洲各国则被认为是“妖花”，只能用于墓前和灵前。

(8) 英国人忌送百合花，认为百合花意味着死亡。

(9) 在法国，黄色的花朵被视为不忠诚的表示；康乃馨表示不幸；认为核桃是不祥之物。

(10) 在巴西，绛紫色的花卉一般用于葬礼。

(11) 在国际交际场合，忌用菊花、杜鹃花、石竹花、黄色花献给客人已成为惯例。

(12) 信仰印度教的人不吃牛肉，泰国人都不吃牛肉。

(13) 信伊斯兰教的教徒把教历九月作为穆斯林的斋月，自日出至日落，信徒们遵守绝食的教规,必须等日落后才开始进食。

(14) 佛教教徒专门吃素食,素菜供应的品种有素鸡、鸭、海参、烤鸡、豆制品模仿的食品。

(15) 美国人和欧洲人对"13"很忌讳,所以排桌号、房号都不用"13"。它源于《最后的晚餐》,耶稣和弟子们一起吃晚饭,第13个人是弟子犹大,他为贪图三十块银币,将耶稣出卖了,使耶稣被钉在十字架上,这个故事流传很广,影响极深,西方人憎恶犹大,故把"13"这个数字当作"不幸的象征"。

5. 艺术与审美观

艺术被认为是包含美学成分的活动。正是这种美学成分把艺术与文化的其他方面区别开来,也因此形成一定文化背景下较为一致的审美观。这种审美观无疑会影响营销活动从产品设计到促销的各个环节。以服装为例,女性穿露背的衣服在西方被认为是一种美;而伊斯兰教徒则认为这简直是亵渎神灵。

色彩是人的一种视觉感受,人们对色彩的偏好大多是历史文化沉淀而成。因此不同文化的民族对颜色有着不同的喜好和禁忌。例如,中国人偏爱红色,认为红色代表着喜庆和福运,所以家家户户如有喜事,红色是主要的色调。而西方有些地方则视红色为灾祸,喜欢白色,结婚一定要穿白色的婚纱。因此在国际营销中,如果适当考虑目标国家消费者对颜色的喜好,在产品和包装上加以修饰,其产品就可能畅销无阻。

课堂讨论:说一说社会文化环境对营销消费品的影响。

图案也是民族文化的组成部分,不同的民族会赋予它不同的含义。比如日本人喜爱松、竹梅、鸭子和乌龟图案,不喜欢菊花和荷花图案;法国人喜爱野鸭图和百合花图案,不喜欢孔雀、大象、核桃和菊花图案;埃及人喜爱金字塔形和莲花图案,不喜欢猪、狗、熊和猫的图案;而意大利人喜爱动物图案,不喜欢菊花和仕女图案。

在有的民族,某些符号和图案代表了固有的尊敬或敌意,像星星、十字架、动物等,对于这些能引起公众感情冲动的事项都要严肃地对待。可口可乐在希腊的一则广告中,把支撑雅典娜神庙的大理石柱换成4只可口可乐瓶,引起希腊人的勃然大怒。在希腊,雅典娜神庙是备受尊崇的国家纪念物,对其图案的小小改动自然会被认为是一种对该民族文化的亵渎。最后的结果是,迫于压力的可口可乐公司不得不撤回该广告。

二、国际市场营销的政治环境

(一) 政治制度

政治和经济历来关系密切,并相互影响。由于历史发展的轨迹各异,不同国家的政治架构有着显著的不同。国际营销者很有必要通过了解东道国的政体、立法制度、行政制度、司法制度和政党制度,进而熟悉该国的政治运转状况。其中可能蕴含着无穷的商机,也有可能意味着巨大的风险。

政体类型的划分有着多种标准,比如可分为君主制和共和制两大基本类别。

君主制主要有二元君主制和立宪君主制。摩洛哥、沙特阿拉伯、约旦、科威特等实行的是二元君主制,这些国家中的君主与议会属于相对独立的两大权力系统,君主是国家政权的中心,其权力尽管要受到宪法限制,但不受其他权力机构的制衡。国家宪法由君主钦定,内阁和议会中的部分议员都由君主任命。君主的行政不受议会的约束，而且有权否决议会的决议，甚至解散议会。

知识链接

君主立宪制与共和制

立宪君主制又称为议会君主制，君主一般是虚位元首，君主权力实质上只有象征意义。议会已经取代君主成为国家政权的中心，政府内阁由议会多数党或政党联盟产生，对议会负责。如果议会否决内阁的决议，或通过对内阁的不信任案，内阁必须集体辞职。或者由内阁提请君主解散议会，重新进行大选。立宪君主制国家有英国、荷兰、比利时、卢森堡、瑞典、挪威、丹麦、加拿大、澳大利亚、新西兰、西班牙、日本、泰国、马来西亚等。

共和制政体主要分为议会共和制、总统共和制。德国、意大利、以色列等国属于议会共和制国家。在这些国家中，总统是国家的"虚位元首"，在礼仪上代表国家，总统若有违宪行为，要受到议会的弹劾。内阁是国家最高行政机构，掌握一切行政大权。内阁由议会产生，并向议会负责，若内阁提案遭到议会否决，内阁必须集体辞职或解散议会，重新组织大选。

在总统共和制国家中，议会、总统和最高法院分别掌握国家立法权、行政权和司法权，体现了立法、行政和司法的三权分立。议会、总统和最高法院分别掌握国家立法权、行政权和司法权。议会和总统均由选民选举产生，相互之间不存在权源关系。美国是最早也是最典型的总统制国家，此外实行总统制的还有拉丁美洲、非洲以及亚洲的一些国家。

（二）政党制度

政府内部的政党制度，一般包括一党制、两党制、多党制。

一党制是指某一政党在国家政权中处于绝对支配地位，或虽然可能有几个政党，但是仅有一个执政党。一党制的优点在于，由于执政党长期处于绝对的支配地位，因此政策的延续性较强，能够对长期政策进行有效执行，有效保证国家与社会的稳定。一党制在第三世界国家较多，比如越南、老挝、古巴等。

两党制是由势均力敌的两个政党组成，两个主要政党之间获取执政党地位的机会较为均衡，第三党很少获胜，但他们的存在也很重要，可以促使两个主要政党关注选民的不满。典型国家如英国与美国。

多党制是指拥有多个竞争性政党的政党制度，瑞典、以色列和意大利等国属于典型的多党制。在多党制下，每一个政党都很难长时间地执掌政权。但也有例外，荷兰、瑞典和挪威都有稳定的多党联盟，从而能进行有效的执政。

对于国际市场营销人员而言，不仅应了解执政党的政策，而且同时也应了解其他主要政党的态度与主张，特别注意不同的政党对外商和外国政府的态度，因为每一政党的主张都会对政府政策起到影响作用。

（三）政局稳定性

政策的稳定性与企业的发展息息相关，直接影响到企业经营战略的长期性。过于频繁的政权更迭会导致在该国的外国企业猝不及防，因此企业进行国际营销时，关注的另一个重要的问题就是政局稳定的程度。

1. 政权更换的频率

虽然国家的政策始终处于某种渐变状态,但企业首要关注的是一国执政党的变换。若这种变化过于频繁,便会产生一连串的不确定性,使得企业无法对营销的策略进行有效的调整。例如,2006年,泰国发生了20多年来罕见的军事政变,在两年里,相继更换了他信、素拉育、沙马、颂猜、阿披实等五位总理,政局在各派力量的较量与冲突中动荡,始终未见平息迹象。在这种政治局面下,即使国家对外来投资表示欢迎,但外国公司也应当持谨慎态度。

2. 文化分裂

文化的分裂与政局不稳定有密切联系。比如印度国内文化体系呈现出罕见的多样性,有希腊文化、伊斯兰文化、波斯文化、英语文化和中国文化的特点,而这些文化的混杂,也是造成国内骚动的重要原因。

3. 宗教对立

宗教信仰上的冲突是政局不稳的又一个重要原因,最典型的例子就是印度教和伊斯兰教的纷争和冲突,最终导致了印度境内的穆斯林独立建国——巴基斯坦,使得这块亚洲次大陆最终被分成以印度教为主的"世俗"印度以及伊斯兰教国家巴基斯坦。

(四) 国际经营的政治风险

政治风险是指由于东道国的政治环境突然或逐渐发生变化,而使外国企业或投资者在经营管理上处于劣势地位或遭受经济损失的可能性。政治风险的存在使企业经营面临巨大的不确定性,进而对企业的长期盈利和价值产生不利影响。

政治风险一般可以分为以下类型。

1. 国有化

国有化是一种将外国企业强制性收归国有的过程。国有化是有偿的,而且还有程度上的差别,有时东道国可能会给跨国公司保留少数股权。国有化主要有三个特点:一般是整个产业或部门全部收归国有,而不是个别的企业;是收归国有,而不是转由本国经营者所有;国有化通常是一个渐进的过程。

知识链接

中东国家的国有化

1973年,OPEC实行石油禁运后,中东国家纷纷将外国石油公司国有化。沙特阿拉伯、科威特等5国与英荷壳牌等9个西方石油公司达成协议,从1973年至1978年,东道国在外国石油公司中将实现25%的参股,到1983年则必须增加到51%。而实际上,到1974年,沙特、科威特、卡塔尔等国掌握的股权比例已超过了60%,科威特更是在1975年1月起将外资100%地收归国有。

2. 征用

征用是指东道国政府占有或控制外国资产,并给予一定的补偿。补偿的金额可能达不到被征用资产者的意愿。根据国际法的规定,东道国在征用外国资产时,应给予及时而足够的补偿,补偿金必须是可以兑换的货币。根据世界银行的报告,从20世纪60年代到70年代初,有22个资本出口国的1 535个公司受到76个国家511次征用。

3. 没收

没收则是最为严厉的剥夺行为,是指东道国根据自己的主权,采用强制措施无偿地接收外国资产。以征用或没收方式获得的企业可以收归国有,也可以转由本国公民所有。征用或没收的范围并不一定波及全行业,可以仅对行业中的个别企业进行。

4. 本国化

本国化是指东道国政府利用较为隐蔽的手段,逐渐控制外来投资的过程。其手段主要有:逐渐缩小外国企业在本国某一行业或某一企业中的所有权比例;提拔当地人员担任企业的高级管理职务,使本国人有更大的决策权;规定更多的产品由本地生产,而非进口组装;要求苛刻的出口比例等。对国际营销者来说,政府的这种干预形式也是一种较严重的政治风险,因为这是一种蚕食政策,企业很可能会被彻底接管。

5. 外汇管制

跨国公司的生产、经营是跨越国界进行的,因而对外汇的自由流入和流出有一定的要求。而一些东道国为促进国际收支平衡,防止资金外逃,因而对外汇买卖、外汇汇率、外汇汇出与国际结算实行管理。如果东道国政府实行外汇管制,禁止兑换或汇出,就会使得企业资金流转困难,利润难以汇回母国,自然会打击国际经营企业的积极性。在20世纪80年代初期,由于政府财政赤字过大,巴西就实行了严格的外汇管制。

6. 税收政策

税收收入是国家财政重要的收入来源,而上缴税收是企业支出的一个重要项目。如果东道国政府出于限制外资的目的,提高这些公司的税率,就会减少利润,削弱企业原本具有的价格优势与市场竞争力。1970年,加拿大政府就是采取这种措施减少美国企业对其能源及其他自然资源行业的控制,达到了增强本国控制能力的目的。

7. 价格管制

价格管制是指政府对某些商品的价格涨幅进行控制,甚至不允许上涨。价格管制直接干预了企业的定价政策。从产品角度来看,生活必需品易受政府的价格管制,从时间角度来看,政府在通货膨胀时期最可能采取价格管制措施。例如,20世纪70年代美国的尼克松政府就曾为遏制通货膨胀而冻结物价。

8. 劳工方面的限制

有的东道国严令禁止外资企业解雇工人,或者要求工人参与企业利润的分享,这对企业的正常经营也会造成麻烦。

9. 对利润汇回的限制

有的东道国对外国投资企业的利润汇回母国有所限制。如安第斯条约组织国家1970年12月在利马通过的《对待外资共同条例》中规定:外资企业每年汇出的利润不得超过利润总数的14%。阿根廷于1973年8月通过的一项限制外资的法案中,规定外国公司汇出的利润每年不得超过其投资的12.5%。

案例分析 2-1

国际市场营销的政治风险

在许多拉美国家严格限制和审查外国直接投资时,秘鲁政府采取了对外开放政策,通过放宽对外商的限制来吸引投资。为促进在石油勘探和开采领域的投资,秘鲁政府专门通过了一部新的石油法(232331 号法律),该法的亮点是为石油企业利润再投资提供税收优惠。然而,秘鲁前总统加西亚(Garcia)上台后,单方面终止了税收优惠政策,并在当年声称,"外国石油公司滥用前任政府给予的税收优惠政策,现任政府要求享受该政策的外资石油公司补缴减免的税款,同时将税率由原来的 41%提高到 68%;还要求外国石油公司增加在石油勘探领域的投资,取消与三家最大的外国石油公司(包括 Belco)签订的产品分成合同,并要求就合同内容进行为期 90 天的重新谈判。"

经过谈判,有两家公司与秘鲁政府达成了新的协议,而 Belco 石油公司拒绝按照秘鲁政府要求增加投资,拒绝补缴税款,拒绝接受新的税率。随后,该公司在秘鲁的全部资产被征收,由秘鲁国家石油公司接管。

Belco 石油公司曾在美国投保了美国国际集团(AIG)的政治风险保险,在资产被征收后,该公司向 AIG 提出 2.3 亿美元的索赔,这是当时金额最大的一笔政治风险索赔案件。在对 Belco 石油公司进行赔偿后,AIG 开始了长达八年的对秘鲁政府索赔金的追偿。最终,秘鲁政府与 AIG 签订了总额为 1.847 亿美元的赔偿协议。一个月后,AIG 获得了秘鲁政府 3 000 万美元的第一笔赔偿款。

讨论:

(1) 举例说明政治风险的类型。

(2) 该案例中属于哪种类型的政治风险?有何启示?

三、国际市场营销的法律环境

各国法律都有其自身的特点,因此有多少个国家就有多少种法律环境,这就要求国际营销者必须研究东道国的法律,规范企业在该国的营销活动。

(一) 东道国的法律环境

在母国以外开展国际营销的企业,可能要面对东道国迥异的法律环境。尽管国际法及区域法律的发展正在逐步缩小各国法律间的差距,但距使用全球统一的、标准化的法律制度来规范国际商务活动的目标还差得很远。因此,进行国际营销的企业必须研究东道国的法律制度,并与母国的法律制度进行比较分析,尽可能地运用法律武器,来达到"趋利避害"的目的。

1. 法律制度的类型

法学家根据世界各国的法律传统与特征,将法系分为:大陆法系、英美法系、印度法系、伊斯兰法系与中华法系。其中中华法系和印度法系已经解体。

(1) 大陆法系。

大陆法系又称为罗马法系,是以古代罗马法为基础而发展起来的法律的总称。以法国和德国为代表,其他许多欧洲国家,如瑞士、意大利、比利时、卢森堡、荷兰、西班牙、葡萄牙、奥地利、丹麦、挪威、芬兰、瑞典、希腊等国均属大陆法系。

(2) 英美法系。

英美法系又称为英国法系、普通法法系和判例法系,是指以英国中世纪以来的法律特别是它的普通法为基础逐渐形成的一种独特的法律制度,以及仿效英国的一些国家和地区的法律制度。普通法的主要代表国家是英国和美国。除英美两国之外,过去曾受英国殖民统治的国家和地区,如加拿大、澳大利亚、新西兰、爱尔兰、马来西亚、新加坡、巴基斯坦等也都属普通法系。而南非、斯里兰卡、菲律宾等国原属于大陆法系,后受英美法的影响很大,故它们是大陆法与英美法的混合物。

两种法系的差异,可能引起对同一事物的不同解释。例如,两大法系中都将"实际履行"作为合同违约后的补救方法之一,但大陆法系奉行优先原则,在德国,即使一方出现了违反合同义务的情形,守约方也依然享有要求对方实际履行合同义务的请求权,除非合同在实际上已经不可能履行。这种违约补救方式实际上是强迫承诺人遵守诺言,防止违约。而在英美法系中,实际履行则是法院颁发的一道命令,强制要求合同一方当事人如约履行他的合同义务。当事人不遵守特定履行令的,即构成藐视法庭罪,可能被判处监禁和罚金,所以这种违约的补救方式是对人的,而不是直接针对当事人的财产。由此可见,法律体系的区别会给企业的国际市场营销活动带来较大的影响,即使是同一法系的国家,其法律制度也不尽相同,企业对于国外市场的法律环境应当进行谨慎的分析。大陆法系和英美法系的主要区别如表 2-2 所示。

表 2-2　大陆法系和英美法系的主要区别

区　别	大陆法系	英美法系
法律渊源不同	成文法系,其法律以成文法即制定法的方式存在,它的法律渊源包括立法机关制定的各种规范性法律文件、行政机关颁布的各种行政法规以及参加的国际条约,但不包括司法判例	法律渊源既包括各种制定法,也包括判例,而且,判例所构成的判例法在整个法律体系中占有非常重要的地位
法律结构不同	承袭古代罗马法的传统,习惯于用法典的形式做统一的系统规定,法典构成了法律体系结构的主干	很少制定法典,习惯用单行法的形式对某一类问题做专门的规定,因而,其法律体系在结构上以单行法和判例法为主干
法官的权限不同	强调法官只能援用成文法中的规定来审判案件,法官对成文法的解释也需受成文法本身的严格限制,故法官只能适用法律而不能创造法律	法官既可以援用成文法也可以援用已有的判例来审判案件,而且,也可以在一定的条件下运用法律解释和法律推理的技术创造新的判例,从而,法官不仅适用法律,也在一定的范围内创造法律
诉讼程序不同	诉讼程序以法官为重心,突出法官职能,具有纠问程序的特点,而且,多由法官和陪审员共同组成法庭来审判案件	诉讼程序以原告、被告及其辩护人和代理人为重心,法官只是双方争论的"仲裁人"而不能参与争论,与这种对抗式(也称抗辩式)程序同时存在的是陪审团制度,陪审团主要负责做出事实上的结论和法律上的基本结论(如有罪或无罪),法官负责做出法律上的具体结论,即判决

知识链接

伊斯兰法系简介

伊斯兰法系,又称阿拉伯法系是信奉伊斯兰教的阿拉伯各国和其他一些穆斯林国家法律的总称,包括《古兰经》、圣训教法学和阿拉伯原有习惯,其中《古兰经》是伊斯兰法的基本渊源。由于具有宗教性质,因此与其他法系相比之下,伊斯兰法系的主要内容呈现出较大的区别。例如,法律将信仰真主作为穆斯林的首要义务,每一个穆斯林必须执行5种善功,即念功、拜功、斋功、朝功和课功;婚姻是一种契约,妇女不是缔约当事人,而是契约的标的物,必须由监护人代为订立;男方必须交聘金;一夫可娶妻4人;等等。

随着伊斯兰国家社会的发展与变更,伊斯兰教法的特殊地位现在已经不复存在。在大多数伊斯兰国家中,世俗法律基本取代伊斯兰法。但由于伊斯兰教仍是占统治地位的意识形态之一,因而在各伊斯兰国家里,伊斯兰法对穆斯林的行为,依然具有不同程度的约束力。

2. 东道国的法律对营销组合的影响

从事跨国营销活动时不仅要注意不同法系之间的不同,还要特别留意同一法系内不同国家法律之间的差别。在国际营销中,产品、定价、渠道、促销这四个环节都会受到东道主的法律规定的影响,而且这种影响在各个国家又是不同的。

(1) 对产品策略的影响。

大多数国家都对产品制定了许多法律规定,这些法律规定中很大一部分是针对产品的物理性能和化学性能的,而且要求产品达到一定的安全性能标准。例如,美国对进口汽车的防污性能有着严格的标准,它规定进口汽车必须安装防污装置,达到美国的汽车废气控制标准。英国法律要求牛奶按品脱出售,致使按公斤出售的法国牛奶不能在英国市场上顺利销售。德国制定了严格的除草机噪音标准,导致英国的产品难以在德国市场上有所作为。可见,一国的产品标准往往可以构成贸易壁垒,达到保护本国生产厂商利益的目的。

各国法律还常常在产品的标签、包装、产品保证、商标等方面给外国营销者造成束缚。在标签方面,各国对于产品标签的限制往往多于对包装的限制。例如,在意大利的热那亚,当局命令没收所有的可口可乐,因为饮料的成分不是标注在瓶子上,而是在瓶盖上。再如日本法律规定,对于食品和药品,其内容和用法都必须用日文说明,所有进口食品,包括糖果和口香糖,必须用日文说明是否含有人造色素或防腐剂,并标明进口商的名称和地址。各国法律对包装也有不同规定,如比利时规定只能用八边形的褐黄色玻璃瓶盛装药剂,以其他容器盛装的药剂不得进入该国市场。而丹麦的包装法规定软饮料的瓶子必须是可回收的,使得许多国外矿泉水厂商望而却步。在产品保证方面,各国都制定有产品责任法,生产、销售不合格产品的企业必须承担相关法律责任。大陆法系国家对生产者的产品责任要求一般要比英美法系国家更为严格,因为成文法系国家在传统上即有"货既出门,概不退换"的概念。在商标方面,成文法系国家认为注册在先,而英美法系认为使用在先。在印度,规定商标不得使用河流、山川的名字。

另外需要注意的是,不少国家已开始注意制定有关绿色营销的法律、法规和条例。例如,德国已通过相当严格的绿色营销法律,这些法律针对包装废物的处理与回收都做出了相应的规定。有许多欧洲国家准备将"生态标志"授予那些比其他同类产品对环境的危害更小的产品,制造商可将此标志展示在产品包装上,以此提醒顾客该产品对环境无害。

(2) 对定价策略的影响。

许多国家通过政府部门来制定法律规定,对相应产品的价格进行控制。发展中国家对价格的控制较为严格,相对而言发达国家要松一些。一般地说,像粮食和药品这类商品常受到政府的价格控制。有的国家对所有产品都实行价格控制,而另一些国家只对个别产品实行价格控制。例如,美国政府除对少数公共产业产品实行价格控制外,均实行市场价格。而日本只对大米实行直接的价格控制。

还有一些国家的政府是通过对边际利润设定一个标准来控制商品价格的。例如,加纳政府设定制造商利润在25%～40%之间;阿根廷政府允许制药商有11%利润;比利时对药品批发商和零售商分别给予12.5%和30%的利润限制;德国政府虽没有对利润率做出规定,但要求企业详细地申报其价格和利润方面的材料。

税法不是定价的法律,不过一个国家的货物税或增值税制度对公司的定价策略有重大的影响,这也是开展国际经营的企业需要关注的一点。

(3) 对渠道策略的影响。

在营销组合中,渠道受到法律限制的程度相对较低。根据不同市场可供利用的条件,厂商可以很自由地选择其产品的分配渠道。当然,厂商不能选择该市场所不适用的渠道,如法国政府曾有一项特别法令,禁止挨家挨户推销的方式。在伊斯兰国家,走街串巷的商贩不准看房间里的妇女。

实际上,各国最强硬的法律限制也不会从根本上影响国际企业在东道国的分销,但是通过当地分销商或代理商销售产品的出口企业不能不受到东道国有关法律的限制。在选择代理商或分销商问题上要特别注意,只有高质量的分销商才能使国际企业的营销获得成功。另一方面,与分销商签合同可能难以废止,或终止合同的代价可能会相当昂贵。因此,国际经营的企业必须熟悉东道国关于分销商合同的法律条文,以避免造成损失。

(4) 对促销策略的影响。

促销包括广告、人员推销、营业推广和公共关系等方式,其中广告是营销活动中最易引起争论的环节,所以对广告的管理更为严厉。许多国家都订立与广告有关的法规,而且在每一个国家的广告组织之间也往往依据法律制定共同遵守的条款。

(二) 国际经济法律

国际经济法是调整国际经济活动和国际经济关系的法律规范的总称,即调整国际经济交往中关于商品、技术、资本、服务在流通结算、信贷、税收等领域跨越国境流通中的法律规范和法律制度的总合。其主要包括国际双边条约、多边条约、国际商业管理、国际组织决议以及各国国内的立法。目前世界上对国际市场营销活动影响较大的国际经济法,主要有以下几个方面。

1. 国际条约

国家之间通过签订双边和多边条约建立和协调各国之间在某一经济领域的法律关系,制定统一的行为规范。例如,调整国际货物买卖合同关系的《联合国国际货物销售合同公约》,协调各国贸易政策和法规的《关税与贸易总协定》,调整海上货物运输关系的《海牙规则》《维斯比规则》《汉堡规则》,以及知识产权国际保护的《巴黎公约》《世界版权公约》《马德里协定》等等。

案例分析 2－2

中国企业涉外知识产权诉讼首次完胜

2007 年 7 月 20 日，陈伍胜董事长在北京高调向国内媒体正式发布通领科技集团(以下简称通领科技)在美知识产权纠纷案胜诉的消息。这是美国法院下达的中美知识产权官司中国企业第一份胜诉的判决书，打破了在涉外知识产权纠纷中中国企业没有完胜过的局面。针对通领科技在本案的最后胜诉，美国媒体报道称，“其重大的政治意义远远超出了商业价值”。

此前很多企业因太小、经不起旷日持久的诉讼而选择屈服。根据陈伍胜等的建议，日前国内就建立以行业为主体的知识产权诉讼风险基金、抗衡海外企业滥用知识产权频频挑起的恶意诉讼一事已达成某种共识。而对于中国企业越来越多地走出去而言，其意义不可低估。据商务部发布的调查报告，我国企业每年因遭遇国外知识产权纠纷而引发的直接经济损失达到 691 亿美元，贸易机会损失 1 470 亿美元。

讨论：

(1) 知识产权纠纷案增多的背景是什么？

(2) 中国企业如何应对来自外国的知识产权诉讼？

2. 国际商业惯例

国际商业惯例是各国、各行业的人们在长期的国际经济交往中形成的，被世界上多数国家认可、采用的一系列的不成文的规则。例如，国际商会制定的《国际贸易术语解释通则》《跟单信用证统一惯例》，伦敦保险业协会的《海上运输货物保险条款》等，这些商业惯例为简化交易程序，节省时间、人力、物力，减少纠纷起了很大的作用，在经济活动中被广泛应用。

3. 国际组织决议

许多重要的国际组织如联合国、世界贸易组织、国际货币基金组织、世界银行等的决议和规定，已经成为国际经济活动中的一般原则。例如，在国际贸易方面，世界贸易组织的无条件最惠国待遇已经成为指导国家间经济贸易活动的基本原则。联合国有关组织和会议制定的《关于控制限制性商业行为多边协议的一套公平原则和规范》《跨国公司行动守则》等等，对跨国性质的商业活动都进行了较好的规制。

(三) 国际商务争议的解决

国际商务活动总是要涉及不同的利益主体，他们往往处于不同的国家或地区，有着不同的文化传统和不同的价值及法制观念，商务开展过程中又常会受到各有关国家社会、政治、经济利益以及自然条件的影响，因此，国际企业在国际市场上很难避免国际商务争端。

如何通过适当途径合理地解决争端，是每个国际营销者应该了解的基本知识。解决国际商务争端一般都是通过协商、调解、仲裁、司法诉讼等方式来解决。

1. 协商

协商(Consultation)是争议各方当事人在自愿的基础上，按照有关法律、政策及合同条款的规定，直接进行磋商或谈判，互谅互让达成解决争议的协议。协商争议解决方法的最大特点就是没有第三者介入，完全是依靠双方当事人自己解决，争议能否解决取决于当事人的意愿。

通过协商解决国际贸易争议具有很多优点：

(1) 自愿。协商自始至终都是在双方自愿的基础上进行的，因此双方达成的协议一般也靠双方自愿遵守。

(2) 程序简便、形式灵活。由于协商是双方意思自治的表示，因此形式非常灵活，既可以面对面地谈判，也可以通过电报、电传、电话、邮件等手段磋商，程序也由双方自己决定，没有固定的格式。

(3) 省时、省力、省钱。因为协商完全靠双方当事人的自愿，不需要任何第三方的介入，因此相对于其他需要第三方介入的方式来说，所花费的时间、金钱都是最低的。

(4) 法律适用灵活。在协商时，无须援引某个国家的冲突规则来确定适用哪个国家的实体，这使得当事人对解决争议的后果有所预测，也可以在不违背有关国家法律基本原则的情况下，根据自己的实际需要和交易的具体情况灵活地解决争议。

相对于协商的优越性，它也有其无法克服的缺点。如果双方利益冲突较大，分歧严重的时候，往往不能通过协商达成妥协。而且在双方协商达成协议之后，若有一方不愿意履行，对另一方也没有请求强制执行的效力，还得通过其他方式保护自己的权益。

2. 调解

调解(Conciliation)是在第三者主持下，通过其劝说诱导，促使国际贸易争议的当事人在自愿基础上互谅互让，达成协议以解决争议的一种方法。调解与协商的最大不同在于调解有第三方介入，但在调解中，调解人不能独立自主地做出具有约束力的决定，争议能否解决最终还是取决于双方当事人能否互相妥协达成协议。

国际贸易中的调解，依主持人的身份不同可以分为：民间调解、仲裁机构调解和法庭调解三种。

(1) 民间调解：指仲裁机构、法院或者国家专门指定负责调解的机构以外的第三者主持进行的调解，可以是组织，也可以是双方共同信任的第三人。

(2) 仲裁机构调解：指在仲裁机构的主持下按照该机构所制定的调解规则进行的调解。经仲裁机构调解当事人达成协议的，一般应制作调解书，对此类调解书的效力各国有不同的规定。根据1994年6月1日生效的《中国国际经济贸易仲裁委员会仲裁规则》第50条的规定，对调解成功的案件，仲裁庭根据当事人和解协议的内容制作裁决书。

(3) 法庭调解：也称司法调解，是法院主持的调解。现如今，许多国家的民事诉讼法都把调解作为法院在诉讼之外解决民事争议的一种方法。法院主持的调解一旦达成协议，就制作调解书，调解书生效后，就具有与判决同样的效力。

3. 诉讼与仲裁

诉讼(Litigation)是指民事纠纷案件(包括国际贸易纠纷案件)中，不属于仲裁机构仲裁的案件，以及不服行政机关复审裁决的案件，当事人可以依法向法院提起诉讼。仲裁(Abitration)是指仲裁机构根据当事人在争议发生前或在争议发生后达成的协议，将争议提交仲裁机构审理，并由其做出判断或裁决。这两种方法，都有第三者介入，且第三者都有权不受当事人解决争议之意见或看法的左右而独立自主地做出决定，且该决定对当事人具有法律上的约束力，这是诉讼和仲裁的共同点。

两者还有以下几方面的区别：

(1) 法院是国家机器的重要组成部分，具有法定管辖权，只要当事人一方向法院起诉，法院就可以不经对方当事人的同意受理案件，并可以对被告采取传唤等强制措施。而仲裁机构一般是民间组织，其管辖权的确立必须经过双方当事人达成仲裁协议，否则仲裁机构不能强迫另一方进行仲裁。

(2) 法院受理案件的范围是由法律规定的,可以审判法定范围内的任何事项。仲裁机构只能仲裁双方当事人的事先约定的事项,不得对该范围以外的事项进行仲裁。

(3) 法院审理某一案件的法官是由法院任命的,开庭的时间、地点、程序也都由法院规定。而仲裁员、仲裁程序、时间、地点等都是由双方协商决定或指派的。

(4) 从保密性来看,诉讼一般都是公开审理的,而仲裁一般是不公开进行的,裁决也一般不对外公开。

(5) 就时间和费用来看,仲裁程序不像司法诉讼程序那样严格,而且仲裁一般是"一局终审",所以用仲裁解决争议一般比诉讼更简便。

(四) 国际贸易争议的处理程序

当发生国际贸易争议时,应依照案件性质的不同分不同情况进行处理:

(1) 涉及行政管理法律(即公法)争议案件所适用的程序。

凡是争议案件涉及行政管理法律的,如反倾销法、反补贴法、保障措施等类法律规范,争议当事人应当向主管的行政机构提出书面申请或诉讼,由该行政机关按照有关法律规定的行政程序处理。

当事人不服行政机关的裁定和处理决定,可在规定期限内向有权复议的行政机关提出书面申请或诉讼,由该行政机关按照有关法律规定的行政程序处理。

(2) 涉及民事法律的争议案件所适用的程序。

凡是争议案件涉及民事法律的(如产品质量责任法、合同法等法律法规),争议当事人可向法院提起诉讼,由法院判决。但在国际贸易合同纠纷中有仲裁协议条款的,应当向有管辖权的国际贸易仲裁机构申请仲裁。没有仲裁条款或协议的,可向法院起诉。

案例分析 2-3

达能与娃哈哈之争

法国达能公司最近欲强行以40亿元人民币的低价并购杭州娃哈哈集团有限公司总资产达56亿元、2006年利润达10.4亿元的其他非合资公司51%的股权。宗庆后强烈表示不满,双方矛盾不断升级。由商标纠纷到同业竞争,由个人恩怨到人身攻击,由商业规则到民族产业,由外资并购到国家经济安全等。

双方此前经过数次仲裁,达能在海外仲裁中高歌猛进,娃哈哈则在国内仲裁中接连胜诉。双方的法律战也已经越战越酣,并且各自要求冻结了对方部分资产。

2007年12月21日下午,商务部组织达能与娃哈哈的代表在北京进行谈判,双方终于在21日晚上达成休战和谈的共识:达能集团向媒体发来"杭州娃哈哈集团与法国达能集团的联合声明":① 遵照中法两国政府的期望,双方同意结束对抗,回归和谈,双方同意暂时中止一切诉讼仲裁,停止一切攻击性言论,为和谈创造一个友好的氛围。② 双方本着平等、互利的原则,求大同、存小异,相互谅解,相互谦让,争取和谈成功。双方将为进一步发展壮大所有娃哈哈企业做出新的努力,及为加强增进中法两国的友谊与中法企业之间的合作做出新的努力。

讨论:

(1) 国际商务争端的解决途径有哪些?

(2) 该案例的启示是什么?

第三节　国际市场营销的技术环境

科学技术水平的高低，是决定一国经济水平的最重要的因素。“技术鸿沟”的存在，正是发达国家和发展中国家人均收入存在巨大差异的主要原因。

科学技术是最革命的因素。按照科特勒的说法，每一种新技术都是一种“创造性破坏”因素。晶体管取代了真空管行业，复印机的出现使得复写纸行业日渐式微，数码相机时代来临的结果是胶卷商门可罗雀，移动存储技术的普及无疑将使磁盘制造业成为历史。可见，技术对于企业的启示在于，“不进则退”。

> **课堂讨论**：21世纪以来，你认为对人们的生活影响最大的五项发明是什么？

东道国的科技水平的现状和趋势，是值得国际营销者仔细研究的。在绝大多数人都不知道电脑为何物的社会，又如何推销应用软件系统呢？科技水平对营销策略的影响也是深远的，美国和今天的中国，电视广告铺天盖地。但在电视普及率很低的国家里，如很多非洲国家，电视广告就不是太有效的促销手段。另外，新技术的出现对营销的影响也是显而易见的。故步自封，总是沿用老套路，可能会导致业务的不断萎缩。近几年来，电子商务对传统营销模式的冲击不可谓不大。

一、科学、技术及其发展趋势

科技是科学与技术的总称。科学是系统化、理论化的知识体系，是创造知识的社会活动，是一种社会建制。科学是一种社会建制，指的是科学研究需要建立一支由科学家、学者等组成的庞大专业科技队伍，需要组织各种研究机构、学术团体和科研管理组织，需要具备先进的实验技术设施。技术是指人类运用知识、经验和技能并借助物质手段以利用、控制和影响自然和社会的系统，是人们的知识能力同物质手段的结合。技术的最终成果是产生物质形态的产品，如消费品、机器等。而且，它与经济密切相关，是经济发展的源泉。

时至今日，人类社会已经历经了三次重要的科学技术革命，由“蒸汽时代”过渡到“电气时代”，最后步入今天的“信息时代”。现代科学技术的发展，主要具有以下几个趋势。

（一）高层化趋势

现代科技所涉及的对象，从物质内部的微观结构到整个宇宙太空，从生命的起源到智能本质，研究的水平和层次都很高，并且还在以跳跃式为主的态势不断向高层化迈进。高层化趋势还体现在现代高技术群的出现和重大发展方面，高科技的发展带动了科技整个水平的高层化。

（二）加速化趋势

现代科技正以几何级数的态势不断加速地向前发展，尤其是信息科学技术和生物工程技术领域。电子计算机诞生于1946年，2013年全球个人电脑、平板电脑以及手机的出货量将达24亿台，与2012年相比，增长9%，该出货量预计将继续增长，到2017年超过29亿台。截至2014年，互联网用户已超过30亿，用户数量较去年增长了6.6%，其中，发展中国家增长了8.7%，发达国家增长了3.3%。全球互联网用户由一年前的27亿人增至30亿人。5年前，全球的互联网用户仅为20亿，而今天全球40%的人在使用互联网。最近5年来，发展中国家的互联网用户数量已经增加一倍，全球三分之二的互联网使用者生活在发展中国家。尽管如此，全球依然有40多亿人还无法使用互联网。非洲是互联网使用率最低的地区。目前非洲大陆只有19%的人使用互联网。

（三）综合化趋势

现代科技的发展，既高度分化，又高度综合。例如，新材料技术实质上是物理、化学、数学、计算机、工程技术、测试分析技术等的综合体，尤其是当前智能化材料的发展，更离不开多种学科和多门技术的支持和综合。

（四）协调化趋势

现代科技日益强烈地渗透到经济和社会的诸领域中，成为经济和社会发展强大的驱动力。现代科技及其在经济、社会领域的广泛应用，也对人类赖以生存的生态环境产生深刻的影响，其中一些是负面的影响，如污染和能源过度消耗等。科学技术的“双刃剑”效应，要求当今的科技发展必须与经济、社会和生态环境相互协调。

二、全球科技发展水平不平衡

科学技术在总体上呈现高速发展态势的同时，在不同国家和地区的发展水平又是极不平衡的，这也正是需要引起开展国际营销的企业特别留意的方面。

2017年不同国家R&D的情况如表2-3所示。

表2-3　2017年不同国家R&D的情况

国　家	R&D经费支出(亿美元)	R&D/GDP(%)
美国	4 836.76	2.79
中国	4 427.21	2.13
日本	1 551.04	3.20
德国	1 100.85	3.02
法国	5 55.82	2.19
韩国	842.54	4.55

数据来源:OECD官网 http://www.oecd.org/sti/msti.htm。

2018年OECD统计的数据显示，从国际上看，我国研发投入强度已超过欧盟28国平均1.96%的水平，达到中等发达国家R&D经费投入强度水平，但与部分发达国家2.5%～4%的水平相比还有差距。来自科技部的数据显示，2018年，全社会研究与试验发展(R&D)支出占GDP比重预计为2.15%。研发人员总量预计达到418万人年，居世界第一。国际科技论文总量和被引次数稳居世界第二；发明专利申请量和授权量居世界首位。高新技术企业达到18.1万家，科技型中小企业突破13万家，全国技术合同成交额为1.78万亿元。科技进步贡献率预计超过58.5%，国家综合创新能力列世界第17位。

2013—2017年中国R&D经费支出如表2-4所示。

表 2-4　中国 R&D 经费支出(2013—2017 年)

年　份	2013	2014	2015	2016	2017
R&D 经费支出(亿元)	11 846.6	13 015.6	14 169.9	15 676.7	17 606.1
R&D 经费支出/国内生产总值(%)	1.99	2.02	2.06	2.11	2.13

数据来源:国家统计局网站,2018 年中国统计年鉴。

三、知识经济及其对营销的影响

随着科学技术的迅猛发展,近年来出现了一个新的经济概念——“知识经济”,即以知识为基础的经济。随着计算技术、生物技术、电子通信等领域不断加速的、爆发式的增长,企业和政府行使其职能的方式发生了巨大的变化。

知识经济兴起的第一个标志是主要发达国家工作场所正发生着根本性的变化,以物品为基础的生产明显地转向高技能、高技术和以服务为基础的增长。随着以劳动为基础的生产向低成本地区转移,经济发达国家中的蓝领职位以惊人的速度消失。现在的经济发达国家,GNP 中来自高技能服务的百分比正在增长。

知识经济对市场营销的影响是巨大的。知识大爆炸的时代,企业的市场营销从营销理念到营销行为都将发生显著变化,主要体现在以下方面。

(一) 从传统的 4Ps 营销组合走向 4Cs 营销组合

传统的市场营销虽然强调以顾客为导向,但营销组合策略 4Ps (产品、价格、渠道、促销四大策略)仍然是站在企业自身立场上考虑问题。在知识经济条件下,应该通过追求顾客满意的提高来实现企业的目标,即采用 4Cs 营销组合:消费者需求、消费者愿意付出的成本、为消费者所提供的方便、与消费者的沟通。

(二) 从传统的大规模营销到实施全面的顾客关系管理

工业经济时代,企业着力于研究顾客群体共同需求,通过 STP 来实现产品定位。在知识经济时代,企业有必要也有能力对顾客个别需求进行研究,建立顾客数据库系统,开展全面的顾客关系管理(CRM)。根据每位顾客个性化需求的特点进行产品研发及沟通、交易与服务。

(三) 从传统的交易市场营销转变为关系市场营销

传统的交易市场营销追求的是每次交易的成功,见物不见人。现代的关系市场营销要求企业与其顾客、供应商、分销商建立长期互利合作的关系,为顾客传递更多的价值增值,最终达到建立起顾客忠诚度的目标。

(四) 从产品营销到品牌营销

知识经济时代,拥有市场比拥有工厂更重要,拥有市场的唯一途径就是拥有具有市场优势的品牌。知识经济时代将是品牌至尊的时代,品牌将是企业标识自己、留住老顾客、吸引新顾客的有力手段,是企业与顾客进行沟通的基石。

(五) 从企业对顾客的单向营销到实现企业与顾客互动的网络营销

传统的市场营销是从企业到顾客的单向进程,顾客处于被动的地位,企业的营销也有很大的盲目性。在知识经济时代,通过网络平台企业与顾客之间可以实现互动,顾客成为主动参与营销活动的合作者,甚至可以成为整个互动网络营销进程的启动者和控制者,以顾客为中心的营销理念在真正意义上得以实现。

第四节　国际市场营销的经济环境

东道国的宏观经济环境会影响该国消费者的购买力,尤其是消费者的实际购买力,进而影响到母国公司的获利能力。对于国际营销者而言,东道国特定行业的需求和供给现状以及发展趋势也极为重要。因此,东道国的经济状况如何,将直接影响国际经营的决策:是否进入该国市场?是否是最佳时机?是出口还是直接投资?多大规模为最佳?下面将主要介绍国内生产总值、通货膨胀率、失业率、国际收支等四个主要的宏观经济指标。

一、国内生产总值(GDP)

国内生产总值(GDP)表示一国或地区在一定时期生产的最终产品与服务的市场价值总和。需要注意的是,国内生产总值(GDP)和国民生产总值(GNP)是两个不同的概念。国民生产总值(GNP)是一国永久性居民(即国民)挣得的全部收入。GNP 等于 GDP 加上本国企业和公民在境外挣得的收入并减去外国企业和公民在本国挣得的收入。

比较不同年份的经济总量时,通常使用人均 GDP 或人均 GNP,并进行通货膨胀调整,这样可以消除人口增长和物价变化的影响。2009—2017 年中国的 GDP 和人均 GDP 如表 2-5 所示。

表 2-5　2009—2017 年中国的 GDP 和人均 GDP

年　度	GDP(万亿元人民币)	增长率(%)	人均 GDP(元人民币)
2009	34.90	9.1	26 222
2010	41.30	10.6	30 876
2011	48.93	9.3	36 403
2012	54.04	7.7	40 007
2013	59.52	7.7	43 852
2014	64.40	7.3	47 203
2015	68.91	6.9	50 251
2016	74.36	6.7	53 935
2017	82.71	6.9	59 660

数据来源:2018 年中国统计年鉴。

2017 年中国国内生产总值(GDP)为 82.71 万亿元,首次突破 80 万亿元;以美元计为122 377 亿美元,GDP 总量稳居世界第二。从上表可以看出,尽管中国经济总量确实在不断扩大,但是人均水平还是很低,我国人均 GDP 在世界上还是在 70 名左右,我们仍然是一个发展中国家。按照世界银行有关标准,我国 2017 年贫困人口比例(按国家贫困线衡量的贫困人口占人口的百分比)

为3.1%。根据国际货币基金组织(IMF)官方网站于2013年发布的预测数据显示,2013年世界各国人均GDP最高的国家为卢森堡,高达112 135美元。中国香港以38 797美元排名第24位,中国台湾排名第38位。中国大陆以6 629美元(注:6 629美元是IMF预测数据,2013年中国实际人均GDP为6 767美元)排名第86位,只与泰国、安哥拉等国相当。

对不同国家的GDP进行横向比较对国际营销者更为重要。表2-6对近年来世界排名前十的GDP增长率进行了比较。

表2-6　2016—2017年世界GDP前十位排名

国　家	2016年GDP(万亿美元)	经济增速	2017年GDP(万亿美元)	2017年人均GDP(万美元)
美国	18.707	1.6%	19.485	5.99
中国	11.191	6.7%	12.238	0.89
日本	4.949	0.9%	4.872	3.84
德国	3.495	2.2%	3.693	4.47
英国	2.659	1.8%	2.638	4.00
法国	2.465	1.2%	2.583	3.85
印度	2.290	8.2%	2.651	0.20
意大利	1.869	1.1%	1.944	2.21
巴西	1.796	−3.3%	2.054	0.98
加拿大	1.527	1.4%	1.647	4.49

数据来源:世界银行 https://data.worldbank.org.cn。

二、通货膨胀率

通货膨胀是指一个经济体中大多数商品和劳务的价格连续在一段时间内普遍上涨。每年物价上升的比例在10%以内,属于温和的通货膨胀;在10%和100%之间,称为奔腾的通货膨胀;在100%以上称为超级通货膨胀,其中高于1 000%这种极端情况就属于恶性通货膨胀。就通货膨胀的形成原因而言,可分为需求拉动通货膨胀、成本推动通货膨胀和结构性通货膨胀。

通货膨胀是一个到处扩散其影响的过程,经济中的每一个人和企业都会不同程度受其影响。首先,通货膨胀具有再分配效应,对于靠固定货币收入维生的人和债权人不利。其次,通货膨胀还会影响一国经济的产出水平。当经济处于萧条或复苏阶段时,通过加大政府购买等措施,造成一定程度的需求拉动通货膨胀,使得产品价格高于工资和其他要素价格,利润上升的企业就会扩大生产,工人工资和就业水平也会随之上升,经济状况也就趋好。但是,持续的、过高的通货膨胀对一国的经济是不利的,会导致消费过度和储蓄率下降,企业生产成本也会上升,这不利于经济的持续增长。

因此对国际营销者而言,仔细分析东道国的通货膨胀的情况和变化规律是很有必要的。一般通货膨胀都会造成各类原材料或商品服务的成本上升，这就加大了营销的成本。因为营销和销售不一样,销售仅仅是将现有的产品或服务推销给客户,即使原料成本上涨,也可以靠提高物价来弥补自己的损失,而营销是调动一切可利用的资源去获取利益最大化。当一切原材料价格都在上涨时,在价格不变的时候,自己的最大利益会相应减少,若依靠提高物价来获取自己的利益时,又会面临销售数目的减少,更有可能会失去自己的顾客,使自己的利益进一步受损。

三、失业率

劳动、土地和资本是任何一个经济体进行生产的投入要素,衡量一国经济状况的另一个方面就是一国经济利用自己资源的情况。由于一国工人是其经济的主要资源,所以,经济决策者首先关注的是使工人有工作。中国过去比较重视GDP增长率而忽视就业问题,近年来开始兼顾这两个指标了。

失业率就是失业人数对劳动力人数的比率,即:

$$\text{失业率}=\frac{\text{失业人数}}{\text{劳动力人数}}\times 100\%$$

其中,
$$\text{劳动力人数} = \text{失业人数} + \text{就业人数}$$

目前多数国家都依靠大量的家庭调查来计算失业率,这在美国被称为“当前人口调查”(CPS)。美国劳工统计局每个月都计算失业率,统计数字来自对6万个左右家庭的调查。根据对调查问题的回答,每个家庭的每个成年人(16岁及16岁以上)都被归入三种类型中的一种:就业者、失业者和非劳动力。访谈期间拥有工作的人就归入就业者;将最近4周内没有工作但在寻找工作的人归入失业者;而那些没有工作也不寻找工作的人,也就是丧失信心的工人,被计入非劳动力中。

只有失业率一个指标还不能很好地反映实际的失业水平,应该考察劳动力参与率的大小。劳动力参与率就是劳动力人数与成年人口中属于劳动人口总数的比率,即:

$$\text{劳动力参与率}=\frac{\text{劳动力人数}}{\text{成年人口中属于劳动人口总数}}\times 100\%$$

中国目前采用的是城镇登记失业率,而美国在20世纪40年代以后就已经放弃了用登记失业率计算失业率的方式。由于存在实际失业但又不到失业办公室登记的人,因此登记失业率很可能低估失业率。中国的城镇登记失业人员指有非农户口,在一定的劳动年龄内,有劳动能力,无业而要求就业,并在当地就业服务机构进行求职登记的人员。

表2-7 失业率的国际比较

(单位:%)

国　家	2014	2015	2016	2017
中国	4.1	4.1	4.0	3.9
巴西	6.8	8.3	11.3	12.8
日本	3.6	3.4	3.1	2.8
韩国	3.5	3.6	3.7	3.7
美国	5.3	5.3	4.9	4.4
法国	10.4	10.4	10.1	9.4
英国	5.4	5.4	4.9	4.4

数据来源:国际货币基金组织IFS数据库。

从表中可以发现,与美、日、德相比,中国的失业率一直保持在较低的水平,这与我国长期较高的经济增长率相一致，当然也与采用城镇登记失业率有关，一定程度上低估了实际的失业状况。近几年我国失业率一直处于较为平稳的状态。

四、国际收支

开放经济中的任何一个国家都要同其他国家发生经济往来，经济全球一体化趋势使得这种国际经济往来更加频繁，规模也不断扩大。一国的国际交易包括对外支付——进口、对外捐赠和对外投资，以及对内支付——出口、接受捐赠和接受外国人投资。在记录这些交易活动时，一国使用其国际收支平衡表进行记账。这些账户把本国在一定时期(通常是一年)内与世界其他国家的所有经济交易都做一个系统的记录。良好的国际收支状况，充足的外汇储备，有利于本币币值的稳定，因此国际经营企业很重视对东道国国际收支的研究。

国际收支平衡表采用复式记账法的原理记录国际经济交易。其中的贷方项目包括货物和服务的出口、收益收入、接受的货物和资金的无偿援助、金融负债的增加和金融资产的减少；借方项目包括货物和服务的进口、收益支出、对外提供的货物和资金无偿援助、金融资产的增加和金融负债的减少。中国的国际收支平衡表包括经常项目、资本和金融项目和净误差与遗漏三部分。

表2-8　2018年中国国际收支平衡表

(单位:亿元人民币)

中国国际收支平衡表(2018年年度表)			
项　目	金　额	项　目	金　额
1. 经常账户	3 527	借方	−657
贷方	193 053	1. B. 2　投资收益	−4 046
借方	−189 526	贷方	14 197
1. A　货物和服务	7 054	借方	−18 243
贷方	175 694	1. B. 3　其他初次收入	117
借方	−168 640	贷方	137
1. A. a　货物	26 366	借方	−20
贷方	160 237	1. C　二次收入	−133
借方	−133 871	贷方	1 833
1. A. b　服务	−19 312	借方	−1 966
贷方	15 457	1. C. 1　个人转移	−25
借方	−34 769	贷方	408
1. B　初次收入	−3 394	借方	−433
贷方	15 526	1. C. 2　其他二次收入	−108
借方	−18 920	贷方	1 425
1. B. 1　雇员报酬	535	借方	−1 533
贷方	1 193		

续 表

项 目	金 额	项 目	金 额
2. 资本和金融账户	7 231	2.2.1.1 直接投资	6 964
2.1 资本账户	−38	2.2.1.2 证券投资	6 954
贷方	20	2.2.1.4 其他投资	−5 198
借方	−58	2.2.2 储备资产	−1 037
2.2 金融账户	7 269	2.2.2.1 货币黄金	0
资产	−24 436	2.2.2.2 特别提款权	2
负债	31 705	2.2.2.3 在国际货币基金组织的储备头寸	−47
2.2.1 非储备性质的金融账户	8 306	2.2.2.4 外汇储备	−992
资产	−23 399	2.2.2.5 其他储备资产	0
负债	31 705	3. 净误差与遗漏	−10 758

数据来源:国家外汇管理局。

从国际收支平衡表可以看出,2018 年,我国国际收支呈现自主平衡,经常账户和非储备性质金融账户均呈现顺差,储备资产增加。经常账户保持在合理的顺差区间,经常账户顺差 546 亿美元,较三季度增长 135%,主要是国际收支口径的货物贸易顺差 1 391 亿美元,环比增长 38%;服务贸易逆差 641 亿美元,环比下降 21%。同时,非储备性质的金融账户保持顺差,跨境资本呈现净流入。2018 年,非储备性质的金融账户(含四季度净误差与遗漏)呈现顺差 602 亿美元。其中,直接投资呈现净流入 1 074 亿美元,较 2017 年增长 62%。具体看,对外直接投资净流出 961 亿美元,下降 6%;外国来华直接投资净流入 2 035 亿美元,增长 21%。另外,储备资产增加。2018 年,我国储备资产因国际收支交易(不含汇率、价格等非交易因素影响)增加 189 亿美元,其中,外汇储备增加 182 亿美元。在我国经济持续健康发展、长期向好的大背景下,未来跨境资金流动将保持总体平稳,我国国际收支状况也将保持基本平衡。

本章小结

(1) 在国际市场营销中,有很多因素是属于营销者自身无法控制的,但这些因素对营销的影响又是不可忽视的,如国际自然环境、文化环境、政治环境、法律环境、技术环境和经济环境等。

(2) 自然环境包括自然资源、土地面积、地形、地貌和气候条件等;文化环境包括语言、非语言沟通、社会结构、宗教信仰、艺术和审美观等;政治环境包括东道国的政体、立法制度、行政制度、司法制度和政党制度等;法律环境包括东道国法律、国际知识产权保护、国际法与国际争端解决途径等;科技环境包括当今世界科技的发展趋势、各国 R&D 投入水平、知识经济对市场营销的影响等;经济环境包括各国 GDP、通货膨胀、失业与就业、国际收支状况等。

(3) 企业应综合考虑上述环境因素对营销的影响,采取差异化和针对性的国际营销策略。

课后习题

1. 地理特征对市场营销有何影响?

2. 面对不同的宗教文化，国际营销者需要注意哪些问题？
3. 国际营销者应该如何进行政治风险管理？
4. 东道国的法律环境，会怎样影响国际营销组合的各个环节？
5. 知识经济的兴起对市场营销有何影响？
6. 简述关税措施和非关税措施的内容。
7. 评析 GDP、通货膨胀率、失业率对国际营销的影响。

案例分析 2－4

日本丰田汽车公司在美国市场营销遇到的机会与挑战

日本丰田汽车公司 20 多年前开拓美国市场时，首次推向美国市场的丰田宝贝仅仅售出 228 辆，出师不利，增加了丰田汽车以后进入美国市场的难度。丰田汽车面临的营销环境变化及其动向是：

(1) 美国几家汽车公司名声显赫，实力雄厚，在技术、资金方面有着别家公司无法比拟的优势。

(2) 美国汽车公司的经营思想是：汽车应该是豪华的，它们忙于比豪华，因而其汽车体积大，耗油多。

(3) 竞争对手除了美国几家大型汽车公司外，较强的对手还有已经先期进入美国市场的日本大众汽车公司，该公司已经在东海岸和中部地区站稳了脚跟。该公司成功的原因主要有：以小型汽车为主，汽车性能好，定价低；有一个良好的服务系统，维修服务方便，成功打消了美国消费者对外国汽车买得起、用不起，坏了找不到零配件的顾虑。

(4) 大众汽车公司忽视了美国人的一些喜好，许多地方还是按照日本人的习惯设计的。

(5) 日美之间不断增长的贸易摩擦，使得美国消费者对日本产品有一种本能的不信任的排斥和敌意。

(6) 美国人的消费观念正在转变，他们将汽车作为身份的象征的传统观念逐渐减弱，开始转向实用性。他们喜欢腿部空间大、容易行驶且平稳的美国车，但又希望大幅度减少汽车的消耗，希望价格低、耗油少、耐用和维修方便等。

(7) 消费者已经意识到交通拥挤状况的日益恶化和环境污染问题，乘坐公共汽车的人和骑自行车的人逐渐增多。

(8) 在美国，核心家庭大量出现，家庭规模正在变小。

当时大众汽车公司在美国东海岸和中部地区存在优势；而丰田汽车公司的最显著特点是：在小型汽车的生产、经营、技术、管理经验等方面有明显优势。

思考题：

(1) 丰田汽车公司在进入美国市场时面临那些机会和威胁？

(2) 丰田公司应当如何有效地利用机会，规避威胁？

武汉理工大学
精品在线开放课程
教学视频一第二章

第三章　国际市场及顾客购买行为分析

【学习目标】

了解当代国际市场的特点和发展趋势；熟悉国际消费者市场的特点及影响消费者购买行为的主要因素；知晓国际组织市场（国际生产者市场、国际中间商市场、政府和非营利组织市场）的类型、特点、购买决策过程，以及影响其购买行为的基本因素。

案例导入

海尔在国际市场的品牌塑造

海尔公司的前总裁张瑞敏说过，“在全球化的时代，我们不能把国内市场和国际市场隔离开来，我们不得不学会如何同GE和惠尔浦在他们家的草坪上同他们竞争，否则，我们连国内市场也保不住。”作为一个家电消费品制造企业，海尔认为只有拥有在世界上有知名度的品牌，才能在国际市场上获得超额利润，才能为企业的国际化经营和长远发展打下坚实的基础。

我国企业多是改革开放以来才逐渐发展起来的，与国外企业相比规模较小，在这种情况下如何进行国际化经营，如何占领国际市场，一直是困扰我国企业界的难题。海尔在认真了解国际市场最终消费者和经销商购买行为模式的基础上，有针对性地提出了一整套国际市场品牌塑造战略，来迎合国际消费者和经销商的心理，使得海尔成功在国际市场上打开了销路。

启发思考：

(1) 国际市场的范围包括？

(2) 在全球化的时代，为什么不能把国内市场和国际市场隔离开？

(3) 如何在国际市场塑造知名品牌？

第一节　国际市场概述

一、国际市场的含义

国际市场（International Market）不包括国内市场，它是站在一个国家内部的角度来看待的世界市场，是各国对外贸易关系的总和。国际市场是一个由国际商品市场、国际金融市场、国际劳务市场、国际技术市场、国际信息市场、国际房地产市场等许多子系统组成的相互渗透、相互影响的庞大综合市场体系。其中,国际商品市场是主体,而其他市场主要是为商品交换服务的,它们伴随着国际商品市场的发展而发展。

表 3-1　国内市场、国际市场与世界市场的区分

	国内市场	国际市场	世界市场
组成	国内商品交换关系的总和	各国对外贸易关系的总和	世界商品交换关系的总和
范围	限制在本国国内,一般不能任意扩大	范围广,总是趋于不断扩大	世界市场=国内市场+国际市场
范围比较	国内市场＜国际市场＜世界市场		

二、当代国际市场的特点和发展趋势

第二次世界大战后和平和发展成为世界的主流,在新的科技革命的影响下,国际市场也发生了许多深刻的变化,致使当代国际市场呈现出新的特点和发展趋势。

(一) 国际市场规模日趋扩大

国际市场在第二次世界大战后规模迅速扩大。企业一般通过国际贸易、在国外直接投资设厂进行生产和销售等方式进入国际市场。以出口贸易额为例,1948 年世界出口贸易总额约为 590 亿美元,1968 年约为 2 420 亿美元,1988 年约为 28 690 亿美元,到 2018 年已达到了 194 750 亿美元(见图 3-1)。在 70 年内,世界出口贸易总额增长了约 330 倍。而且在总体上国际贸易的增长速度快于世界产出的增长速度。

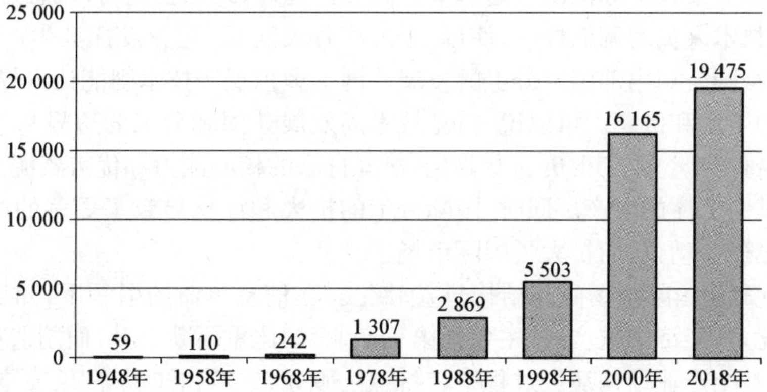

图 3-1　第二次世界大战后世界商品出口总额的变化(单位:十亿美元)

数据来源:WTO 官方网站,https://data.wto.org。

(二) 信息革命对国际市场的影响力巨大

国际市场规模不断扩大,其原因有很多。其中最根本的原因是世界生产力的发展。20 世纪中期以来,以信息革命为核心的新技术革命的兴起,催生了知识经济时代,引起了世界新的产业革命。航运技术的发展曾经是国际市场发展的关键技术因素。20 世纪 60 年代集装箱的兴起和 70 年代国际多式联运的出现推动了国际货物运输革命,极大地增加了国际贸易量,使复杂的供应链成为可能。但相比之下,信息革命,尤其是电子商务的出现和发展对国际市场的影响更为重要和深远,并主要表现在以下五个方面。

(1) 信息革命使国际市场的形态发生了很大变化。国际贸易的买方和卖方可以借助信息网络跨越中间商直接结合,这就使商品和劳务的交易活动由固定场所(贸易公司)逐渐转移到没有固定场所、开放的“虚拟国际市场”,即国际互联网上,而电子商务网站则是这个市场中的主要中介商。在这个“虚拟市场”上,人们通过网上信息发布、网上谈判、合同签订、电子交易等一系列手段,使国际贸易中的信息传递和处理突破了时空限制。据统计,在1995年以前,全球电子市场交易额几乎可以忽略不计,但到1997年就迅速达到约300亿美元,到2000年为2 500亿美元。2018年全球电子商务市场总零售额高达23.946万亿美元,网络零售额约2.842万亿美元,均保持高增长速度。

补充阅读3-1

在阿里巴巴这个全球著名的B2B网站上,来自220多个国家和地区的760多万企业和商人每天聚集在一起进行商业活动,这使得一个南非或法国的商人可以浏览和比较所有来自中国制造的商品,比如T恤衫或电动自行车,而不必依靠昂贵的国际商务旅行。微软公司开发的视频会议系统则可让国际合作伙伴在Internet上直接进行谈判和促销等活动。电子商务技术简化了国际贸易流程,降低了贸易成本,提高了贸易效率,为占全部企业90%以上的中小企业进入国际市场提供了极为便利的通道,从而增加了国际贸易的经营主体,扩大了国际市场。

(2) 信息技术使国际市场上的信息更为完备,并通过促进国际分工扩大了国际市场。电子商务提供的交互式网络运行机制为国际贸易和国际投资提供了一种信息较为完备的市场环境,可以使资源和要素在全球范围内达到最佳配置。此外,跨国公司可以通过国际互联网进行原材料、资金和技术人员的调度控制,使母、子公司各展所长,充分发挥其生产能力、资源和人才的优势,促进跨国公司内部国际分工的发展。网上虚拟现实技术则能让世界各地公司、企业之间进行直观的生产和协调。可以说,信息技术的发展让国际分工的边界从产业层次转化到价值链层次,使每一个企业变得更加专业化,根据自己的核心能力和优势资源只从事价值链上的某一环节或某一工序的生产。同时,国际分工的扩大和深化导致了更多的产品和半成品在国家和地区间迅速流动,从而扩大了国际市场。

(3) 信息革命使国际市场商品结构日益软化。在信息革命的引领下,知识经济时代的产业结构逐步软化,即经济中软产业(主要指第三产业)的比重不断上升,而制造业比重呈现递减的趋势,并且在整个产业结构演进过程中,对信息、服务、技术和知识等“软要素”的依赖程度加深。产业结构的软化促使国际市场的商品结构也日益软化,主要表现在以下两个方面。① 世界信息和相关产品的出口增长强劲,成为推动国际贸易发展的重要因素,表现为世界信息技术产品的出口在世界出口中的比重越来越高。② 世界服务贸易发展迅速。2014世界服务贸易出口已达到49 404亿美元,相当于同期世界商品出口的贸易额的26%。

(4) 信息革命激化了国际市场的竞争。在信息革命的推动下,科技新成果在国际扩散加快,这使得现代工业产品生命周期缩短,更新换代迅速,加剧了国际市场的竞争。另一方面,由于信息技术成果大量应用于生产过程,企业的生产力得到大幅提高,许多国家的生产能力超过了国内市场的需求,这就促使更多的企业参与到国际市场的竞争中去。

(5) 电子商务增大了国际市场风险。电子商务运用于国际贸易,交易者、交易方式、交易意向及交易标的表达均被虚拟化。交易者的知觉线索被部分剥夺，从而增加了交易过程与结果的不确定性，加上网络黑客侵扰，商品和服务的提供方式、支付方式的信用风险、质量风险和技术风险都大大增加。

（三）国际市场发展不平衡

国际市场发展不平衡主要体现在两个指标上：一是各国和各地区的国际市场占有率，用各国或各地区的出口占国际出口总量的份额来衡量；二是各国和各地区作为国际市场的比重，用各国或各地区的进口占国际进口总量的份额来衡量。

根据 WTO 的统计，2018 年世界前十位商品出口国国际市场占有率已达 52.0%，世界前十位商品进口国则覆盖了 53.7%的国际市场（见表 3－2）。而世界其他国家在国际市场占有率或作为国际市场的比重方面总和均不超过一半。其中中国在国际市场上的表现异常抢眼。1995 年中国还只是世界的第十大出口国，国际市场占有率还只有 2.9%，在近 20 年里，中国无论是出口还是进口均超越了日本、英国和法国等贸易强国，成为能与美国争夺国际市场上头把交椅的贸易大国。

表 3－2　2018 年世界主要商品出口国及地区和进口国及地区

排　名	出口国及地区	出口额（10 亿美元）	份额（%）	排　名	进口国及地区	进口额（10 亿美元）	份额（%）
1	中国	6 465	12.8	1	美国	2 614	13.4
2	美国	2 487	8.5	2	中国	2 136	11.0
3	德国	1 664	8.0	3	德国	1 286	6.6
4	日本	1 561	3.8	4	日本	749	3.8
5	荷兰	738	3.8	5	英国	674	3.5
6	韩国	723	3.7	6	法国	672	3.5
7	法国	605	3.1	7	荷兰	646	3.3
8	中国香港	582	2.9	8	中国香港	628	3.2
9	意大利	569	2.8	9	韩国	535	2.7
10	英国	547	2.5	10	印度	511	2.6
			总计：52.0				总计：53.7

注：数据来源于 WTO，https://data.wto.org。

（四）国际市场垄断加强，竞争激烈

在后工业化时代，国际市场的垄断性增强，不同国家垄断集团间的竞争使得国际市场的竞争具有经常性和激烈性，并加剧了国际市场的动荡。发达国家的跨国公司凭借雄厚的资本、先进的科技和组织管理水平以及遍及世界的推销网和情报网，在国际市场上的竞争中处于垄断地位。

作为国际市场的重要经济主体，跨国公司由于有意识和大规模的交易活动，已经改变了国际市场本身。目前跨国公司的生产总值约占世界总产值的 40%，与其有关的贸易额占世界贸易额的 50%，其进行的技术转让占到世界技术转让的 75%，以及对发展中国家技术贸易的

90%。而发展中国家的企业由于实力弱,很难和跨国公司竞争,往往成为跨国公司的转包工厂,为跨国公司攫取高额垄断利润服务。中国海关统计数据显示,2014 年中国出口总额的 45.9%就来自外资企业,大多是通过跨国公司内部的关联交易实现的。除了企业,许多国家的政府也程度不同地卷入到国际市场上激烈的竞争中。它们制定出有利于本国公司海外竞争的法令、政策,利用强大的国家机器对本国企业予以积极扶持,加强其在国际市场上的竞争力,并成为这些企业政治与经济上的坚强后盾。

国际市场竞争的激烈性还表现在竞争形式的多样化。在跨国公司的竞争中,决定竞争优势地位的核心因素是管理技术水平,而不再是传统的生产要素——土地、劳动力。即使是货币,也由于其具有跨国性而随处可得,因此同样也不再是一种可以在国际市场上带来竞争优势的生产要素了。传统的商品竞争虽然存在,但更激烈的资本竞争占据着上风,而且在商品竞争中,虽然价格竞争依然存在,但一些非价格的竞争,如改善服务、提高产品质量、改变支付方式和促销方式等各种非价格竞争手段大大增加,使得综合运用各项营销策略成了企业竞争成败的关键。

(五) 国际市场自由化进程起伏不定

战后初期,国际市场在美国主导下掀起了贸易自由化的新高潮。20 世纪 70 年代日本和西欧经济的崛起导致发达国家发展不平衡,而两次石油危机又使发达国家经济陷入滞胀,国际市场贸易自由化的进程总体趋缓,以美国为代表的新贸易保护主义兴起。新贸易保护主义的特点是:① 被保护的商品范围不断扩大,由传统商品、农产品转向高级工业品和服务商品;② 受关贸总协定的制约,保护手段由关税壁垒转向非关税壁垒,由限制进口转为鼓励出口。

20 世纪 80 年代后期到 90 年代,冷战结束带来了世界和平发展的环境,跨国公司发展迅猛,发达国家希望开拓更广阔的国际市场,而发展中国家在进口替代工业化受挫的情况下,也开始对自身经济发展战略进行反思,并逐渐认同了贸易自由化的理念。国际市场自由化的进程又一次加快了。1995 年世界贸易组织(WTO)正式运转,标志着一个以贸易自由化为中心,包括当今世界经济各领域的多边贸易体制建立起来了。

进入新世纪后,情况又发生了变化。2001 年,WTO 启动了多哈回合的谈判。但由于各方分歧较大,谈判进展缓慢,多边贸易自由化在各国遭遇较大反弹。这与一些主要成员,尤其是美国和欧盟内部贸易保护主义势力的抬头不无关系。美国近年来的巨额财政赤字与贸易赤字一直是各方关注的焦点,再加上“9·11”事件后安全问题成为美国政府及国会关注的首要问题,加上选举的考虑,布什政府出台了一些与贸易自由化背道而驰的法案。而欧盟在扩大过程中不断遇到新的挑战,共同农业政策的进一步改革面临更为复杂的局面。这使得美国和欧盟在谈判中不愿向发展中国家让步。另外,发展中国家不满国际市场上不平等的利益分配格局,积极寻求提高自身的国际市场竞争力的途径,而这威胁了发达国家的垄断地位,导致发达国家采取种种保护主义措施来遏制发展中国家竞争力的提高,以维护自己的既得利益。在一些发展中国家经济迅速发展,WTO 不再由发达成员唱主角的情况下,双方出现势均力敌的局面,使得双方的矛盾难以调和。

由于谈判受阻,现有贸易规则难以改善,WTO 成员之间的争端解决案件呈增多趋势,一些贸易救济措施如反倾销、反补贴、保障措施也有被滥用的趋势。这些都使得国际市场环境有所恶化,对包括中国在内的发展中国家是不利的,对发达国家也将是重大损失,不利于世界经济的稳定和繁荣。

从2006年春季开始逐步显现的美国次贷危机在2007年爆发，席卷了美国、欧盟和日本等世界主要金融市场，并在2008年演变成席卷全球的金融风暴，同时重创了实体经济。2009年开始初露端倪的欧洲主权国家债务危机也在2011年愈演愈烈，直接影响了欧元区的经济增长。这一切都使得贸易保护主义在世界范围内有所抬头。例如，2011年10月3日，美国参议院投票通过了"2011年货币汇率监督改革法案"立项预案，将操纵汇率与贸易补贴绑定，要求美国政府调查主要贸易伙伴是否存在直接或间接压低本国货币币值，以及为本国出口提供补贴的行为。一旦主要贸易伙伴汇率被认定低估，美国将对其征收惩罚性关税。外界普遍认为，此举主要是针对中国，旨在逼迫人民币加速升值。

（六）国际市场区域经济一体化趋势增强

虽然全球贸易自由化进程时有挫折，但国际市场上存在着局部地区贸易自由化即区域经济一体化增强的趋势。区域经济一体化组织于20世纪50年代末在国际上出现，60年代以后逐渐发展，虽然在70年代中期至80年代中期，一些区域经济一体化组织遭受挫折或解体，但随后世界就掀起了区域经济一体化的新高潮。到90年代，全球区域经济一体化组织达100多个，其中能保持正常运行并取得一定成效的有40多个。这些一体化组织层次不同，规模不同，内容也各异，遍及欧洲、北美、拉美、亚洲和非洲，其内容不仅涉及国际贸易，还包括资本、技术、劳务、人员的流动以及财政、信贷政策的协调等。区域经济一体化组织大多对内实施优惠措施，以加强区域内部的经济往来，对外则实施一些限制措施，因此在推动世界贸易发展和国际市场扩大的同时，也使区域内部市场的重要性增加，外部市场的重要性减弱，并使区域外部的竞争者在区域内部市场上处于不利地位。由此导致的结果是，那些原先不属于任何区域经济一体化组织的国家或地区为了扭转自己在国际市场上的不利竞争局面，纷纷组建新的区域经济一体化组织或加入已有的一体化组织。因此即使在WTO成立后，区域经济一体化的发展势头也未趋缓。据WTO的统计，截至2014年，向WTO及其前身GATT通知备案的自由贸易协定总计达385个。在WTO的所有成员中，除蒙古国以外，其他都是一个或多个区域自由贸易协定的当事方，协定当事方之间的贸易额占到全球贸易总额的一半以上。

虽然区域经济一体化组织不可避免地会影响到区域外国家的利益，在一定程度上偏离作为WTO基石的最惠国待遇和非歧视原则，但是还不至于对WTO多边体系构成严重威胁。这是因为GATT和GATS对区域自由贸易协定有一些约束性条件，其中最重要的一点就是自由贸易区的建立不能降低区域外成员国的待遇。也就是说，对区域外成员国征收的关税或施加的条件不能比建立自由贸易区之前更高或更严格。所以，从总体而言，区域经济一体化组织的存在对于全球经济是有益的，虽然它会使国际市场上的区域色彩越来越浓。

（七）国际市场日益向法制化、条约化、规范化方向发展

当今世界，由于国际市场规模日益扩大，竞争日趋激烈，垄断性增强，加之贸易保护主义盛行，因此国际贸易法规、国际条约和国际惯例就越来越成为维护国际市场参与者各方正当权益的重要工具。在国际贸易中，交易的磋商、支付、运输、保险等条件的选择，合同的签订与履行，索赔与理赔，都要参照有关条约的规定及相关国家的国内法和国际惯例。此外，一些双边和多边国际条约、国际惯例和国内法也在对国际投资活动和国际金融活动进行规范。它们对于维护国际投资市场和国际金融市场的稳定性，促进国际投资和国际金融的有序发展起着积极的作用。

所以，世界各国都力图将自己的经贸活动纳入国际条约和法规的保护下。我国从事国际

市场营销的企业应特别熟知这方面的法规,以维护自己的正当权益。

三、国际市场的分类

国际市场的分类有很多种。依照地域标准,可将国际市场按国家分为美国市场、欧盟市场、日本市场、俄罗斯市场等;按区域将国际市场分为北美市场、欧洲市场、南美市场、中东市场、东南亚市场和非洲市场等;依照发展程度的不同将国际市场分为发达国家市场和发展中国家市场,或者更细一步地将其划分为发达国家市场、新兴工业化国家市场、石油输出国家市场、原料输出国家市场和最不发达国家市场;依照商品的形态,将国际市场划分为有形商品国际市场和无形商品国际市场。

但是,一种更有意义的划分方法是依据顾客的性质将国际市场分为国际消费者市场和国际组织市场。这两种市场的特点和购买行为各不相同,从事国际市场营销的企业,必须深入分析研究这两种市场及其购买行为的一般规律,有针对性地采取营销措施,才能实现营销的目的。

第二节　国际消费者市场及其购买行为

名人名言

营销是没有专家的,唯一的专家是消费者,就是你只要能打动消费者就行了。

——巨人网络公司董事会主席兼首席执行官史玉柱

我总是站在顾客的角度看待即将推出的产品或服务,因为我就是顾客。我就像一个厨师,喜欢品尝食物。如果不好吃,我就不要它。

——嘉信理财董事会主席查尔斯·斯瓦布

最重要的事情是预测顾客的行踪,并且能走在他们的前面。

——现代营销学之父菲利普·科特勒

消费者是产品的最终购买者和使用者,也是市场营销最终服务对象。国外消费者一般从百货公司、超级市场或其他零售商店购买消费品,绝大多数情况下不是我国企业直接交易的对象。但是,任何一家从事国际营销的企业想在国际市场占有一席地位,就不能不考虑这些消费者的需求和欲望。我国企业的国外直接交易对象往往是进口商、批发商、百货公司等中间商,这些机构采购的商品最终也是为了满足消费者的需求,并从中获取一定的利润。因此,外销企业的经理人员必须认真研究国外消费者目前和潜在的需求,掌握国际市场上消费者购买行为的规律,这对于国际市场营销有着特殊的重要意义。

一、国际消费者市场

(一)国际消费者市场的含义

消费者市场(Consumer Market)又称消费品市场、最终消费品市场或生活资料市场,是指个人或家庭为满足生活需求而购买或租用商品的市场,它是市场体系的基础,是起决定作用的市场。其他市场,如企业市场,要以最终消费者的需要为转移。

国际消费者市场则是消费者市场在国际上的延伸，是国际商业活动中为满足国际消费者个人或家庭的衣、食、住、行等生活消费的需要而形成的市场。

（二）国际消费者市场的特点

1. 消费者市场的特点

（1）购买人数多，市场分散。

（2）零星购买和经常购买，购买次数频繁，但每次交易数量不大。

（3）非专家购买，具有较大程度的可诱导性，受促销影响较大。

（4）需求具有无限扩展性，即人们的需求永远不会停留在一个水平上，会随着社会经济的发展和消费者收入的提高不断地向前发展，不断产生新的需求。

（5）需求具有多层次性。美国管理学家马斯洛把人类的需求按轻重缓急的顺序排列为五个层次，分别为：生理需求、安全需求、社会需求、尊重需求、自我实现的需求。

（6）需求具有复杂多变性。不同消费者的需求是千差万别的，消费者的年龄、性别、受教育程度、职业、收入、民族和生活习惯等不同，会产生对消费品的各式各样的需求。即使对于同一消费者而言，需求也是有多元特征的。

（7）产品专用性不强。

（8）需求弹性较大，受价格影响明显。

2. 国际消费者市场的特点

国际消费者市场与国内消费者市场相比，又具有另外的特征。

（1）受不同国家文化差异的影响。不同国家的消费者行为表现出巨大的差异性和不断发展的规律。首先，不同国家的消费者所持的价值观、风俗习惯、审美标准、生活方式等方面都存在着鲜明的文化特征；其次，随着全球经济一体化的不断发展，特别是在高度发达的通信技术影响下，很多国家的消费者，特别是中青年以及少年消费者的行为也出现了明显的融合和相互吸收的发展趋势；再次，各国消费者行为的文化融合并不是一种文化的替代或完全的融合，文化的特征之一就是差异性，文化的地域性和民族性也会在融合中得到保持。因此，国际营销面对的是国际消费者行为差异性和发展性并行的状况。这需要企业不断研究和了解国际消费者行为的发展和变化规律，以保证企业在激烈的国际市场竞争中实现企业的经营目标。

（2）受不同国家经济社会发展差异的影响。由于各国各地区之间经济技术发展不平衡，国民收入水平悬殊，致使各国消费行为和购买行为差异更大，国际消费者市场环境更加复杂。国际消费者市场中，既有像美国、日本这样人均消费能力高，规模巨大的市场，也有像新加坡、马来西亚这种增长迅速但容量有限的市场；还有中国这样能力较低但发展前途光明的市场；同时也存在着马尔代夫这种人均消费力低下、人口少的微型市场。

（3）在国际消费者市场上，品牌的竞争更为残酷。消费者的一个特点就是容易受促销和品牌的影响。在国际消费者市场上，由于要和更多也更强大的外国企业竞争，树立品牌的难度更大，成本也更高。许多在国内非常有名的产品品牌在国外默默无闻，缺乏知名度，即使企业有出口，也大部分是做代工，贴牌出口。这其中一个主要的原因就是由于国际市场促销费用高，不愿或无力去宣传自己的品牌。

二、消费者购买行为模式

尽管从宏观上来看,国际消费者市场存在很大的差异性,不同国家消费者的购买行为也千差万别,但我们从微观角度分析时,会发现在不同国家、不同市场上的各个消费者,他们的购买行为大体遵从相似的逻辑(或称模式)。

研究消费者购买行为的理论中最有代表性的是"刺激—反应"模式。消费者的购买行为是受消费者心理活动支配的。外界的各种刺激,包括企业的营销刺激和环境刺激,进入消费者的意识,并在消费者特征的影响下,经过消费者的决策过程,会引起消费者购买或不购买的行为反应。美国营销专家菲利浦·科特勒将这一过程称为消费者购买行为的"刺激—反应"模式(见图 3-2)。其中营销刺激是营销者可控的因素,而环境刺激是不可控的因素。

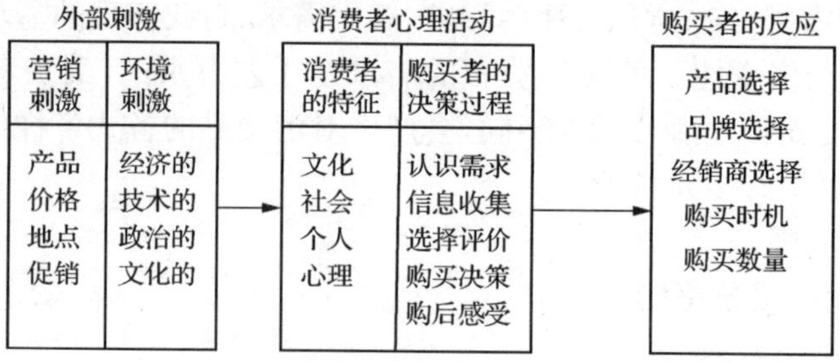

图 3-2 消费者购买行为模式

资料来源:菲利普·科特勒.营销管理.第10版.北京:中国人民大学出版社。

国际市场消费者购买行为的模式与国内市场基本相似。尽管不同国家或地区的消费者购买行为的具体形式有很大差别,诸如选择什么样的产品或哪种牌号的产品,在什么时间购买或什么地点购买,可能会因营销环境的不同而有所差别,但任何一个优秀的国际市场营销人员都必须了解在外部刺激和购买决策之间,消费者的意识发生了什么变化,以便合理地选择和应用各种营销手段来刺激消费者做出令人满意的反应。而要分析消费者意识可能发生的变化,就必须充分了解消费者的特征及其做出购买决策的过程。

(一) 消费者的特征

消费者的特征,即购买行为的内部影响因素,主要包括文化、社会、个人和心理这四个方面(见图 3-3)。

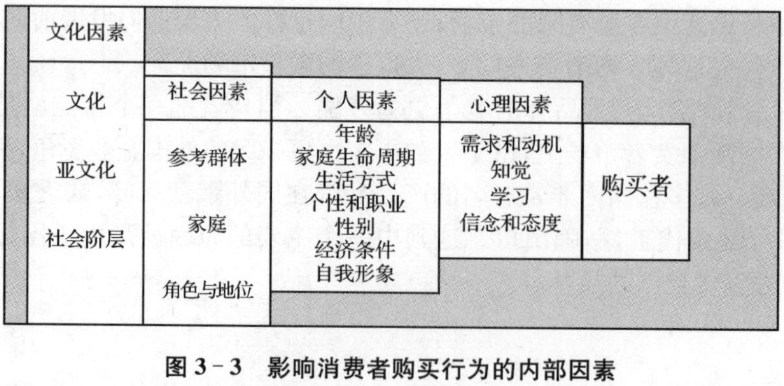

图 3-3 影响消费者购买行为的内部因素

我们以一位假设的国际消费者王女士为例来说明这些内部因素。王女士,中国上海人,35岁,已婚,在上海一家美国化学品公司任地区销售经理。她走了很多地方想购置一台笔记本电脑。她面临多种选择:东芝、惠普、苹果和戴尔等国外品牌,以及联想、方正等国产品牌。她的决策会受到很多因素的影响。

1. 文化因素

文化是人类欲望和行为最基本的决定因素。文化因素对消费者的行为具有广泛和最深远的影响。不同国家或地区由于文化背景的不同,消费者的需求偏好就不一样,其购买行为也就表现出明显的差异。因此,了解不同国家或地区的文化差异与共性,有利于把握不同国别或划区市场消费者购买行为的异同。

每个国家的文化又可以分为若干亚文化群。例如,按民族特征划分,可以划分为若干个民族群体,各个民族在宗教信仰、节日、崇尚爱好、图腾禁忌和生活习惯方面,有其独特之处,并对消费行为产生深刻影响。按宗教划分,可以划分为若干宗教群体,不同宗教有不同的文化倾向和戒律,影响人们认识事物的方式、对客观生活的态度、行为准则和价值观,从而影响消费行为;按地理区域划分,可划分为若干不同的区域群体,不同的地区有不同的风俗习惯和爱好,使消费行为带有明显的地方色彩。每一亚文化群体,都有着自己特殊的需求偏好,有着自己特殊的购买行为。因此,进行国际市场营销,不仅要了解不同国家的文化背景,还应进一步掌握每一个国家的亚文化群的特征。

社会阶层是具有相对的同质性和持久性的群体。按等级排列,每一阶层的成员具有类似的价值观、兴趣爱好和行为方式。一个人的社会阶层,通常是职业、收入、教育和价值观等多种因素作用的结果。同一社会阶层的人,要比来自两个社会阶层的人行为更加相似。因此,社会阶层也是影响消费者行为的重要因素。

王女士对电脑的兴趣就是由她所处的高技术化社会而引起的必然结果。电脑以一整套消费者知识和价值观为先决条件。王女士知道电脑是什么,知道如何阅读电脑操作说明书,也知道电脑知识很重要。而在另一种文化环境下,如澳大利亚中部的土著部落,电脑大概毫无意义,它也许只是一件稀奇古怪的金属器具而已。所以,那里也许就没有买主。王女士又是上海人,上海地处沿海发达地区,是海派文化的聚集地。历史的原因导致了上海人特殊的崇洋情结,而上海经济的发展和开放使他们每天都有机会接触国际上最新、最流行的信息,形成了讲究格调、追求时尚并且青睐国外品牌的消费心态。因此,王女士很可能倾向于选择国外品牌而非国产品牌的笔记本电脑。

2. 社会因素

消费者的购买行为同样也受到一系列社会因素的影响,如消费者的参考群体、家庭、身份和地位。

参考群体是指能够影响一个人态度、意见、价值观念和购买行为的社会群体。参考群体分为所属群体与相关群体,所属群体又分为主要群体和次要群体。与消费者个人有直接接触、关系密切的群体,如家庭、亲友、同学、同事等,称为主要群体。与消费者个人有直接接触,但是关系相对较为疏远的群体,如各种社会团体、职业协会等,称为次要群体。相关群体是指消费者个人不属于这一群体,但是态度、行为受其影响,如影星、歌星、球星身后大批的崇拜者和追随者。

参考群体对消费者购买行为的影响，首先取决于消费者的个性特征。那些缺乏主见的消费者更容易受到参考群体的影响。其次取决于商品的种类和特征。一般地说，选择性强的商品的购买受参考群体的影响较大，选择性差的产品的购买受参考群体的影响较小。对那些受购买者尊敬的人所看得见的产品而言，参考群体的影响也较大。再次，取决于产品所处的生命周期。在产品处于市场的导入阶段，参考群体对消费者购买行为影响较大；而在市场的成熟阶段，参考群体的影响较小，其影响也主要体现在品牌的选择方面。从国际市场营销的角度来看，营销者首先了解国外目标市场参考群体对消费者购买本企业产品的影响程度，然后再寻找并确定目标市场的参考群体，在此基础上，利用参考群体的影响来促进本企业产品在目标市场的销售。例如，利用体育明星、影视明星做广告宣传，就是利用崇拜者群体促进产品销售。

家庭及其成员，是影响最大的主要参考群体。每个人所经历的“家庭”，可分为：① 自身所出的家庭，包括父母。每个人受双亲影响，养成许多倾向性。② 己所生出的家庭，即配偶和子女，它对购买行为产生更直接的影响，并形成一个消费者的“购买组织”。家庭成员对购买行为的影响，可因家庭类型与产品种类的不同而存在差异。由于社会文化传统的作用和经济发展水平的差距，不同的国家或地区家庭类型和构成也不一样，从而家庭成员在商品购买中发挥的作用也不相同。在经济不发达的国家或地区，丈夫在家庭中更能起主导作用，重要购买决策一般由丈夫做出决定。而在经济发达的国家，除了汽车、摩托车、电视机等大件商品以外，其他商品，如洗衣机、吸尘器、生活日用品、化妆品等，大都是由家庭主妇决定购买。因此，企业在进行国际市场营销时，必须根据自己的产品特点，在认真分析目标市场家庭类型及其成员对购买决策影响作用的基础上，有针对性地选择促销策略和措施，这样，才有可能获得良好的营销效果。

身份是周围的人对你的要求，是你在各种场合承担的角色、应起的作用。每一种身份又附有一种地位，反映社会对他的评价和尊重程度。人们往往结合身份、地位做出购买选择。许多产品、品牌，由此成为一种身份和地位的标志。消费者以何种产品、品牌来显示身份和地位，因社会阶层和地域有所不同。而且，每个商品购买者在作为不同角色时的购买行为也会有所不同。

王女士对笔记本电脑的兴趣和对种种品牌的偏好会受到其参考群体中的某些人的重大影响。她的同事以及他们所购买的计算机和品牌选择对她都有影响。王女士为美资公司服务，她可能因此更倾向于购买欧美品牌的笔记本电脑，而对日系笔记本电脑不太感兴趣。她的丈夫将充当影响者的角色。他可以首先提出该建议，并提供品牌和性能的劝告。他影响力的大小取决于他对购买电脑的意愿是否强烈以及王女士对他意见的评价。再有，王女士作为外企的一名中级管理人员，可能会倾向于选择中高档而非低档型号的笔记本电脑。

3. 个人因素

购买者决策也受其消费者个人特征的影响，特别是受到年龄和家庭生命周期、生活方式、个性、职业、性别、经济条件和自我形象的影响。

消费者的欲望和行为，因年龄不同而发生变化。比如儿童喜欢购买玩具，青年人喜欢购买时装、光盘等，老年人喜欢购买保健用品、花鸟虫鱼类商品。企业营销商品，必须注意不同性别和年龄消费者的购买特征。家庭生命周期是一个以家长为代表的家庭生活的全过程，从青年独立生活开始，到年老后并入子女的家庭或死亡时为止。在不同阶段，同一消费者及家庭的购买力、兴趣和对产品的偏好甚至会有较大差别。在国际市场营销中，企业还必须注意到在不同国家相同年龄的消费者由于进入家庭生命周期的不同阶段，其对商品的需求也不尽相同。

生活方式是一个人生活中表现出来的活动、兴趣和看法的整个模式，影响对品牌的看法、喜好。营销者往往可以通过生活方式理解消费者不断变化的价值观及其对消费行为的影响。

个性指个人特有的心理特征，导致人对所处环境做出相对一致和持续的反应，通过自信、支配、自主、顺从、交际、保守和适应等性格特征表现出来。依据个性因素，可以更好地赋予品牌个性，以期与消费者适应，如美国学者发现，购买有活动车篷汽车的买主与无活动车篷汽车的买主之间，存在一些个性差别——前者表现较为主动、急进和喜欢社交。

消费者的职业，如工人、农民、军人及教师等，会影响其对不同产品及品牌的看法和购买意向，导致不同的消费习惯。

长期以来，性别一直是影响人们购买服装、鞋帽、化妆品等的重要因素。现在“男女有别”已经延伸到其他相关领域，如美国企业推出女性香烟，从风味、包装乃至广告各方面着力迎合全球的女性消费者。

消费要“量入为出”，依据条件消费和购买。人们的经济状况包括可供其消费的收入(收入水平、稳定性和时间形态)，储蓄与财产，借债能力和对花钱与储蓄的态度。

自我形象是一个人怀有的有关自己的“图案”，驱使其寻求与此一致的产品、品牌，采取与自我形象一致的消费行为。为此，营销者要了解消费者自我形象与其拥有物之间的关系。

王女士作为中年职业白领，收入颇丰，因此对那些专为学生设计的低价笔记本电脑不屑一顾。她可能是喜欢优雅有格调生活的女性，因此，她很可能对价格偏高、品质突出、专为女性设计的外观优雅的笔记本电脑产生好感。

4. 心理因素

一个人的购买选择也受心理因素的影响，主要有需求和动机、知觉、学习以及信念和态度。

动机是推动个人进行各种活动的驱策力。动机是行为的直接原因，促使个人采取某种行动，规定行为的方向。动机是由需要引起的。消费者的购买行为，是消费者解决他的需要问题的行为。不同的人有不同的需要，而且不同的需要在人们心中的层次也不一样。急需满足的需要，会激发起强烈的购买动机，需要一旦满足，则失去了对行为的激励作用，即不会有引发行为的动机。企业在进行国际市场营销时，应该了解目标市场哪些需求尚未满足，从而有针对性地进行产品决策。

消费者被激发起动机后，随时准备行动。然而，如何行动则受他对相关情况的知觉程度的影响。知觉是指个人选择、组织并解释投入的信息，以便创造一个有意义的个人世界图像的过程。知觉不但取决于刺激物的特征，而且还依赖于刺激物同周围环境的关系以及个人所处的状况。营销专家 Pizam 和 Mansfeld 认为，当营销进入较高层次或产品具有较大同质性时，市场营销并非产品之战，而是知觉之战。广告就是引导知觉的一项有力工具。消费者的知觉主要有两个特征：一是选择性，即消费者面对无数商品信息刺激总是因各自的需要而进行取舍；二是错觉性，即消费者往往根据原有的印象解释新获得的信息，相似的信息很容易使消费者产生错误的知觉。当消费者所获得的信息不符合原有印象时，他可能按其先入之见曲解信息。因此,消费者的知觉有时并不一定能如实反映客观事物。因此,企业在进行广告营销时,要注意使所传递的信息足以引起消费者的注意,要有针对性,使消费者记住所传递信息的内容,同时还应认真研究消费者可能产生的错觉,使商品宣传符合消费者心理要求。

学习也称"习得",指人会自觉、不自觉地从很多渠道、通过各种方式获得"后天经验"。学习会引起消费者个人行为的改变。

通过实践和学习,人们获得了自己的信念和态度,他们又反过来影响人们的购买行为。态度是人对事物所持有的持久的、一致的评价和反应,包括三个互相联系的成分:信念、情感与倾向。态度的形成是逐渐的,产生于与产品、企业的接触,其他消费者的影响,个人的生活经历及家庭环境的熏陶。态度一旦形成,不会轻易改变。信念是被一个人所认定的可以确信的看法。信念可以建立在不同的基础上,如"吸烟有害健康",是以"知识"为基础的信念;"汽车越小越省油",可能是建立在"见解"之上;某种偏好,很可能由"信任"而来。消费者更易于依据"见解"和"信任"行事。

王女士要买一台个人笔记本电脑,她也许会称自己的动机是为了某种爱好或是为了发展自己的事业;但进一步分析的话,她购买个人笔记本电脑还可能是为了向他人显示自己的才华;更进一步分析的话,她购买个人笔记本电脑可能是为了体会自己的精明和老练。而且通过上网查阅各种有关资料,并在一些电脑生产厂商颇具吸引力的广告的影响下,她终于下决心选择了一台进口的惠普商用笔记本电脑。

现在我们已经了解了作用于消费者购买行为的众多因素。一个人的选择是文化、社会、个人和心理因素之间复杂影响和作用的结果。其中很多因素是营销人员所无法改变的。但是,这些因素在识别对产品有兴趣的购买者方面颇有用处。其他因素则受到营销人员的影响,并提示营销人员如何开发产品、价格、地点和促销,以便引发消费者的强烈反应。

(二) 消费者的购买决策过程

消费者的购买决策过程主要分为五个阶段,即认识需求、搜集信息、选择评价、购买决策、购后感受。

1. 认识需求

消费者有需求,才可能有购买行为。需求可能由内部刺激引起;也可能由外部刺激引起。这时消费者可能会察觉到他目前的实际状况与理想状况的差异,会认识到需求。

2. 搜集信息

消费者最终的购买行为一般需要相关信息的支持。认识到需要的消费者,如果目标清晰,动机强烈,购买对象符合要求,购买条件允许,又能买到,消费者一般会立即采取购买行动。在许多场合,消费者认识到的需要不能马上满足,只能留存记忆当中。随后,他对这种需要或者不再搜集进一步的信息,或者进一步搜集信息,或者积极主动搜集信息。一般来说,需要十分迫切的消费者,会主动寻找信息;需要强度较低的消费者,不一定积极、主动寻找信息,但对有关的信息保持高度警觉、反应灵敏——处于"放大的注意"的状态;需要强度继续增加到一定程度,就会像需要一开始就很强烈的消费者,进入积极主动寻求信息的状态。王女士在决定要购买笔记本电脑之后,会对有关的广告、商店里的电脑品牌、熟人或不相识者关于电脑的议论,比平时更加留心。

消费者搜集信息的范围和数量取决于购买类型和风险感。如果王女士是初次购买笔记本电脑，她要搜集的有关信息应该比较多，而且范围较广；如果她是重复购买，则她所需搜集的信息较少，内容也会不一样。风险感是消费者对风险的认识，它一方面受产品、价格影响：价格越高，使用时间越长，风险感越大，就会努力搜寻更多的信息；另一方面受个人因素影响：同样的购买，谨小慎微的人风险感就大，办事马虎的人风险感则小。笔记本电脑是价格较高的贵重商品，使用期限一般为10年左右，因此王女士在购买时的风险感会较强。

消费者信息的来源如下。① 个人来源：家庭、朋友、邻居、熟人等。② 商业来源：广告、销售人员、经销商、包装、陈列、展销会等。③ 公共来源：大众媒介、消费者权益保护机构等。④ 经验来源：接触、检查及使用某产品等。这些信息来源的相对影响力因产品和消费者的不同而变化。总之，信息主要来自商业来源，而最有影响力的是个人来源，公共来源的信息可信度较高。

3. 选择评价

通过搜集信息，消费者熟悉了市场上的竞争品牌，利用这些信息来评价确定最后可选择的品牌的一般过程是：某消费者只能熟悉市场上全部品牌的一部分，而在熟悉的品牌中，又只有某些品牌符合该消费者最初的购买标准，在有目的地搜集了这些品牌的大量信息后，只有个别品牌被作为该消费者重点选择的对象。

4. 购买决策

在评价选择阶段，消费者会在选择组的各种品牌之间形成一种偏好；也可能形成某种购买意图而偏向购买他们喜爱的品牌。但是，在购买意图与购买决策之间，有两种因素还会产生影响作用。

第一种因素是其他人的态度，第二种因素是未预期到的情况。这两种因素若对购买意图有强化作用，则购买决策会顺利实现；反之，则购买决策受阻。

5. 购后感受

消费者购买以后，往往通过使用或消费购买所得，检验自己的购买决策：重新衡量购买是否正确；确认满意程度；作为今后购买的决策参考。预测、衡量购后感受，有两种理论。①“预期满意”理论。该理论认为，消费者购买产品以后的满意程度取决于购买前期望得到实现的程度。如果感受到的产品效用达到或超过购前期望，就会感到满意，超出越多，满意感越大；如果感受到的产品效用未达到购前期望，就会感到不满意，差距越大，不满意感越大。②“认识差距”理论。这种理论认为，消费者在购买和使用产品之后对商品的主观评价和商品的客观实际之间总会存在一定的差距，可分为正差距和负差距。正差距指消费者对产品的评价高于产品实际和生产者原先的预期，产生超常的满意感。负差距指消费者对产品的评价低于产品实际和生产者原先的预期，产生不满意感。

消费者对产品满意与否直接决定着以后的行为。顾客满意的价值主要体现在以下几个方面：① 忠诚于你的公司时间更久；② 购买公司更多的新产品，增加购买数量，提高购买产品的等级；③ 为你的公司和品牌、产品说好话；④ 忽视竞争者品牌和广告并对价格不敏感；⑤ 向公司提出产品或服务的建议；⑥ 由于交易惯例化与新顾客相比降低了服务成本。

第三节 国际组织市场及其购买行为

从事国际市场营销的企业在国际市场上面对的往往不是商品的消费者或最终用户。与它直接进行交易磋商的顾客,往往是地处国外的生产者、中间商、政府机构,还有社会团体。这些顾客大都是法人组织,它们共同组成了一个巨大的国际组织市场(International Organizational Markets)。事实上,国际组织市场上的交易额远大于国际消费市场,原因很简单:实现一次消费购买必须进行很多次集团购买,如买鞋这样一个简单消费购买行为背后就隐含着数不清的组织购买行为。在全球化的今天,一个日本的制鞋商可以从中国采购皮革、塑料、布料等生产原料,从德国采购机器设备,请韩国公司修建厂房。而这些产品的购买还隐含着更深层次的组织购买。这大大加深了组织购买的复杂性、多样性。与国际消费者市场相比,国际组织市场还有其他一些不同的特征,组织的购买行为与消费者的购买行为也存在很大的差异,需要重点加以分析研究。

一、国际组织市场的类型和特点

按照组织的性质,我们可以将国际组织市场划分为国际生产者市场、国际中间商市场、国际政府以及其他非营利组织市场。从总体来看,与国际消费者市场相比,国际组织市场主要还有以下不同的特点。

(一) 购买者数量少,购买货物批量大

国际消费者个人购买的目的主要是为了满足个人消费。其购买者人数众多,而每次购买的数量较小。而国际组织市场上,企业、政府或团体为了满足生产、经营、集团消费或实现某种社会经济目标的需要而进行购买,购买次数较少,但每次购买商品的批量较大。因为如此,国际生产者市场上的营销者与客户关系密切。组织市场的购买者比消费者市场的购买者要少很多。其中生产者市场的购买者在数量上比政府市场要多,但通常比中间商市场少。

(二) 专业人员购买

国际组织市场的采购人员多为专职人员,他们大都有丰富的产品知识和采购经验,对国际市场信息反应敏捷,国际商务知识广博。组织市场上的购买通常有明确的目的和一定的程序,较少掺杂个人感情因素,购买行为专业化和理性化。不像消费者市场上的购买者多数没有专业知识,并经常有冲动性购买行为。

(三) 经常使用信用方式购买,支付方式多样化

由于国际组织市场的购买者相对稳定,比较容易与供货单位建立稳定密切的关系,其中包括信用关系。而由于组织购买者购买批量较大,直接用现金支付的方式较少,通常以各种信用工具作为支付手段,支付方式多样化,并经常涉及外汇的使用与买卖。

(四) 市场需求弹性较差

国际组织市场的需求多是定向性的,购买的产品和物资多具有特定的用途,替代性差。因此,国际组织市场的需求弹性较差。

二、国际生产者市场及其购买行为

国际生产者市场(Industrial Markets),也称国际产业市场或国际企业市场。生产者进行国际购买的目的是为了扩大生产,降低成本并赚取更多的利润。

(一) 国际生产者市场的特点

国际生产者市场与国际消费者市场相比,还具有以下几个显著特点。

1. 垄断性

由于中、大型和超大型跨国公司不断涌现,一些行业的国际生产者市场由少数几家或一家大公司垄断。例如,大型干线飞机发动机的购买者主要是波音公司和空中客车公司。而私人飞机的销售范围虽然不算广泛,主要集中在美国,但仍有30多万的全球客户。

2. 需求的派生性

生产者市场的需求是由消费需求派生来的。例如,下游生产者在国际上采购钢材是由于消费者需要汽车、电冰箱、电视机、自行车等消费品。而上游的生产者在国际上采购铁矿石是因为下游的生产者需要钢材。如果消费者市场不景气,则上游和下游的生产者市场也必然随之不景气。因此,生产者市场上的国际营销者,眼光不能只停留在生产者市场上,而要透过生产者市场看到最终消费者市场。

3. 需求的波动性

由于生产者市场的需求的派生性,因此波动性也较大,即消费者市场需求的小幅波动,可能会导致生产者市场需求的巨幅波动。对此,西方经济学称之为"加速原理"。有时消费者需求的变动只有10%,却可能引起相关产业购买者需求300%的变动。因为生产者市场对经济情况的变动反应特别灵敏,所以营销者往往实行"多角化经营",尽可能增加产品品种,以增强企业的应变能力。

4. 直接购买多

在生产者市场上,供需双方往往直接挂钩成交,而不经过中间商。特别是那些单价高、技术性强的机器设备,或需要按指定要求和规格制造的产品,更是如此。

5. 联系的固定性趋向明显,并希望开展互购、租赁等活动

买主与卖主达成一笔交易后,如果双方都有诚意,合作良好,一般都愿保持良好发展势头,保持长期业务联系。有些情况下,双方还相互购买对方的产品,互相给予优惠,如我国向美国波音公司购买飞机,即可要求对方订购我国某些飞机配件。对于一些高价值的机器设备、交通工具等,需求方往往需要"融资",因此会希望用租赁方式代替购买。

6. 侧重产品的质量、供货的稳定性、销售服务和付款条件

首先,工业用品的购买,无论是原料、辅助材料,还是机器设备,都把产品质量放在首位,以保证购买者生产的质量。其次,工业用品的购买,尤其是原材料的购买,要求供货及时、稳定、均衡,既要保持库存的低水平,又要避免出现停工待料现象。再次,采购者常希望生产厂家提供大量的售前售后服务,因为这些服务是保证购买者的生产顺利进行的重要因素。最后,因为购买的数量大,需要的资金多,优惠的付款条件也是采购者关注的重要因素。

7. 竞争比在消费者市场上的竞争要容易

在生产者市场上是专家购买,所以品牌不如成本重要,只要产品成本低、品质高、讲信誉、按时供货,就有可能在国际市场上取得竞争优势。

(二) 生产者采购的参与者

生产者采购组织的大小,随企业的规模而有所不同。有的企业仅一人或数人负责采购,有的则设有专门的采购部门。采购人员的权限也各有不同,通常采购人员对小产品有决定权,对主要的技术设备则只能执行决策机构的决定。采购的决策机构称为"采购中心"(Purchasing Center)。企业的"采购中心"通常包括五种成员。

1. 使用者

使用者指具体使用所要购买的产品的人员。使用者往往是最初提出购买某种产品意见的人,他们在产品的品种、规格、型号的选择上有很大的作用。

2. 影响者

影响者即影响购买决策过程的人,他们也协助完成产品类别筛选并提供有关评估选择的信息。技术人员常常是重要的影响者。

3. 采购者

采购者即具体执行采购任务的人员,他们负责选择供应者并与之谈判签约。比较重要的采购工作中,通常有企业高层管理人员参加。

4. 决策者

决策者即企业中有权决定产品要求和供应者的人。在例行的采购中,采购者常常是决策者,但在较复杂的采购中,决策者通常是企业的主管。

5. 控制者

控制者即控制信息流的人。他们可控制外界与采购有关的信息流入企业,如企业的采购代理往往有权阻止供应商的推销人员与使用者或决策者见面,其他的控制者还有技术人员甚至秘书。

(三) 生产者购买的类型及决策过程

生产者购买的类型主要有三种:直接重购、修正重购和新购。

直接重购是企业按一贯的需要和原有的供应关系进行继发性的采购。这类购买行为最简单。往往供应者、购买对象、购买方式等都不变,基本上不需要做新的决策,交易费用比较节省。从国际市场营销的角度看,寻求长期稳定的重复购买者,是营销者的重要任务和主要目标。

修正重购就是购买方虽然决定继续购买同种产品,但想变更产品的规格、价格或其他交货条件,或者重新选择新的供货单位。这类购买决策和直接重购相比较为复杂,其决策要经过必要的调查研究,要进行科学论证,以使修正方案更为正确。对于国际营销者来讲,这类决策给原供货单位带来一定的威胁,给其他"门外供货者"带来新的市场机会。

新购就是企业第一次采购某种产业用品,如购买新的机器设备或原材料。新购风险较大,费用较高,决策过程也比前两者复杂。新购不仅要增加决策人数(有时要组织专门采购班子),

而且必须在调查研究的基础上，进行分析论证，特别是从国际市场采购，更需要在广泛与外国厂商磋商的基础上，进行可行性论证。对于国际市场营销者来讲，新购为其带来了市场机会，是其重点工作对象。作为供货方，应和新购者进行广泛的接触，解答购买者提出的疑问，通过不同的方式和不同的角度宣传自己的产品，并耐心地与购买者进行磋商，以促使交易成功。西方有许多大公司设立有专门的机构负责对新客户的营销，以争取建立长期的供应关系。

上述三种类型购买的决策过程是不相同的。它们各自的决策过程见表 3－3。

表 3－3　生产者购买决策过程

	直接重购	修正重购	新　购
认识需要	不必	可能需要	需要
确定需要	不必	可能需要	需要
说明需要	不必	需要	需要
物色供应商	不必	可能需要	需要
搜集供货信息	不必	可能需要	需要
选定供应商	不必	可能需要	需要
签订合同	不必	可能需要	需要
检查合同履行情况	需要	需要	需要

从表 3－3 中可以看出，在直接重购的情况下，购买者决策过程最少；在修正重购的情况下，购买决策过程要比直接重购决策过程多几个阶段；而在新购的情况下，决策过程要经过以下八个阶段。

1. 认识需要

认识需要指在新购或修正重购的情况下，公司的某些人员认识到需要购买新设备、新材料或购买更加物美价廉的原产品，以满足企业生产或开发新产品的需要。

2. 确定需要

确定需要就是确定所需要的产业物品的品种特征和数量。对于复杂的产品，采购人员要和使用者、工程技术人员共同研究确定。作为供货企业在此阶段应主动帮助用货单位确定所需品种的特征和数量。

3. 说明需要

说明需要就是通过进一步的论证分析，论证进行新购或修正重购的价值。这里讲的"价值"就是指的新购买某种产品的实际意义。

4. 物色供应商

物色供应商即确定新购或修正重购可行，采购人员可以通过查找海外工商企业名录或其他资料的方法，也可以通过向专业公司咨询，或者向其同行或有关客户了解询问等途径，来寻找查询可能的供应商。供货厂家也应通过广告宣传等手段提高自己的知名度，争取被采购人员选入可能的供货厂商名单。

5. 搜集供货信息

采购人员在寻查可能供货厂商的基础上，可以主动与他们联系，请他们提供产品说明书、价目表或报价单等供货信息，对于技术要求高或型号规格复杂的产品项目，也可要求他们提供设计图纸等技术资料。作为市场营销者应注意及时提供有关产品的供货信息，以引起购买厂家对其产品的兴趣。

6. 选定供应商

决策人员在比较、分析和评价供货厂商信息的基础上，根据采购的目标和要求，选定供应商。选择供应商的条件主要有产品质量、产品价格及付款条件、交货能力、售后服务、厂商信誉等。

7. 签订合同

选定供应商之后，购买方有关人员还要就具体的供货细节问题与供应商做进一步磋商、谈判，并在此基础上订立供货合同。供应商应争取与买方建立长期稳定的供货购买关系。

8. 检查合同履行情况

签订合同以后，企业采购部门要注意掌握合同履行情况。货到之后，采购部门要与使用部门经常联系，了解产品的使用效果，并根据掌握的信息，对供货厂商履约情况进行评价，以确定今后与供货厂商的关系。供应商也应主动与购货者联系，了解购货者对其供应产品的意见与建议，改进供货工作，提高购货者的满意程度，为今后扩大销售奠定基础。

(四) 影响生产者市场购买行为的因素

影响生产者市场购买行为的因素主要包括环境因素、组织因素、人际因素以及采购者的个人因素(见图 3-4)。

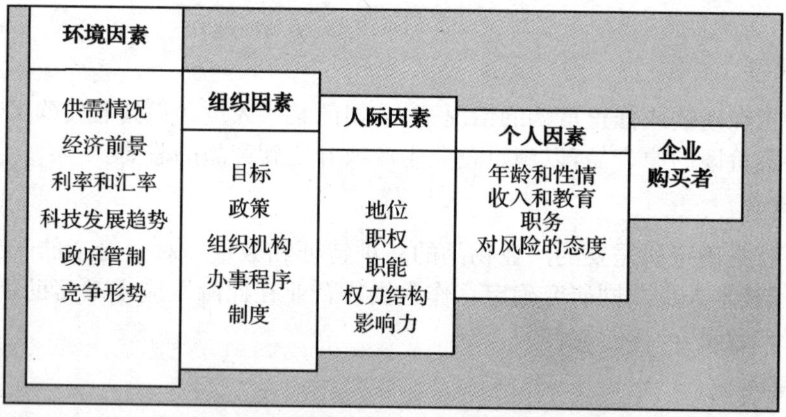

图 3-4 影响生产者市场购买行为的因素

1. 环境因素

客观环境因素是生产企业自己不能控制的因素。企业采购原材料和设备，首先要考虑当时的环境因素，如国际市场的供需情况、经济前景、利率、汇率、科技发展趋势、政府管制、竞争形势等，并对这些因素做出预测。其中，供需情况包括这个企业的成品和其准备采购的商品的供需状况；经济前景包括宏观和微观的前景；利率高低直接影响企业愿意购买的数量；汇率的发展变化则会影响企业海外购买的地理方向和时机；科技发展趋势左右企业采购态度，如科技将有新发展的产品，买方不想多买，而是寄希望于新发展后再大量购买；政府管制情况也与企业采购有密切的关系，因为许多国家对商品的进出口有限制或限额，限额也经常变化；竞争形势包括企业成品推销和采购商品两个方面的竞争。这些因素不仅买方要研究，卖方也得注意。

1980年，因当时石油供应十分紧张，美国厂商曾向我国订购了不少抽油机，希望用这些抽油机开采老油井，缓解石油供应缺口。但不久石油形势放松，利用老油井变得不经济。美国厂商提出毁约，给自己造成不少损失，这就是因对经济前景估计不足而引起的问题。

2. 组织因素（企业状况）

采购企业的情况会影响到它们的具体采购行为。因此，供货方应当细致地了解国外客户的有关组织状况。

有的采购企业以发展为目标，力求扩大再生产的规模，有的企业则只求维持简单的生产经营，也有的企业正处于经营、生产的困难之中。各采购企业会根据自己的实际情况决定自己的经营政策和购买决策。有些企业特别重视商品的质量、性能、技术含量，有些企业则贪图价格低廉。大企业往往重视企业发展的长远战略和目标，小企业则更侧重于当前的利益。

供货商还应对国外客户的政策、组织结构、办事程序和制度有清楚的了解，否则会事倍功半，且不容易取得买方的信任。例如，与中东国家的商人做生意，一般在开始谈判之前都要寒暄叙谈一番，拉近与谈判人之间的心理距离，营造和睦的谈判气氛；如果开门见山，直抒胸臆，不但不被认为是“干脆、痛快”，反而以为是不信任。但这在西方国家看来纯粹是浪费时间。在美国，对所提之事做出迅速答复，被认为是对该事情的重视；相反，在日本，有时却需要故意延迟答复，软磨硬泡，以迫使对方让步。

3. 人际因素

每个企业的采购部门是由许多具有不同地位、职权、职能的人组成的。各企业采购部门的人员组成不尽相同，采购部门在企业相关部门的地位、作用、影响力的大小也不尽相同，这就决定了采购决策的做出不尽相同，其购买行为可以有较大的差异。供应商应当力求掌握这些情况，从而确定自己的营销对策。

目前，从世界各公司、企业的权力结构来看，有三种典型的决策类别应当引起特别注意。第一种，最高层集权式决策，即一切决策都由公司最高领导人做出。这种情况在发展中国家较常见，尤其是在那些含有封建传统和宗教色彩的国家，与之相对应，供货企业的营销人员的级别就不能太低，否则对方会认为没有被重视。第二种，分权式决策，即各级管理人员有权对自己职责范围的事宜做出决策。具体到组织购买，采购部门的各级管理人员都有一定的采购决策权。我们应特别注意该部门各组成人员的职权范围，以及他们各自对其他负责人的影响力大小，以便采取适当对策促使采购部门做出最终购买决策。第三种，委员会集体决策，它是通过集体协商的方式来进行决策。对于这类结构，国际市场营销人员的主要任务是说服委员会的每一位成员，使之相信有关建议或产品的优点，促成最终对该产品的购买决策的形成。

4. 个人因素

每个参与购买决策的人，其年龄、性格、收入情况、教育水平、职务以及对风险的态度等都有所不同。这些个人因素会影响他们对要购买的生产用品和供应商的看法、感觉，从而影响购买决策。因为，虽然工业品是属理性化采购，但在条件相同情况下，采购人个人的感情和偏好仍然在购买行为中发挥着不可低估的作用。

三、国际中间商市场及其购买行为

中间商市场也叫转卖者市场,由为了转售或出租而买进商品的个人与组织组成。它们介于生产者和消费者、用户之间,专门从事商品流通,由此获利。中间商(也叫贸易商)包括各种类型和层次的批发商和零售商。批发和零售业组织比生产者地理分布更为分散,但比起广大消费者来讲又较为集中。

国际市场不同于国内市场,参与国际市场竞争涉及的交易过程、交易条件、交易做法和法律问题都比国内市场复杂得多。在国际市场环境多变、竞争激烈的形势下,国际中间商对生产企业产品在国际上的价值实现有着不可替代的作用。他们熟悉国际业务,掌握国际贸易中的法规和惯例,又相对了解国内市场,许多企业都愿意通过中间商与国外企业进行商务洽谈和签约。

一般来说,中间商的需求,与生产者需求一样都是派生需求,其购买行为与生产者是相似的,中间商购买多带有组织购买的性质。但与生产者市场有较多的相似特征。中间商采购商品同样要受宏观客观环境、企业具体情况、企业人际关系和采购人员的个人条件因素的影响,但是,由于中间商并不是直接的生产企业,其购买行为也有一些特殊之处,这主要表现在以下一些方面:① 中间商市场需求不稳定。生产者是为自己的生产需要购进商品,中间商则是为了转手以谋取买卖差价。所以中间商的购买,是以其认为哪些商品能够带来最大利润为标准的。因此,当中间商发现从事其他商品的买卖比原买卖的商品获利更多,它就会迅速转移购买。② 中间商的买价是以卖价为基础的。中间商本身对商品价格的反应并不敏感,即使价格提高,只要不影响其销售量,它也不会减少购买。③ 中间商对购买时间要求严格,以便更准确把握市场需求,避免库存积压风险;一旦下单,要求尽快到货,以免占用资金。④ 中间商单位利润小,购买量总是较大,以期多购、多销,谋取更多收益。通常依据现有存货和预期需求,或者偶然大量订购,降低成本,从供应商获取更大折扣,或者经常性少量订购,减少库存,并力求从供应商得到尽可能多的优厚条件。

(一) 中间商购买过程的参与者

在中间商市场,对购买决策起主要作用的人员如下。

1. 企业决策者

企业的决策者,特别是企业最高管理人员,他们决定着企业转卖商品的类别和购买规模。

2. 营业人员

营业人员对哪些商品最符合市场的需要和销售情况比较了解,他们可以向采购部门或最高决策者反映情况,提出进货建议,从而影响采购部门和最高决策者的行为。

3. 转卖对象

中间商购买商品的目的是为了转售给其他商品需求者。因此,转卖对象的实际购买行为就是转卖商进货的基本依据。

4. 市场预测人员

市场预测专家对市场前景的估计对转卖商进货也有重要影响。特别是对需要提前进货的季节性商品,转卖者在进货时常常参照市场预测专家的意见。

5. 采购部门或采购人员

他们具体负责商务活动，决定向谁购买和怎样购买。

（二）中间商采购的类型

中间商采购的类型分为以下三种：

（1）新产品采购类型。与生产者“新购”相似，但中间商只能自己衡量是否合销，从而决定是否实施采购。这与生产者向一些对象实施“新的采购”不同，因为生产者采购的是生产者自己所需要的某一品种商品。

（2）最佳供货人选择类型。中间商明确需要什么，只是要选择最合适的供应商。这种情况下的购买决策已不单纯是对商品购买的决策，而是在很大程度上变成了对供货人本身的选择。之所以要选择最佳供货人，是因为中间商经营的范围有限，它不可能采购不同牌号的所有商品。有些中间商要找到可以定牌的供应人。因为有些公司规定经营商品必须同时变用本企业的牌号，所以必须考虑可以供应定牌商品的供货人。

（3）谋求更好的交易条件类型。中间商希望从现有供应商得到更好的交易条件。中间商与供应商反复接触、洽谈，并非要更换供应商，而是想得寸进尺。中间商会对供应商施加压力，要求在提供服务、信贷付款条件或提高数量折扣等方面给予特殊优惠。

（三）中间商购买决策的主要内容

1. 决定经营什么货色

货色是中间商拟供应市场的产品和劳务的组合，它决定中间商在市场中的位置。因此中间商最基本的购买决策是决定经营的花色品种，而不像生产企业最主要的购买决策是所购商品的数量、质量、价格等。中间商的货色战略主要有四种：第一种是独家货色，即中间商决定只经营某一家制造的产品；第二种是专深货色，即中间商决定经营许多家制造商生产的同类产品的各种型号规格；第三种是广泛货色，即中间商决定经营的产品种类较为广泛，但没有跨行业经营；第四种是杂乱货色，即中间商决定经营许多没有关联的产品。中间商采取的货色战略，决定其商品购买的内容。

2. 选择供货的厂商

对于供货厂商的选择，关系到中间商能否得到稳定可靠的货源。中间商对供货厂商选择的标准主要有：产品的销路情况、供货的优惠条件、长期合作的意向、生产经营能力和作风等。

3. 选择有利的购买条件

这里讲的购买条件，主要是指商品交易中的价格、付款、运输、交货及售后保障等方面的条件。购买条件直接影响中间商的利益，所以中间商对此非常敏感。

四、国际政府市场和非营利组织及其购买行为

除了生产者市场和中间商市场，在组织市场中政府市场与非营利组织市场也不容忽视。对于某些企业而言，政府以及非营利组织市场可能是其某种产品的主要市场。

（一）政府与非营利组织市场

当今社会，大多数国家都实施市场经济。各国政府的市场行为，主要是为本国再生产过程

创造条件,开辟市场。现在政府市场是一个非常庞大的国际市场,各国政府的财政开支常在国民生产总值中占有很高的比例,政府的经济活动具体在市场行为中,主要表现在国家采购中,即国家作为商品和劳务的购买者向私人企业购买或订货。在国家采购中,军事采购占很大比重,并在第二次世界大战后成为资本主义国家用以调节国民经济和解决市场实现问题的一个重要杠杆。

非营利组织泛指一切不从事营利性活动,即不以创造利润为根本目的的机构团体。非营利组织存在的价值,或是推动某种社会事业的发展,或是普及宣传某种知识、观念,或是唤起公众对各种社会现象的普遍关心,或是共同商讨解决某个共同的社会问题。不同的非营利组织,有其不同的工作目标和任务。在我国,习惯以"机关团体事业单位"称呼各种非营利组织。第二次世界大战后非营利组织在西方国家发展迅速,其采购行为也逐渐导致一个较大的市场的形成。

(二) 国际政府采购市场的形成

国际政府采购市场占世界贸易的一大块比例,其形成得益于政府采购市场的开放,但这种开放是渐进性和次序性的。美国加入《政府采购协议》后,在电信等其他领域仍不对国外供应商开放。我国已在 2002 年 2 月申请成为《政府采购协议》观察员,并定于 2007 年 12 月底前,向世界公布政府采购市场开放清单,正式启动加入《政府采购协议》的谈判。

开放政府采购市场不是无条件的,而是有限制的。从政府采购制度本身来讲,它是一种非关税贸易壁垒的形式之一。其表现为:封闭国内政府采购市场,将商机留给国内供应商,采购本国的货物、工程和服务。原因是政府采购资金主要来源于纳税人上缴的税收,得"取之于民,用之于民",以维护国家利益和社会公共利益。从国际上看,从来没有哪一个国家的政府市场是完全对外开放的,政府采购政策一直是各国保护本国企业的合法手段。

从 WTO《政府采购协议》成员开放政府采购市场的情况来看,各国的政府采购市场均以对等原则在谈判协议的范围和限度内对外开放,往往是国内供应商在国际上具有竞争实力的领域,如美国 1933 年颁布的《购买美国产品法》开宗明义规定:"扶持和保护美国工业、美国人和美国投资资本",并规定各政府机构除特殊情况外,必须购买由国内供应商提供的本国产品、工程和服务。美国成为 WTO《政府采购协议》成员后,美国《对外贸易法》规定《购买美国产品法》对非成员仍然适用。又如,德国、挪威等欧盟国家法律规定,采购金额达到 500 万欧元以上的工程、20 万欧元以上的货物和服务,必须在欧盟范围内采购。再如,为举办 2000 年悉尼奥运会,澳大利亚政府规定,所有体育场馆必须由本国企业承建。

因此,我国企业要理智冷静地看待政府采购市场开放,要采取积极措施,主动应对市场的竞争和挑战,一方面着力研发,加快生产,力求以高技术含量和过硬的质量,创造出更多更优的适销对路、物美价廉的产品,更大程度上满足国内政府消费需求;另一方面要提高本国企业竞争力,学习国际招投标经验,为早日打入国外政府采购市场奠定良好的基础。

(三) 政府与非营利组织市场的购买行为

政府和非营利组织市场的购买行为虽然与生产者市场有很多相似之处,但同时也有它自己的特点。

1. 购买目的是非营利性的

政府和非营利组织的购买目的主要是考虑国家和社会利益,而不是为了自己本身能否赢利。

2. 受预算的制约

政府购买的规模直接取决于国家预算的大小，具有较强的刚性，并受国家社会经济发展方针的直接影响大。非营利组织的购买也要受其预算的约束。作为买方，政府或非营利组织的采购只有一家；作为卖方，供应商有多家。竞争在卖方之间进行。每个供应商的努力只对自己的市场份额产生影响。唯有不断降低成本，保持合理价格才有竞争力。

3. 采购商品范围极广

大到大型工厂的整套设备、飞机大炮，小到纸张铅笔，包罗万象，而且往往需求较大。

4. 采购决策较少受促销措施的影响

政府和非营利组织的购买，一般是先决定采购项目，然后寻觅供应商。这与通过推销努力，吸引和培养需求的消费者市场很不一样。

5. 采购往往比生产者和中间商的购买更为慎重

这是因为政府和非营利组织购买或多或少受到公众的监督。但由于社会制度的不同，其受社会监督和检查的程序也就不同，因而政府和非营利组织购买的程序手续和公开化程度在不同的国家往往有很大区别。这也是国际市场营销必须注意的问题。

6. 主要采用公开招标和个别订约两种方式

公开招标就是政府或非营利组织的采购部门或代理机构在报纸上刊登招标广告，或直接向潜在供应厂商发出邀请函，说明拟购买商品的品种、规格、数量、交货时间等具体要求，约定招标有效期，邀请供货厂商投标。参加投标活动的厂商，应在规定的有效期内填写标书，密封后交给招标者。招标者在约定的日期开标，选择中标厂商。个别订约是政府采购部门私下与一家或几家供货厂商磋商采购业务，并在磋商的基础上签订购货合同。

7. 购买决策体系非常复杂

这种复杂性并不在于具体的购买过程，而在于确定购买多少以及购买什么的预算的制定过程中，这个过程由一定的政治程序来完成。一般地讲，参与这个决策体系的人员主要有编制预算的行政官员和各利益集团的代表。行政官员主要包括各级行政长官以及议会的预算委员会官员等，他们是直接编制预算的人员，因而对预算有较大影响。在西方各国，利益集团的代表是议会来体现的。他们负责编制或审查、通过或批准预算，因而对预算安排具有较大影响力。同时，各利益集团的院外活动人员代表各利益集团对各级政府官员、政策决策者以及预算编制者进行游说活动，使预算安排符合自己所代表的集团的利益。上述人员在决定政府与社会团体购买对象和购买数量方面起决策作用。但其具体购买的实现则主要是由预算执行单位的首脑、有关的技术人员、采购人员和使用人员发挥作用。

本章小结

(1) 国际市场是站在一个国家内部的角度来看待的世界市场，是各国对外贸易关系的总和，由国际商品市场、国际金融市场、国际劳务市场、国际技术市场、国际信息市场、国际房地产市场等许多子系统组成，其中国际商品市场是主体。随着经济全球化和区域经济一体化的发展,各国都不断扩大对外开放,积极开拓国际市场,国际市场总体趋于不断扩大。

(2) 第二次世界大战后国际市场发生了许多深刻的变化,如国际市场规模日趋扩大,信息革命对国际市场产生了巨大影响,国际市场发展不平衡、垄断加强、利益分配不均,国际市场自由化进程起伏不定,而区域经济一体化趋势增强。

(3) 依据顾客的性质可以将国际市场分为国际消费者市场和国际组织市场。这两种市场的特点和购买行为各不相同。针对国际消费者市场,一个好的国际市场营销人员必须了解在外部刺激和购买决策之间,消费者的意识发生了什么变化,以便合理地选择和应用各种营销手段来刺激消费者做出令人满意的反应。而要分析消费者意识可能发生的变化,就必须充分了解国际消费者的特征及其做出购买决策的过程。

(4) 国际组织市场可划分为国际生产者市场、国际中间商市场、国际政府以及其他非营利组织市场。与国际消费者市场相比,国际组织市场的不同之处在于:购买者数量少,购买货物批量大;专业人员购买;经常使用信用方式购买,支付方式多样化;市场需求弹性较差。

(5) 生产者购买的类型主要有三种:直接重购、修正重购和新购。影响生产者市场购买行为的因素主要包括环境因素、组织因素、人际因素以及采购者的个人因素。

(6) 国际中间商对生产企业产品在国际上的价值实现有着不可替代的作用。其采购的类型也分为三种:新产品采购类型、最佳供货人选择类型、谋求更好的交易条件类型。

(7) 政府与非营利组织市场的购买目的是非营利性的,其行为受预算的制约,采购商品范围极广,购买决策较少受促销措施的影响,往往比生产者和中间商的购买更为慎重,主要采用公开招标和个别订约方式。

课后习题

【名词解释】

国际市场　消费者市场　参考群体　生产者市场　中间商市场　政府和非营利组织市场

【简答题】

1. 什么是消费者市场?它有哪些特点?
2. 简述消费者行为的一般模式。
3. 参考群体有哪些类型?对消费者行为的影响有哪些?
4. 生产者购买行为的类型有几种?各自的特点是什么?
5. 影响生产者购买行为的因素主要有哪些?
6. 生产者购买决策过程包括哪些阶段?
7. 什么是中间商市场?中间商采购情况的三种类型是什么?
8. 简述中间商购买决策的主要内容。
9. 政府和非营利组织购买行为有哪些特点?

案例分析

吉列剃须刀与贝克汉姆

总部设于波士顿的吉列(Gillette)公司成立于1901年,目前有雇员3万人,主要生产剃须产品、电池和口腔清洁卫生产品。提到"吉列"，人们就会想到世界上最好的剃具。"掌握全世界男人的胡子"的吉列剃刀产品，在美国市场占有率高达90%，全球市场的份额高达70%以上。据估计，如今在北美每3个男性中就有1个使用吉列速锋Ⅲ剃须刀。2005年在《商业周刊》评出的世界品牌100强中位列第15位，品牌价值175.3亿美元。

吉列公司的创始人金克·吉列(King C. Gillette)是巴尔的摩瓶盖公司的一名推销员。1895年，吉列萌生了开发一种新刮胡刀的设想。经过几年的敲打，吉列发明了用后丢弃的剃须刀片，很快进入生产阶段。第一个剃刀(附有20片新刀片)于1903年做广告，该年一共售出51副。但直到1913年，吉列仅卖出168片刀片和51把刀架。一战给吉列刀片带来了机会，战争使吉列刀片成了"军需品"，使那些从未听说过自己动手、天天剃胡须的美国士兵，接受了吉列刀片。战后，士兵又带着它回到了各自的家乡。1917年，吉列刀片创造出1.2亿片销量的市场，市场占有率80%，有44家海外分公司。到1920年，大约有2 000万人都在使用吉列的剃刀和刀片。第二次世界大战，吉列公司仍以"劳军"的名义，把数量巨大的剃须刀作为军用品供应美军，使更多男人进入了这一市场。金克·吉列终于实现了成为巨富的理想。

由此，吉列公司获得战后的巨大发展。1939年，吉列获得世界职业棒球大赛独家广播赞助权，并一直保持到1950年。在以后的年代，吉列的名字频频在赛马、拳击、橄榄球等体育比赛中出现。1962年，公司连续第四次破纪录，销售额达到2.76亿美元，净利润为4 500万美元，利润率达16.4%。在《幸福》杂志美国500家最大工业公司的利润率中，吉列公司排在第四位，投资回报率高居首位，达40%。1968年，吉列剃须刀创下了销售1 110亿副"天文数字"的历史纪录。

从战争到与体育联姻，将男性用品与男性热点话题紧密结合，吉列无疑是明智的。而近年来男色经济的悄然崛起，对吉列来说不仅是一个机会，也是一个挑战。因为男色经济可以同时引导女性、男性两个市场，这就需要全新的营销思维。著名策划人叶茂中曾经说："在审美多元化的时代，只要善于利用男色，就能挖掘无限商机。企业想借助男色经济这艘营销快艇，需要从消费群、产品类型、代言人三个方面全面思量。"

2005年5月28日，吉列正式宣布与英格兰国家足球队队长、皇马超级巨星贝克汉姆签订了一份为期3年的广告合同。按照合同要求，当时29岁的贝克汉姆将出任吉列新产品M3power的形象代言人。吉列发言人说："贝克汉姆是男人中的极品，他不仅是优秀男人的典范，而且更是体育场上的传奇人物。"此后，贝克汉姆代言的广告频繁地在电视、报纸、杂志、户外媒体上亮相，体现了吉列"完美男人、完美体验"的销售主张。当然，能够与吉列达成广告合作协议对贝克汉姆也非常重要，因为全球有近10亿男性每天都在使用吉列的产品。

选定贝克汉姆代言与吉列的一则事件有很大关系。2005年，宝洁以570亿美元并购吉列，据悉这也是宝洁并购史上最大的手笔。当时，宝洁拥有16个销售额在10亿美元以上的品牌，吉列则拥有5个销售额在10亿美元以上的品牌(除了锋速、威锋主要供应中国市场外，吉列旗下还拥有超蓝、Oral-B牙刷、Right Guard化妆品、Duracell电池和博朗电动剃须刀)。此次并购，宝洁中国公司对外事务部负责人说："一方面，宝洁希望借吉列进军男性护理产品领域；另一方面，吉列则希望加快在中国、俄罗斯、墨西哥、土耳其等发展中市场的占有率。"而在男性时尚界，贝克汉姆一向都是偶像级人物。在"都市玉男"贝克汉姆的带动下，吉列的营销渐入佳境。

在与贝克汉姆终止合同后，吉列在品牌代言人上的投入有增无减。2007年，网球天王罗杰·费德勒、法国足球明星蒂埃里·亨利、高尔夫明星泰格·伍兹三位重量级冠军同时加盟吉列,形成新一代品牌全球形象代言人——吉列冠军阵营,为此宝洁斥资 3 650 万英镑。虽然三位冠军来自不同的赛场,但他们身上共同体现出来的精神正是吉列希望传递给全球每一位男士的,那就是“每天保持自信、不断超越自我”。吉列是“成为最好”的代名词,费德勒、亨利、伍兹不仅仅在赛场上取得了巨大成功,他们还代表了“真正的体育价值”,他们是赛场之外的楷模。世界冠军也许代表了顶级,但坚定和无所畏惧的信念让吉列传递出了另一种新好男人的形象。

在中国,吉列也积极网罗当红的新好男人。2007 年 9 月,吉列与全球知名品牌德国博朗双雄联袂,震撼推出“吉列博朗”全新品牌,吉列大中华区副总裁 Siddik Tetik 和博朗大中华区商务战略总监 Sami Haikio 携手影视明星刘烨、佟大为出席新闻发布会,为新品牌揭幕。新闻发布会现场以英雄为主题,新好男人的气息无处不在,把 T 型台演变成了男人们的至酷地带。

思考题:

(1) 结合本案例谈谈参考群体对消费者购买行为的影响主要取决于哪些因素。

(2) 企业利用参考群体的影响来促进产品的国际销售之前,要做哪些营销准备工作?

武汉理工大学
精品在线开放课程
教学视频一第三章

第四章 国际市场调研

【学习目标】

理解国际市场营销调研的重要性,掌握国际市场营销调研的基本内容、一般步骤、主要方法及市场销量预测的基本定性和定量方法。

案例导入

日清公司在美国食品市场的调查

日本日清食品公司在准备进入美国食品市场之前曾委托美国当地的权威机构做过调查,结果却令公司大失所望:美国人没有吃热汤面的饮食习惯,而是喜欢吃面时干吃面,喝汤时只喝汤,绝不会把面条和热汤混在一起食用。由此断定汤面合一的方便面很难进入美国市场,更不可能成为一日三餐必不可少的快餐食品。日清公司并没有盲目迷信这种结论,而是派出自己的专家再次进行实地考察,这次却得出了相反的结论:美国人的饮食习惯虽然“汤面分食,绝不混用”,但随着世界不同种族移民的大量增加,这种饮食习惯正在悄悄发生变化;其次,美国人在饮食上十分注重口感和营养,只要在这两者上下功夫,方便面很有可能成为美国人的饮食“新宠”。

日清公司在坚信自己结论的基础上,确定了四大营销策略:一是针对美国人热衷于减肥运动的生理和心理需求,在声势浩大的广告宣传中,把方便面称为“高蛋白、低热量、去脂肪、防肥胖、价廉易食用的瘦身最佳绿色食品”,这些广告语带来了营销奇效;二是为了满足美国人以叉子进食的习惯,果断地将面条加工成短而稍硬且又有劲道的美式方便面;三是一改以往包装,采用适合美式的“杯面”,同时根据美国人爱喝口味重的浓汤的独特口感,不仅在面条上精益求精,而且在汤味佐料上力调众口;四是改变方便面面多、汤少的传统工艺,研制生产了汤多面少的美式方便面,并改名为“远胜于汤”,使杯面迅速成为美国消费者人人喜爱的快餐汤。

凭着这四大策略,日清公司果断挑战美国人的饮食习惯,不仅出奇制胜地突破了“众口难调”的瓶颈,也为自己在美国市场开辟了一片新天地。

启发思考:

日清公司成功开辟美国市场带给我们什么样启示?

第一节　国际市场调研与国内市场调研

一、国际市场调研的概念

(一) 市场调研的含义

市场调研是1910年首先在美国出现的,第二次世界大战后逐渐推广于世界各地。在早期,营销人员是通过向消费者销售的日常经验来很好地了解消费者的。但是,随着企业和市场规模的扩大,营销经理们同消费者直接接触的机会反而减少了,他们不得不越来越多地借助于市场调研来回答关于市场的关键问题。例如:

该市场由谁构成?(Who)——购买者(Occupants)。

该市场购买什么?(What)——购买对象(Objects)。

该市场为何购买?(Why)——购买目的(Objectives)。

谁参与购买行为?(Who)——购买组织(Organizations)。

该市场怎样购买?(How)——购买行动(Operations)。

该市场何时购买?(When)——购买时间(Occasions)。

该市场何地购买?(Where)——购买地点(Outlets)。

市场调研是企业与市场环境沟通的纽带,通过市场营销调研,企业就能获取、分析和处理从环境中反馈回来的信息,并进行决策。据此,给市场调研下一个定义:市场调研就是客观地、系统地识别、搜集、分析和传播信息,以便于改进决策和更好地识别、解决营销问题和利用营销机会。

(二) 国际市场调研的含义

市场调研从空间上可分为国际市场调研和国内市场调研。而从事国际市场营销的企业所面对的是一个越来越复杂多变的国际市场,不同的国家或地区在政治上、法律上、经济上和文化上存在诸多差异,各个市场又是千变万化的,这其中孕育着风险和机遇。企业要想在国际市场上获得成功,就必须对国际市场进行认真的调查研究。

国际市场调研是以国际市场与目标顾客为对象而进行的有目的、有计划的搜集、整理、研究、分析与企业国际市场营销有关的信息和情报资料活动的,并为国际市场营销决策提供充分的依据。

(三) 国际市场调研的作用

国际市场调研是企业开发国际市场的一项最基本的前期工作,它对于企业的价值主要体现在以下四个方面。

1. 能为企业寻找、发现进入或扩展国际市场的机会

对于企业来说,要寻找、发现进入或扩展国际市场的机会,就必须建立一个完善的国际市场营销信息系统,必须有计划地进行经常性的国际市场营销调研。企业利用国际市场营销调研所搜集到的大量的资料、情报,运用各种方法来进行分析、研究,才能从中寻找、发现进入或

扩展国际市场的各种机会，如表面的市场机会和潜在的市场机会，行业市场机会和边缘市场机会，局部市场机会和全面市场机会，目前市场机会和未来市场机会，等等。

2. 能为企业的国际市场营销决策提供科学的依据

任何企业在国际市场营销活动中都必须进行一系列的决策，如企业国际市场营销战略决策、国际目标市场决策、产品决策、价格决策、分销渠道决策、促销决策以及国际市场营销组合决策，等等。企业在做出这些决策之前，必须找出如下问题的答案：

(1) 国际市场存在着哪些可供企业进入的机会？这些机会企业能否利用？利用的程度如何？

(2) 哪个或哪些国家或地区可以考虑作为企业的目标市场？这些市场的营销环境如何？市场需求量有多大？是否有良好的发展前景？

(3) 企业根据国外市场需要所生产的产品以何种方式进入国外目标市场？

(4) 国际市场上同类商品的价格情况怎样？有哪些国际分销渠道可供企业选择？有哪些促销手段和具体的促销形式可供企业采用？有哪几种国际市场营销组合方案可供企业选择？

(5) 国际市场上企业竞争对手的情况如何？

(6) 企业在国际市场营销中存在的主要问题有哪些？这些问题的成因是什么？企业可通过哪些途径、方法和手段来解决这些问题？

(7) 企业进一步扩展国际市场的机会有哪些？条件是否成熟？是否需要对原有的国际市场营销策略做适当的修改、调整或重新设计？

(8) 企业的资源是否能保证其开展国际市场营销活动的需要？

很显然，以上问题的答案只有通过国际市场营销调研才能得到。由于国际市场情况复杂、变化多端，企业不可能在一次营销调研中得出一个永远适用的答案，而必须不断调研，不断修正答案。这就充分说明，国际市场营销调研，能为企业的国际市场营销决策提供科学的依据，是企业进行营销决策的重要前提。

3. 是企业进行国际商战的有力武器

在激烈的国际市场竞争条件下，各个企业为了求得自身的生存与发展，都在技术、管理、质量、成本、价格、广告、渠道、服务等方面与竞争对手一比高低，以削弱或击败竞争对手，巩固或发展自己在国际市场上的地位。要想达到以上目的，企业必须充分了解竞争对手的情况，对主要竞争对手进行认真、系统的分析。这就需要有大量的资料、情报，需要运用先进的技术和手段，需要有一批精明强干的国际市场营销调研的专职人员。日本在这方面就做得非常出色。例如，三井物产公司将自己的市场情报机构叫作“三井全球通讯网”。它设有专线长达40 000千米，仅东京总公司一天就处理了30 000份情报。有人说“三井物产公司的情报网，几乎超过美国中央情报局”，它的消息比外务省和通讯社还来得快。因此，从某种程度上讲，国际商战就是信息战。哪个国家、哪个企业的国际市场营销调研搞得好，它就能在国际商战中处处占主动，这就有利于企业巩固和不断扩大产品的国际市场占有率。

4. 有助于企业分析和预测国际市场未来的发展趋势

企业通过国际市场调研可以寻找出那些标志着国际营销环境异常变化的预兆和非正常现象，从而可对未来市场的变化发展趋势进行预测和估计，并掌握国际市场营销活动的规律。这十分有助于企业营销决策人员及时调整和制订合理的国际营销计划，应付可能出现的市场变化,使企业在国际市场的竞争中掌握主动权,立于不败之地。

综上所述,国际营销调研对企业的国际营销确实有着非常重要的作用。从国际市场营销的实践来看,凡是成功的企业,出色的国际市场营销调研工作是它们成功的重要因素之一。因此,企业要从事国际市场营销活动,就必须认真地做好国际市场营销调研工作。

二、国际市场调研和国内市场调研的区别

国际市场调研与国内市场调研的区别不在市场调研观念上,而在于营销计划所实施的各种独特环境上。这种独特性主要来自国际营销者要面临许多不熟悉的问题和为适应国外变化无常的市场情况而需要实施多种多样的不同战略。在国际市场开展调研与在国内市场开展调研相比,具有以下特点。

(一) 国际市场调研需要搜集的信息范围更广

在国际市场活动中,企业将进入一个全新的市场,需要了解与该市场相关的一切信息,如该国的人口情况、地理位置、自然条件、文化环境、政治局势等。而在国内市场活动中,有些信息是已知的,不需要再做调查。

(二) 国际市场调研比国内市场调研更为复杂

由于国际市场调研的信息范围广,再加上调研活动是在一个完全陌生的国家进行的,存在着语言、思维等方面的沟通障碍,因此调研的组织工作要比国内市场调研复杂得多。

(三) 国际市场调研比国内市场调研的成本更高

这主要是因为国际市场的沟通障碍大,所花费的人力、物力和财力也比较大。例如,国际市场调研活动中,需要将大量的调查问卷翻译成当地文字,有时需要将各国的统计资料进行换算,才能进行比较使用,这些都增加了工作量,也需要额外支付成本。

(四) 国际市场调研比国内市场调研的难度更大

在国际市场调研活动中,有些资料在国外无法获得。不同国家有不同的政治、法律环境,人文环境差异也较大。因此,由于环境限制,在一个国家可以采用的调研方法,在另一个国家可能不能采用,或者难以获得较好的调研效果。而且,进入国际市场就意味着进入多个市场,变化因素大大增加,并且会受更多影响因素的制约。即便对每个因素了如指掌,管理者还必须懂得它们之间的相互应用。由于因素很多,它们之间相互作用的协调会越来越困难。

三、国际市场调研的内容

国际市场营销调研的内容主要包括营销环境、用户和消费者、市场需求、产品、价格、分销渠道、促销和竞争八个方面。

(一) 国际市场营销环境调研

任何企业进入国际市场时,不可避免地会碰到错综复杂、变化多端的国际市场营销环境。国际市场营销环境从某种意义来说,甚至可以决定企业的生存和发展。对于企业来讲,国际市场营销环境是不可控制的。因此,企业必须十分重视国际市场营销环境的调研。

(二) 国外用户和消费者调研

从国际市场营销观念来讲,满足用户和消费者的需求,是企业一切活动的中心。因此,对

国外用户和消费者的调研，是企业国际市场营销调研的一项重要内容。它主要包括：

(1) 国外用户和消费者的需求结构、需求特征、需求变动及发展趋势；

(2) 国外用户和消费者的构成情况，其数量和地区分布情况；

(3) 国外用户和消费者的经济现状及其变动情况；

(4) 国外用户和消费者的购买动机、购买行为、购买时间、购买地点、购买习惯、购买方式、购买数量和购买频率，以及产生这些情况的原因；

(5) 国外用户和消费者对特定的产品品牌或特定的商店产生偏好的因素、条件和原因；

(6) 国外用户和消费者对本企业产品的信赖程度、信赖时间和信赖原因；

(7) 国外用户和消费者对本企业产品(包括服务)的满意程度；

(8) 国外用户和消费者对本企业营销工作的意见和建议。

(三) 国际市场需求调研

国际市场需求调研是企业国际市场营销调研的一项重要内容。它主要包括：

(1) 整个国际市场对某种产品的现有需求总量和潜在需求总量，产品的主要需求量分布在哪些国家或地区；

(2) 某一外国市场对产品的现有需求总量和潜在需求总量，产品的主要需求量的地区分布情况；

(3) 国际市场上某种产品的需求变动情况及其趋势，出现这种趋势的主要原因是什么；

(4) 某一外国不同的细分市场对产品的需求情况，每一细分市场的饱和点和潜在能力；

(5) 本企业产品的国际市场占有率，本企业在哪些细分市场上占有优势；

(6) 根据国际市场或某一外国市场对某种产品的需求情况，结合企业自身的条件，企业可以开发和占领哪些市场。

(四) 产品调研

产品调研在企业整个国际市场营销调研中占有十分重要的地位。因为产品是企业为国外用户和消费者提供服务的对象。产品调研的内容主要包括：

(1) 产品质量是否符合国外用户和消费者的要求；

(2) 产品设计、产品功能、产品用途、产品使用及产品维修的调研；

(3) 产品品牌的设计与使用的调研；

(4) 产品外观及产品包装的调研；

(5) 工业品的材料、性能及技术规格的调研；

(6) 国外目标市场上的消费者对产品的色泽、图案、款式、风味等方面的爱好与忌讳，不同国家、不同地区或不同细分市场上的消费者对产品的爱好与忌讳存在着哪些差异，本企业产品的情况如何；

(7) 本企业产品的各项服务情况；

(8) 本企业产品在国际市场上的知名度和美誉度情况；

(9) 国际产品生命周期的调研；

(10) 根据国际市场需求及用户和消费者的意见和建议，如何进一步改进旧产品，或开发新产品，以提高产品在国际市场上的适应能力和竞争能力。

(五)价格调研

对于从事国际市场营销的企业来说,其产品价格的高低,将直接关系到企业产品销售量及赢利的多少。出口商品的价格调研主要包括:

(1)国际市场上影响价格变化的主要因素;

(2)国际市场或某一外国市场,某种商品供求情况,商品供求弹性的大小;

(3)国际分销渠道中,各级渠道成员的价格加成情况;

(4)竞争产品的现行价格,提价或降价的方法,以及由此引起的反应;

(5)从本企业产品的优势来看,价格高于竞争对手是否可行;

(6)各类顾客对本企业产品价格的反应;

(7)产品生命周期不同阶段的价格差距,多大的差距才比较合理;

(8)本企业产品的定价方法和定价策略运用的效果如何,有哪些需要调整或重新制定。

(六)国际分销渠道调研

国际分销渠道的选择,对于商品以最高的效率和最快的速度迅速传送到国际消费者手里、降低销售成本有着非常重要的意义。国际分销渠道的调研主要包括:

(1)企业的产品进入国际目标市场,有哪些可供选择的国际分销渠道类型;

(2)如果存在着一条或几条适合企业的国际分销渠道,是否已经挤满了同类产品,能否接纳本企业的产品;

(3)在国际分销渠道系统中,各种类型的中间商(尤其是国外中间商)的职能是什么,能起哪些作用;

(4)各种类型的中间商一般对存货量及其交货期的要求;

(5)主要经销商的规模、经营范围、推销能力、服务、储运条件、资信情况;

(6)各种类型的中间商的销售业绩如何,与本企业的配合是否得力;

(7)根据企业国际市场营销的需要,对原有的国际分销渠道是否需要做适当的调整,或者需要重新设计;

(8)国际市场上出现了哪些新的分销渠道。

(七)国际促销调研

由于各国各地区风俗习惯不同、经济条件不同、文化差异大,因而要制定科学的促销决策,必须依靠对国际市场促销信息的搜集和运用。国际促销调研主要包括:

(1)针对企业国际目标市场需要,有哪几种促销方案可供企业选择;

(2)在促销策略上,主要采用推的策略还是拉的策略对企业更为有利;

(3)国外某一国家的广告代理商情况,或有关国际广告代理商情况;

(4)企业国际目标市场所在地的广告媒介情况;

(5)国外用户和消费者对企业广告活动的反应和评价如何;

(6)国外各种类型的中间商在广告宣传上能起多大的协助作用;

(7)企业与国外公众之间的关系是否协调,国外公众对企业的形象有何看法和评价;

(8)当企业的形象受到损害时,主要原因是什么,采用何种手段和措施来矫正形象比较妥当;

(9)企业所采用的推广手段是否取得预期效果;

(10) 企业的人员推销情况；企业要取得预定的促销效果所需要的费用；企业的国际促销组合情况。

(八) 竞争调研

在国外任何市场，企业的产品都会遇到竞争，而且竞争比较激烈，因此企业必须重视和加强竞争调研工作。竞争调研主要包括：

(1) 在企业国际目标市场上，是否还存在着间接竞争，主要对手是谁，当地的，还是国外的；

(2) 主要竞争对手的产品在当地市场占有多少份额，这些比率可能会发生什么样的变化；

(3) 主要竞争对手在产品成本上各有哪些优势或劣势；

(4) 主要竞争对手的产品种类、生产能力、技术力量、管理水平情况，计划发展哪些产品；

(5) 主要竞争对手在其产品、价格、分销渠道和国际促销方面的主要做法，采用了哪些策略，效果如何；

(6) 主要竞争对手成功的要诀是什么，对企业来讲有何借鉴作用；

(7) 主要竞争对手失败的原因是什么，企业从中可吸取哪些教训；

(8) 企业与主要对手竞争，成败机会如何。

以上阐述了国际市场营销调研的主要内容。在实际操作中，企业可以根据自己的需要，增加或减少部分内容，灵活掌握，使企业国际市场营销调研更有针对性，以取得较好的调研效果。

第二节　国际市场调研的步骤

在市场调查中，遵循一定的科学程序，有助于提高调查工作的效率和质量。国际市场调研一般按以下步骤进行(见图 4-1)。

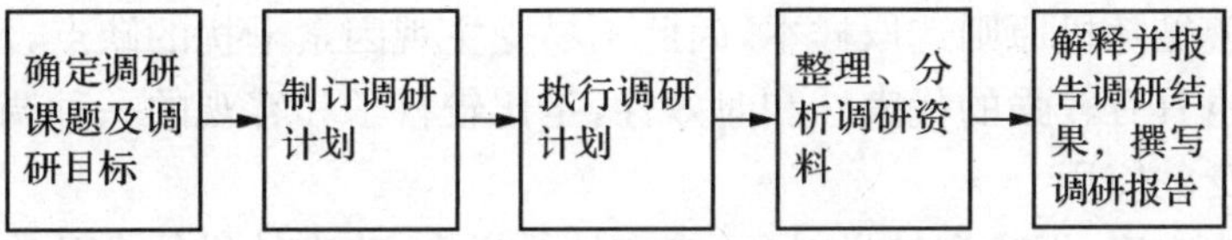

图 4-1　国际市场调研步骤

一、确定调研课题和调研目标

盲目行动会导致调研活动得出错误的结果，而且还会产生连带因果效应。先明确调研目标，对症下药，市场调研人员就可以根据目标，设计具体的调研方案。

这一阶段面临的主要困难包括三个方面：首先是如何将业务中的问题转化为调研目标。有时日常经营中的问题是非常琐碎的，因此要将这些具体问题提炼出来。其次，问题太多，无从下手。因为开辟国际市场要在一个完全陌生的国度里进行，可能会遇到许多问题。所以，需要将问题加以归纳、整理。再次，人们往往将调研的范围规定得太窄，无法包括全部问题及变化因素。因此，国际市场调研者需要在广泛搜集有关信息的基础上，将调研范围适当扩大，以概括各种可能性。

二、制订调研计划

调研计划包括调查的目的要求、调查的对象、调查的内容、调查的范围、调查资料的搜集方法等。一份具体、适用的调研计划可使调研人员在最短的时间内和最小的投资下获得精确的、预期价值最大的信息资料。它一般涉及四个方面的内容。

(一) 确定调研目标

国际市场调研步骤中的第一步是确定调研目标,其范围包括目标市场的环境、产品信息、消费群体、促销信息、销售渠道信息等。确定调研目标并不是指对整个市场加以研究,而是只选择一部分具有代表性的市场加以调研。

(二) 确定信息来源

即根据调研目标确定所需要的信息和信息来源。一般来说,调研人员获取信息的来源主要是直接资料和间接资料。直接资料,即原始资料,是指调研人员通过发放问卷、面谈等方式搜集到的资料。间接资料则是指经别人搜集、整理的资料。

(三) 选择搜集资料的方法

搜集原始资料的过程即为实地调研,搜集间接资料的过程则为案头调研。不论是实地调研还是案头调研,都有多种具体的调研方法,如实地调研有访问法、观察法、实验法等。在具体决定选择某一种调研方法时,要根据调研目标、资料来源、时间要求和搜集资料的费用来决定。

(四) 确定抽样调查方案

抽样调查指从调查对象的总体中按随机原则抽取一部分单位作为样本,对样本进行观测和调查,并以所观测和调查的样本指标推断或推算总体指标的一种非全面调查方法。它是市场调查中最为常见的一种方法。一般抽样调查有两种类型:一是随机抽样法,包括简单抽样、类型抽样、系统抽样、分层抽样等;二是非随机抽样法,包括任意抽样、判断抽样、配额抽样等。由于抽样调查是遵循随机原则选取样本,因此不易受主观因素干扰的缺点,而且其抽样误差可计算,费用较少,也具有较强的代表性和时效性,是比较科学和客观的一种调研手段,在国际市场调研中得到广泛的应用。

确定抽样调查方案,即确定抽样对象;确定抽样样本;确定抽样技术及确定抽样规模。

补充阅读 4-1

随机抽样调查法举例——巴克希尔的广告设计

巴克希尔食品公司的销售经理迈克·吉尔正在与公司的广告代理商讨论巴克希尔咖啡的广告战略前景。此刻讨论的焦点转向杂志广告和这些广告的设计样式。

吉尔先生刚刚参加了一个关于心理感应的会议。会上指出,尽管有“不能以貌取人”这个格言,但在实际的人际交往中,还是这样做。一个人对另一个人的第一感觉和反应很大程度上取决于他的外表的吸引力。其研究结果简单地说就是“美的就是好的”。会议上用来引证这个观点的例子,给人留下很深的印象。然而给吉尔先生印象特别深刻的是,一个人对另一个外表吸引人的人的好感并不取决于与其的实际交往。如果我们把外表吸引人和不吸引人的照片都给判断者看,这种现象就会发生。

吉尔认为对这个现象的认识有利于巴克希的广告设计。他建议在广告中应出现一个很有吸引力的女性的形象。而广告代理商则持相反的观点，他认为应用外表并不出众的人做广告而使得广告更为可信和有效。另外，代理商还建议用男性而不是用女性形象来做广告。经过充分讨论后，广告代理商建议进行如下的研究以回答这些问题：应该用外表吸引人的还是一般的人做广告？应该用男性形象还是女性形象？实验设计如下：

准备四种不同的广告。四个广告其他都一样，只是手拿咖啡的人不同。四种分别是：有魅力的男士，有魅力的女士，普通的男士，普通的女士。四种形象的吸引力是这样确定的，让一组样本看 20 张照片，男女各 10 张，然后评分，1 分最低，7 分最高。最高分和最低分被选作实验广告中采用。然后，四种彩色的广告和设计好的杂志就产生了。

接着，在纽约市的电话号码簿上通过随机抽样产生参加实验的样本。联系上的被告知邀请参加一项市场研究的实验。并给予报酬，到广告代理商总部的车费可以报销。

96 名愿意参加者到广告商总部后，被随机地分派到某个广告的实验组中。首先，48 名男士和 48 名女士被随机地分为 12 组，每组四人，每组中有一人分派到四个广告中的一个。每个人看到且只看到一个实验的广告。然而，另外还有三个虚构的广告，用来掩盖那个我们感兴趣的广告的独特性。每个参加实验者所看到的虚构广告是一样的。在实验开始时，我们对每个参加实验者做以下介绍：我们希望得到你们关于实验广告的观点；每次将向你们出示四个广告，看过之后，将询问你们对广告及广告中的产品的反应。请注意这个实验并不是比较哪一个广告更好，你们在评价时无须把四个广告相互比较，仅就各个广告本身评价。

在回答完问题之后，实验者把第一个广告给受实验者。受实验者看完之后，广告被拿走；实验者再给受实验者一份样本调查表。填完表后，再给第二个广告，重复上述过程，在实验过程中，受实验者不能再回头看已经看到的广告。为了使受实验者适应这种工作，实验的广告通常放在第三个。

巴克希尔咖啡的样本调查表

在下面的空格上. 选择最佳的程度描述你所读到的广告。

您对以上广告的总体印象是什么？

A. 不喜欢　　　　B. 喜欢

就产品本身而言，你认为这个产品与其他厂家生产的类似产品相比如何？

A. 突出　　　　B. 平常

你愿意尝试一下这种产品吗？

A. 绝对不愿意　　　　B. 绝对愿意

如果你碰巧在商店看到这种产品，你愿意购买吗？

A. 绝对愿意　　　　B. 绝对不愿意

你愿意在商店中寻找出这个产品然后买它吗？

A. 绝对不愿意　　　　B. 绝对愿意

选择内容的标准是为了观测被测者的认知度、情感与意向。一般说来，认知度可通过可信性、信息性和清晰性来检验；情感会受趣味性、感染力、吸引力和引人注目的程度；意向性则通过调查表最下面的三项行为倾向的内容来检验。

这些预先制定的标准并不是很严格地确定的。若分析中涉及的趣味性的基本内容与这三个都没有关系，就不予考虑。对每个标准的反应总和，就是每个标准的总分。对这些分数的分析表明：

(1) 有魅力的男士形象产生的认知性分数最高。

(2) 有魅力的形象在异性受实验者中产生的情感性分数最高。

(3) 有魅力的男士形象在女性实验个体中的意向分数最高。

同时，普通的女性形象在男性实验个体中的意向分数最高。

在这些结论的基础上，广告代理商建议在广告中采用有魅力的男士形象。

三、执行调研计划

调研计划经有关部门审查批准后，就可以进入实施阶段。首先，应挑选调研人员，组织调研小组。调研人员应当由那些懂得调研基本原理，掌握调研基本技能、性格外向、举止稳重、工作勤奋、善于打交道、应变能力强、掌握当地语言的人来担任。其次，要对调研人员进行必要的培训，尤其是对在当地临时聘用的调研人员进行培训。最后，选择适当的调研方法开始实地调研。在实施调研计划的过程中，营销调研部门要加强对调研人员的管理，按照调研计划的要求对调研人员进行检查和督促，做好各调研小组的协调工作，并对调研过程中出现的特殊情况和特殊问题及时处理，以保证调研计划的顺利完成。

尤其要注意的是，在调研中所询问的问题应该是被调查者可能回答的问题，确保信息的真实可靠。调研项目的方式应避免或减少被调查者的抵触情绪或思想顾虑，否则不切实际的回答会影响调查结果。调查项目的问题必须具有很强的针对性，不能模棱两可，以免答案不一致而造成混乱。

四、整理分析调研资料

(一) 对所搜集的资料进行归纳整理

要将搜集的资料进行鉴别和分析，剔除某些不真实的信息、某些没有足够证据证明的信息、某些带有较多主观臆断色彩的信息，保存那些可靠的、有可比性的信息，避免造成错误的判断和决策。

调查搜集资料与计算处理资料一样，也会产生误差。例如：

经常性误差——这类误差往往具有相同的特征，它们是出于可控因素引起的；

偶然性误差——这类误差具有不同特征，它们是由于各种不可控因素的作用而产生的；

人为误差——填写数据时的疏忽和计算中的运算错误造成的失误。

为此，国际市场调研人员要想取得真实可靠的信息，必须以下列条件为前提：

(1) 市场调研人员要了解所调研市场的文化背景。为了分析调查资料，对于该市场整体或有关的社会习俗、价值取向、思想观念、消费偏好、语言文字、人情世故、商业惯例必须有清楚的了解。

(2) 调研人员要有敏锐的洞察力和判断力。这样调研人员在陌生和复杂的环境中才能获取有价值的资料和信息。

(3) 在处理直接资料和间接资料时应保持怀疑的态度。不论拿到什么资料应该首先弄清楚以下问题：

① 资料的来源是什么，是通过何种渠道取得的；

② 资料是何时搜集的，采用的是何种调研方式；

③ 资料的真实性和可靠性有多高。

（二）对加工整理的资料进行计算分析

在已经证明资料可靠的基础上将资料进行归纳和分类，并认真研究分析，从表面现象探求其内在本质，由感性认识上升到理性认识，然后做出正确的判断和结论，并对调研决策提出有指导意义的意见，供企业领导和管理者参考。

五、解释并报告调研结果，撰写调研报告

调研报告是调研工作的最终结果，对市场调研有直接的指导作用。调研报告项目基本完成以后，调研人员应向管理部门说明调研结果。调研报告一般分为书面形式和口头形式。

书面调研报告一般由四部分组成：前言、摘要、正文、附录。

前言——扼要地介绍有关调研项目的基本情况。

摘要——简洁、明了、概括地说明调研的主要结果、结论和建议。

正文——包括调研的目的、方法、步骤，调查图表，统计数据，背景材料，调研的结果、结论和建议等。

附录——包括统计图表、采访纪要、参考资料目录等。

由于企业国际市场营销环境在不断变化，国外用户和消费者的需求也在不断变化，企业和国际市场营销业务活动也必然要发生变化，所以，提交调研报告并不意味着调研工作已经结束，营销调研人员还必须进行追踪调研，检验所提供的资料是否准确有效，并及时搜集新信息，确保决策的正确性。通过跟踪调查，及时反馈，总结经验教训，以便今后更好地开展国际市场营销的实地调研工作。

补充阅读 4－2

调研报告举例：晨光文具的调研报告

摘要：现在计算机网络技术快速发展，网络对人的影响越来越大，而在文具市场也有不少的企业已经开始了网络营销，作为文具市场的知名品牌晨光也开始从事网络营销。文具市场竞争激烈，各品牌也争相在网络领域占据市场，晨光也一样。根据文具行业的现状以及发展前景，以下分析了晨光根据自身情况制定了符合晨光特色的网络营销策略。晨光是中国十大品牌之一，在文具行业也跻身前列，晨光有着品牌晨光、环保晨光、文化晨光等称呼，获得了多项荣誉并在文具领域中成绩显著。以下根据网络用户的行为等分析了在网络营销在文具市场中的应用，也分析了晨光品牌的优势劣势以及在文具视察过中的机遇与挑战，晨光以其丰富的产品和荣誉将会在网络市场中大展拳脚。此报告还根据网络营销 4P 理念制定了符合晨光的网络营销策略，相信对企业的未来发展都会有一定的影响，不仅会增加企业的销售量，也会扩大企业的品牌影响力，为晨光在文具占据更多的市场和份额。

关键词：晨光；文具市场

一、引　言

随着互联网信息技术的飞速发展,计算机网络技术的普及,网民的数量越来越多,更多的人关注网络营销关注网上购物,因此企业应该往网络各方面发展,开辟网上市场,晨光也不甘落后,在文具市场行业以及其他更多的行业都已经着手网络营销,而且面对越来越多的竞争者以及越来越多的竞争方式,晨光也不得不进行网络营销。网络营销不仅可以宣传企业的品牌还可以促进线下的销售业绩,既能促进线上销售业能带动线下销售,还可以增进客户关系等等。在网络营销和传统营销的相互配合下,企业可以达到预定的销售目标和销售任务,使企业业绩更上一层楼。

网络的发展是网络营销成为可能并且日益发展壮大,对传统营销带来了深刻的影响和冲击:传统的市场营销活动中,大众和消费者是不加以区别的,任何一个人都是潜在的消费者,是企业营销的对象。故在传统营销理论中,企业的宣传、广告和营销策略是针对所有人的。在网络环境下,电子商务系统为消费者提供了全方位的商品信息展示和多功能的商品信息检索机构、商品的消费者一旦有了需求,会立刻上网主动搜寻有关商品信息。于是,消费者开始从大众里分离出来。在这种情况下,只有上网主动搜寻商品信息的人才是真正意义上的消费者。

以下就是我们关于晨光的外部环境、行业情况以及晨光本身特点展开的研究报告,主要是根据文献资料以及上网搜索的方式进行的调研,从四个方面进行了详细的分析,针对企业的市场营销而展开的调研。

二、环境分析

(一) 行业分析

上海晨光文具股份有限公司是一家整合创意价值与制造优势,专注于文具事业的综合文具供应商和品牌服务商。晨光致力于提供舒适、有趣、环保、高性价比的文具用品,让人们享受使用过程并激发使用者创意。晨光坚持使用节能环保的材料和制造方式,担负起企业作为世界公民的责任,为全球环保事业及循环经济做出贡献。

晨光,以激发灵感的力量,帮助每个人实现创意的梦想!

(二) 晨光经营品牌及经营状况

1. 产品

书写工具:中性笔、圆珠笔、活动铅笔、宝珠笔、荧光笔、记号笔、白板笔、纤维墨水笔、钢笔、轻油笔等。

替 芯 类:中性笔替芯、圆珠笔替芯、铅芯等。

修正工具:修正液、修正带、水基修正液等。

胶　　类:固体胶、液体胶、白胶、其他。

橡 皮 类:学生用橡皮、美术用橡皮。

画 材 类:油画棒、水彩笔、彩泥、水溶性油画棒、彩色铅笔。

米菲系列:中性笔、圆珠笔、活动铅笔、橡皮、油画棒、书包、笔袋、彩铅、削笔器、铅笔盒、折纸、铅芯等。

尺　　类:直尺、套尺、圆规。

包 袋 类:书包、笔袋、时尚购物袋、零钱包。

本 册 类：铁订本、单线圈本、双线圈本、软面抄、胶套本。

文件夹类：资料册、强力夹、抽杆夹、按口袋、风琴包、纽扣袋。

其 他 类：剪刀、长尾夹。

2. 经营状况

2010 年，企业实现营业收入 218 202.43 万元，较上年增长 15.11%；实现利润总额 6 843.11万元，较上年增长 28.79%。截至 2010 年 6 月 8 日，企业总资产达到 315 341.19 万元，较年初增加 4.88%。

三、企业品牌分析

晨光文具 M&G 的品牌形象由国际设计大师设计，"中国红"的"M"，代表源远流长的中国书写文化，"国际黑"的"G"，代表无限广阔的国际市场。"中国红"与"国际黑"的组合。表明晨光品牌立足于中国传统文化，影响世界文具的决心和勇气。晨光品牌的核心价值是"晨光总有新创意"，晨光文具的新创意体现在产品设计、生产、流通、营销、人才等每一个领域，这是一个无处不闪现着创新价值的品牌。

四、市场竞争者分析

（一）白雪文具

1. 企业简介

青岛昌隆文具有限公司（Qingdao Changlong Stationery Co.，Ltd.），创建于 1988 年 5 月，位于青岛市经济技术开发区，是国内集研发、生产、销售于一体的中外合作经营企业。公司主要生产"白雪"等品牌的系列文具，主要产品类别有中性笔、圆珠笔、直液式/棉管式签字笔、直液式/棉管式荧光笔、直液式毛笔、修正液、修正带、白板笔、永久性记号笔、钢笔、油画棒、魔擦笔、笔芯及书写板等 14 类 400 多个规格品种，到目前为止，公司已成为亚洲最大的修正液生产厂家之一和中国最大的制笔公司之一。

2. 优劣势分析

(1) 优势分析。

在技术方面，白雪重视技术研发并得到了省级技术中心的认定，同时也是市级企业技术中心，是一家高新技术企业。

(2) 劣势分析。

文具市场竞争激烈，国内国际品牌众多而白雪只是其中之一，并且相对而言产品的多样化不如其他品牌，因此在国内的竞争压力更大了。

（二）乐美文具

1. 企业简介

1991 年，创始人为现任董事长黄小喜先生，经过 20 年的发展，乐美已经成长为集研发、生产、营销、品牌为一体，中国规模最大、综合实力最强的大型专业文具企业集团之一。在上海、江苏昆山、广东清远各有 1 个生产基地，在瑞士、韩国和上海各有 1 个技术开发中心，厂房面积超过 12 万平方米，员工总数达 6 000 人，年销售业绩超过 10 亿元。

2. 优劣势分析

(1) 优势分析。

品牌方面乐美的真彩品牌是世界影响力的领导品牌之一,具有很强的竞争优势。并且重视产品质量,在价格方面也采取低价策略,是广大消费者所能普遍接受的,而且企业也建立了自己的网站。

(2) 劣势分析。

文具市场竞争激烈,品牌众多,并且有些企业网络营销已小有成就,已经占有了一部分网络市场,想要在网络市场里崭露头角必须制定更好的适合企业的网络营销策略。

(三) 机遇

随着计算机网络的发展,网络市场逐渐显示了其重要性,对企业而言也是不可多得的机遇。

五、晨光文具调研问卷

1. 您的性别?

□男　□女

2. 您的年龄?

□14 岁以下　□15～19 岁　□20～24 岁　□25～29 岁

□30～35 岁　□35 岁以上

3. 您的学历?

□专科以下　□专科　□本科　□硕士

□博士

4. (可多选)您使用过以下哪个品牌文具?

□晨光　□真彩　□得力　□联众

□三菱　□白雪　□齐心　□中华

□英雄　□樱花　□其他

5. (可多选)您知道晨光都有什么产品?

□书写工具-笔类　□白板笔　□荧光笔　□胶棒

□修正带　□修正液　□剪刀　□耳机

□文件夹　□包袋　□画材　□本册

6. (可多选)晨光文具给您的感觉是?

□高档　□时尚　□可爱　□韩国风

□高性价比　□实用

7. (可多选)您喜欢什么样的笔?

□价格便宜　□外形卡通　□可爱　□握笔舒适

□书写流利　□色彩

8. 您觉得日常用笔的价格区间是多少比较合适？

□1 元以下　□1～1.5 元　□1.5～2 元　□2～2.5 元

□2.5～3 元　□3 元以上

9. (可多选)你喜欢什么样的抄本？

□价格便宜　□封面精美　□内页纸张好　□书写流利

□不洇纸　□其他

10. (可多选)您常使用哪种抄本？

□硬抄本　□软抄本　□线圈本　□活页本

□仿皮本　□其他

11. 您比较接受的抄本价格区间是多少？

□2 元以下　□2～4 元　□4～6 元　□6～8 元

□8～10 元　□10 元以上

12. 你常用哪类文件夹？

□资料管理册　□文件管理夹　□单片夹　□抽杆夹

□强力夹　□资料袋　□其他

六、建议与意见

本次调研是通过网上搜集信息等方式进行的，在调研过程中我们通过调研晨光以及各类文具品牌的经营现状和相关经营政策，发现文具行业的网络营销方面的机遇以及不足之处。由于搜索的条件有限，不能搜索出全面的信息，加上此类信息的搜索难度较大，报告有许多不足之处。但是在我们的精心整理之下整篇报告将晨光企业以及各文具品牌进行了详细的分析，并根据其具体情况制定了适合的网络营销策略。相信这篇报告会对晨光的网络营销产生一定的影响。

第三节　国际市场调研的方法

国际市场营销调研传统上分为案头调研(即二手资料的搜集)和实地调研(即一手资料的搜集)两种。随着网络技术的兴起和广泛应用，国际互联网成了国际市场调研的新兴渠道和发展趋势。此外，企业除了自己进行国际市场调研外，还可以委托专门的代理机构或公司。

> **思考**：什么情况下选择案头调研？什么情况更适合实地调研

一、案头调研

案头调研(Desk Research)是根据调查目的搜集有关的二手资料，并对资料进行分析研究。我国进行国际市场营销调查经常应用的二手资料的来源主要有以下几个方面。

(一) 国家和地方的驻外机构

企业可以通过驻外使馆和商务代办处、商务部及其地方外资部门驻外机构等来进行搜集资料。各国大使馆常能提供其国家的大量信息,包括贸易统计、关税、海关条例、进出口商名单、零售商和制造商名单、政府制定的贸易政策和法令、外汇管理条例、现有统计资料以及有关刊物的相关信息。

(二) 商会和行业协会

国际商会以公开发行有关国际商务各方面内容的刊物而著称。两国双边商会,其成员都做国际贸易。另外还有国家级商会、城市商会等。商会通常能提供直接的市场信息,如成员名单及成员资信方面的信息、当地商业状况、贸易习惯和贸易条例等方面的信息。此外,行业协会也会提供许多本行业成员目录、相关行业贸易及经济法规等资料。

(三) 银行

作为金融信贷中心,银行是国际市场信息的丰富来源之一。各种银行和金融机构的报告、计划资料,可以提供有关市场、经济发展走势、信贷状况等信息。

(四) 国际组织

为便于国际贸易往来和共同处理一些国际事务,世界上已成立了多种类型的国际性组织:世界性组织,如联合国国际贸易中心、国际粮农组织、联合国贸易发展会议、联合国经济委员会、国际货币基金组织;区域性组织,如欧洲共同体、石油输出国组织、东南亚国家联盟等;行业性组织,如世界知识产权组织等。这些组织都出版有关刊物,每年都公开发表大量的市场信息,并且多数出版有关他们刊物的目录,如联合国的《统计公报》《国际贸易统计年报》,世界银行的《世界发展报告》《世界银行年度报告》,国际货币基金组织的《国际资本市场》《国际金融统计》,国际贸易组织的《国际贸易统计资料》《WTO 年度报告》《WTO 世界贸易报告》和联合国贸易与发展会议的《世界投资报告》等。

(五) 公共机构

许多国家的政府都成立了专门的机构提供各类信息(包括统计资料、销售机会,进口程序和规章,当地的进出口商、代理商及有关客户的情况),如日本贸易振兴会的"海外市场调查会"等,我国的信息机构则有国家经济信息中心、国际经济信息中心、中国银行信息中心等。

(六) 交易会

这是比较容易获得的信息资料渠道。我国每年都要举办各种国际性的交易会和展览会,如在广州举办的中国进出口商品交易会和在深圳举办的中国国际高新技术成果交易会,都是在国内外非常有影响的综合性商品交易会。此外,中国还经常举办各种行业和专业领域的国际交易会。除了在本土开展的交易会,中国企业还主动走出国门,参加海外的交易会,如著名的德国法兰克福博览会。通过大量展览商品的资料搜集,企业可以得到世界各地的各类信息。

(七) 学术报告与杂志

调研人员可以查阅国外一些著名研究机构与组织,如美国国家经济研究局(NBER)、经济合作与发展组织(OECD)的分析文章与报告。此外营销人员还可以查阅国外著名的报刊,如《商业周刊》《全球市场调查》《国际商业》和《国际广告》等。国内的科研机构和高等院校,为了教学和科研需要，也都掌握有大量的国际市场信息。这些信息往往都以论文或其他形式公开发表，也是一个重要的国际市场信息来源。

（八）外国的专业咨询机构

这是一种收费的信息来源，咨询机构可以按照客户的要求，搜集对营销活动有用的信息，其信息准确性高，但所需费用也比较高。

二、实地调研

随着科学技术的发展，国际市场营销活动的广泛和深化，案头调研已经不能满足企业的需要，许多重要的项目均需要实地调研。

实地调研(Field Research)是根据公司的国际市场营销目标、营销规模、营销范围进行调研的。调研机构可以依靠外国机构或在有关国家设有分公司的国内公司为其进行调研。企业搜集第一手资料的途径如下。

(1) 国际性的商品交易活动。这种活动中产销直接见面，具有信息量大、信息集中的特点，是一条比较固定的国际市场信息来源。企业通过参加这类交易活动，与许多国家的商人接触、洽谈、签约，不但能了解国际市场的需求信息，而且也能了解国内同类产品的种类、性能、技术和价格等方面的变化情况。

(2) 技术人员和信息人员。主要通过实地考察搜集市场信息。

(3) 外国客户和中间商。这也是取得第一手国际市场信息资料的主要渠道。

(4) 企业在世界各地的销售公司和子公司，从当地市场反馈得到的信息资料。

(5) 国外调研机构。由于各国文化和经济发展情况的不同，在调研中也会出现许多差异或问题。因此，在国际市场进行实地调研，最好采用当地调研机构为企业进行调研，如果本国调研机构在异地进行调研会遇到许多问题。

实地调研的方法很多，大体可以归纳为三类。

（一）访问法

访问法就是直接向被调查人提出问题，得到答复，将调查结果进行汇总的搜集资料的方法。按接触方式的不同，我们可以把访问法分为面谈访问法、电话访问法、邮寄调查法、投影法。

1. 面谈访问

就是调查者采用面对面询问的方式向被调查者提出问题、得到答复的方法。这是获得信息最可靠的方法。在有深度要求和精确度要求的任何项目调查活动中，面谈访问是必不可少的最重要方法。面谈调查方法的主要优点有：

(1) 调查者直接与被调查者交谈，能观察被调查者的表情和反应，从中可以获得许多有价值的信息资料；

(2) 设计能反映调查内容的调查表，以便获得全面、真实的资料；

(3) 调查员对被调查者提出的问题可以及时解答，减少误差，获得比较真实的、明确的信息资料；

(4) 当面访问往往能满足被调查人充分阐述问题的愿望，从而获得一些秘密和真实的态度、生活和消费方式的资料；

(5) 可以起到促销的作用，如向被调查者展示样品、图表和说明书；

(6) 面谈访问也是一种感情投资,它能使消费者与公司建立感情联系。

作为一种调研方法,它的不利之处是需要昂贵的费用,效率低,调查的结果与调查员的个人水平关系密切,调查员的个人观点可能会对被调查人产生误导;同时,公司对调查员的监控也较困难。

2. 电话访问

这是调查员用电话向被调查者询问的方法。电话访问的优点:

(1) 电话访问搜集信息的速度快、及时;

(2) 电话访问易使不愿接待陌生人的被调查者接受,可以免除其心理上的恐慌;

(3) 便于搜集窘困问题的资料,面谈不便于回答,电话可以回答;

(4) 调查成本比人员访问低,调查效率高,调查次数多。

电话访问的缺点:调查母体欠完整,交谈简单,不能调查比较复杂的内容,要求调查员语言简洁、明了、清晰、缓慢,以便对方易于领会。

3. 邮寄调查

这是将设计好的调查表或问卷邮寄给被调查者,由被调查者填写寄回的方法。此法优点是:

(1) 调查地区广、样本的覆盖面积大;

(2) 不受时间限制,被调查者有充裕的时间认真地回答问题或填调查表;

(3) 不受调查员的诱导,被调查者主观独立回答问题,真实度高;

(4) 便于统计,易于整理,根据问卷和调查表格设计统计表,只需少数人员整理即可;

(5) 成本费用低,只需花邮费和印刷费即可。

邮寄调查的最大缺点是调查表和问卷回收率低,针对性不强,时间周期长,在短期内获取不到资料,被调查人常常不能做出满意的回答,其原因可能是被调查者水平低,回答的问题不是调查问题的实质性问题;也有可能是被调查者故意回避调查的问题,可能是涉及被调查者的隐私,因而回答的问题不准确。

4. 投影法

投影法是一种间接探测被调查人态度的方法。有许多人不愿在被访问时袒露自己真实的态度和动机,投影法的目的在于使被调查人不自觉地表露其个性和思想。例如,利用一些语句、漫画等启发被调查人,让他们自由发挥。投影法是一种心理测试法,它需要一定的心理知识,并且成本较高。

(二) 观察法

观察法是指对被调查者的反应或公开行动及市场形势做出直接的观察量度,主要有调查员直接观察、仪器观察和痕迹测量法等观察法。

1. 直接观察法

直接观察法是指对消费者的反映或公开行动及市场营销形势做出直接的量度,即调查员亲临调查现场观察所发生的事务及人们的反应,搜集所发生的与调查目的有关的第一手资料。例如,在进行商店地理位置与人流状况的调查时,调查员不需与任何顾客进行面谈,他只是站在有关角落,对来往的顾客流量、交通状况、市场基本设施等情况进行观察即可,并把观察到的基本情况认真、详细地记录在已经设计好的调查表或问卷内。有些是调查员参加一些会议,如展览会、交易会、现场会等,将观察到的公司产品、竞争对手的产品特征、样品及说明书、参观者的注意力、展台面积多少、位置状况、同类企业数量、产品的概况等一一记录。它的花费最少,但能收到许多最新的市场情报,甚至能获得最新的科学技术资料。所以,会议观察法在直接观察法中是花钱最少、获益颇丰、至今仍被广泛应用的方法。直接观察法应遵循以下基本调查原则:

(1) 在同一时间内最好只观察同一件事,以求准确;

(2) 观察结果必须立刻记录,以防漏记和错记;

(3) 观察员要隐蔽,使被观察者不易察觉,确保观察结果真实。此法优点是所得资料准确性高、深入翔实。缺点是费用高、时间长、不能获得被观察者的心理和动机的资料。

2. 仪器观察法

仪器观察法是指使用仪器代替人的眼睛进行观察。现代科学技术的发展和应用,使电子仪器和机械设备成为市场营销调查的工具。调研者可以利用摄像机、录音机摄下或录下被观察者的活动和声音。利用现代科学仪器观察,其效率高,是当前广泛应用的方法。

3. 痕迹测量法

痕迹测量法是指调查员不亲临观察现场进行直接调查顾客的行为和态度,而是通过一定的手段了解顾客的行为和态度,如某公司为了调查广告媒体的效果和选择最佳的广告媒体,而采用在各类广告媒体中均附有回条,顾客看到广告可凭回条到公司购买折扣优惠商品,统计回条数量,确定出最佳的广告媒体。此法省时、省力,但回条率低。

(三) 实验法

实验法即实验调查法,它起源于自然科学的实验求证法。国际市场营销调查研究应用自然科学中的实验原理对国际备选市场进行现场实验或试验,待求证后,才能对生产或推销策略进行决策。市场营销实验,就是实验者(调查者)控制一个或多个自变量,如商品价格、包装、广告、分销渠道等,通过实验调查,确定对销售量、市场占有率、销售增长率、利润目标的影响。

实验调查法分为正式实验与非正式实验两种。正式实验是调查员选择某一具备实验特质的市场进行实验,首先设计比较科学、复杂的表格,包括实验所需的所有自变量与变异的关系。虽然国际市场不可控因素很多,不易全部掌握,如消费者、用户、中间商的态度,东道国政府的政策,东道国的文化,等等。实验调查法中各个因素之间关系比较容易分析:因果关系、相关关系、不相关关系等。实验法是探索自变量与变异量之间关系的最好办法。其他调查法难以获得变量之间关系的资料。实验法的应用范围很广,广泛应用于产品创新、包装改进、设计、价格和广告策划。非正式实验比正式实验简便,不需设计非常复杂精细的表格,表格栏目较少,比较容易掌握和计算,对实验人员水平要求不高,实验费用低,时间少;但该实验结果的可靠性不如正式实验高。实验法的主要形式如下。

1. 新产品销售实验

新产品销售实验即在新产品的试销会上获得反馈信息,改进设计,提高质量。

2. 产品展销会实验

产品展销会实验是指调研人员通过分析展出产品的销售情况,实地听取消费者的意见,来测试某个变量对产品销售的影响。

实验法是一种比较科学的调查法,所得信息资料来源于实际,可靠性较强;但其正式实验的时间长、成本高,对实验人员要求也高,与其他方法相比,难以掌握。

三、网络市场调研

网络的发展带来了信息的爆炸,大量信息资源的共享,大大丰富了营销调研的资料来源,扩展了传统的市场调研方法。现在,网络市场调研(Internet market research)作为一种新型的调研方式已经得到世界各国网民的普遍认同,也被专业营销调研公司广泛应用。网络市场调研是指基于因特网而系统进行的营销信息的搜集、整理、分析和研究。

(一) 网络市场调研的优点

与传统市场调研方式相比,网络市场调研有很多优点。其主要表现在以下几个方面(见表4-1)。

表4-1 网络市场调研与传统市场调研的比较

比较项目	网络市场调研	传统市场调研
费用	较低,主要是设计费和数据处理费,每份问卷所要支付的费用几乎为零	昂贵,包括问卷设计、印刷、发放、回收、聘请和培训访问员、录入调查结果、由专业公司对问卷进行统计分析等多方面的费用
范围	全国乃至全世界,样本数量庞大	受成本限制,调查地区和样本的数量均有限
运作速度	很快,只需搭建平台,数据库可自动生成,几天就可能得出有意义的结论	慢。至少需要2个月到6个月才能得出结论
时效性	全天候进行	不同的被访问者对其可进行访问的时间不同
被访问者的便利性	非常便利,被访问者可自由决定时间、地点回答问卷	不太方便,一般要跨越空间障碍,到达访问地点
适用性	适合长期的大样本调查,适合要迅速得出结论的情况	适合面对面地深度访谈,食品类等需要对受访者进行感官测试

(1) 不受地理区域限制。网络市场调研可随时随地开展,因此特别适用于国际市场调研。例如澳大利亚一家市场调查公司(http://www.consult.com)在1999年8、9月份针对中国等7个国家的Internet用户同时进行了在线调查活动。在澳洲,业界的主流公司和商业经理们都选择从该公司获取当地Internet市场信息。他们在中国的在线调查活动是与10家访问率较高的ISP和在线网络广告站点联合进行的,这样的调查活动如果利用传统方式是无法想象的。

(2) 利用因特网可以同时完成第一手资料和第二手资料的搜集。许多第一手资料可以通过网上搜索来完成。只要企业建立了自己的网站,并在搜索引擎进行登记,就可以找出该企业的网址,然后通过直接访问目标企业的网站,查询相关信息以及有关该企业的新闻报送等。此外,利用网上搜索还可以搜集到市场调研所需要的大部分二手资料,如大型调查咨询公司的公开性调查报告,大型企业、商业组织、学术团体、著名报刊等发布的调查资料,政府机构发布的调查统计信息等。应用互联网可以在很大程度上避免以前搜集二手信息的缺陷,如时间迟滞、多次传递导致信息失真等缺陷,提高了调研的时效性和准确度。

(3) 因特网的交互性使网上市场调研的周期大大缩短,提高了调研效率,节约了调查费用。传统方式的市场调研活动需要耗费大量的人力进行，周期也比较长。例如，现在很多洗涤消费品、食品调查是进行入户调查的，这既要担心是否被人拒绝，又要考虑不能与人家的工作时间冲突。因特网调研就避免了种种尴尬，因为填写调查问卷的人是主动参与的，如果对调查题目没有兴趣，他是不会花费时间在线填写调查问卷的。如果利用传统的方式寻找潜在竞争对手十分艰苦，而使用因特网寻找的过程可能会大大缩短。

(4) 调查数据处理比较方便。市场调研的一个重要任务是对调查得到的数据进行分析和处理，以得出相应的结论。通过选择合适的在线调研软件，调研人员可以在很短的时间内实现调研设计和投放工作，并实时搜集调研数据，并通过内置的市场调查分析器，将任何数据相关联或进行比较，并得到实时的调研结果报告。此外有些在线调研软件系统还具备与其他专业的统计软件通信的能力，让调研人员对这些数据做进一步处理。

(二) 网络市场调研的方法

1. 直接调研的方法

网络直接市场调研指的是为当前特定的目的在互联网上搜集一手资料或原始信息的过程。与传统案卷调研不同，网络直接市场调研使用最多的是专题讨论法、在线问卷法和网络跟踪法。在调研过程中具体应采用哪一种方法，要根据实际调查的目的和需要而定。需注意一点，应遵循网络规范和礼仪。

(1) 专题讨论法。专题讨论法可通过新闻组(Usenet)、电子公告牌(BBS)或邮件列表讨论组进行。其步骤如下：

① 确定要调查的目标市场；

② 识别目标市场中要加以调查的讨论组；

③ 确定可以讨论或准备讨论的具体话题；

④ 登录相应的讨论组，通过过滤系统发现有用的信息，或创建新的话题，让大家讨论，从而获得有用的信息。

具体地说，目标市场的确定可根据 Usenet 新闻组、BBS 讨论组或邮件列表讨论组的分层话题选择，也可向讨论组的参与者查询其他相关名录。还应注意查阅讨论组上的 FAQs(常见问题)，以便确定能否根据名录来进行市场调查。

(2) 在线问卷法。在线问卷法即请求浏览其网站的每个人参与企业的各种调查。在线问卷法可以委托专业公司进行。其具体做法如下：

① 向相关的讨论组发送简略的问卷；

② 在自己的网站上放置简略的问卷；

③ 向讨论组送去相关信息，并把链接指向放在自己网站上的问卷。

采用在线问卷法要注意几点。一是在线问卷不能过于复杂、详细，否则会使被调查者产生厌烦情绪，从而影响调查问卷所搜集数据的质量。二是由于网络的虚拟性，调研人员如果能够提供更多人性化的东西，如果在网上调查过程中加入适当的奖品激励，调查会获得更多的参与者。例如，摩托罗拉和惠普在网上做调查时，都有奖品激励参与者。三是实现网上调研需要具备两个基本条件，即网站具有在线调查的技术功能支持，以及设计专业的在线调查问卷。只有在具备这两个基本条件的前提下，通过在线调查表的合理投放、回收和统计，才能完成高质量的调研结果。

补充阅读 4-3

问卷设计的几个技巧性原则

问卷是市场调查中获取信息的重要工具,“问卷几乎是所有数据收集方法的一般思路”。问卷设计的好坏直接影响到调查质量的高低,“如果问卷设计得不好,那么所有精心制作的抽样计划、训练有素的访问人员、合理的数据分析技巧和良好的编辑和编码都将徒然无用”。在使用问卷进行市场调查的过程中,抽样方案的设计和问卷设计都是至关重要的。

本文着重谈问卷设计的几条技巧性原则,将笔者在设计问卷中的经验、讲授《市场调查与分析》的体会及学生在设计中具体存在的一些问题加以归纳,以期对市场调查工作的顺利开展有些帮助。

一、中立的立场

这是问卷设计的首要原则。优秀的问卷设计者必须站在中立的立场设计问卷,绝不能加入个人的主观看法、意见,尤其在设计备选答案时要全面考虑,避免片面化,否则设计出的问卷无法客观反映被访者的观点态度。例如,有位学生在设计《广东高校新生心理健康状况问卷》时,有这样一道问题:“您进入高校后最想做的事是什么?”

备选答案有:

A. 提高学习成绩

B. 加入学生社团,提高综合素质

C. 参加社会实践活动,增强社会适应性

D. 没想过/不知道

这道问题的最大缺陷就在于备选答案中只有积极的观点,而没有涉及消极的感受如自杀、自闭、暴力、退学等,虽然这些消极感受在现实校园中是极少量存在的,但是如果被访者确实存在这些消极想法而问卷中没有涉及,那么在问卷分析时就只有积极的一面,无法反映消极态度,过于片面化。笔者在与该位学生探讨如此设计的原因时发现,她综合了身边同学及她本人的想法,即加入了个人的主观看法。又如,在有关网上购物的调查中,“现在流行网上购物,那么您平均一个月上网购物几次?”

备选答案有:

A. 2次以下(包括2次)　　B. 3～5次

C. 6～8次　　D. 9次以上(包括9次)

这道问题的最大缺陷也在于缺乏中立性,在问题的前半句“现在流行网上购物”,这反映了设计者的个人看法或大众心理,在从众心理的影响下被访者难免受其诱导而改变自己的真实选择。因此问卷设计者无论在设计问题的题干,还是在设计问题的备选答案时,都应遵循中立的立场,以提高问卷质量。

二、挑剔的眼光

不少问卷中都存在诸如此类的问题,如问题含糊不清、备选答案选项之间重复或遗漏、一个问句包含多个问题等。例如,“您对广州市国际会议展览中心的会展服务满意吗?”存在对“会展服务”具体包含哪些内容缺乏解释而含糊不清的问题;“您对学校宿舍管理和卫生清洁工作满意吗?”存在一题多问的缺陷;“大部分老师的教学方式是:A. 完全根据教材,照本宣科;B. 经常把话题扯得很远,泛泛而谈;C. 轻松、幽默、兼顾课本;D. 只讲课本的内容,偶尔举例。”A. 的“照本宣科”和D. 的“只讲课本的内容”存在重复的弊病。

我们的被访者千千万万，对每道问题的看法迥然各异，所以作为一名问卷设计者，在每道问题及答案设计完成后，一定要转换角色，站在不同被访者的角度进行试答，逐字逐句斟酌，根据掌握的设计技巧以极其挑剔的眼光审视问卷中的每个细节。

三、开放的问题

在问卷问题的提问方式中，有封闭式问题和开放式问题两种形式。开放式问题因其由被访者自由作答而具有难以进行定量整理和分析的缺点，在问卷中“此种问题不宜过多”。但是不能因为这一点，就将开放式问题拒之千里之外。在有些情况下，要适当运用开放式问题，否则问卷获取的数据毫无价值。例如，在进行校园内两个超市的对比调查中，一位学生就两个超市的价格、商品的齐全程度、店内环境、促销活动、服务态度等方面设计了九道评比式量表问题，量表分为五个阶段，分别为优、稍优、无差别、稍差、差。但在调查过程及最后的调查结论中发现，被访者对其中一家超市的量表打分情况都是稍差或差，甚至有些被访者在看到问卷时认为没必要进行对比调查，因为该家超市平时在同学心目中的评价为差。

遇到这类问题，问卷设计者就应适当运用开放式问题或采用深层访谈法，对该家超市之所以被打分不高的原因进行进一步的追问，这样对商家改善经营管理提高经营效益有直接的参考价值，否则仅仅“差”的结论会使商家感到无从入手。

四、清晰的思路

问卷设计者在设计问卷之前，应根据调查目的就总的设计思路有一个粗略的设想和安排。可根据前期整体调查方案中的调查目的确定一系列调查内容，将这些调查内容分为相互联系、相互递进的若干小部分，再在各个部分中相应设计调查问题。例如，在设计广东大学生心理健康状况问卷时，调查目的为“调查广东各高校在校大学生的普遍心理状况，找出其中存在的不良倾向，有针对性地采取措施”，在调查目的的指导下确定学习思想、生活观念、实践认识、价值观等方面的调查内容，再分别从不同的小方面设计相应的调查问题，从而形成一个层次清晰、逻辑合理的有机整体。切记的是：不要东拼西凑、盲目抄袭现成的问卷，否则问卷思路混乱、问题顺序杂乱无章，进而使被访者产生厌烦情绪，不利于数据的收集。

五、效度的检测

问卷中的每个问题设计完成后，要对问卷整体效度进行检测。检测可以通过以下两方面进行：一是观察问卷内容切合主题的程度，二是测量调查结果与有关标准间的相关程度。具体操作过程中，第二种检测方法可以通过试调查进行，在获取试调查数据的基础上分析调查结果与相关标准之间的相关关系。笔者在此处着重讲的是第一种检测方法，即从逻辑角度进行检测，考虑问题的集合体能否准确反映调查目的。例如，有位学生设计“大学生手机消费倾向调查问卷”，其调查目的是“为手机生产商提供有关大学生手机消费倾向的信息，从而生产出更符合学生需求的学生手机”，并在问卷中设计了有关手机性能方面的一系列问题：

(1) 外形方面，您喜欢的外形是：

A. 直板　　B. 翻盖　　C. 滑盖　　D. 其他

(2) 价格方面，您能接受的手机价位是：

A. 1 000元以下　　B. 1 000～2 000元　　C. 2 000～3 000元　　D. 3 000元以上

(3) 键盘方面，您喜欢的是：

A. 安排合理　　B. 键盘大小　　C. 键盘软硬度　　D. 其他

(4) 电池方面,您喜欢的是:

A. 待机时间　B. 通话时间　C. 充电时间　D. 电池数量

E. 能否旅充　F. 是否座充　G. 耐用程度　H. 其他

(5) 操作系统方面,您喜欢的是:

A. 操作速度快慢　B. 分类合理性　C. 个性化设置　D. 有无彩信

E. 游戏　F. 存储容量　G. 其他

(6) 附加功能方面,您喜欢的是:

A. 录音　B. 收音机　C. 摄像头　D. 直拍录像

E. GPRS　F. 蓝牙　G. 电子钱包　H. 红外线

I. 其他

单独看每一道问题,都设计得很好,似乎无懈可击,但问题就出在问卷的效度上。从逻辑角度看,任何一名被访者(高校学生)无论从手机外形、键盘、电池、操作系统及附加功能等方面,肯定都喜欢最优性能的,但这些最优性能集成手机的价位肯定远远超出学生能够承受的范围。根据该项调查结果,有52%的学生会选择价位在1 000～2 000元之间的手机。这样就会出现一种矛盾:从单个问题选择的各项最优功能的价值加总之后会远远超出1 000～2 000元的范围,而学生对价位的承受力是有限的。如此的结论,对手机生产商获取学生手机的信息效度很低。修改的方法可将手机价位作为第一题,然后采用顺序量表的形式排列在选择价位内所考虑功能的先后顺序,从而增强问卷的效度。

当然,除了上述五条技巧性原则外,还要注意备选答案的全面性、问卷长度的合理性、排版的美观性等众多问题,因此问卷设计不是一项简单的拼凑工作,而是智力与艺术的结合。

资料来源:马岚. 谈问卷设计的几个技巧性原则[J]. 统计教育,2005(8):49-50。

(3) 网络跟踪法。调研人员除了采取被调查者有意识的行为,如专题讨论法和在线问卷法,还可以采用被调查者无意识的行为,即在被调查者访问网站时,利用网络跟踪器跟踪被调查者在网站上的活动。

采用上述三种方法进行国际市场调研,企业可以通过自己的网站做,也可以委托其他网站或专业的在线调查公司,如HP公司经常在一些ICP(互联网内容提供商)的站点上进行新产品调查,海尔在人民日报网站进行调查。

2. 间接调研的方法

网络市场间接调研指的是网上二手资料的搜集。其中许多单位和机构都已在互联网上建立了自己的网站,各种各样的信息都可通过访问其网站获得;再加上众多综合型ICP、专业型ICP,以及成千上万个搜索引擎网站,使得互联网上的二手资料的搜集非常方便。互联网上虽有海量的二手资料,但要找到自己需要的信息,首先就必须熟悉搜索引擎(Search Engine)的使用,其次是要掌握专题型网络信息资源的分布。归纳一下,网上查找资料主要有三种方法。

(1) 利用搜索引擎查找资料。

搜索引擎使用自动索引软件来发现、搜集并标引网页,建立数据库,以Web形式提供给用户一个检索界面,供用户以关键词、词组或短语等检索项查询与提问匹配的记录,成为Internet上最突出的应用。不同的搜索引擎有各自的特点和相对优势,选择哪一个搜索引擎,应根据企业市场调研对象和内容的不同而定。国际市场调研人员针对不同的国家市场,可以选用该区域最常用、最有效率的搜索引擎。国际最著名的搜索引擎有 Google、Yahoo、Infoseek、Lycos、HotBot、Excite 等。在中国市场上应用最广泛的中文搜索引擎是百度。

(2) 访问相关的网站搜集资料。

如果知道某一专题的信息主要集中在哪些网站,可直接访问这些网站,获得所需的资料。以下提供两个相关的网站:

① 环球资源(http://www.globalsources.com)。

"环球资源"创立于 1971 年,其前身是"亚洲资源"网站,2000 年 4 月在美国纳斯达克上市。环球资源是一家领先业界的多渠道 B2B 媒体公司,致力于促进大中华地区的对外贸易,一方面为全球买家提供采购信息,另一方面为供应商提供整合营销服务。通过环球资源,超过 635 000 名活跃买家在复杂的海外市场上进行采购。同时,供应商借助环球资源提供的各种有效媒体,向遍布超过 230 个国家和地区的买家推广和销售产品。每年,来自逾 150 000 家供应商的超过 180 万种的产品信息,通过环球资源的各种媒体到达目标买家。仅在环球资源推广网站,买家社群每年向供应商发出的采购查询就已经超过 1 800 万宗。

② 阿里巴巴(www.alibaba.com)。

阿里巴巴是中国互联网商业先驱,于 1999 年 3 月创立,2014 年 9 月登陆纽交所,是全球著名 B2B 系列网站。阿里巴巴国际站注册用户遍布 240 多个国家和地区,每日向全球各地企业及商家提供数千万条商业供求信息,以及海量的公司资讯和产品信息,并帮助企业建立国际营销网络。

(3) 利用相关的网上数据库查找资料。

网上数据库有付费和免费两种。在国外,市场调查用的数据库一般都是付费的。我国的数据库业近 10 年有较大的发展,近几年也出现了一些 Web 版的数据库,但它们都是文献信息型的数据库。以下有选择地介绍目前国际上影响较大的几个主要商情数据库检索系统:

① DIALOG 系统(http://www.dialog.com)。

这是世界上最早的国际联机情报检索系统之一,总部位于美国北卡罗来纳州,现隶属于 Tompson 公司。该系统共搜集了 900 多个数据库,可提供 14 亿条之多的信息记录,在 27 个国家直接运作,并为 100 多个国家的企业、政府等机构提供高效的在线调研服务。

② 美国商务信息数据库(ABI/INFORM)。

它是美国 ProQuest Information and Learning 公司开发的世界著名的商业、经济管理期刊全文图像数据库,内容涵盖了世界性的经济与商业管理、贸易、行业信息等诸多领域,深入报道影响全球商业环境和影响本国市场与经济的具体事件。它由 ABI/INFORM Dateline、ABI/INFORM Global 和 ABI/INFORM Trade & Industry 三个数据库组成,至 2006 年 3 月,共收录 3 844 种报刊,其中全文刊 2 868 种。数据库的回溯年限长达百余年,用户可检索自 1905 年以来的期刊文摘和期刊全文。

③ EBSCOhost。

EBSCO 是一家具有 60 多年历史的美国大型文献服务专业公司,EBSCOhost 有近 100 多个在线文献数据库。其中的商业资源电子文献全文数据库(Business Source Premier, BSP),总收录期刊 4 432 种,涉及国际商务、经济学、经济管理、金融、会计、劳动人事、银行等相关领域,较著名的有《商业周刊》(*Business Week*)、《福布斯》(*Forbes*)、《哈佛商业评论》(*Harvard Business Review*),来自《经济学人》智库的国家报告[Country Reports from the Economist Intelligence Unit (EIU)]等。

④ 盖尔商业资源数据库(Gale Business Resources)。

是Gale集团公司出版的国际网络版数据库之一。该数据库可供用户了解美国及全球公司的商业背景。用户可以从中查询到455 000家美国及美国以外的公司,并由此可查阅到3 000家国际大公司的历史,15 000家重要公司的详细年表。另外,该数据库列出了2 000家美国大公司与1 600家跨国公司参与的国际市场份额的报告,介绍了8 000家美国公司与6 000家全球贸易与专业组织的情况。利用该数据库可以方便集中地获取美国及全球商业、工业方面的数据,由此预测与研究工业发展趋势,评价产品的市场潜力与份额,策划产品增长模式,比较美国产品与国际产品差异,推算未来竞争对手与潜在合作者。

⑤ 全球新兴市场商业资讯[ISI Emerging Markets(EMIS)]。

它是ISI公司旗舰产品,是全球最权威的新兴市场商业资讯数据库,为客户提供基于互联网传送的遍布亚太地区、欧洲、中东、北非和南北美洲的80多个新兴市场国家和地区的全方位的市场动态和商务信息。内容包括:实时新闻,所有上市公司和部分非上市公司的分析报告和可供比较的财务报表,行业深度分析报告和统计数据,金融证券市场分析,宏观经济统计数据及法律、法规等。目前,ISI-Emerging Markets的业务所覆盖的市场有亚洲的中国(内地、香港和台湾地区)、韩国、印度、新加坡、泰国、印度尼西亚、马来西亚、菲律宾、柬埔寨、老挝、越南等,另外还包括澳大利亚等国家以及南北美洲、中东、北非和中东欧的大部分新兴市场。

四、国际市场营销调研代理

国际市场营销调研工作是十分重要的,因此,国内外许多公司都设有专门的市场营销调研部门。有的大型跨国公司,不仅公司总部设有专门的调研机构,就是在国外的子公司也设有专门的营销调研机构。这样一来,国际市场营销调研工作既可以在本国的总公司进行,又可以由国外的子公司负责。由于不同层次的决策,所需的信息资料不同,因而国际市场营销调研的内容也会有所不同。

但是由于种种原因,诸如一些小企业、小公司没有资金和人力专门搞市场营销调研;一些大企业尽管有专门的营销调研人员,但无力承接新任务或企业自行去做国际市场营销调研的费用太大,或者信息交流方面的障碍难以克服,等等。因此,为了减小风险和错误,一个企业打算进入国际市场时,利用营销调研代理进行国际市场营销调研是比较合适的。

(一) 利用国际市场营销调研代理的好处

1. 可利用营销调研代理的专业知识技能优势

营销调研代理一般都掌握着当地市场的完整情况,他们熟悉当地市场的风俗习惯,了解当地消费者对产品的偏好和态度,知道当地市场的竞争程度及贸易惯例。

营销调研代理通常对特定的行业和产品领域比较精通,他们经常在这些领域进行营销调研工作,积累了十分丰富的经验。营销调研代理一般都受过专门的训练,他们是营销调研活动和分析方法的专家,在国际市场营销信息系统和先进技术的辅助下,营销调研代理能够很好地进行指定的国际市场营销调研活动。

2. 可利用营销调研代理的语言优势

语言反映了一国的文化特点。要对一国的市场营销环境有一个比较全面的了解,语言最为关键。进行国际市场营销调研活动,调研人员必须克服语言的障碍,营销调研人员要接触的被调查对象来自社会的各阶层、各民族、各语种,这些人都有自己的交流方式,异国的营销调研人员很难与当地的消费者完全沟通。而营销调研代理一般都由当地人经营,他们十分了解当地消费者的文化习俗和俚语以及感情的表达方式。这种语言的优势使他们与被调查对象之间容易建立起一种良好的关系,营销调研代理也容易理解消费者的感情和态度的变化,从而使得营销调研更加深入,调查结果更加准确。

3. 可利用营销调研代理的成本优势

尽管委托国际市场营销调研代理进行营销调研工作或购买有关的国际市场营销信息资料看起来费用很高,但相对来说,这比企业自己派一个调研小组到国外去做实地调查要便宜得多。因为企业对当地市场情况不熟悉,亲自到国外进行营销调研需花费更长的时间,调用更多的人力,消耗更多的资金。而利用营销调研代理,可使企业以较少的费用支出,换回较好的国际市场营销信息资料。

4. 调查结果的客观性

由营销调研代理承办的调研活动,其调查结果比较客观和中立,较少带有某种偏见,他会在冷静分析的基础上,做出判断和建议。利用第三者调研,能使因主观而引起的偏差缩小、错误减少,从而使调研结果准确性提高。

(二) 如何选择国际市场营销调研代理

企业把国际市场的营销调研任务委托给了营销调研代理,如不过问,就期望得到满意的结果,那是不现实的。企业必须仔细挑选营销调研代理,要求他们必须完成哪些任务,并对他们进行必要的监督,这样才有可能取得预期的效果。

目前国际上专门从事营销调研的机构很多,哪些公司调查得到的效果好,并且费用低,这就需要进行选择。那么,怎样选择营销调研代理呢?

一般来说,企业在选择营销调研代理时,对出价太低的营销调研代理公司要持谨慎的态度,要认真审查营销调研代理的技术能力和资信水平;先选择一定数量的营销调研代理,要求他们各自递交一份关于指定调研内容的调研项目大纲,并提供他们自己的背景资料,他们所能提供的信息及技术专长,以及能够对他们的工作进行评价的人员名单,包括以前的客户。根据这些参考资料,认真评估每一个营销调研代理公司,从中挑选出较好的两三个营销调研代理公司,然后与他们正式接触。

企业最好能与营销调研代理公司的资料处理人、报告撰写人和管理人员直接交谈,对于调研项目的要求和营销调研代理提出的调研方法应进行充分的讨论。初步接触后,企业应要求每个营销调研代理公司递交一份详细的调研提案,进行比较后,做出最后选择。

(三) 签订营销调研代理合同

营销调研代理公司选定后,为了获得满意的调研结果,必须制定一系列共同遵循的权利和义务条款,这些条款应在合同中或协议书中阐明,以避免日后的争议和误解。营销调研代理合同应包括以下几个方面的基本内容。

1. 市场调查的范围和方法条款

选定的调研方法应在合同条款中说明清楚。例如,在合同中具体规定:将要进行的调研属于何种类型,调查的对象,访问的次数,允许在多大的范围内变动。

2. 支付条款

在国际市场营销调研活动中,可以有多种支付方式,这些必须在合同中明确规定。要规定支付的货币种类,规定调研费用的最高限额,以免发生因费用超支而带来麻烦。

3. 预算条款

企业应确定进行营销调研投资的额度,对营销调研代理公司的调研预算进行认真的分析和评估,坚决拒绝有些营销调研代理公司提出"灵活"合同的要求,弄清调研预算的额度,以防日后双方为资金问题发生争执。

4. 人员条款

调研项目使用人员的类型和工作经验应在合同中明确规定,参加人数也要有所规定,以防营销调研代理公司委派一个资历较浅的经理对调研项目负责,确保调研结果的质量。

5. 最后期限条款

在调研合同中应明确规定调研项目中的每一阶段的结束期限。时间是决策的关键因素,调研项目所提供的信息资料必须及时才有意义。

6. 调研报告条款

在调研期间,企业可以要求营销调研代理公司对调研的进程和搜集到的信息资料的性质做出说明和报告。因此,在营销调研合同中要明确规定这类中期报告的次数和递交报告的时间;合同中还应规定调研结果最终报告的总特性、有关附件、结论和建议。

(四) 对营销调研代理的监督与控制

在国际市场营销调研活动中,企业不可能与营销调研代理经常见面。在这种情况下,企业应要求营销调研代理写出定期的书面报告,以便随时了解调研活动的进展情况,这种书面报告可给企业提供机会监督和控制调研活动的进程。

在实地调查中,企业对已完成的调查问卷进行检查是十分必要的。企业可以从中获得有关的第一手信息资料,及时发现有关信息资料与调研目标的差距,以便在调研进程中得到修正。

利用营销调研代理进行国际市场调研,确有许多好处,但如营销调研代理选择不当或对之监督不善,将会使企业的调研投资付之东流。所以,企业必须认真选择营销调研代理,并对其加强监督控制,以确保国际市场调研的顺利进行。

第四节　市场销量预测方法简介

所谓市场销量预测,就是运用科学的方法,对影响市场供求变化的诸因素进行调查研究,分析和预见其发展趋势,掌握市场供求变化的规律,预测某种商品在未来的销量,为经营决策提供可靠的依据。

市场营销预测方法很多,但不外乎是定性预测和定量预测方法两大类。

一、定性预测方法

定性预测方法也叫判断分析法。它是凭借人们的主观经验、知识和综合分析能力,通过对有关资料的分析推断，对未来市场变化发展趋势做出估计和测算。

定性预测方法一般不需进行复杂的定量计算，主要根据人们积累的实践经验和掌握的科学知识及分析能力进行判断。因此，预测的准确性在很大程度上受预测人员素质的影响，常带有一定的主观随意性。但是市场预测实际上总是受到诸如国家方针政策变动、政治经济形势的变化、投资者的意向以及消费者心理变动等许多非定量因素的影响，这些影响因素，一般很难用定量的方法来描述。所以定性预测方法一般用于预测对象受非定量因素影响大，而又缺乏历史统计资料情况下的预测，如新产品的销售量预测和新技术发展的预测等适用于此方法。

定性预测方法简便易行，时间快、费用省，因此得到广泛应用，特别是进行多因素综合分析时，效果更加显著。但是由于定性预测方法带有主观随意性，缺乏数量分析，使预测结果的准确性有时会受到影响。因此，在采用定性预测方法时，尽可能结合定量分析方法，使预测结果更加准确、科学，更符合实际情况。

（一）个人判断法

个人判断法是预测者根据所掌握的信息资料，凭借对经济现象规律性的认识，根据自己的知识、阅历、经验，对预测对象的发展趋势做出符合客观实际的估计与判断。企业在市场营销活动中，常常运用个人判断法的是经营管理人员和销售人员，以及一些特邀的市场分析专家。这种方法在缺乏预测资料时常用。如果企业决策者具有丰富的预测经验和较强的分析判断能力，又对各方面的情况比较熟悉的话，就可以得到比较理想的预测结果。此方法的优点是可以最大限度地利用个人的创造能力，且预测过程简单、迅速；缺点是受预测人的个人素质影响较大，有发生判断错误的可能。

（二）集体意见法

集体意见法是集中企业的管理、业务人员等，凭他们的经验和判断，在广泛交换意见的基础上，共同讨论市场发展趋势，进而做出预测的方法。集体意见法参加会议的人数较多，拥有的信息量大，可避免个人判断的主观性、片面性；但也有难以克服的缺点，主要是影响因素较多，如感情因素、个性因素、时间因素、利益因素等。

在应用该方法时，为避免局限性，预测工作的组织者可以把预测意见集中起来，用平均法或加权平均法进行数学处理，以得到较为准确的市场预测结果。

（三）头脑风暴法

头脑风暴法是集体意见法的进一步发展，是吸收全体专家积极参加创造性思维过程的一种方法。该方法是通过专家间的相互交流，在人的头脑中进行智力碰撞，产生新的思维和观点，使专家的论点不断升华、集中，从而得到最优预测结果。

头脑风暴法一般通过组织专家会议来实施。参加会议的人数以 10～15 人为宜，时间一般为 30～90 分钟。组织者事先将预测目标、要求告诉与会者，鼓励发言，但发言不能事先准备发言稿，且发言要精练，对已提设想可随时进行改进和综合，但不能对别人的设想提出怀疑。意见越多样，问题讨论越深，专家的灵感越能得到最大激发，出现有价值设想的可能性也就越大。最后，组织专家对前面所提出的所有设想分别进行质疑，进行全面评论，直到没有问题可以质疑为止。至此，总的预测结果也就产生了。

(四) 推定平均值法

推定平均值法是针对预测者的定性预测结果,采用一定的定量方法求其平均值,得出预测目标估计值的一种方法。常用的推定平均值有下列三种方法。

1. 三点估计法

三点估计法是预测者将预测结果分为三种可能值来估计,即最低值 a、最高值 b 和最可能值 m,则三点估计值 E 的计算公式为

$$E=\frac{a+4m+b}{6}$$

例如,某电器商场的经营者对三季度冰箱销售量做出三点估计,最低 5 000 台,最高 8 000 台,最可能值为 6 000 台。则三点估计值为

$$E=\frac{5\ 000+4\times 6\ 000+8\ 000}{6}\approx 6\ 167(台)$$

2. 相对重要度法

相对重要度法是将预测者按经验知识水平划分为不同的类型,确定各自的重要度,从而对不同预测者的结果加以推定平均的一种方法。

预测值计算公式为

$$E=\frac{\sum_{i=1}^{n}a_i x_i}{\sum_{i=1}^{n}a_i}$$

式中,E—— 预测值;

a_i—— 第 i 个预测者的重要度;

x_i—— 第 i 个预测者的预测结果。

3. 主观概率法

主观概率法是预测者通过对预测事件发生的可能性做出主观判断,然后对预测值进行估计的一种方法。如果预测人数较多,可以结合相对重要度法,求出推定平均值。

例如,某企业销售、计划、生产和财务部门的业务人员,对明年本企业产品销售量预测及各种状态下的概率估计如表 4-2 所示,由于销售部门对市场熟悉,故其重要度为 2,其他部门为 1。试求该企业明年销售量的推定平均值。

表 4-2 某企业 A 产品销售预测 单位:千件

部门	销路情况	估计概率	销售量	预测期望值
销售	销路好	0.3	1 200	360
	销路一般	0.5	1 000	500
	销路差	0.2	800	160
	小计	1.0		1 020

续　表

部　门	销路情况	估计概率	销售量	预测期望值
计划	销路好	0.2	1 100	220
	销路一般	0.6	900	540
	销路差	0.2	700	140
	小计	1.0		900
生产	销路好	0.3	1 200	360
	销路一般	0.5	1 100	550
	销路差	0.2	1 000	200
	小计	1.0		1 110
财务	销路好	0.2	1 100	220
	销路一般	0.5	1 000	500
	销路差	0.3	900	270
	小计	1.0		990

首先，计算各部门的预测期望值：

$$E_{销}=0.3\times1\,200+0.5\times1\,000+0.2\times800=1\,020(千件)$$

$$E_{计}=0.2\times1\,100+0.6\times900+0.2\times700=900(千件)$$

$$E_{生}=0.3\times1\,200+0.5\times1\,100+0.2\times1\,000=1\,110(千件)$$

$$E_{财}=0.2\times1\,100+0.5\times1\,000+0.3\times900=990(千件)$$

其次，根据各部门的相对重要程度，求出推定平均值：

$$E=\frac{2\times1\,020+1\times900+1\times1\,110+1\times990}{2+1+1+1}=1\,008(千件)$$

（五）德尔菲法

德尔菲法(Delphi)，也称专家意见法或专家调查法，它是由美国兰德公司的数学家奥拉夫·赫尔默于1946年首创和使用的，50年代以后在西方盛行起来。德尔菲是古希腊一座城的名字，该城有座太阳神阿波罗的神殿，因阿波罗善于预卜未来，故后人借用德尔菲比喻神的高超预见能力。后来不少预言家都曾先后在此发表演说，提出种种预言，从此德尔菲就成为专家提出预言的代名词。

德尔菲法是按规定程序，背靠背地轮番征询专家意见，最终得出预测结果的一种经验意见综合法。该法采用表格或问卷的形式征询专家的匿名预测意见，将得到的初步结果进行汇总整理，作为参考资料再随表格或问卷重新发给专家，经几轮匿名意见反馈，当专家预测意见趋于一致时，对最后一轮征询预测表格或问卷进行统计整理，即得出预测结果。

德尔菲法是市场预测定性方法中最重要、最有效的一种方法，应用十分广泛，可用于预测产品供应变化、市场需求、市场占有率、产品的成本、价格、产品生命周期等。这种方法不但在企业预测中发挥作用,还在行业预测、宏观市场预测中采用。它不仅用来进行短期预测,还可用来进行中、长期预测。尤其是预测时缺乏必要历史数据,采用其他预测方法有困难时,应用德尔菲法预测能得到较好效果。

1. 德尔菲法的特点

这种特殊的经验意见综合法,较之一般的经验意见综合法有以下几个显著特点:

(1) 匿名性。德尔菲法每一轮的征询中,均采取背靠背的办法向专家征询意见,专家之间彼此不通气。这样做,可以保证每位专家(如老前辈或者较高地位者)不可能制约影响其他人的意见,使其他人碍于情面而不提出不同的意见。所以,采用匿名的方式可以创造一种平等、自由的气氛,鼓励所有的专家都发表自己的见解。

(2) 反馈性。采用德尔菲法要多次轮番征询专家意见,每次征询意见都要把预测主持者的要求和已经参加应答的专家意见的统计资料反馈给专家,具有信息反馈沟通特点。这样经过多次反馈,可以不断修正意见,使预测结果比较准确可靠。

(3) 集思广益性。在整个预测过程中,每一轮都将上轮的许多意见与信息进行汇总和反馈,可以使专家们在背靠背的情况下,能充分了解各方面的客观情况和别人的意见,以及持不同意见的理由,有助于专家们拓展思路,集思广益。

(4) 趋同性。德尔菲法注意对每轮专家意见做定量的统计归纳,使专家能借助反馈意见,最后使预测意见趋于一致。因此,无论是从理论上还是从实践情况来看,德尔菲法常常能使专家的预测结果"趋同",而且这种"趋同"不带有集体讨论预测法中盲从权威的色彩。

总之,德尔菲法既能发挥每个专家的经验和判断力,又能将个人的意见有效地综合为集体意见。可以认为,它是一种科学性强,适用范围广,可操作性强,较为实用的定性预测方法。然而,该法也存在着一定的不足:预测时间较长,主要凭专家的主观判断,缺乏客观标准等。

2. 德尔菲法的预测步骤

德尔菲法有一套独特的预测步骤,它主要包括三个阶段:准备阶段、轮番征询阶段和做出预测结论阶段。

(1) 准备阶段。该阶段主要完成两个方面工作:拟定意见征询表和选定征询对象。

① 拟定意见征询表。根据预测的目的和要求,拟定需要调查了解的问题,列成预测意见征询表。征询表的设计应做到:主题明确,中心突出;语言简练,文字表达准确,不会让人产生误解;问题简单明确,而且数量不宜过多;问题之间应当有一定的内在联系,以便被征询者有一个连贯的思路;问题要有启发性,问题的解答应当便于数字化处理;表格中应当提供一些已掌握的背景材料,供专家们预测时参考。总而言之,征询表的设计要有利于专家充分发表自己的意见,同时又不离主题。

② 选定征询对象。选择的专家是否合适,是德尔菲法成败的关键。因此,要选择那些具有较强的专业知识,富于创新精神和良好的分析判断能力的专家。在选择专家时,应考虑专家是否有时间,有精力,是否愿意参加此项预测活动,以保证问卷的及时收回;还要考虑专家有广泛的来源,以保证定性预测自身需要多样化知识面的要求;选择专家的人数要适度,一般以20~50人为宜,在某些特殊情况下也可以超过100。

(2) 轮番征询阶段。准备阶段的各项工作完成以后，就要进入向专家进行正式调查阶段。这一阶段主要通过反复地轮番征询专家意见来实现。该阶段的一般做法是将征询表及预测的背景材料邮寄给选定的各位专家，请他们在规定的时间内，提出自己的预测意见及其理由，填入调查表中寄回预测主持者。预测主持者将第一轮收到的各位专家的预测意见进行整理、归纳汇总，再反馈给各位专家，请他们对第一轮的预测意见进行修正。各位专家在参考其他专家的意见和理由后，修正或仍坚持原预测意见。由此反复征询、归纳、修改，直至专家们的意见大体趋于一致时为止，即可确定最终的预测结果。一般情况下，专家的意见经过 3～4 轮征询后就会基本趋于一致。

(3) 做出预测结论阶段。该阶段是根据专家的最终预测结果，采用一定的统计方法，如中位数和上下四分位数法、众数法、算术平均法、加权平均法、评分排队法等，做出统计归纳处理，得出预测结论，写出综合性的预测报告，供决策者参考，完成本次预测任务。

二、定量预测方法

定量预测方法也叫统计预测方法。它是在掌握大量数据资料的基础上，运用现代数学方法进行数据处理，建立反映有关变量之间规律性联系的数学模型，揭示预测对象的数量变化程度及其结构关系，并据此对预测目标做出量的测算。应该指出，在使用定量预测方法进行预测时，要与定性预测方法结合起来，才能取得较好的预测效果。

定量预测方法一般可分为两大类：时间序列法和因果关系法。

（一）时间序列法

时间序列法是指通过对事物过去和现在的统计数据进行处理，从中找出该事物随时间变化的趋势，建立其数学模型，进行市场预测。

该方法的基本原理是基于市场过去和现在的变动发展趋势，将会自然地延续下去，并且过去和现在的发展变化的条件同样适应于未来，因而可以按照事物自身发展的趋势来预测未来，因此该法也称“趋势外推法”。这种方法考虑的影响因素只是时间。时间序列预测的方法很多，这里简要介绍算术平均法、加权算术平均均法、移动平均法、指数平滑法等。

1. 算术平均法

该法又称简单平均法，是根据过去多期的数据资料计算平均值，作为下一期预测值的一种方法。计算公式为

$$\hat{y}_{t+1}=\frac{y_1+y_2+\cdots+y_n}{n}=\frac{1}{n}\sum_{i=1}^{n}y_i$$

式中，$\hat{y}_{t+1}$——第 $t+1$ 期的预测值；

y_i——第 i 期的实际销售值；

n——数据资料的期数。

算术平均法的优点是简单易算，但是，这种方法对于数值采取了简单平均的方法，得到的结果有时不够准确，特别是观察期资料有明显的季节变动和长期增减趋势变动时，使用该法得出的预测结果往往误差较大。

2. 加权算术平均法

加权算术平均法，就是在求平均数时，根据观察期各资料重要性的不同，分别给予不同权数后再加以平均的方法。计算公式为

$$\hat{y}=\frac{w_1y_1+w_2y_2+\cdots+w_ny_n}{w_1+w_2+\cdots+w_n}=\frac{\sum_{i=1}^{n}w_iy_i}{\sum_{i=1}^{n}w_i}$$

式中，W_i ——与第 i 期观察值对应的权数；

其他同上。

加权算术平均法的预测值高于算术平均法的预测值，这主要是因为距预测期近的年份加的权数大，因而影响也就大。

如果 $\sum_{i=1}^{n}W_i=1$，即各期所加权数之和等于1，则上式可写成

$$\hat{Y}_{t+1}=\sum_{i=1}^{n}W_iY_i$$

加权算术平均法的关键是确定适当的权数，但至今还没有找到一种确定权数的科学方法，只能依据经验而定。一般的做法是，给予近期数以较大的权数，距离预测期远的则权数递减。

3. 移动平均法

移动平均法是利用与预测期关系密切的几个近期数据资料，采用逐项递移方式，求平均值以得到下一期预测值的方法。

该法是假定离预测期最近的若干期实际业务量数据对预测值的影响最大，远者则次之，因此用分段平均逐步推移的办法，分析时间序列的变动趋势，以离预测期最近的一段的平均值作为预测值。这种方法通过不断引进市场中发生的新的实际数据加以移动平均，这样可消除历史数据中随机波动干扰，从而可以在“修匀”历史数据的基础上揭示出隐含着的某种规律，据此可以预测未来市场变化趋势，提高预测的准确性。计算公式为

$$\hat{y}_{t+1}=M_t^{(1)}=\frac{y_t+y_{t-1}+\cdots+y_{t-n+1}}{n}=\frac{1}{n}\sum_{i=t-n+1}^{t}y_i$$

式中，$\hat{y}_{t+1}$ ——第 $t+1$ 期的预测值；

y_i ——第 i 期的实际值；

n——预测移动平均项数，又称跨越期。

应用一次移动平均法时，n 的取值对于预测值的准确度有着重要的影响。当 n 取值大时，移动平均值的敏感性低，曲线较平滑，受奇异点的干扰小些，但落后于实际可能发展趋势；当 n 取值小时，移动平均值波动灵敏，但易把奇异点当成趋势，造成错觉。一般对 n 的取值，应考虑实际数据变动性的大小和数据期数的多少，通过多次试取来确定。

例如，已知某企业某年的销售额如表 4－3 所示。

表 4－3　某企业某年的销售额　　单位:万元

月　份	1	2	3	4	5	6	7	8	9	10	11	12
销售额	160	150	180	200	150	200	250	230	200	240	270	240

若用前 3 个月或前 5 个月的实际销售额作为下月销售额的预测值，计算结果见表 4－4。

表 4－4　3 个月或 5 个月后的预测值　　单位:万元

月　份	实际销售额	3 个月的移动平均预测值	5 个月的移动平均预测值
1	160	$\hat{y}_{t+1}=\frac{y_t+y_{t-1}+y_{t-2}}{3}$	$\hat{y}_{t+1}=\frac{y_t+y_{t-1}+y_{t-2}+y_{t-3}+y_{t-4}}{5}$
2	150		
3	180		
4	200	163.33	
5	150	176.66	
6	200	176.66	168
7	250	183.33	176
8	230	200	196
9	200	226.66	206
10	240	226.66	206
11	270	223.33	224
12	240	236.66	238

（二）因果关系法

在经济活动中，大家经常可以看到经济现象之间存在着许多直接或间接的联系，它们相互依存，相互制约，若其中一个发生变化，另一个就会随之相应变化，如成本、产量、价格、销售量、利润等。这种变化关系称之为因果关系或相关关系。因果关系法就是利用市场营销活动中各种因素之间的因果关系，找出影响预测结果的主要原因，并计算出原因与结果之间的数量关系，根据此数量关系计算出预测值的方法。此方法结果比较准确，是定量预测中应用最广泛的一种方法，但需要一定的数学知识与计算技术。这里主要介绍回归分析法。

回归分析法是通过研究事物发展变化的原因，找出原因和结果之间的内在关系，用数学模型以预测事物未来发展趋势的方法。根据预测对象相关因素的多少，可分为一元线性回归法、多元线性回归法、非线性回归法等。下面以一元线性回归分析法为例介绍回归预测方法。

1. 模型的建立

一元线性回归预测模型的数学表达式为

$$Y=a+bX$$

式中，Y ——因变量；

X——自变量；

a、b ——回归系数。

根据数学知识可知，a 是直线在 Y 轴上的截距，a 是利用统计数据计算出来的经验常数；b 是直线的斜率，也是利用统计数据计算出来的经验常数。X 与 Y 这两个变量，将在 a 和 b 这两个回归系数所限定的范围内，进行有规律的变化。我们的任务就是求出 a、b 的值，进而求出

预测值 Y。

2. 回归系数 a、b 的求解

假定给定了一组 n 个观测数据$(X_1,Y_1),(X_2,Y_2),\cdots,(X_n,Y_n)$。首先假设它们有 $Y=a+bX+e$ 的关系,其中 e 为估计的误差项,为了将误差 e 减到最小,即需将每一组数据与回归直线上的对应点之间的误差求和,但为防止可能存在的各点误差正负抵消问题,通常求它们的平方和为最小。用数学语言来表达,就是求 a 与 b,使误差平方和取最小值。

$$\vartheta=\sum_{i=1}^{n}[Y_i-(a+bX_i)]^2$$

根据极值原理,要使 ϑ 为最小,需分别对 a、b 求偏导数,并令其为 0,即

$$\frac{\partial\vartheta}{\partial a}=-2\sum_{i=1}^{n}(Y_i-a-bX_i)=-2(\sum_{i=1}^{n}Y_i-na-b\sum_{i=1}^{n}X_i)=0$$

$$\frac{\partial\vartheta}{\partial b}=-2\sum_{i=1}^{n}(Y_i-a-bX_i)=-2\left(\sum_{i=1}^{n}X_iY_i-a\sum_{i=1}^{n}X_i-b\sum_{i=1}^{n}X_i^2\right)=0$$

将上边两式联立,解得

$$a=\overline{Y}-b\overline{X}\quad b=\frac{\sum_{i=1}^{n}X_iY_i-n\overline{X_i}\ \overline{Y_i}}{\sum_{i=1}^{n}X_i^2-n\,(\overline{X_i})^2}$$

式中:
$$\overline{X}=\frac{1}{n}\sum_{i=1}^{n}X_i,\overline{Y}=\frac{1}{n}\sum_{i=1}^{n}Y_i$$

这称为线性模型 $Y=a+bX$ 的参数 a 与 b 的最小二乘估计。

3. 模型检验

通过进行参数估计,很容易得到变量间关系的模型,但模型是否与实际数据有很好的拟合度,能否进行预测,数据是否与一些其他因素有关是需要解决的一个问题。因为只有当变量之间确实存在着某种线性关系时,拟合出的回归方程才有意义。所以就要用一些方法对模型进行检验。

常用的模型检验方法有:

(1) 经济意义检验。模型中的参数符号有其特定的经济意义,通过实际经济现象就可以看出模型是否与实际相符。

(2) 相关系数检验。相关系数是用来检验两个变量之间是否有线性关系的,也即变量的相关程度。相关系数的计算公式为

$$r=\frac{\sum_{i=1}^{n}(X_i-\overline{X})(Y_i-\overline{Y})}{\sqrt{\sum_{i=1}^{n}(X_i-\overline{X})^2-\sum_{i=1}^{n}(Y_i-\overline{Y_i})^2}}\quad 或\quad r=\sqrt{1-\frac{\sum_{i=1}^{n}(Y_i-\hat{Y}_i)^2}{\sum_{i=1}^{n}(Y_i-\overline{Y_i})^2}}$$

式中,r 的取值范围为 $0\leqslant|r|\leqslant1$。$\hat{Y}_i$ 为通过 $Y=a+bX$ 计算得到的预测值。

当 $r>0$ 时，表示正相关；当 $r<0$ 时，表示负相关；当 $r=0$ 时，表示完全无关；当 $r=\pm1$ 时，表示完全相关。

由此可知，只有 $|r|$ 接近于 1 时，才能使用一元线性回归预测模型来描述 X 与 Y 之间的关系。在实际应用中根据经验，$|r|$ 一般大于 0.7 就可以了。也可以通过查相关系数表，考察变量 X 与 Y 之间的相关系数，这个过程称相关性检验，其方法如下：

① 计算相关系数 r；

② 拟定显著性水平 α，一般取 $\alpha=0.05$，即 $\pm95\%$ 的置信度，然后查相关系数检验表，查表时取自由度 $V=n-2$，得到相关系数临界值 r_α

③ 进行判别，当 $|r|\geqslant r_a$ 时，Y 与 X 在 α 显著水平下显著相关，检验通过；当 $|r|\leqslant r_a$ 时，r 与 X 之间线性关系不显著。

(3) 标准离差检验。标准离差用来检验回归预测模型的精度，其计算公式为

$$S=\sqrt{\frac{1}{n-2}\sum_{i=1}^{n}(Y_i-\hat{Y}_i)^2}$$

式中，S—— 标准离差；

Y_i—— 观测值；

$\hat{Y}_i$—— 通过 $Y=a+bX$ 计算得到的预测值；

n—— 数据个数。

由上式可以看出 S 反映了回归预测模型所得到估计值 $\hat{Y}_i$ 与实际值 Y_i 的平均误差，所以希望 S 的值越小越好。一般要求

$$\frac{S}{\overline{Y}}<10\%—15\%\quad\left(\overline{Y}=\frac{1}{n}\sum_{i=1}^{n}Y_i\right)$$

(4) t 检验。t 检验就是用 t 统计量对回归系数 b 进行检验，其目的是检验变量 X 与 Y 间是否有关系，X 是否影响 Y。其计算公式为

$$t=\frac{b}{S_b}$$

其中

$$S_b=\sqrt{\frac{\sum_{i=1}^{n}(Y_i-\hat{Y}_i)^2}{(n-2)\sum_{i=1}^{n}X_i^2}}$$

式中各字母的含义同前。

t 检验的计算步骤：

① 计算 t；

② 选择显著水平 α，一般取 $\alpha=0.05$，自由度为 $n-2$，查 t 表以确定临界值 $t_{\frac{\alpha}{2}}(n-2)$；

③ 判断：当 $|t|\geqslant t_{\frac{\alpha}{2}}(n-2)$ 时，说明变量 X 与 Y 之间关系显著，其可靠程度为 $1-\alpha$；当 $|t|\leqslant t_{\frac{\alpha}{2}}(n-2)$ 时，说明变量 X 与 Y 之间没有明确关系，不能用 $Y=a+bX$ 进行预测。

例如,某公司通过市场调查,发现其产品的销售量与广告支出相关,统计资料如表 4-5 所示。求当广告费支出为 9.5 万元时,该产品的销售量预测值。

表 4-5　其产品的销售量与广告支出　　单位:万元

数据点(n)	1	2	3	4	5	6	7	8	9	10
广告费支出(X)	3	3.4	4	4.2	4.8	5.5	6.5	7.9	8.5	9.2
销售量(Y)	128	131	150	140	160	170	150	162	170	185

首先列表计算有关数据(见表 4-6),并计算回归系数 a、b 的值。

表 4-6　其产品的广告费支出与销售量的回归参数值

数据点(n)	广告费支出(X)	销售量(Y)	X_i^2	Y_i^2	XY	$\hat{Y}_i$	$Y_i-\hat{Y}_i$	$(Y_i-\hat{Y}_i)^2$	$Y_i-\bar{Y}_i$	$(Y_i-\bar{Y}_i)^2$
1	3	128	9	16 384	384	135.65	−7.85	58.53	−26.6	707.56
2	3.4	131	11.56	17 161	445.4	138.46	−7.46	55.65	−23.6	556.16
3	4	150	16	22 500	600	142.67	7.33	53.73	−34.6	1 197.16
4	4.2	140	17.64	19 600	588	144.07	−4.07	16.57	−14.6	213.16
5	4.8	160	23.04	25 600	768	148.29	11.71	137.12	5.4	29.16
6	5.5	170	30.25	28 900	935	153.20	16.80	282.24	15.4	237.16
7	6.5	150	42.52	22 500	975	160.22	−10.22	104.45	−4.6	21.16
8	7.9	162	62.41	26 244	1 279.8	170.05	−8.05	64.80	7.4	54.78
9	8.5	170	72.25	289 00	1 445	174.26	−4.26	18.15	15.4	237.16
10	9.2	185	84.64	34 225	1 702	179.17	5.83	33.99	30.4	924.16
$n=10$	$\sum_{i=1}^{n}X_i=57$ $\bar{X}=5.7$	$\sum_{i=1}^{n}Y_i=1\ 546$ $\bar{Y}=154.6$	$\sum_{i=1}^{n}X^2=369.04$	$\sum_{i=1}^{n}Y^2=242\ 014$	$\sum_{i=1}^{n}XY=9\ 122.2$			$\sum_{i=1}^{n}(Y_i-\hat{Y}_i)^2=825.23$		$\sum_{i=1}^{n}(Y_i-\hat{Y}_i)^2=4\ 178.4$

$$b=\frac{9\ 122.2-5.7\times 1\ 546}{369.04-5.7\times 57}=7.02$$

$$a=154.6-7.02\times 5.7=114.59$$

再将 a、b 代入回归方程:$Y=114.59+7.02X$。

当广告费用为 9.5 万元时,该产品销售额预测值为

$$Y=114.59+7.02\times 9.5=181.28(\text{万元})$$

其次,进行模型检验:

① 经济意义检验。该产品销售量与广告费支出同向变动,即随着广告费的增加,销售量将增加,当广告费为 0 时,销售量不为 0,这与实际是相符的,从而通过了经济意义检验。

② 相关系数检验。

$$r=\sqrt{1-\frac{\sum_{i=1}^{n}(Y_i-\hat{Y}_i)^2}{\sum_{i=1}^{n}(Y_i-\overline{Y}_i)^2}}=\sqrt{1-\frac{825.3}{4\,178.4}}=0.896$$

查相关系数表，$n-2=10-2=8$，取 $\alpha=0.05$，$r_\alpha=0.632$，显然 $r=0.896>r_\alpha=0.632$，这表明 X 与 Y 之间有强相关关系，则相关系数检验通过。

③ 标准离差检验。

$$S=\sqrt{\frac{1}{n-2}\sum_{i=1}^{n}(Y_i-\hat{Y}_i)^2}=\sqrt{\frac{1}{10-2}\times 825.3}=10.16$$

$$\frac{S}{\overline{Y}}=\frac{10.16}{154.6}=0.066<10\%$$

故可以认为该一元线性回归模型有较好的精度，标准离差检验通过。

④ t 检验。

$$t=\frac{b}{S_b}\quad S_b=\sqrt{\frac{\sum_{i=1}^{n}(Y_i-\hat{Y}_i)^2}{(n-2)\sum_{i=1}^{n}X_i^2}}$$

查 t 检验表，$n-2=8$，取 $\alpha=0.05$，$t_{0.025}(8)=2.306$。

$t=25.11>t_{0.025}=2.306$

所以 X 与 Y 之间存在线性关系，t 检验通过。

经过检验得知，该一元线性回归模型可用于该公司的产品销售量预测。

4. 估计置信区间

由于回归预测模型是经过数理统计方法得到的，一定存在着误差，因而使预测结果也有一定的误差，即预测结果有一定的波动范围，这个范围称为置信区间，其预测值的误差范围可按下式计算

$$\hat{Y}\pm t\cdot S\quad S=\sqrt{\frac{\sum_{i=1}^{n}(Y_i-\hat{Y}_i)^2}{n-2}}$$

式中，S——标准误差；

t——把握程度所对应的概率。

根据正态分布理论可知，因变量 Y 值的分布范围如下：Y 值在 $\hat{Y}\pm 1S$ 之间约占 68.26%；Y 值在 $\hat{Y}\pm 2S$ 之间的约占 95.45%；Y 值在 $\hat{Y}\pm 3S$ 之间的约占 99.73%。

现对该例估计置信区间：

$$\text{标准差 } S=\sqrt{\frac{\sum_{i=1}^{n}(Y_i-\hat{Y}_i)^2}{n-2}}=\sqrt{\frac{825.23}{10-2}}=10.156$$

当把握度为95.45%时,有 $t=2$,则该公司销售量的预测范围为:

181.28±2×10.156,即201.59—160.97(万元)

当把握度为99.73%时,有 $t=3$,则该公司销售量的预测范围为:

181.28±3×10.156,即211.75—150.81(万元)

本章小结

(1) 国际市场调研是以国际市场与目标顾客为对象而进行的有目的、有计划的搜集、整理、研究、分析与企业国际市场营销有关的信息和情报资料的活动,能为企业寻找、发现进入或扩展国际市场的机会,能为企业的国际市场营销决策提供科学的依据,是企业进行国际商战的有力武器,有助于企业分析和预测国际市场未来的发展趋势。

(2) 与国内市场调研相比,国际市场调研需要搜集的信息范围更广,调研更为复杂,成本更高,难度更大。国际市场营销调研的主要内容包括营销环境、用户和消费者、市场需求、产品、价格、分销渠道、促销和竞争八个方面。

(3) 国际市场调研一般按以下步骤进行:① 确定调研课题及调研目标;② 制订调研计划;③ 执行调研计划;④ 整理、分析调研资料;⑤ 解释并报告调研结果,撰写调研报告。

(4) 国际市场营销调研传统上分为案头调研(即二手资料的搜集)和实地调研(即一手资料的搜集)两种。随着网络技术的兴起和广泛应用,国际互联网成了国际市场调研的新兴渠道和发展趋势。

(5) 案头调研可通过国家和地方的驻外机构、商会和行业协会、银行、国际组织、公共机构、交易会、学术报告和杂志、外国的专业咨询机构等渠道或途径来获取所需信息。实地调研的方法很多,大体可以归纳为访问法、观察法和实验法等三种。

(6) 为了减小风险、减少错误,一个企业打算进入国际市场时,还可利用营销调研代理进行国际市场营销调研。

(7) 市场营销预测方法很多,但不外乎是定性预测和定量预测方法。定性预测方法也叫判断分析法。它凭借人们的主观经验、知识和综合分析能力,通过对有关资料的分析推断,对未来市场变化发展趋势做出估计和测算。主要有个人判断法、集体意见法、头脑风暴法、推定平均值法、德尔菲法等。定量预测方法也叫统计预测方法。它在掌握大量数据资料的基础上,运用现代数学方法进行数据处理,建立反映有关变量之间规律性联系的数学模型,近似地揭示预测对象的数量变化程度及其结构关系,并据此对预测目标做出量的测算。应该指出,在使用定量预测方法进行预测时,要与定性预测方法结合起来,才能取得较好的预测效果。常用的定量预测方法一般可分为两大类:时间序列法和因果关系法。

课后习题

【名词解释】

国际市场调研　案头调研　实地调研　网络市场调研　国际市场营销信息系统

【简答题】

1. 企业为什么要进行国际市场营销调研?
2. 谈谈国际市场调研与国内市场调研的区别。
3. 国际市场调研的步骤是什么?
4. 企业国际市场二手资料搜集的来源有哪些?
5. 实地调查法主要包括哪几种调查法?各有何优缺点?
6. 网络市场调研与传统市场调研相比有哪些优点?
7. 网络市场调研的方法有哪些?
8. 影响国际市场营销调研效果的因素有哪些?

案例分析

可口可乐公司开发新可乐的市场调查

20世纪70年代中期以前,可口可乐一直是美国饮料市场的霸主,市场占有率一度达到80%。然而,70年代中后期,它的老对手百事可乐迅速崛起,1975年,可口可乐的市场份额仅比百事可乐多7%;9年后,这个差距更缩小到3%,微乎其微。百事可乐的营销策略是:① 针对饮料市场的最大消费群体——年轻人,以"百事新一代"为主题推出一系列青春、时尚、激情的广告,让百事可乐成为"年轻人的可乐";② 进行口味对比,请毫不知情的消费者分别品尝没有贴任何标志的可口可乐与百事可乐,同时百事可乐公司将这一对比实况进行现场直播。结果是,有八成的消费者回答百事可乐的口感优于可口可乐,此举马上使百事可乐的销量激增。

对手的步步紧逼让可口可乐感到了极大的威胁,它试图尽快摆脱这种尴尬的境地。1982年,为找出可口可乐衰退的真正原因,可口可乐决定在全国10个主要城市进行一次深入的消费者调查。可口可乐设计了"你认为可口可乐的口味如何?""你想试一试新饮料吗?""可口可乐的口味变得更柔和一些,您是否满意?"等问题,希望了解消费者对可口可乐口味的评价并征询对新可乐口味的意见。调查结果显示,大多数消费者愿意尝试新口味可乐。可口可乐的决策层以此为依据,决定结束可口可乐传统配方的历史使命,同时开发新口味可乐。

没过多久,比老可乐口感更柔和、口味更甜的新可口可乐样品便出现在世人面前。为确保万无一失,在新可口可乐正式推向市场之前,可口可乐公司又花费数百万美元在13个城市中进行了口味测试,邀请了近20万人品尝无标签的新/老可口可乐。结果让决策者们更加放心,六成的消费者回答说新可口可乐味道比老可口可乐要好,认为新可口可乐味道胜过百事可乐的也超过半数。至此,推出新可乐似乎是顺理成章的事了。可口可乐不惜血本协助瓶装商改造了生产线,并为配合新可乐上市进行了大量的广告宣传。1985年4月,可口可乐在纽约举办了一次盛大的新闻发布会,邀请200多家新闻媒体参加,依靠传媒的巨大影响力,新可乐一举成名。

看起来一切顺利,刚上市一段时间,有一半以上的美国人品尝了新可乐。但让可口可乐的决策者们始料未及的是,噩梦正向他们逼近——很快,越来越多的老可口可乐的忠实消费者开始抵制新可乐。对于这些消费者来说,传统配方的可口可乐意味着一种传统的美国精神,放弃传统配方就等于背叛美国精神,"只有老可口可乐才是真正的可乐"。有的顾客甚至扬言将再也不买可口可乐。每天,可口可乐公司都会收到来自愤怒的消费者的成袋信件和上千个批评电话。尽管可口可乐竭尽全力平息消费者的不满,但他们的愤怒情绪犹如火山爆发般难以控制。迫于巨大的压力,决策者们不得不做出让步,在保留新可乐生产线的同时,再次启用近100年历史的传统配方,生产让美国人视为骄傲的"老可口可乐"。

仅仅3个月,可口可乐的新可乐计划就以失败告终。尽管公司前期花费了2年时间、数百万美元进行市场调研,但可口可乐忽略了最重要的一点——对于可口可乐的消费者而言,口味并不是最主要的购买动机。

面对老对手百事可乐的步步紧逼,可口可乐欲通过改变口味的方式来保持自己不败的地位。虽然他们通过市场调查了解到了消费者有购买不同口味的可乐的动机,但是忽视了自己的产品的核心价值——美国精神。这注定了可口可乐基于正确的营销调研结果所做出的迎合消费者的新计划的落空。在这里,可口可乐公司除了要了解消费者有没有购买不同口味的可乐的动机以外,还应该调查消费者购买可口可乐的动机。只有这样做了全面的调查,才不至于盲目地只为迎合消费者的口味而做出轻率的举动,给企业带来损失。所以一个全面的市场营销调研对于企业来说才是真正有价值的调研。

思考题:

(1) 可口可乐公司是如何进行开发新可乐的市场调查的?

(2) 结合本案例,谈谈可口可乐公司的这次建立在正确的营销调研活动结果之上的新计划招致失败的原因。这种失败是否是可以避免的?该怎么避免?

武汉理工大学
精品在线开放课程
教学视频一第四章

第五章　国际市场营销的STP战略

【学习目标】

熟记市场细分、目标市场选择、市场定位等基本概念；掌握STP战略拟定的基本步骤、具体内容和基本方法；领会如何应用市场细分原理和市场定位方法，处理企业目标市场营销中存在的关键问题。

引　言

STP是现代战略营销的核心，包括市场细分（Market Segmentation），目标市场选择（Target Market Selection）和市场定位（Market Positioning）（见图5-1）。其中市场细分是战略营销活动的基础，也是营销战略成败的关键所在。在对市场进行细分后，要对所分市场进行有效的评价，并选择目标市场。而在完成这两项基础性的步骤之后，更为重要的一个环节便是市场的定位战略。

图5-1　STP营销战略

案例导入

目标市场营销的魅力

1982年以前，常州电子仪器厂的产品基本上分为军用品和工业用电子测量仪器两大类。随着国民经济的调整，这两类产品的需要都呈下降趋势。为了搞活经营，发挥企业优势，厂里决定开发民用产品。经过广泛调查发现，电子琴存在着一个较大的潜在市场，因此厂里决定大力开发电子琴。

通过抽样调查，细分的目标市场所需要的电子琴大体分为三种类型：① 文艺团体演奏用电子琴，要求音色美，功能全，质量高，能够适应多种乐曲的舞台演奏需要。② 中小学、幼儿园教学用电子琴，要求音色优于风琴，质量一般，功能从简，价格低廉。③ 音乐爱好者欣赏用电子琴，由于音乐爱好者的欣赏水平、经济条件、演奏技巧以及审美观点各不相同，因此，对电子琴的功能、结构、质量和价格、外形等方面的要求也各不相同。

根据统计分析,电子琴的销售趋势大体如下:中小学、幼儿园,占70%;文化馆、文化站,占15%;音乐爱好者,占有10%;其他,占5%。因此,确定以中小学、幼儿园为主要市场,拟开发的产品为教学型电子琴,其他市场决定放弃。目标市场确定后,常州电子仪器厂确定一系列改进措施,对产品进行多次设计,将TDQ-49型电子琴投入市场,以满足消费者的需求。为了开拓和占领市场,他们采取了分散布点的营销方式,当年首先设置布点100个,后续随着电子琴产量的增加,继续增设网点。同时,通过增加产品功能,提高档次来进一步满足市场。

常州电子仪器产由于采取了一系列正确决策,使得企业获得了明显的经济效益。目前TDQ-49型电子琴的产值已经占企业工业总产值的30%左右,利润额度已经占全厂利润的25%以上。

启发思考:

(1) 常州电子仪器厂是如何取得成功的?

(2) 消费者市场的细分标准有哪些?常州电子仪器厂是如何进行市场细分的?

(3) 可供选择的目标营销策略有哪几种?案例中该厂采用的哪一种策略?该策略的优缺点如何?

第一节　国际市场细分

企业能否满足顾客的需要,是企业营销能否获得成功、能否实现预期经济效益的关键。然而,世界上有那么多的国家和地区,不论企业拥有多么雄厚的资源,企业既难以进入所有国家的市场,也不可能满足某一目标国所有顾客的需求。因此,一个企业要想成功地进入国际市场,就必须认真地进行市场调研,并在此基础上制定恰当的国际市场营销战略,对众多的国家进行分类和筛选,从中发现需求量大、竞争者未进入、企业有能力满足其需求的国家做营销的目标市场国。然后还应对这些国家中的顾客进一步分类,选出某些顾客群作为目标市场,提供适销对路的产品满足其需求。

一、国际市场细分的概念

(一) 市场细分

市场细分是指企业按照某种标准将市场上的顾客划分成若干个顾客群,每一个顾客群构成一个细分市场,不同的细分市场之间,需求存在着明显的差异。市场细分是目标营销的基础。

市场细分的概念依据是顾客需求的异质性理论。根据顾客需求的差异程度,市场可被分为同质市场和异质市场。当顾客对产品的需求大体一致,而且对企业同一营销策略反应也十分相似时,称为同质市场;当顾客对产品的质量、款式、价格等有不同要求,而且对企业的同一营销策略会做出不同反应时,称为异质市场。在异质市场上,具有类似需求的顾客就构成了一个细分市场。

(二) 国际市场细分

国际市场细分是市场细分概念在国际市场营销中的应用,最早是由美国市场学家温德尔·史密斯(Wendell R. Smith)于20世纪50年代中期提出来的。所谓国际市场细分就是指按照消费者欲望与需求把一个国际市场划分成若干个具有共同特征的子市场的过程。分属于同一细分市场的消费者，他们的需要和欲望极为相似；分属于不同细分市场的消费者对同一产品的需要和欲望存在着明显的差别。企业可以在这些子市场中选择一个或者多个作为其国际目标市场。这一过程在国际市场营销学中被称为国际市场细分。它是企业确定国际目标市场和制定国际市场营销策略的前提。

企业面对着成千上万的消费者，他们的需求和欲望是千差万别的，并且分散于不同的地区，并随着环境因素的变化而变化。对于这样复杂多变的大市场，任何一个规模巨大的企业、资金实力雄厚的大公司，都不可能满足该市场上全部顾客的所有需求。又由于生产企业其资源、设备、技术等方面的限制，也不可能满足全部顾客的不同需要。企业只能根据自身的优势，从事某方面的生产、营销活动，选择力所能及的、适合自己经营的目标市场和细分市场。细分市场不是根据产品品种、产品系列来进行的，而是从消费者(指最终消费者和工业生产者)的角度进行划分的，是根据市场细分的理论基础，即消费者的需求、动机、购买行为的多元性和差异性来划分的。市场细分对企业的生产、营销起着极其重要的作用。

(1) 有利于选择目标市场和制定市场营销策略。市场细分后的子市场比较具体，比较容易了解消费者的需求，企业可以根据自己的经营思想、方针及生产技术和营销力量，确定自己的服务对象，即目标市场。针对较小的目标市场，便于制定特殊的营销策略。同时，在细分的市场上，信息容易了解和反馈，一旦消费者的需求发生变化，企业可迅速改变营销策略，制定相应的对策，以适应市场需求的变化，提高企业的应变能力和竞争力。

(2) 有利于发掘市场机会，开拓新市场。通过市场细分，企业可以对每一个细分市场的购买潜力、满足程度、竞争情况等进行分析对比，探索出有利于本企业的市场机会，使企业及时做出投产、移地销售决策或根据本企业的生产技术条件编制新产品开拓计划，进行必要的产品技术储备，掌握产品更新换代的主动权，开拓新市场，以更好地适应市场的需要。

(3) 有利于集中人力、物力投入目标市场。任何一个企业的资源、人力、物力、资金都是有限的。通过细分市场，选择适合自己的目标市场，企业可以集中人、财、物及资源，去争取局部市场上的优势，然后再占领自己的目标市场。

(4) 有利于企业提高经济效益。上述三个方面的作用都能使企业提高经济效益。除此之外，市场细分后，企业可以面对自己的目标市场，生产出适销对路的产品，既能满足市场需要，又可增加企业的收入；产品适销对路可以加速商品流转，加大生产批量，降低企业的生产销售成本，提高生产工人的劳动熟练程度，提高产品质量，全面提高企业的经济效益。

需要指出的是，细分市场是有一定客观条件的。只有商品经济发展到一定阶段，市场上商品供过于求，消费者需求多种多样，企业无法用大批量生产的方式或差异化产品策略有效地满足所有消费者需要的时候，细分市场的客观条件才具备。

随着社会经济的进步，人们生活水平的提高，顾客需求也呈现出较大差异时，细分市场业已成为企业在营销管理活动中急需解决的问题。细分市场客观上是按一定的依据把整体市场分解成的诸多同质性的子市场。

二、国际市场细分的理论基础

任何产品都表现为一组属性的集合。但不同的消费者对同类产品的不同属性赋予不同的重视程度。根据对同类产品不同属性的重视程度及需求偏好的差异性,可以把消费者的需求偏好分成三种类型(见图 5-2)。

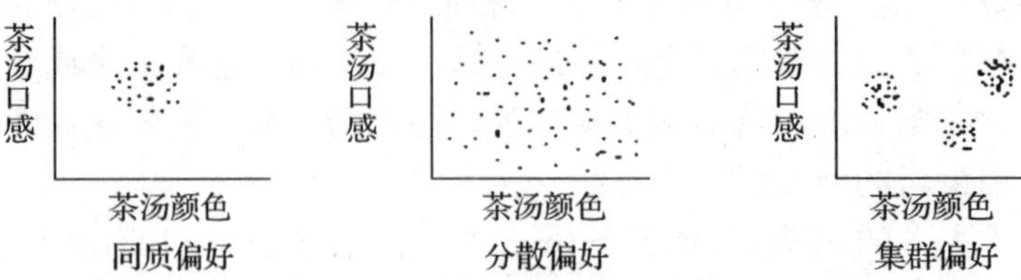

图 5-2　市场偏好模式

(一) 同质型偏好

一个市场上所有购买者的偏好大致相同。该市场基本上无"自然分市场",以茶汤为例,至少对茶汤的口感和颜色这两种属性而言是如此。可以预见,存在的品牌具有相近的属性,产品定位一般都在偏好的中心。在这种情况下,销售者必须同时重视口感和颜色两种属性。

(二) 分散型偏好

在另一个极端,购买者的偏好可能在某个空间范围内较平均地分散,而无任何集中现象,这表示购买者对产品的偏好有所不同。这时销售者可以有两种选择:一种是兼顾两种属性。假如市场上有个品牌,它的属性很可能位于中心,以便迎合最多的购买者,使总体购买者的不满足感减少到最低限度。如果有新的竞争者进入市场,很可能由于产品的属性与第一种品牌相同而导致一场市场占有率之争。另一种选择是侧重于某一属性的偏好,即将产品的属性定位于某些角落,以吸引那些对属性位于中心的品牌不满的购买者群。譬如,顾客对茶汤的口感和颜色两种属性各有程度不同的喜爱和要求。这时如果侧重于茶汤的口感或者颜色,那么就把重视这一属性偏好的购买者吸引过来。如果市场上有好几个品牌竞争,那么很可能由于迎合一部分购买者的不同偏好而分散定位在各个不同空间。

(三) 集群偏好

市场上不同偏好的购买者会形成一些集群。譬如,有的购买者偏重于口感,有的购买者偏重于颜色,各自形成几个集群,称为"自然分市场"。

三、国际市场细分过程

国际市场细分具有两个层次上的含义。第一,世界上有众多的国家,企业究竟进入哪个或哪些市场最有利?这种含义的国际市场细分称为宏观细分。第二,企业进入某一国外市场后,将发现该国的顾客需求也是千差万别的,企业不可能满足该国所有顾客的需求,而只能将其细分为若干细分市场,满足一个或几个市场的需求,这种含义的国际市场细分叫作微观细分,也叫作一国之内的细分。目标市场是企业所选定作为营销对象的具有某些特定需要的消费者群体,一般来说企业营销的目标市场是整体大市场中的某一个或几个细分市场。

(一) 国际市场宏观细分

国际市场包括众多的国家和地区市场,企业不可能满足所有市场的需求,必须按照一定的标准对其进行分割，并选择有较大潜力、能充分发挥自己资源优势和竞争优势的那些市场。国际市场宏观细分过程可以分为下述几个步骤：

(1) 确定划分世界市场的方法(即确定细分标准)；

(2) 按照这种分类标准，将所有具有共同特点的国家划为一组，即构成市场；

(3) 了解满足每一个细分市场的需求对企业资源条件有哪些要求；

(4) 根据本企业的特点，看看由本企业满足哪个或哪些细分市场最适当；

(5) 从理论上分析，要满足目标市场的需求应采取的措施；

(6) 根据实际情况加以修正和调整这种理论上的策略和方法。

对国际市场进行宏观细分的一个问题，就是按什么标准来划分世界市场。目前主要的细分方法如下：

(1) 地理标准。划分国家或地区的一个最常用的方法是使用地理标准，许多企业在组织其国际营销业务时，习惯于把世界分成西欧、东欧、北美、南美、亚洲、中东以及非洲。对于从事海外营销的企业来说，地理细分法是可行的方法之一。这是因为：第一，地理上接近便于管理；第二，有时，处于同一地理区域的各国具有相似的文化背景；第三，第二次世界大战以后，区域性贸易和经济上的一体化发展迅速，如欧盟、北美自由贸易区等。有时企业进入了某一组织中的某一个国家，就相当于进入该组织中的其他所有国家。从上述三点来看，地理细分是有用处的，表 5－1 是一个地理细分的例子。

表 5－1　根据地理特点细分市场举例

细分标准	细分标准举例
洲际	非洲、美洲、欧洲、亚洲、大洋洲
地区	中东、东亚、东南亚、加勒比地区
区域性经贸组织	东盟自由贸易区、北美自由贸易区、欧盟
国别	中国、日本、美国、英国
气候	热带、温带、寒带
地形	平原、山区、高原、丘陵
人口密度	城市、小镇、乡村
人口总数	10 万～20 万人、20 万～30 万人、50 万～100 万人
文化程度	高、中、低
城市化程度	＞20％，＞30％，＞50％
国家类型	高度发达、发达、次发达、不发达、极不发达
基础设施	完善、较完善、不完善

例如，加拿大的马西—弗格森公司是专业生产农业机械的公司，20 世纪 70 年代末，它就将世界农机市场划分为北美与非北美两大市场，并将其业务重点放在非北美市场，结果避免了与其他几个农机行业的巨人(如福特汽车公司、迪尔公司、国际收割机公司)的直接竞争而取得

成功,在非北美市场获得较高市场份额并持续赢利。

但地理细分并不是万能的,在有些地区,如中东、非洲,相邻的国家在文化背景、生活习俗等方面相去甚远,如果也这么“一刀切”,势必事倍功半。

(2) 经济标准。根据运输、能源、农业生产、人均消费指数、国民生产总值、对外贸易、人口统计等特点,将不同国家划分为几个大类。比如美国芝加哥大学地理学研究小组把95个国家划分为五大类。在发达国家的消费者市场上,由于消费者较重视产品的款式、性能、特色等,因而广告、营销推广、质量等方面的竞争效果好于价格竞争;超级市场和购物中心是消费者习惯的购买场所,因此企业的营销应侧重于大规模的自助性零售机构。在发展中国家的消费者市场上,消费者注重商品功能及实用性,同时也更加重视产品的价格,消费者习惯于就近、零星购买。表5-2是一个经济细分市场的例子。

表5-2 根据经济特点细分市场列表

经济发展阶段	传统、起飞前夕、起飞、趋向成熟、高度消费
人均收入(GDP)	小于650美元、650~8 000美元、大于8 000美元
失业率	高、中、低
劳动生产率	高、中、低
对外部依赖性	高、中、低
政府管制程度	高、中、低
市场化程度	高、中、低
经济自由度	高、中、低
通货膨胀率	高、中、低

但是这种方法也有例外。如今,南美一些石油富国,虽然人均GDP均已经进入发达国家之例,但对其只能特殊处理,否则难免失之偏颇。

(3) 文化标准。文化是一个很概括的词语,其中又可以若干个标准来细分,如教育、美学、价值观和社会组织等。

应注意的是,单纯地用文化作为细分市场的标准在很多情况下是不可行的。以宗教为例,虽然法国和菲律宾的主要信仰都是天主教,但决不能使用同样的营销策略进入这两个国家,原因自然简单,两国在其他方面实在相去甚远。

(4) 组合细分法。它是从国家潜量、竞争力和风险三个方面分析世界各国,从而把各国分成18类的市场细分法,如图5-3所示。

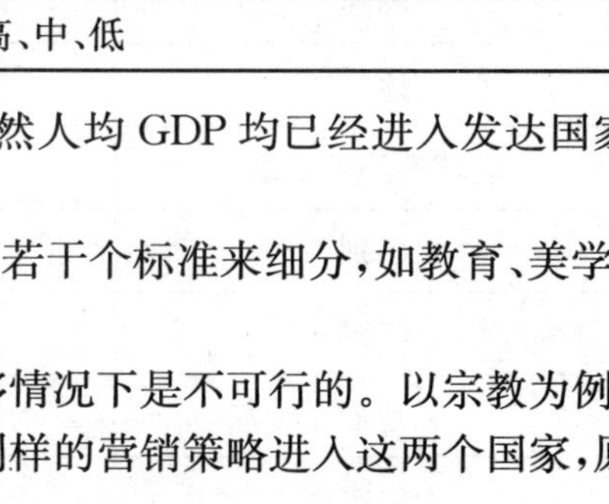

图5-3 市场细分的组合细分法

在这种组合细分法中,国家潜量是指企业的产品或服务在一国市场上的销售潜量。衡量国家潜量的基础包括人口、收入、工业生产和消费模式等数据资料。对竞争力的衡量主要考察内部因素和外部因素两方面。内部因素是指企业在该国市场上所占的份额、企业资源便利条件以及企业适应该国特点的能力和优势。外部因素包括该行业中竞争对手的竞争力、来自替代产品行业的竞争以及国内外的行业结构。风险是指企业在该国面临的政治风险、财务风险和业务风险，以及各种影响利润、资金流动和其他经营结果的因素。

组合法是企业进行国际市场宏观细分的一个很有用的方法，可以作为企业分析国外市场机会的基础，但这种方法在实施过程中比较复杂，它要求企业事先应掌握大量的信息，进行大量的调查和研究，而且有些因素定性成分很重，甚至无法量化，使得该因素的分级很困难。

（二）国际市场微观细分

上面介绍的是国际市场进行宏观细分的一些方法。借助这些方法，企业可以在众多的国家中选择某个或者某些国家作为目标市场。然而，企业在决定进入某国之后还要在该国中再一次进行细分（即微观细分），更准确、具体地选择目标市场。国际营销中微观市场细分的方法与国内营销中市场细分方法基本相同，是在一国之内进行的。因此，这里仅对微观细分的方法做简单介绍。

(1) 消费品市场的细分标准。

① 人口统计因素——如年龄、性别、家庭、职业、教育、种族、宗教等。

② 社会经济因素——如社会阶层、家庭生命周期、收入等。

③ 地理因素——如南方、北方、城市、农村、平原、山区、沿海、内地等。

④ 心理因素——如性别、生活方式、对产品的态度等。

⑤ 行为因素——如追求的利益、对品牌的偏爱程度、购买频率、消费模式、对企业营销组合的敏感程度等。

企业可以根据本企业产品的特点选择某种或者某些标准进行一国的市场细分。

(2) 工业品市场的细分标准。

① 地理位置。

② 用户性质——如生产企业、中间商、政府部门等。

③ 用户规模——如大客户、中等客户、小客户等。

④ 用户要求——如经济型、质量型、方便型等。

⑤ 购买方式——如购买频率、支付方式等。

（三）微观细分的要求

营销中的细分方法多如牛毛，所以针对不同的产品须使用不同的细分标准。企业可根据单一因素，也可根据多个因素对市场进行细分。选用的细分标准越多，相应的子市场也就越多，每一子市场的容量相应就越小；相反，选用的细分标准越少，子市场就越少，每一子市场的容量则相对较大。如何寻找合适的细分标准，对市场进行有效细分，这在营销实践中并非易事。一般而言，成功、有效的市场细分应遵循以下基本原则。

1. 可衡量性

可衡量性指细分的市场是可以识别和衡量的，即细分出来的市场不仅范围明确，而且对其容量大小也能大致做出判断。有些细分变量，如具有“依赖心理”的青年人，在实际中是很难测量的，以此为依据细分市场就不一定有意义。

2. 可进入性

可进入性指细分出来的市场应是企业营销活动能够抵达的，亦即是企业通过努力能够使产品进入并对顾客施加影响的市场。一方面,有关产品的信息能够通过一定媒体顺利传递给该市场的大多数消费者;另一方面,企业在一定时期内有可能将产品通过一定的分销渠道运送到该市场。否则,该细分市场的价值就不大。比如,生产冰激凌的企业,如果将我国中西部农村作为一个细分市场,恐怕在一个较长时期内都难以进入。

3. 有效性

有效性即细分出来的市场,其容量或规模要大到足以使企业获利。进行市场细分时,企业必须考虑细分市场上顾客的数量,以及他们的购买能力和购买产品的频率。如果细分市场的规模过小,市场容量太小,细分工作烦琐,成本耗费大,获利小,就不值得去细分。

4. 对营销策略反应的差异性

对营销策略反应的差异性指各细分市场的消费者对同一市场营销组合方案会有差异性反应,或者说对营销组合方案的变动,不同细分市场会有不同的反应。如果不同细分市场顾客对产品需求差异不大,行为上的同质性远大于其异质性,此时,企业就不必费力对市场进行细分。另一方面,对于细分出来的市场,企业应当分别制定出独立的营销方案。如果无法制定出这样的方案,或其中某几个细分市场对是否采用不同的营销方案不会有大的差异性反应,那就不必进行市场细分。

5. 可实施性

可实施性即企业能够有效地吸引并服务于细分市场的可行程度。例如,一家小航空公司将其顾客划分为七个子市场,但公司力量不足,人员缺乏,没有能力为每一个子市场制定单独的营销策略,因此该公司的市场细分就没有意义。

第二节　国际目标市场的选择

国际市场营销学认为,目标市场是企业所选定作为营销对象的、具有某些特定需要的消费者群体。企业在对整体市场进行细分之后,要对各细分市场进行评估,然后根据细分市场的市场潜力、竞争状况、本企业资源条件等多种因素决定把哪一个或哪几个细分市场作为目标市场。企业营销的目标市场是整个大市场中的某一个或几个子市场,企业服务于该市场营销活动的结果应当比其他企业更能有效地满足该市场的需要,更充分地利用企业的资源。因此,企业选择国际目标市场是十分必要的。

由于企业资源有限,国际市场规模巨大,因此企业在进入国际市场时也需要选择目标市场。其必要性如下:

(1) 选择国际目标市场有利于企业发现潜在的国际购买者。开辟国际新市场,是企业的发展方向。

(2) 选择国际目标市场可以扬长避短。发挥自己的竞争优势,既满足顾客的需求,又有利于战胜竞争对手。

(3) 选择国际目标市场对企业集中精力于某些有利于自己产品的市场很有益处,以促使市场营销更准确、更有效。

一、目标市场的选择标准

选择国际目标市场的总体标准是要能充分地利用企业的资源，以满足该子市场上的消费者的需求。在国际营销中要选择适宜的目标市场，否则就难以取得营销的成功。具体有以下标准。

（一）市场规模

企业进入某一市场是期望有利可图。考察市场规模，一要看它的人口，二要看它的收入水平，三要看消费者的购买欲望。如果市场规模狭小或者趋于萎缩状态，企业进入后就难以发展，不宜轻易进入。当然，企业也不宜以市场吸引力作为唯一取舍，特别是应力求避免"多数谬误"，即与竞争企业遵循同一思维逻辑，将规模最大、吸引力最大的市场作为目标市场。大家共同争夺同一个顾客群的结果是，造成过度竞争和社会资源的无端浪费，同时使消费者的一些本应得到满足的需求遭受冷落和忽视。

（二）市场增长速度

人口规模和经济规模是动态变化的，因此，企业应根据在若干个时点上搜集到的静态资料，估算一个国家未来增长的速度和趋势。如果市场增长速度快，就可以认为这是一个较好的市场。一般来说，一个国家经济发展比较快，其政治稳定，它应该是一个较好的潜在市场。

（三）符合企业目标和能力

某些细分市场虽然有较大的吸引力，但不能推动企业实现发展的目标，甚至分散企业的精力，使之无法完成其主要目标，这样的市场应考虑放弃。另一方面，还应考虑企业的资源条件是否适合在某一细分市场经营。企业只有选择那些有条件进入、能充分发挥其资源优势的市场作为目标市场，才会立于不败之地。

（四）细分市场结构的吸引力

细分市场可能具备理想的规模和发展特征，然而从赢利的观点来看，这个市场不一定适合企业进入，它未必有吸引力。美国哈佛大学商学院教授、"竞争战略之父"迈克尔·波特认为，有五种力量决定着整个市场或其中任何一个细分市场的长期的内在吸引力。这五个群体是：同行业竞争者、潜在的新参加的竞争者、替代产品、购买者和供应商。他们具有如下五种威胁性（见图5－4）。

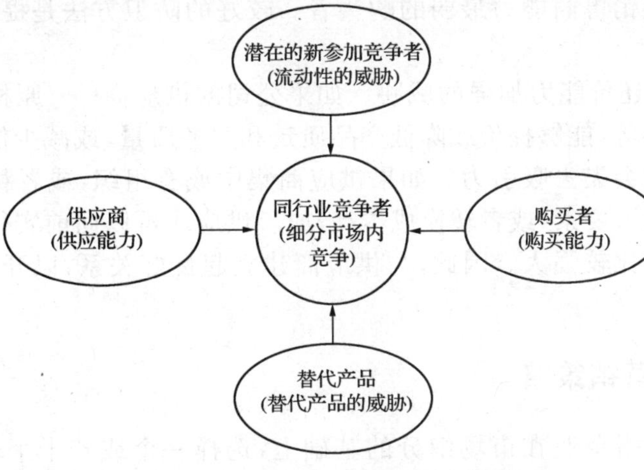

图5－4 迈克尔·波特的五力模型图

(1) 细分市场内激烈竞争的威胁。如果某个细分市场已经有了众多的、强大的或者竞争意识强烈的竞争者,那么该细分市场就会失去吸引力。如果出现该细分市场处于稳定或者衰退,生产能力大幅度扩大,固定成本过高,撤出市场的壁垒过高,竞争者投资很大,那么情况就会更糟。这些情况常常会导致价格战、广告争夺战以及新产品的推出,使得公司要参与竞争就必须付出高昂的代价。

(2) 新竞争者的威胁。如果某个细分市场不能吸引新的竞争者加入,增加新的生产能力,争夺既定的市场份额,那么该细分市场就没有吸引力。问题的关键是新的竞争者能否轻易地进入这个细分市场。如果新的竞争者进入这个细分市场时遇到森严的壁垒,并且遭受到细分市场内原来公司的强烈报复,他们便很难进入。保护细分市场的壁垒越低,原来占领细分市场的公司的报复心理越弱,这个细分市场就越缺乏吸引力。某个细分市场的吸引力随其进退难易的程度而有所区别。根据行业利润的观点,最有吸引力的细分市场应该是进入的壁垒高、退出的壁垒低。在这样的细分市场里,新的公司很难打入,但经营不善的公司可以安然撤退。如果细分市场进入和退出的壁垒都高,那里的利润潜量就大,但也往往伴随着较大的风险,因为经营不善的公司难以撤退,必须坚持到底。如果细分市场进入和退出的壁垒都较低,公司便可以进退自如,获得的报酬虽然稳定,但不高。最坏的情况是进入细分市场的壁垒较低,而退出的壁垒却很高。于是在经济良好时,大家蜂拥而入;在经济萧条时,却很难退出。其结果是大家都生产能力过剩,收入下降。

(3) 替代产品的威胁。如果某个细分市场存在着替代产品或者有潜在替代产品,那么该细分市场就失去了吸引力。替代产品会限制细分市场内价格和利润的增长。公司应密切注意替代产品的价格趋向。如果在这些替代产品行业中技术有所发展,或者竞争日趋激烈,这个细分市场的价格和利润就可能会下降。

(4) 购买者讨价还价能力加强的威胁。如果某个细分市场中购买者的讨价还价能力很强或正在加强,该细分市场就没有吸引力,而购买者便会设法压低价格,对产品质量和服务提出更高的要求,并且使竞争者互相斗争。所有这些都会使销售商的利润受到损失。如果购买者比较集中或者有组织,或者该产品在购买者的成本中占较大比重,或者产品无法实行差别化,或者顾客的转换成本较低,或者由于购买者的利益较低而对价格敏感,或者顾客能够向后实行联合等,购买者的讨价还价能力就会加强。销售商为了保护自己,可选择议价能力最弱或者转换销售商能力最弱的购买者。较好的防卫方法是提供顾客无法拒绝的优质产品供应市场。

(5) 供应商讨价还价能力加强的威胁。如果公司的供应商——原材料和设备供应商、公用事业、银行、公会等,能够提价或降低产品质量和服务质量,或减少供应数量,那么该公司所在的细分市场就会失去吸引力。如果供应商集中或有组织,或者替代产品少,或者供应的产品是重要的投入要素,或者转换成本高,或者供应商可以向前实行联合,那么供应商的讨价还价能力就会比较强大。因此,与供应商建立起良好关系,以开拓多种供应渠道才是防御上策。

二、目标市场营销策略

目标市场营销是指企业在市场细分的基础上,选择一个或若干个子市场作为目标市场,并相应地制定营销策略的过程。企业在进行市场细分之后,究竟选择哪些国家作为目标市场？企业可以在下述三种策略中进行选择，即无差异市场营销策略、差异性市场营销策略和集中性市场营销策略（见图5-5）。

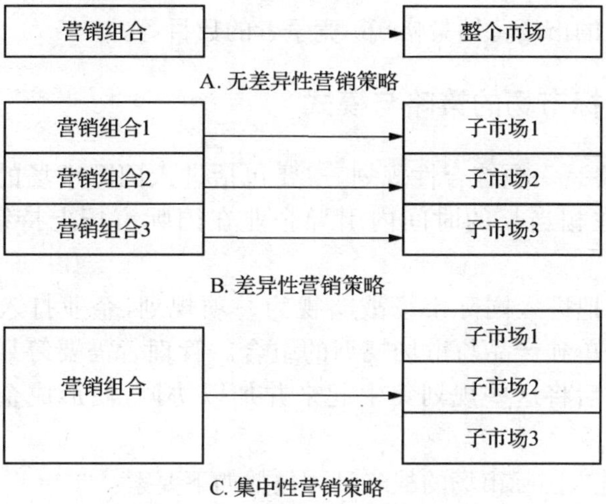

图5-5　目标营销的三种策略

目标市场营销的三种策略的定义、优点和局限性见表5-3：

表5-3　三种目标市场营销策略对比

	定　义	优　点	局限性
无差异市场营销策略	企业将产品的整个市场视为一个目标市场，用单一的营销策略开拓市场，即用一种产品和一套营销方案吸引尽可能多的购买者	产品可实行规模生产，从而降低成本，节省营销费用，对于需求广泛、市场同质性高且能大量生产、大量销售的产品比较合适	难以满足消费者可能存在的有差别的需求
差异性市场营销策略	将整体市场划分为若干细分市场，针对每一细分市场制定一套独立的营销方案	小批量、多品种，生产机动灵活、针对性强，使消费者需求更好地得到满足，以此促进产品销售。另外，由于企业是在多个细分市场上经营，在一定程度上可以减少经营风险；一旦企业在几个细分市场上获得成功，有助于提高企业的形象及提高市场占有率	一是增加营销成本。由于产品品种多，管理和存货成本将增加；由于公司必须针对不同的细分市场发展独立的营销计划，会增加企业在市场调研、促销和渠道管理等方面的营销成本。二是可能使企业的资源配置不能有效集中，顾此失彼，甚至在企业内部出现彼此争夺资源的现象，使拳头产品难以形成优势
集中性市场营销策略	集中力量进入一个或少数几个细分市场，实行专业化生产和销售。实行这一策略，企业不是追求在一个大市场角逐，而是力求在一个或几个子市场占有较大份额	能在小市场中占有大份额，生产成本和营销费用较低。资源力量有限的中小企业由于受财力、技术等方面因素制约，在整体市场可能无力与大企业抗衡，但如果集中资源优势在大企业尚未顾及或尚未建立绝对优势的某个或某几个细分市场进行竞争，成功的可能性更大	一是市场区域相对较小，企业发展受到限制。二是潜伏着较大的经营风险，一旦目标市场突然发生变化，如消费者兴趣发生转移；或强大竞争对手的进入；或新的更有吸引力的替代品的出现，这些都有可能使企业因没有回旋余地而陷入困境

上述三种目标市场营销策略各有利弊,企业到底应采取哪一种策略,应综合考虑以下这些因素予以决定:① 企业资源或实力;② 产品的同质性;③ 市场同质性;④ 产品所处生命周期的不同阶段;⑤ 竞争者的市场营销策略;⑥ 竞争者的数目等。

三、进入国际目标市场的策略与模式

进入国际市场战略是一项综合性规划,主要包括进入国际市场的目标、任务、资源和方针政策,这些方面将在相当长的时间内引导企业在国际市场上持续发展,开展国际经营业务。

一般来说,企业都把进入国际市场战略视为一项规划,企业打入国际市场的战略不是单一的,实际上是几项单独产品与市场规划的组合。管理者需要筹划每一种产品在国外不同市场的进入战略,然后将这些规划集中起来并加以协调,便形成企业进入国际市场的完整的战略计划。

每一项单独产品进入国际市场的战略具体包括如下要素:

(1) 目标产品(市场)的选择;

(2) 目标市场的对象和任务;

(3) 进入目标市场的模式的选择;

(4) 目标市场的市场营销规划;

(5) 国际营销的控制系统。

图 5-6 表示的是企业进入国际市场战略计划要素的构成、组织管理行为与决策以及它们之间的逻辑顺序。实际上,国外市场打入战略的程序设计是各要素资料的综合运用,各行为和决策点之间互相影响。例如,评价产品和国外市场要参考拟订市场营销计划的要素资料,选择进入模式要考虑控制系统中追踪经营及修订进入战略要素的各种资料。国际市场进入计划是一个连续的、可以变更和灵活的程序。

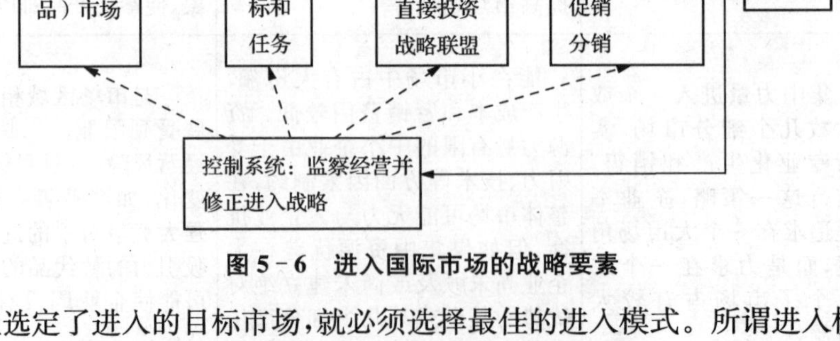

图 5-6 进入国际市场的战略要素

企业一旦选定了进入的目标市场,就必须选择最佳的进入模式。所谓进入模式,是指使企业有可能将其产品、技术、工艺、管理及其他资源进入国外市场的一种规范化的部署。一般来说，一个企业打入国际市场只有两个途径：① 从目标市场国家外部的生产基地向目标国家出口产品；② 将技术、资本、人力等企业资源转移到国外，自己生产或结合当地资源制造产品在当地市场出售。

从公司管理的角度来看，上述两种进入途径还可以细分为几种不同的模式，大体有以下几大类：出口进入模式（包括间接出口和直接出口）、契约进入模式（包括许可证贸易、特许经营、合同制造、管理合同、“交钥匙”承包工程、BOT、TOT 等）、直接投资进入模式（包括独资经营、合资经营等）、国际战略联盟等。企业应当根据自身营销能力、目标市场的营销环境、进入成本、风险、赢利、控制等因素对上述模式进行评估和选择。

（一）出口进入模式

出口进入模式区别于其他进入模式之处是，企业的最终产品或中间产品在目标国家之外的地区生产（或在本国或在他国），然后运往目标国家。其好处是能利用本国的劳动力资源，增加就业机会。这种方式尤其适合于发展中国家。出口模式由于中间商关系的不同而分为间接出口与直接出口两种。

1. 间接出口

间接出口即通过本国独立的中间商出口，大多数初涉国外市场的企业都乐于采用此种方法。有四种中间商可供选择：

（1）国内出口贸易商。这种中间商先购买厂家的产品，获得产品所有权，然后以自己的名义向国外销售。例如我国的各级对外贸易公司。这种方式的出口由出口商自己承担贸易风险。

（2）国内出口代理商。代理商与贸易商最大的区别是，它与生产企业不是产品买卖和所有权转移的关系，而是接受出口企业之委托，代理其出口商品。代理商按出口额收取一定佣金，不承担贸易风险。

（3）贸易商社。贸易商社是一种综合型的对外贸易组织，承担着搜集国际市场信息、组织生产进出口贸易等多种职能，如日本的九大商社。

（4）合作组织。由若干个生产企业联合组建，代表企业从事国际进出口业务，并部分地接受他们的管理，如我国的一些行业进出口贸易公司，新生的工贸联合体等。

间接出口的优点是：第一，投资较少，不必在国外设立专门的出口机构和派遣驻外销售人员，减少同国外市场直接接触的费用；第二，风险较少，由于借用了中间商的出口经验和业务技术，减少和避免了企业失误；第三，有利于企业集中人、财、物力提供优良产品。其缺点是生产企业对国际市场信息反应不灵敏，难于直接了解国外市场的动向。由于中间商分摊的利润较多，企业会失去更多的赢利机会，企业对市场控制程度低。

2. 直接出口

企业将产品直接销往国外市场的出口方式，其模式又可分为两种：一种是通过目标市场的中间商出口，另一种是通过企业在国外目标市场的分支机构或子公司出口。

（1）国外中间商出口，即由企业自行通过国外中间商出口。

这些国外中间商可能是进口商、代理商、经销商、批发商、零售商等，有的购买产品所有权，承担销售风险；有的只代理销售，不承担风险。

（2）分支机构/子公司。

即在国外设立分销机构，直接将产品售给消费者。例如，20 世纪 80 年代中期，美国柯达公司在日本设立了庞大的分销机构,将产品直销给顾客,因而使得该公司在日本的胶卷销售额迅速增长。

直接出口的第一种方式能利用国外中间商在本国的销售网和业务经验以及地利人和,可节省营销成本,减少国际营销中的阻力;但是缺乏对市场的控制,难以掌握市场信息,减少了赢利;后一种方式能对市场施行直接控制,及时掌握市场需求,为市场提供更完善的服务,与顾客保持直接的联系,这有利于树立企业形象。缺点是投资成本高,增加营销费用,承担风险大,不易很快打开局面。

(二)契约进入模式

契约进入模式是出口企业与目标国家企业之间在转让技术、工艺等方面订立的长期的、自始至终的、非投资性的合作合同。契约进入模式与出口进入模式的区别是,它主要输出的是技术、工艺、工业产权使用权或者管理经验等;与投资进入模式的区别是,它不对目标国家直接投资。其主要方式的含义、优缺点如表 5-4 所示。

表 5-4 几种主要的契约进入模式对比

	定 义	优 点	缺 点
许可证贸易	企业(授权者)与国外厂商(被授权者)达成协议,授予对方使用某制造工序、商标、专利、技术秘密和其他项目的权利,从中获得报酬	对于授权者:第一,不必投入大量资金,便可快速进入国外市场;第二,突破进口国的贸易障碍,并颇受进口国的欢迎;第三,减少经营风险,节约运输成本	首先,授权人可能为自己培养一个竞争对手,对自己的经营造成威胁;其次,可得利益较少,销售额比重小,受益期限短
特许经营	授权商将其成功的品牌、产品和运作模式传授给特许经营体系中的受许者使用,使其获权经营一种早已畅销的产品或服务	适应市场经济的发展,能够更好地为客户服务。利用知识产权的转让,充分调动了可用的资本并将其实现了最优化的组合	经营方式上没有自主权,受约于特许人,使其增长受限。
合同制造进入	企业向外国企业提供零部件并由其组装,或者向外国企业提供详细的规格标准由其仿制,并由企业自身保留营销责任的一种方式	利用合同制造模式,企业将生产的工作与责任转移给了合同的对方,以将精力集中在营销上,因而是一种有效的扩展国际市场方式	一是有可能把合作伙伴培养成潜在的竞争对手;二是有可能失去对产品生产过程的控制;三是有可能因为对方的延期交货而导致本企业的营销活动无法按计划进行
管理合同进入	管理公司以合同形式承担另一公司的一部分或全部管理任务,以提取管理费、一部分利润或以某一特定价格购买该公司的股票作为报酬	可以保证企业在合营企业中的经营控制权;可以利用管理技巧而不发生现金流出来获取收入;可以通过管理活动与目标市场国的企业和政府发生接触,为未来的营销活动提供机会	具有阶段性,即一旦合同中约定的任务完成,企业就必须离开东道国,除非又有新的管理合同签订
"交钥匙"承包进入	企业通过与外国企业签订合同并完成某一大型项目,然后将该项目交付给对方的方式进入外国市场	所签订的合同往往是大型的长期项目,且利润颇丰	其长期性使得这类项目的不确定性增加,如遭遇政治风险。对企业来说,评估外国政府的变化对项目结果的影响往往是很困难的

知识链接

许可证贸易包括专利许可、商标许可和专有技术（技术秘密）许可三种，在权利范围上主要有以下三种形式：① 独占性许可。授权人在向被授权人授予技术使用权后，在协议规定的地区和期限内，授权人和其他第三方都不能再使用该技术，为此受让方需向供方支付相当高的使用费和提成费。② 排他性许可。授权人将技术使用权转让给被授权人后，自己仍保留技术使用权，但不允许第三方面使用该技术。③ 普通许可。授权人将技术使用权转让给被授权人后，不仅自己仍保留技术使用权，还允许将该技术再转让他人。

除此之外，比较常见的模式有 BOT、TOT。BOT（Build-Operate-Transfer）即建设—经营—转让，是指政府通过契约授予私营企业（包括外国企业）以一定期限的特许专营权，许可其融资建设和经营特定的公用基础设施，并准许其通过向用户收取费用或出售产品以清偿贷款，回收投资及赚取利润：特许权期限届满时，该基础设施无偿移交给政府。

TOT（Transfer-Operate-Transfer）即移交—经营—移交。TOT 是 BOT 融资方式的新发展。近年来，TOT 是国际上较为流行的一种项目融资方式。它是指政府部门或国有企业将建设好的项目的一定期限的产权和经营权，有偿转让给投资人，由其进行运营管理，投资人在一个约定的时间内通过经营收回全部投资和得到合理的回报，并在合约期满之后，再交回给政府部门或原单位的一种融资方式。TOT 是企业进行收购与兼并所采取的一种特殊的形式。

（三）直接投资进入模式

直接投资进入模式是通过在国外投资办厂的方式，进入目标市场。其特点是国外生产国外销售。其方式有合资进入和独资进入两种。

(1) 合资，即企业在目标市场中与当地厂商合作在当地办企业，共同享有对企业的所有权和控股权并根据股权进行利益分配。这对于进入方而言，可以减少投资所需的庞大资金和人力，可借用当地企业的加入，减少政治和经济风险，也可利用当地企业的销售渠道。对于东道主而言，可以吸收外国资金和引进技术、设备，有助于训练培养技术人才，还可利用进入方的销售渠道和经验开发国外市场。其缺点是合资双方都可能承担较大的投资风险。

(2) 独资，就是企业在国外目标市场单独直接投资办厂，生产经营。独资经营的目的不仅是为了保证投资安全，而且是寻求最大的投资利益。独资经营的方式可以从新建起家，也可以通过兼并，收购当地现有企业，或者买下原来合资企业的股份而成为独资者。独资进入方式的吸引力在于利润独享，能直接控制企业的生产、营销，了解当地市场情况，利用当地的资源。但是受外国政治限制多，受当地经济环境影响大，因此，投资风险比前几种也要大得多。

（四）国际战略联盟

国际战略联盟是指两家或两家以上的企业为了相互需要、分担风险并实现共同目的而建立的一种合作关系。国际战略联盟是弥补劣势、增强竞争优势的重要方法，它可以迅速开拓新市场，获得新技术，提高生产效率，降低营销成本，谋求战略性竞争策略，寻求额外的资金来源。对于某些业务的成本太高、时间久或风险太大的公司来说，可以通过战略联盟的方式，把各自的优势联合起来。

四、进入模式的发展阶段

进入模式的风险大小与赢利大小有着直接的对应关系,因此企业在选择进入模式时一般先从风险小的方式入手,然后逐渐使用其他更佳的进入模式。一般来说,企业选择进入模式有四个发展阶段。

第一阶段,采用间接出口模式。这种模式风险小,投资也小,出口业务比较简单,是进入国际市场的探索阶段。

第二阶段,采用直接出口模式,即通过国外代理商、经销商或在国外自设销售机构,出口经营风险比第一阶段大,经营的利益也更多。

第三阶段,企业通过上述两个阶段在国外市场上积累了一定的营销经验,可考虑契约进入模式,并在外设立分销机构。

第四阶段,采用直接投资形式,一般是先合资后独资,在此基础上再进一步发展成国际性的跨国公司。

四个进入发展阶段可表示为:间接出口→直接出口→契约进入→直接投资→国际战略联盟,不同模式选择上应综合考量风险、控制和利润及其利弊权衡。

五、影响进入国际市场的模式选择的因素

在选择进入模式时,企业必须考虑外部因素和内部因素的影响。

(一) 外部因素

影响企业进入国际市场模式选择的外部因素包括目标国家的市场因素、目标国家的环境因素、目标国家的生产因素和国内因素四个部分。其中,前三个部分是国外的外部因素,第四个因素是国内的外部因素。

(1) 目标国家的市场因素。目标国家的市场因素包括市场规模、市场竞争结构和营销基础设施三个方面。从市场规模方面来看,如果目标国家的市场规模较大,或者市场潜力较大,则企业可以考虑以投资模式进入;反之,则可以考虑以出口模式或契约模式进入,以保证企业资源的有效使用。从竞争结构方面来看,如果目标国家的市场竞争结构属自由竞争,则以出口模式为宜;如果是垄断竞争或寡头垄断型竞争结构,则应考虑以契约模式或投资模式进入。从营销基础设施方面来看,如果目标国家的营销基础设施较好且较容易获得,则可采用出口模式进入;反之,则应考虑以契约模式或直接投资模式进入。

(2) 目标国家的环境因素。目标国家的环境因素包括政治环境、经济环境、社会文化环境、地理环境四个方面。从政治环境方面来看,如果目标国家的政局稳定、法制健全、贸易与投资政策较为宽松,则可以考虑以投资模式进入;反之,则以出口模式或契约模式进入为宜。从经济环境方面来看,如果目标国家的国民生产总值和人均国民收入较高,国际收支保持平衡,汇率稳定,则可以考虑以直接投资模式进入;反之,则以出口模式和契约模式进入为宜。从社会文化环境方面来看,如果目标国家的社会文化和公司母国的社会文化差异较大,则应对投资持谨慎态度,在初期以出口模式和契约模式进入为宜;反之,则可以考虑直接投资。从地理环境方面来看,如果目标国家和公司所在国家距离遥远,则可以考虑契约模式或投资模式,因为这样可以省去长途运输所带来的高额成本。

(3) 目标国家的生产因素。生产因素是指企业组织生产所必需的各项生产要素(如原材料、劳动力、资金、基础设施等)的可获得性和价格。如果企业在母国的生产成本加上运至目标国家市场的运费低于在目标国家生产所需花费的成本,则应采取出口模式,否则应考虑契约模式和投资模式。

(4) 国内因素。国内因素主要包括本国市场竞争结构、生产要素和环境因素三个方面。从本国市场竞争结构方面来看,如果本国市场竞争结构属于垄断竞争或寡头垄断,企业可以考虑以契约模式或投资模式进入外国市场;如果本国市场竞争结构属于自由竞争,则企业可以采用出口模式。从生产要素方面来看,如果本国的生产要素价格便宜且容易获得,则企业可以采用先在本国生产然后向国外出口的方式进入外国市场;反之,则应采用契约模式或直接投资模式进入外国市场。从环境因素方面来看,如果公司母国政府对出口采取鼓励和扶持的政策,或者对企业向境外投资有严格的约束,则可以采用出口模式;反之,则可以考虑契约模式或直接投资模式。

(二) 内部因素

影响企业进入外国市场模式选择的内部因素包括产品因素和企业资源及投入因素两个部分:

(1) 产品因素。一般地,如果企业生产的产品价值高,技术复杂,则以出口模式为宜,因为高价值的产品在外国市场上可能需求不足,同时还可能由于当地技术基础无法达标和配套而难以在当地生产。如果企业生产的产品属低值易耗品,如日用化工产品、食品和饮料等,则可以在许多国家建厂生产。另外,如果企业所生产的产品的用户对售后服务要求较高,则一般以契约模式或投资模式为宜,以保证让用户满意。

(2) 资源和投入因素。如果企业的资金较为充足,技术较为先进,且积累了较丰富的国际市场营销经验,则可以采用直接投资模式进入外国市场;反之,则以出口模式和契约模式为宜,待企业实力增强,积累了一定的国际市场营销经验以后再采取直接投资模式。

第三节　国际市场定位

本章的前两节对市场细分和目标市场选择进行了讨论,而在一个有效的市场战略规划中的最后一步,就是清晰地在业已选择好的目标市场上定位产品或服务。更明确地说,市场细分和目标市场选择告诉企业管理者“在哪里竞争”,而作为最终一步的市场定位则要解决“如何竞争”这一问题。

市场定位的目的是为企业及其产品创造出并维持住一处独特的市场位置(Distinctive Marketplace),为顾客提供差异化的产品或服务优势(Differential Advantage)。这一差异化优势的创造是通过市场营销组合(4Ps)的运用得以实现的,包括产品的差异化设计,广告促销传达的独特产品的印象,有别于竞争对手的更方便的渠道分销,以及定价策略反映的高性价比优势。

一个成功的市场定位战略,必须确保四个关键因素的成立:竞争性、可信性、简明性、一致性,即市场定位的4C关键因子(见图5-7)。

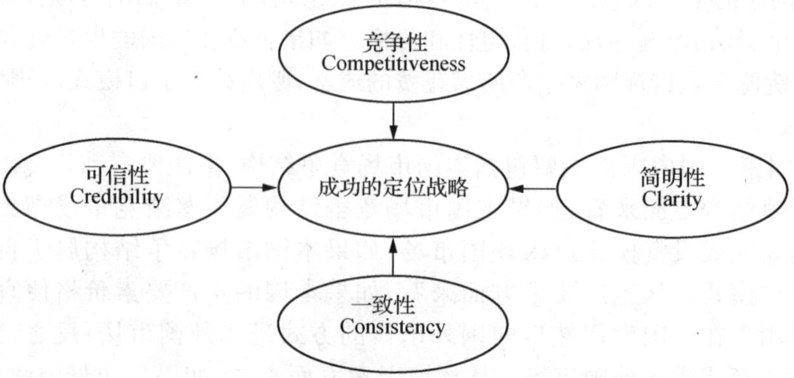

图 5-7 成功的市场定位战略的 4C 关键因子

竞争性:市场定位的差异化优势对顾客有足够的吸引力,企业提供的产品或服务是基于自身强势资源的最优化使用,顾客高度认可此产品或服务的价值;而竞争对手囿于资源稀缺,难以对这种差异化优势进行复制或模仿。

可信性:确定的市场定位必须是可以令顾客信服的,所营造的产品印象不能与顾客长期以来基本的认知相悖;产品定位是可以创造和艺术化的,但绝不能与现实脱离得太远。

简明性:市场定位传达的印象和信息都应是简单明了的,复杂或晦涩的定位容易产生歧义,也不易被顾客记住;任何时候,简明清晰的市场定位都是最佳的选择。

一致性:顾客每天面对的是大量的产品信息,所以成功的市场定位战略必须在时间上保持长期的一致性;今年宣传产品的高科技特性,而下一年转而强调服务的出色,那只会增加顾客的困惑,并直接导致其对产品的不信任。

一、市场定位的含义及作用

目标市场范围确定后,企业就要在目标市场上进行定位了。市场定位是指企业全面地了解、分析竞争者在目标市场上的位置后,再确定自己的产品如何接近顾客的营销活动。

市场定位(Market Positioning)是 20 世纪 70 年代由美国学者阿尔·赖斯提出的一个重要营销学概念。所谓市场定位通常也被称为产品定位或竞争性定位,是指企业对其产品或服务以及企业形象进行设计,以便在目标顾客的心目中占有独特的地位。市场定位的目的是为本企业产品创造独特的卖点,或为企业塑造一种独特的形象,从而在目标市场建立竞争优势。市场定位的手段是差异化,其实质是使本企业与其他企业严格区分开来,使顾客明显感觉和认识到这种差别,从而在顾客心目中占有特殊的位置。

市场定位的概念提出来以后,受到企业界的广泛重视。越来越多的企业运用市场定位,参与国际竞争、扩大市场。市场定位在两个方面为企业进入国际市场提供了强有力的理论支持。

首先,市场定位有利于建立企业及产品的市场特色,是参与现代市场竞争的有力武器。在现代社会中,许多市场都存在着严重的供大于求的现象,众多生产同类产品的厂家争夺有限的顾客,市场竞争异常激烈。为了使自己生产经营的产品获得稳定销路,防止被其他厂家的产品所替代,企业必须从各方面树立起一定的市场形象,以期在顾客心目中形成一定的偏爱。

其次,市场定位决策是企业制定市场营销组合策略的基础。企业的市场营销组合要受到企业市场定位的制约。例如,假设某企业决定生产销售优质低价的产品,那么这样的定位就决定了:产品的质量要高;价格要定得低;广告宣传的内容要突出强调企业产品质优价廉的特点,要让目标顾客相信货真价实,低价也能买到好产品;分销储运效率要高,保证低价出售仍能获利。也就是说,企业的市场定位决定了企业必须设计和发展与之相适应的市场营销组合。

二、市场定位策略

(一)定位的有效性条件

并非所有的商品差异化都是有意义的或者是有价值的,也非每一种差异都是一个差异化手段。每一种差异都可能增加公司的成本,当然也可能为顾客增加利益。所以,公司必须谨慎选择能使其与竞争者相区别的途径。有效的差异化应满足下列各原则:

重要性——该差异能给目标购买者带来高价值的利益;

专有性——竞争对手无法提供这一差异,或者企业不能以一种更加与众不同的方法来提供该差异;

优越性——该差异优于其他可使顾客获得同样利益的办法;

感知性——该差异实实在在,可为购买者感知;

不易模仿性——竞争对手不能够轻易地复制出此差异;

可支付性——购买者有能力支付这一差异;

可营利性——企业能从此差异中获利。

(二)差别化数量的选择

假定企业已很幸运地发现了若干个潜在的竞争优势。现在,企业必须选择其中几个竞争优势,据以建立起市场定位战略。企业必须决定促销多少种以及有哪几种优势。

1. 单一性定位

例如,广告制作人罗泽·里福斯说,企业应为每一种品牌建立唯一的销售主张,并坚持这一主张。企业应给每一个品牌分派一个特点,并使它成为这一特点中的“第一名”。购买者趋向于熟记“第一名”,特别是在一个信息泛滥的社会中。因此,佳洁士牙膏始终宣传它能防止牙齿蛀洞的功能。有吸引力的“第一名”品牌有什么特征呢?最主要的是“最好的质量”“最优的服务”“最低的价格”“最佳的价值”以及“最先进的技术”等。企业若着重围绕这其中的一个特点进行宣传,并且坚持不懈,就很有可能因此而闻名了。

2. 双重定位

如果有两家或更多的公司在同样的属性上都声称是最好的,这样做就很有必要了。这样做的动机是在目标细分市场内找到一个特定的空缺。比如将其汽车定位为“最安全”和“最耐用”的。这两项利益是可以兼容的,通常认为,一辆很安全的汽车也将是非常耐用的。

3. 三重利益定位

例如,牙膏提供三种利益:“防蛀”“爽口”和“增白”。显然,许多人觉得这三种利益都很重要,问题是要使人们相信这一品牌确实具有这三种利益。通过同时挤出三种颜色的牙膏,使顾客通过视觉相信该牙膏确实具有三种利益,从而解决了这个问题。

(三) 差别化数量选择时易犯的错误

公司为其产品推出较多的优越性时,可能会变得令人难以相信,并失去一个明确的定位。一般而言,一家公司必须避免下述四种主要的定位错误:

(1) 定位过低。有些公司发现购买者对产品只有一个模糊的印象,购买者并没有真正地感觉到它有什么特别之处。

(2) 定位过高。买主可能对该产品了解得十分有限。

(3) 定位混乱。顾客可能对产品的印象模糊不清。这种混乱可能是由于主题太多所致。

(4) 定位怀疑。顾客可能发现很难相信该品牌在产品特色、价格或制造商方面的一些相关宣传。

三、市场定位的方式

市场定位作为一种竞争战略,显示了一种产品或一家企业同类似的产品或企业之间的竞争关系。定位方式不同,竞争态势也不同。下面分析三种主要定位方式。

(一) 避强定位

这是一种避开强有力的竞争对手的市场定位。其优点是能够迅速在市场上站稳脚跟,并能在消费者或用户心目中迅速树立起一种形象。这种定位方式由于市场风险较小,成功率较高,常常为多数企业所采用。

(二) 迎头定位

这是一种与市场上占据支配地位的,即最强的竞争对手"对着干"的定位方式。显然,迎头定位有时会是一种危险的战术,但不少企业认为,这是一种更能激励自己奋发向上的可行的定位尝试,一旦成功就会取得巨大的市场优势。在国外,这类事例屡见不鲜,如可口可乐和百事可乐之间、肯德基与麦当劳之间持续不断的竞争等。实行迎头定位,必须知己知彼,尤其应清醒估计自己的实力,不一定试图压垮对方,只要能够平分秋色就已是巨大的成功。

(三) 重新定位

通常是指对销路少、市场反应差的产品进行二次定位。很明显,这种重新定位旨在摆脱困境、重新获得增长与活力。这种困境可能是企业决策失误引起的,也可能是对手有力反击或出现新的强有力竞争对手造成的。不过,也有的重新定位并非因为企业已经陷入困境,反而是因为产品意外地扩大了销售范围引起的。例如,某种专为青年人设计的服装款式在中老年消费者中流行开来,该服装就会因此而重新定位。

实行市场定位应与产品差异化结合起来。如上所述,定位更多的是表现在心理特征方面,它产生的结果是潜在的消费者或用户对一种产品的认识,对一种产品形成的观念和态度。产品差异化是在类似产品之间造成区别的一种战略。因而,产品差异化是实现市场定位目标的一种手段。没有产品差异化,同一目标市场上就不会有竞争的产品,不会有替代的产品,更不会有互为补充的产品。如此也就没有了市场定位。

市场定位在细分市场上进行时,要求同时运用市场细分化和产品差异化的两种策略。市场细分化与产品差异化的不同点在于:前者的着眼点是市场需求,要针对不同顾客群的需求特点开发出不同的产品,因而是一种市场导向型的战略;后者的着眼点是已经存在的产品，使产品具有某种特性是为了与竞争者的同类产品相区别，因而是一种产品导向型的战略。企业以市场细分为基础选择目标市场，这是运用细分化战略；而在作为目标市场的细分市场上实行市场定位，则需要运用产品差异化战略。可见，细分化、定位和差异化都是市场营销战略的组成部分。把细分化和差异化对立起来的认识不符合现代营销的要求，有碍于付诸实践。

四、市场定位的步骤

实现产品市场定位，需要通过识别企业潜在竞争优势、建立企业核心竞争优势和宣传企业核心竞争优势的三个步骤来达到。

（一）识别企业潜在竞争优势

这是市场定位的基础。通常企业的竞争优势表现在以下两个方面：成本优势和产品差别化优势。成本优势使企业能够以比竞争者低廉的价格销售相同质量的产品，或以相同的价格水平销售更高质量水平的产品。产品差别化优势是指产品独具特色的功能和利益与顾客需求相适应的优势，即企业能向市场提供的在质量、功能、品种、规格、外观等方面比竞争者能够更好地满足顾客需求的能力。为实现此目标，企业首先必须进行规范的市场研究，切实了解目标市场需求特点以及这些需求被满足的程度。一个企业能否比竞争者更深入、更全面地了解顾客，这是能否取得竞争优势、实现产品差别化的关键。另外，企业还要研究主要竞争者的优势和劣势，知己知彼，方能战而胜之。可以从以下三个方面评估竞争者：一是竞争者的业务经营情况，譬如，估测其近三年的销售额、利润率、市场份额、投资收益率等；二是评价竞争者的核心营销能力，主要包括产品质量和服务质量的水平等；三是评估竞争者的财务能力，包括获利能力、资金周转能力、偿还债务的能力等。

（二）建立企业核心优势

所谓核心优势是与主要竞争对手相比（如在产品开发、服务质量、销售渠道、品牌知名度等方面），在市场上可获取明显的差别利益的优势。显然，这些优势的获取与企业营销管理过程密切相关。所以建立企业核心优势时，应把企业的全部营销活动加以分类，并对各主要环节在成本和经营方面与竞争者进行比较分析，最终定位和形成企业的核心优势。

（三）宣传企业核心竞争优势

企业在市场营销方面的核心优势不会自动地在市场上得到充分表现。对此，企业必须制定明确的市场战略来充分表现其优势和竞争力。譬如，通过广告传导核心优势战略定位，使企业核心优势逐渐形成一种鲜明的市场概念，并使这种概念与顾客的需求和追求的利益相吻合。

本章小结

（1）现代生产普遍进入相对过剩阶段，厂商之间的市场营销战略由传统的大规模营销进入目标市场营销即现代战略营销阶段。现代战略营销的核心可定义为STP市场营销，即市场细分(S)、目标市场选择(T)和市场定位(P)。其中市场细分是战略营销活动的基础，也是制定营销战略的关键所在。进行市场细分后，要对所分市场进行有效的评价，并选择目标市场。在完成这两项基础性的步骤之后,更为重要的一个环节便是市场定位。

(2) 根据对同类产品不同属性的重视程度及需求偏好的差异性,可以把消费者的需求偏好分成三种类型——同质型偏好、集群偏好、分散型偏好,并在此基础上对国际市场进行细分。国际市场细分可以分为宏观市场细分和微观市场细分。宏观市场可以根据地理标准、经济标准、文化标准进行细分,也可从国家或地区潜量、竞争力和风险等方面进行组合细分。微观市场上的消费品可从人口统计因素、社会经济因素、地理因素、行为因素、心理因素等方面进行细分,工业品可从地理位置、用户性质、用户规模、用户要求、购买方式等方面进行细分。

(3) 目标市场是企业所选定作为营销对象的具有某些特定需要的消费者群体。企业在对整体市场进行细分之后,要对各细分市场进行评估,然后根据细分市场的市场潜力、竞争状况、本企业资源条件等多种因素决定把哪一个或哪几个细分市场作为目标市场。一般来说企业选择的目标市场必须满足可衡量性、可进入性、有效性、对营销策略反应的差异性及可实施性等方面的要求。

(4) 企业选定了目标市场以后,就要选择进入目标市场的模式。企业进入目标市场的途径大体分为间接进入和直接进入两种。从公司管理的角度来看,上述两种进入方式还可进一步细分为出口进入模式、契约进入模式、直接投资进入模式以及国际战略联盟进入模式等。企业应当根据自身营销能力、目标市场的营销环境、进入成本、风险、赢利、控制等因素对上述模式进行评估和选择。

(5) 企业完成对市场细分和目标市场选择之后,接下来对于企业来说有效的市场战略规划中的最后一步,就是去清晰地在业已选择好的目标市场上定位产品或服务。一个成功的市场定位战略的实现,必须确保4C关键因子的成立,并在实践中恰当地选择有效的策略和方式,遵循科学的步骤。

课后习题

【名词解释】

市场细分　目标市场　市场定位

【选择题】

1. (单选)市场细分就是以________的某些特征或变量为依据,区分具有不同需求的顾客群体的过程。

A. 消费者　B. 客户　C. 细分要素　D. 消费需求

2. (单选)适合小企业的目标市场营销策略是________。

A. 集中性营销战略　B. 差异性营销战略

C. 无差异性营销战略　D. STP营销战略

3. (多选)有效的市场细分的原则或条件包括________。

A. 可运用性　B. 可衡量性　C. 差异性　D. 可实施性

E. 可区分性　F. 可进入性　G. 有效性

【解答题】

1. 市场细分有何作用?

2. 影响进入国际市场模式选择的因素有哪些?

3. 在进入国际市场的不同阶段,企业应该如何选择进入模式?

4. 市场定位的策略、方式和步骤有哪些?

案例分析

"酷儿"果汁饮料的异军突起

2001年3月,当统一企业在果汁饮料市场上首先推出PET(塑料瓶)包装的鲜橙多时,恐怕连他们自己也没有想到会给国内果汁企业带来什么样的变化。短短一年里,果汁饮料市场已经战火纷飞了。康师傅的每日C,娃哈哈的鲜橙汁,随后乐百氏、健力宝在此领域也有所动作,每个地区也有一些地方性品牌进入了跟随的行列。不久,饮料巨头可口可乐又借"酷儿"杀进原先在他们看来并不起眼的果汁饮料市场。"酷儿"以其独特的目标市场策略一举成功,成为2002年果汁饮料市场最亮丽的一道风景线。

2002年元旦前后,仿佛一夜之间,在河南省几个主要城市(如郑州、洛阳等地)的商场、超市以及街边小店种,随处可以见到一种名字叫作"酷儿"的新品果汁饮料,其独特的形象令人过目难忘:一个头大身小的蓝色娃娃,右手叉腰,左手端着盛满饮料的茶杯,陶醉地说着Qoo……这只可爱的娃娃迅速出现在铺天盖地的招贴上、电视广告中。在有"酷儿"的地方,你都会发现"可口可乐公司荣誉出品"的字样。凭借可口可乐这个金字招牌,"酷儿"在短时间内成功上市,很快成为小朋友的新宠。

"酷儿"是可口可乐公司针对亚洲市场研发的一种特色果汁饮料,在亚洲市场所向披靡,所到之处Qoo声一片。1999年11月,"酷儿"在日本研制成功,2001年即成为可口可乐的第三品牌(继可口可乐和芬达之后);2001年4月在韩国上市,迅速跃升为当地果汁饮料第一品牌以及饮料第三品牌,销售量超过预算量6倍;2001年6月在新加坡上市,迅速成为当时第一果汁品牌;2001年10月,"Qoo酷儿"在台湾上市,可口可乐台湾分公司对外事务总监王玲玲表示,"Qoo酷儿"果汁的销量远远超过预估量的3倍,上市仅3个多月,单月销售量就为韩国、日本市场的2倍,并且还曾经出现供不应求的缺货窘境,成为当地消费者最喜爱的果汁饮料;2002年"Qoo酷儿"登陆大陆市场。

"Qoo酷儿"定位为儿童果汁饮料,"Qoo酷儿"在中国市场细分的目标群体是5～12岁的儿童,此举跳出大部分果汁品牌针对女性市场的人群定位,也为"Qoo酷儿"角色的引入创造了条件。"Qoo酷儿"博得了小孩子的喜爱,成为他们认定购买的果汁品牌。针对直接购买者家长,可口可乐公司还通过理性诉求强调功能利益点:果汁里添加了维生素C及钙,这无疑给注重孩子健康的父母们吃了定心丸。"酷儿"果汁由此走红。顶着大大的脑袋,右手叉着腰,左手拿着果汁饮料,陶醉地说Qoo的蓝色娃娃在广告和终端活动的推动下,成了家喻户晓的名人,更成为儿童最喜欢的卡通人物之一。

"Qoo酷儿"的成功反过来印证了"儿童果汁饮料"这一精确定位的高明:避免与市场领导品牌展开正面较量,寻找细分市场机会,独辟蹊径;所有的沟通行为,无论是渠道策略、价格策略,还是广告表现,儿童对父母购买行为的影响力比人们想象的要大得多。

从该案例中可以看出,这已不是一个胜者通吃的时代,尤其是在竞争多元化的成熟市场,不可能处处都赢得头彩,而此时制胜的最佳方法,就是对市场进行有效的细分,做到细分市场的领导品牌。这成了精明商家迅速胜出的法门,这一点,"Qoo 酷儿"做到了。

也许是天时,也许是地利,统一推出鲜橙多引起饮料大战以后,很多先入为主的果汁饮料品牌,都没有针对儿童作为品牌的切入口。无论是鲜橙多、多 C 多漂亮、娃哈哈、我喝我的果汁,都有效地针对女性市场进行了划分;而果汁龙头品牌汇源果汁,走健康之路的大网捕鱼市场运作,离儿童市场更是渐去渐远。

一年多时间没有品牌杀入儿童果汁饮料市场,这给"Qoo 酷儿"留下了一个绝好的机会。一方面,其有着国际品牌运作经验及成熟的市场操作手法;另一方面,果汁饮料市场也恰恰给"Qoo 酷儿"留下了这样一个空缺。所以,"酷儿"依其市场细分策略,有效针对儿童市场,从真空地带切入果汁饮料行业,迅速风行,乃是顺理成章的事情。

"Qoo 酷儿"在中国市场,细分的目标群体是 5～12 岁儿童。从当时果汁饮料的竞争态势来看,大部分品牌都把目光集中在了女性、漂亮及个性方面。所以"Qoo 酷儿"一出,在其品牌形象与渠道通路等方面,一下子就跳出激烈的竞争,形成了鲜明的形象,尤其是"酷"形成了鲜明的对比元素,与其他品牌拉开了竞争的距离,亲近了目标消费者。

从营销战略上来讲,科学的市场细分再细分,是"Qoo 酷儿"成功的基础;相反,如果"Qoo 酷儿"上市,不是进行有效的市场细分进入儿童市场,而是大家都在争的"漂亮、美丽"等偏重女性的个性市场,未必能打得过先入为主的"鲜橙多",也就谈不上什么优势了。

思考题:

(1)"酷儿"是如何进行市场细分的?

(2)"酷儿"的目标市场策略是如何确定的?

(3)"酷儿"的市场定位成功在哪里?

(4) 结合本案例谈谈如何进行 STP 营销战略分析。

武汉理工大学
精品在线开放课程
教学视频一第五章

第三篇

发展国际市场营销策略

国际市场营销组合是企业国际市场营销战略的一个重要组成部分。企业的国际市场营销战略包括两个不同的而又互相关联的部分：一是国际目标市场，二是国际市场营销组合。在分析了环境和市场信息，选择了目标市场之后，就要着手制定营销组合策略。国际市场营销组合即营销企业为了满足选定目标市场、目标顾客群的需要而加以组合的可控因素。市场营销组合中的可控制的变量很多，可以概括为四个基本变量，即产品(Product)、价格(Price)、分销(Place)和促销(Promotion)，由于这四个名词的英文字头都是“P”，所以市场营销组合策略又称为“4P”组合策略。

国际市场营销组合中的“产品”代表企业提供给目标市场的产品和服务的组合，包括产品质量、外观、式样、品牌名称、包装、尺码或型号、服务、保证、退货等。本篇第六章主要内容包括：产品概念与国际市场产品计划、产品策略、产品系列的选择与适应性、新产品开发、国际市场产品生命周期、产品的品牌、包装、商标等。

国际市场营销组合中的“价格”代表顾客购买商品时的价格，包括价目表所列的价格、折扣、折让、支付期限、信用条件等。本篇第七章主要内容包括：国际市场产品定价的影响因素、国际市场定价方法、国际市场产品定价策略、国际市场产品调价策略、国际市场价格变化趋势与企业对策等。

国际市场营销组合中的“分销”代表企业使其产品可进入或到达目标市场(或目标顾客)所进行的各项活动,包括渠道选择、中间商选择和管理、物流管理等。本篇第八章主要内容包括:国际市场分销渠道的结构、国际市场分销渠道的选择、国际市场分销渠道的管理、网络营销虚拟的产品分销渠道、物质分销等。

国际市场营销组合中的“促销”代表企业宣传介绍其产品的优点和说服目标顾客来购买其产品所进行的各种活动,包括广告、销售促进、人员推销等。本篇第九章主要内容包括:国际市场人员推销、国际广告、国际市场营业推广、国际市场公共关系、全球促销策略等。

国际市场营销组合因素对企业来说都是“可控因素”,但要受企业资源和目标的制约,也受各种宏观和微观因素的影响和制约,因此制定合理的营销组合、营销组合策略是企业成功的关键。国际市场营销组合是一个复合结构,企业不仅要求达到四个“P”之间的最佳搭配,而且要安排好其内部的搭配。国际市场营销组合又是一个动态组合,每一个因素都在不断变化之中,所以企业要不断变化营销组合。

本篇学习旨在使学生了解和掌握影响企业在国际市场营销的主要可控因素,熟悉各种主要的营销策略,明确国际市场营销组合因素的管理的意义,并联系当前全球化、网络化等实际,展望国际市场营销组合因素的新特点。

第六章　国际市场营销的产品策略

【学习目标】

了解国际产品整体概念及各层次的基本内容；国际产品“标准化”与“差异化”策略的基本依据；国际产品生命周期的基本理论及国际新产品开发的程序；国际产品品牌、商标、包装和保证策略的特殊性。

案例导入

星巴克的产品策略

全方位的产品选择和优质服务：星巴克从整个三十余个品种咖啡豆扩展到环保产品——卡布奇诺咖啡，咖啡标记以及其他星巴克用具。它的产品提供也从甜点和咖啡扩展到燕麦片、冰沙、书刊、无线网络等。其目的很明显：为了不落后于竞争对手以及最大程度地满足顾客的需求。星巴克对店员进行了深度的培训，使每个员工均成为咖啡方面的专家，在顾客细品咖啡的同时，可以和店员进行深层互动。

图书检索式的产品分类：星巴克的产品主要分为经典咖啡、星冰乐、茶饮料 3 种，还可以让员工为你调上一杯具有个性品味的咖啡，这是其他咖啡店所没有的。换句话说，在星巴克没有你找不到的咖啡。

层出不穷的产品组合：在星巴克店内，不仅有醇香的咖啡，还有各式新鲜、美味的糕点，他们与咖啡一起组成完美的味觉体验，无论在早餐、午餐还是下午茶时分，都会带给你独特的星巴克体验，只有你想不到，没有你找不到。

产品技术方面：重视产品技术革新。星巴克始终追求品质上的卓越，坚持提供给顾客高品质的产品。为了让所有热爱星巴克的人都能品尝到最纯正的咖啡，星巴克对原材料十分挑剔与苛求，无论是咖啡豆的运输、烘焙、配制还是最后把咖啡端给顾客的那一刻，一切都必须符合最严格的标准。此外，星巴克拥有 30 多款手工制作的浓缩咖啡和多款咖啡冷热饮料，咖啡种类多样，既有原味的，也有速溶的；既有意大利口味的，也有拉美口味的，能迎合不同口味的消费者。

产品的研发与创新方面：注重产品的研发与创新。星巴克在创新方面一直走在咖啡连锁店的前面，从卡布其诺、星冰乐、咖啡味啤酒等新创意的巨大成功，到投入巨资对浓缩咖啡萃取技术的研发成功，无不表明了星巴克在创新方面拥有明显的优势。

（资料来源：改编自 https://wenku.baidu.com。）

第一节　国际产品整体概念与分类

一、产品整体概念

产品是营销组合的核心。如果一种产品无法满足终端用户或顾客的需要,那么即使有组合中的其他部分的改善也无助于该产品在市场中的表现。国际营销学的产品整体概念是广义的产品概念。它除了指具有特定物质形态和用途的物体外,也包括了一切能满足购买者某种需求和利益的非物质形态的服务,如消费者购买住房,不仅是指住房本身,同时包括住房朝向、地段环境、物业管理服务、周边的教育设施、升值的可能性和所体现的身份等,即整体产品是指能够提供给市场以满足需要和欲望的有形物品和无形服务,是购买者所得到的物理的、心理的、服务上和象征性特征的集合体。一般来说,产品整体概念包括五个层次:核心产品、形式产品、期望产品、附加产品、潜在产品(见图 6-1)。

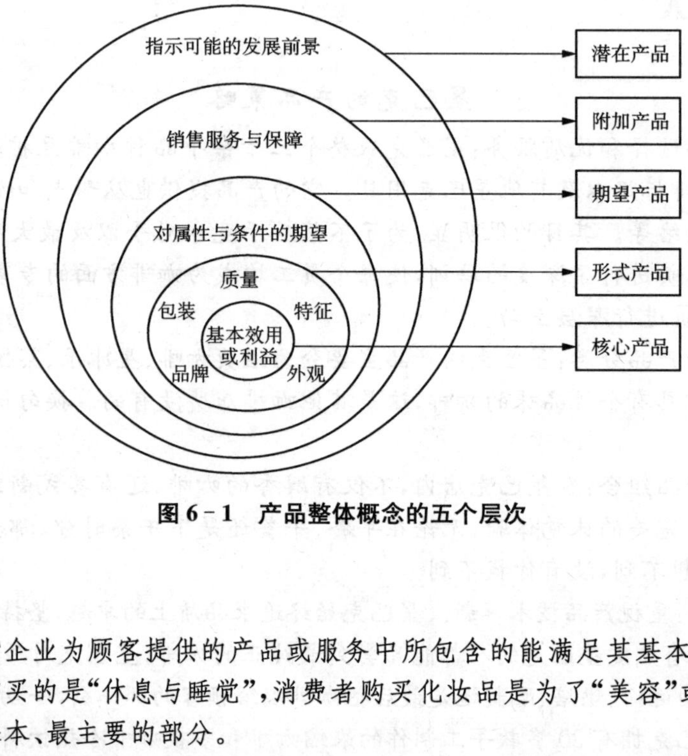

图 6-1　产品整体概念的五个层次

知识链接

核心产品是指企业为顾客提供的产品或服务中所包含的能满足其基本需要的利益,如旅客在旅馆中真正购买的是“休息与睡觉”,消费者购买化妆品是为了“美容”或“保健”。它是产品整体概念中最基本、最主要的部分。

形式产品是指产品的基本形态,即产品核心利益的有形物质载体,主要包括质量、体积、色样、规格、造型、标准、计量、品牌、包装等。

期望产品是指购买者在购买该产品时期望得到的与产品密切相关的一整套属性和条件。比如,旅馆的客人期望得到清洁的床位、洗浴香波、浴巾、衣帽间的服务等。

附加产品是顾客购买形式产品和期望产品时,附带获得的各种利益的总和,包括产品说明书、保证、安装、维修、送货、技术培训等。附加产品代表了为顾客所欣赏的无形利益,主要指通过对产品提供安装、保证、信贷和售后服务而给消费者带来的附加价值。

潜在产品是指现有产品包括所有附加产品在内的，可能发展成为未来最终产品的潜在状态的产品。潜在产品指出了现有产品的可能的演变趋势和前景，如彩色电视机可发展为电脑终端机等。

课堂讨论：为什么麦当劳、肯德基等“洋快餐”一进入中国就能迅速占领市场，而我们的中式快餐的发展却不尽人意？“洋快餐”的竞争优势表现在什么地方？

二、产品的分类

通常对产品总体的分类采取以下两种方法：根据产品是否耐用和有形划分和按产品的用途划分。

（一）按产品是否耐用和有形划分

按产品是否耐用和有形可划分为耐用品、非耐用品和劳务，如图 6－2 所示。

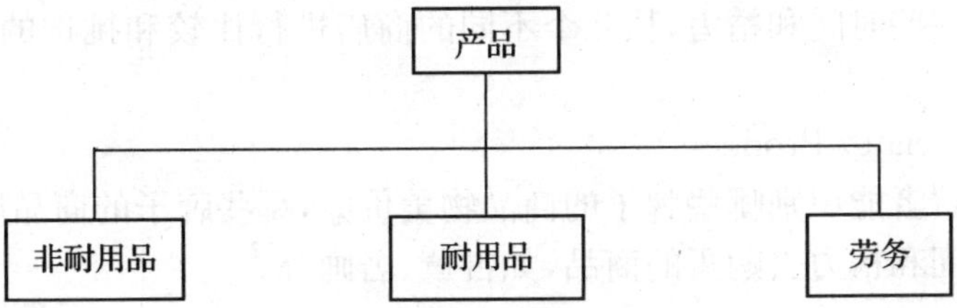

图 6－2　产品的耐用和有形划分

1. 耐用品

耐用品(Durables)是指正常情况下能多次使用的有形物品，如空调、汽车、住房等。企业应采取如下策略：① 重视人员推销和服务；② 追求高利润率；③ 提供营销保证。

2. 非耐用品

非耐用品(Non-durables)也是有形的实体物品，是指在正常情况下一次或几次使用就消费掉，所以消费者和用户购买的次数非常频繁。例如香烟、啤酒等企业应采取如下策略：① 通过多种网点销售这种物品，以便消费者能随时购买；② 只求微利；③ 积极促销。

3. 劳务

劳务(Services)是指供出售的活动或满足感等，属于非物质实体产品，如修理、旅馆招待、教育等。

（二）按产品的用途划分

按产品的用途可以划分为消费品和工业产品。

1. 消费品

消费品(Consumer Goods)一般又可以分为便利品、选购品和特殊品，如图 6－3 所示。

(1) 便利品(Convenience Products)。

便利品是指消费者通常频繁购买，希望一旦需要即可买到，并且只需要花很少精力和最少时间去比较品牌、价格的消费品，便利品包括日用品、急用品和临时用品，是消费者常用、急用和临时冲动性购买的产品，如香烟、报纸等。

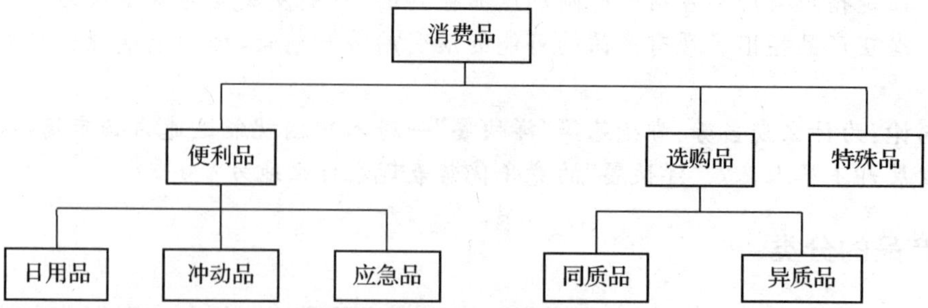

图 6-3　消费品划分

(2) 选购品(Shopping Products)。

选购品通常是指消费者为了物色适当的物品,在购买前往往要去许多家零售商店了解和比较商品的花色、式样、质量、价格等消费品,分为同质选购品、异质选购品。顾客购买选购品前感到有必要花费一些时间和精力,从几个不同的商店进行比较和挑选的产品,如家用电器、屋内装饰等。

(3) 特殊品(Specialty Products)。

特殊品是指消费者能识别哪些牌子的商品物美价廉,哪些牌子的商品质次价高,而且许多消费者习惯多花时间和精力去购买的商品,如古董、名画等。

2. 产业用品

产业用品(Industrial Goods)可以划分为材料和部件、资本项目、供应品和服务,如图6-4所示。

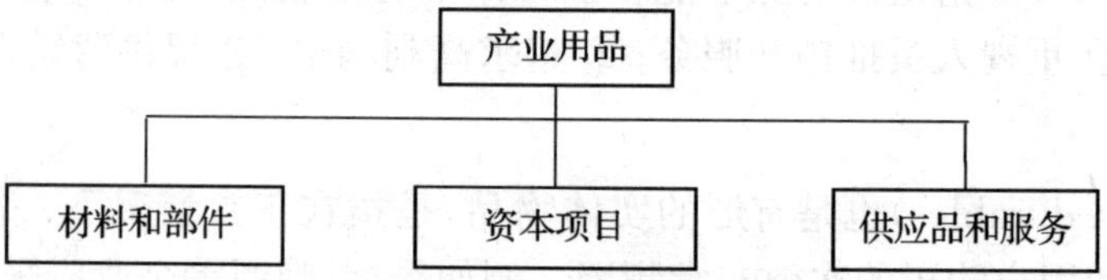

图 6-4　产业用品分类

(1) 完全进入产品的产业用品:原材料和零部件(Materials and Parts)。

(2) 部分进入产品的产业用品:资本项目(Capital Items),如土地、建筑物、生产设备、办公设备等。

(3) 不进入产品的产业用品:如供应品和劳务(Supplies and Services),生产供应品、办公用品、维修用品、维修服务、咨询服务等。

知识链接

产业用品也可以分为主要设备、附属设备、原材料、零部件与半成品以及低耗品五种。

主要设备是已经制造完成的工业品,供用户企业长期使用的资产项目之一,往往要经过多年使用才"报废",如发电机、机车、机床等。附属设备使用期限较短,是企业完成生产任务所需要的一些资产项目,如生产工具、车间非生产线上固定使用的电瓶车等。原材料是未加工过的工业品,如木材、矿石等。零部件与半成品是已经经过加工、供生产工业品而使用的产品。低耗品又叫供应品,是用户企业日常购买的用品,如油漆、钉子、灯泡等。

三、产品组合

（一）概念

产品组合(Product Mix)是指一个企业提供给市场的全部产品项目和产品线的组合，即企业的业务经营范围。出口产品组合的确定涉及制定有关国外市场销售的产品组合的宽度和长度。

知识链接

产品线(Product Line)是指企业提供给市场的所有产品中，那些在技术上密切相关、具有相同的使用功能、满足同类需要的一组产品。

产品项目(Product Item)是指同一产品线中具有不同品种、规格、质量和价格等属性的特定产品。

（二）产品组合的宽度、长度、深度、关联性

产品组合的宽度是指企业的产品组合中产品线的数目。

产品组合的长度是指企业的产品组合中产品项目的总数。

产品组合的深度是构成企业产品组合的产品线中每一产品项目所包含的产品品种数。

产品组合的关联性(Consistency)是指企业的各条产品线在最终用途、生产条件、销售渠道或其他方面相互关联的程度。

企业增加产品组合的宽度，可以扩大经营范围，实现多元化经营；增加产品组合的长度和深度可以提高核心竞争力；增强产品组合的关联性可以提高产品在某一地区、行业的声誉。

（三）产品组合的分析评价

1. 对不同产品线进行分析评价

如果把每条产品线看作企业的SBU(Strategic Business Unit)，那么可以采用波士顿咨询集团的“市场增长率—相对市场占有率”矩阵或通用电气公司的“行业吸引力—企业竞争力”矩阵，对各条产品线进行评价，以确定哪些产品线应该发展、维持、收割或放弃。

2. 对同一产品线的不同产品项目进行分析评价

产品线上的不同产品项目对总销售额和利润所做的贡献可能不同(见图6-5)。通过分析不同产品项目的贡献率，可以确定产品线中哪些产品项目应该发展、维持、收割或放弃。

在一条产品线上，如果销售额和利润来源高度集中在少数产品项目上，则意味着该产品线比较脆弱。

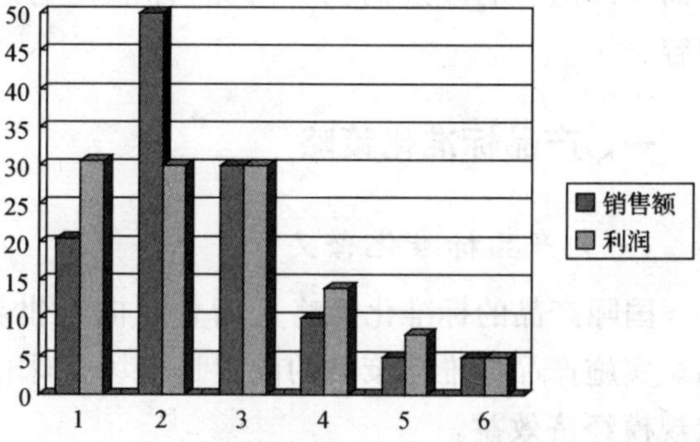

图6-5　产品项目对产品线总销售额和利润的贡献

(四) 产品组合决策

(1) 拓展产品组合的宽度。

拓展产品组合的宽度是指在原产品组合中增加一个或几个产品大类,扩大产品范围。

(2) 缩减产品组合的宽度。

缩减产品组合的宽度是指当市场繁荣时,较长、较宽的产品组合会为许多企业带来较多的赢利机会,但当市场不景气或原料、能源供应紧张时,缩减产品反而可能使总利润上升。

(3) 延伸产品线。

① 向下延伸(Stretching Downward),即在高档产品线中增加中、低档产品项目,如原生产高档产品现生产中档产品或原生产中档产品现生产低档产品。

② 向上延伸(Stretching Upward),即在现有产品线中增加高档产品项目。例如,日本本田公司在打开美国摩托车市场时采用向上延伸的策略,将摩托车档次从低于 125 CC 延伸到 1 000 CC,从而在美国的摩托车市场显示出较强的竞争力。

③ 双向延伸(Stretching Both Ways),即将原定位于中档市场的产品线向上下两个方向延伸。

(4) 缩短产品线。

放弃不赢利甚至亏损的生产线,集中生产赢利好的产品。

(5) 提高或降低产品组合的深度。

当市场繁荣时,增加产品线中每一产品项目所包含的产品品种数,会为许多企业带来更多的赢利机会。当市场不景气或原料、能源供应紧张时,减少产品线中每一产品项目所包含的产品品种数,反而可能使总利润上升。

第二节　国际产品的调整与适应策略

企业国际营销产品与国内营销产品在很多方面都有差异,而国外顾客对产品的需求不同于国内顾客。但这绝不意味着国际营销产品与国内营销产品是毫无关系的。事实上,国际企业在外国市场所营销的产品或劳务与国内市场紧密相连,只是一般要因当地习惯与偏好而加以适当的改进而已。因此,标准化与差异化是国际营销核心产品决策考虑的主要内容。

一、产品标准化策略

(一) 产品标准化含义

国际产品的标准化策略是指企业向全世界不同国家或地区的所有市场提供相同的产品。实施产品标准化策略的前提是市场全球化。因此,企业可以生产全球标准化产品以获取规模经济效益。

小贴士

北美、欧洲等市场上出现新的顾客群。他们具有相似的受教育程度、收入水平、生活方式及休闲追求等，企业可将不同国家相似的细分市场作为一个总的细分市场，向其提供标准化产品或服务，如可口可乐、麦当劳快餐、好莱坞电影、索尼随身听等产品的消费者遍及世界各地。

（二）产品标准化策略的意义

在经济全球化步伐日益加快的今天，企业实行产品标准化策略，对企业夺取全球竞争优势无疑具有重要意义。

（1）产品标准化策略可使企业实行规模经济，大幅度降低产品研究、开发、生产、销售等各个环节的成本而提高利润。

（2）在全球范围内销售标准化产品有利于树立产品在世界上的统一形象，强化企业的声誉，有助于消费者对企业产品的识别，从而使企业产品在全球享有较高的知名度。

（3）产品标准化还可使企业对全球营销进行有效的控制。国际市场营销的地理范围较国内营销扩大了，如果产品种类较多，则每个产品所能获得的营销资源相对较少，难以进行有效的控制。产品标准化一方面降低了营销管理的难度，另一方面集中了营销资源，企业可以在数量较少的产品上投入相对丰裕的资源，对营销活动的控制力更强。

（三）选择产品标准化策略的条件

企业应根据以下几个方面来决定是否选择产品的标准化策略。

1. 产品的需求特点

在全球范围内销售的标准化产品一定是在全球具有相似需求的产品。消费者对任何一种国际产品的需求，都包括对产品无差别的共性需求和有差别的个性需求这两种成分。企业营销人员应当正确识别消费者在产品需求中究竟是无差别的共性需求占主导地位，还是有差别的个性需求占主导地位。对无差别的共性需求占主导地位的产品，宜采取产品标准化策略。

下列产品的需求特征表现为无差别共性需求成分偏大：大量的工业品，如各种原材料、生产设备、零部件等；某些日用消费品，如软饮料、洗涤用品、化妆品、保健品、体育用品等；具有地方和民族特色的产品，如中国的丝绸、法国的香水、古巴的雪茄等。

2. 产品的生产特点

从产品生产的角度来看，适宜于产品标准化的产品类别为生产、采购、制造和分销等方面能够获得较大规模经济效益的产品。具体表现为，技术标准化的产品，如电视机、录像机、音响等产品；研究开发成本高的技术密集型产品，这类产品必须采取全球标准化，补偿产品研究与开发的巨额投资。

3. 竞争条件

如果国际目标市场上没有竞争对手出现，或市场竞争不激烈，企业可以采用标准化策略；或者市场竞争虽很激烈，但本公司拥有独特的生产技能，其他公司无法效仿的，则可采用标准化产品策略。

4. 成本因素

实施标准化产品策略必须做成本—收入分析,严格根据收益情况来进行决策。产品、包装、品牌名称和促销宣传的标准化无疑都能大幅度降低成本,但只有对大量需求的标准化产品才有意义。此外,还应考虑各国的技术标准、法律要求及各国的营销支持系统,即各国为企业从事营销活动提供服务与帮助的机构和职能,如有的国家零售商没有保鲜设施,新鲜食品就很难在该国销售。尽管产品标准化策略对从事国际营销的企业有诸多有利的一面,但缺陷也是非常明显的,即难以满足不同市场消费者不同的需求。

二、产品差异化策略

(一) 产品差异化策略的含义

国际产品差异化策略是指企业向世界范围内不同国家和地区的市场提供不同的产品,以适应不同国家或地区市场的特殊需求。如果说产品标准化策略是由于国际消费者存在某些共同的消费需求的话,那么产品差异化策略则是为了满足不同国家或地区的消费者由于所处不同的地理、经济、政治、文化及法律等环境,尤其是文化环境的差异而形成的对产品的千差万别的个性需求。企业必须根据国际市场消费者的具体情况改变原有产品的某些方面,以适应不同的消费需求。

(二) 产品差异化策略的优劣分析

实施产品差异化策略,即企业根据不同目标市场营销环境的特殊性和需求特点,生产和销售满足当地消费者需求特点的产品。这种产品策略更多的是从国际消费者需求个性角度来生产和销售产品,能更好地满足消费者的个性需求,有利于开拓国际市场,也有利于树立企业良好的国际形象,是企业开展国际市场营销的主流产品策略。

然而,产品差异化策略对企业也提出了更高的要求。首先是要鉴别各个目标市场国家消费者的需求特征,这对企业的市场调研能力提出了很高的要求;其次是要针对不同的国际市场开发设计不同的产品,要求企业的研究开发能力跟上市场要求;最后是企业生产和销售的产品种类增加。其生产成本及营销费用高于标准化产品,企业的管理难度也加大。因此,企业在选择产品差异化策略时,要分析企业自身的实力以及投入产出比,综合各方面的情况再做出判断。

小贴士

产品标准化与差异化策略的选择

随着经济的发展和人们生活水平的提高,消费者追求的个性化日益凸显,选择产品差异化策略应是从事国际营销企业的主要产品策略。然而在营销实践中,企业往往综合运用产品差异化和产品标准化策略。许多产品的差异化、多样化主要是体现在外形上,如产品的形式、包装、品牌等方面,而产品的核心部分往往是一样的。可见国际产品的差异化策略与标准化策略并不是独立的,而是相辅相成的。有些原产国产品并不需很大的变动,而只需改变一下包装或品牌名称便可进入国际市场;有些原产国产品要想让世界消费者接受则需作较大的改变。由此可见企业的产品策略通常是产品差异化与产品标准化的一个组合,这种组合中有时是产品差异化程度偏大,有时是产品标准化程度偏大。企业应根据具体情况来选择产品差异化与产品标准化的组合。

全球视野

产　品	适应性调整
麦当劳	菜单餐厅装潢
Levi's牛仔	尺码组合、质地、剪裁
可口可乐	商标名称(中国)、包装
肯德基	菜单

三、国际产品的调整与适应策略

(一)产品系列的调整

一个企业想扩展其经营规模,有三种方式可以选择。一是将现有产品在现有市场上进行进一步渗透以获得更大的市场份额;二是进行产品线的延伸以进入新的市场领域;三是进行地理扩张,将现有产品销售到国外市场,或是为国外市场设计新的产品并销售。对于开展国际市场营销的企业来说,第三种方式是最为常见的。那么,这种扩张该如何实现呢?美国学者基甘教授把适用于国际市场的产品设计和信息沟通结合起来,总结了五种可供企业选择的策略形式。

1. 产品和促销直接延伸策略

这种策略是指企业对产品不加任何改变,直接推入国际市场,并在国际市场上采用相同的促销方式。如果使用得当,这应该是一种最为经济、便捷的市场扩展方式,它可以大大降低企业的营销成本。许多著名的全球性大公司青睐这种产品策略,最典型的是可口可乐公司,它在全世界各个国家的产品和广告都是标准化的,这帮助它树立了良好的统一产品形象。不过,能够适用这种策略的企业和产品很少,轻易使用将会面临失败的风险。

2. 产品直接延伸、促销改变策略

企业向国际市场推出同一产品,但根据不同目标市场的国际消费者对产品的不同需求,采用适宜于国际消费者的需求特征的方式进行宣传、促销,往往能达到好的促销效果。这种策略的适用情形主要有两种:一是产品本身具有多种功能和用途,而不同的国家和地区的消费者倾向于不同的功能和用途,企业可以保持产品不变,只改变宣传信息;另外一种情形是,由于各国语言文字和风俗习惯不同,为了让消费者接受,需要在促销方式上做必要的调整。

3. 产品改变、促销直接延伸策略

这种策略是指根据国际目标市场顾客的不同需求,对国内现有产品进行部分改进,但向消费者传递的信息不变。有些产品对国际消费者来说,其用途、功效等基本相同,但由于消费习惯、使用条件有差异,所以企业必须对产品稍做改进,以适应各国市场的需要。产品改变涉及式样、功能、包装、品牌、服务等的改变,如洗衣粉在各国的用途都是清洁去垢,但各国使用条件不同,发达国家消费者多用洗衣机洗涤,广大发展中国家消费者多用手工洗涤,且各国的水质也不尽相同,因而销往不同国家的洗衣粉应根据各国的不同情况设计配方,但宣传策略不用做大的改变。

4. 产品与促销双重改变策略

这种策略即对进入国际市场的产品和促销方式根据国际市场的需求特点做相应改变，既改变产品的某些方面又改变促销策略，如通用食品公司销往不同国家的咖啡采用不同的混合配方，因为英国人喜欢喝加牛奶的咖啡，法国人喜欢喝不加牛奶或糖的浓咖啡，而拉丁美洲人喜欢巧克力味的咖啡。与此相适应，采用不同广告宣传内容。又如，美国的贺卡制造商发现，美国人习惯于贺卡上印有贺词，而欧洲人习惯于在空白贺卡上亲笔书写贺词，因此在欧洲进行销售时需要同时改变产品和宣传策略。

5. 产品创新策略

国际市场的产品创新策略是指企业针对目标市场需求研究和开发新产品，并配以专门的广告宣传。如果新产品开发成功，获利将很大。采用这种产品策略须谨慎，因为开发新产品的成功率在国内市场尚且很小，更何况面对国际市场，影响新产品成功的可控制和不可控制因素更多，企业更难把握。因此，企业通常是在对现有产品进行改进仍不能满足目标市场的需求，且目标市场发展前景好，企业又有能力去开发新产品的前提下，方采取产品创新策略。

(二) 国际产品的适应策略

适应目标市场的消费者需求特点，是从事国际营销企业的产品策略的主导方向，各国消费者对产品的认识和看法是与其所在国的各种环境尤其是社会文化状况密切相关的，对产品每一层次的不同需求，是随着营销环境的变化而变化的。产品的第一层次在一种营销环境中可能是重要的，而在另一营销环境下则可能不重要，故销往目标市场的产品要适应各国营销环境的要求。对产品进行改进，并非企业的本意，这样很可能会削弱企业的规模经济效益，增加成本支出，营销风险也随之增大，但有些因素会迫使企业或吸引企业去改变出口产品。这些因素可分为两类:强制性适应改进产品和非强制性适应改进产品。

1. 强制性适应改进产品

强制性适应改进产品是指企业改进其产品是由于国外市场的一些强制性因素要求它做适应性改进。各国政府为保护本国消费者的利益，维护已有的商业习惯，会对进口商品制定出一些特殊的法律、规则或要求，有些是永久性的，有些则是临时性的。影响产品调整的强制性因素主要表现在以下几个方面:

(1) 各国对进口产品的标准所做的特殊规定。

各国政府对进口产品在质量标准、包装、商标、安全要求等方面都有其特殊要求，产品出口到这些国家必须遵守这些要求;否则根本无法进入该国市场。发达国家对产品的质量技术要求、安全性能要求都非常高。对于这些规定，出口企业毫无例外地必须遵守，必须改变原有产品以适应各国市场的有关规则和标准。

(2) 各国度量衡制度不同而导致计量单位上的差异。

由于世界各国的度量衡制度不同，以致同一计量单位所表示的数量不一。在国际贸易中，通常采用公制、英制、美制和国际标准计量组织在公制基础上颁布的国际单位制。例如，就表示重量的吨而言，实行公制的国家一般采用公吨，每公吨为 1 000 千克;实行英制的国家一般采用长吨，每长吨为 1 016 千克;实行美制的国家一般采用短吨，每短吨为 907 千克。

(3) 各国气候等自然条件的特殊性。

目标市场的气候、地理资源等条件也是企业必须改变原有产品的强制性因素之一，如加拿大是一个寒冷的国家，出口到该国的汽车轮胎就必须采用与出口到热带国家的汽车轮胎不同的原料成分进行生产。又如，日本松下电视机厂对出口到不同国家区域的电视机要进行专门的磁场校正，以确保获得最好的接收效果。

小贴士

有些国家政府为保护本国利益，针对外资企业进口商品而专门制定的一些条款、规定，也促使企业必须改进产品的某些方面。例如，有的国家要求外资企业或合资企业的产品必须使用当地零配件，中国政府就对合资企业产品零部件国产率有一定的要求。为满足这种要求，外资或合资企业便不得不进行适当的调整。

2. 非强制性适应改进产品

非强制性适应改进产品是指企业为了提高在国际市场上的竞争力，适应目标市场的非强制性影响因素，而对产品做出的各种改进。非强制性改进产品对企业更有吸引力，但其改进难度也更大。因为强制性改进产品基本上是因为各国市场对产品施加具体的强制性要求。可见，因非强制性的因素而改变产品是企业从事国际市场营销成败的关键。

非强制性产品改变的影响因素通常有以下几种：

(1) 文化的适应性改变。

各国或地区文化环境的差异，是促使从事国际市场营销企业改变产品的一个重要原因。将一种产品投放到并不需要该物品甚至禁忌该物品的文化环境中，无论该产品如何价廉物美、品牌知名度如何高，也无法赢得消费者的青睐。例如，伊斯兰国家是禁止饮酒的，那么无论是法国的葡萄酒，还是苏格兰的威士忌，投放到伊斯兰国家都是徒劳无功的。

销售一种适应国际目标市场需求的产品，更多应考虑目标市场消费者的习惯、生活方式、消费价值导向等方面。企业将一种文化背景下的畅销产品销售到另一种文化背景中去，而要改变该种文化背景中的消费者的一定的价值观、生活方式、消费习惯时，必须注意克服阻碍改变的阻力。

(2) 各国消费者的收入水平。

收入水平的高低在很大程度上影响消费者对产品效用、功能、质量、包装及品牌等的要求。收入水平低的消费者通常注重对产品的基本性能的要求，如要求产品价格低廉，经久耐用，而对包装、品牌则不太注重。收入水平高的消费者则更多追求产品的优质、精美的包装、品牌的知名度等，如通用汽车公司在贫穷国家不是销售其标准的卡迪拉克汽车，而是为这些国家专门开发一种“基本运输工具”。世界各大汽车公司瞄准了中国这个巨大的家用小汽车市场，纷纷针对中国家庭的收入水平状况开发研制家用的汽车。

(3) 消费者的不同偏好。

消费者的不同偏好是吸引国际市场营销企业改变产品的一个重要原因。各国消费者的不同偏好主要是由社会文化所决定的。由于文化影响而产生的消费者偏好的差异主要体现在对产品的外观、包装、商标、品牌名称以及使用模式等方面，而很少体现在产品的物理性或机械性方面。对一个以国际市场营销为导向的企业来说，当涉及产品的外观样式、味道及包装中颜色图案和文字的禁忌时，企业的秘诀是入乡随俗。

(4) 国外市场教育水平。

国外市场的教育水平也是促使企业改变其产品的非强制性因素。发达国家的消费者平均受过十年的正规教育,而且生长在一个高度商业化、工业化和技术化的社会中,他们文化水平高,易于识别和掌握及使用技术复杂的产品。而在一些贫穷落后的国家中,消费者受教育的程度有限,甚至许多是文盲,他们难以掌握及使用技术复杂的产品。

第三节 国际市场产品生命周期

一、产品生命周期和国际产品生命周期

(一) 产品生命周期

产品从投入市场到最终退出市场的全过程,被称为产品的生命周期,该过程一般经历产品的介绍期、成长期、成熟期和衰退期四个阶段(见图6-6)。必须将产品生命周期与产品的使用寿命区分开来。产品的生命周期是指产品的市场寿命或经济寿命,即产品在市场存活的时间。其寿命的长短主要由市场因素来决定,如科学技术的发展水平和产品更新换代的速度、消费者偏好的变化、竞争的激烈程度等。产品的使用寿命指产品的自然寿命,是指产品从投入使用到损坏直至报废所经历的时间,其寿命的长短受产品的自然属性、产品的使用强度、维修保养程度以及自然磨损等因素的影响。产品的生命周期与产品的自然寿命之间不存在直接的相关关系,有的产品市场生命周期很长,使用寿命却很短;有的产品市场生命周期很短,但使用寿命很长。

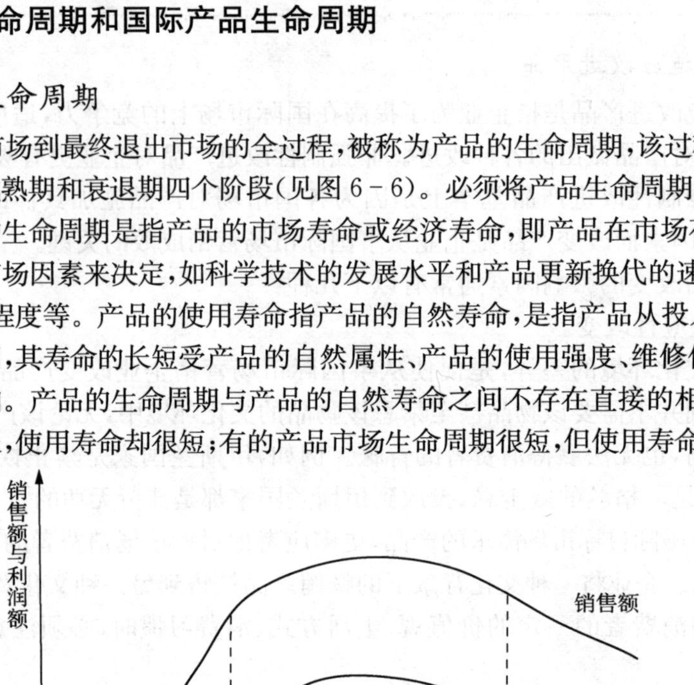

图6-6 典型的产品生命周期曲线

产品的生命周期表明任何产品的市场生命都是有限的,产品的新陈代谢是不可避免的。在产品生命周期的不同阶段,产品的市场占有率、销售额、利润额是不一样的。这就需要企业认真分析和识别产品所处生命周期的具体阶段,根据产品生命周期不同阶段的特点,采取相应的营销组合策略。

(二) 国际产品生命周期

美国哈佛大学商学院教授雷蒙德·弗农以产品生命周期理论为基础,对世界贸易和投资方式提出了新的理论,即“国际市场产品生命周期”理论。他将产品生命周期划分为三个阶段:

新产品发明阶段、产品成长和成熟初期阶段、成熟期和产品标准化阶段。由于经济发达国家、较发达国家及发展中国家的经济发展、科技发展水平各自不同，因此，产品进入这三个阶段的时间先后不一样，如图 6-7 所示。

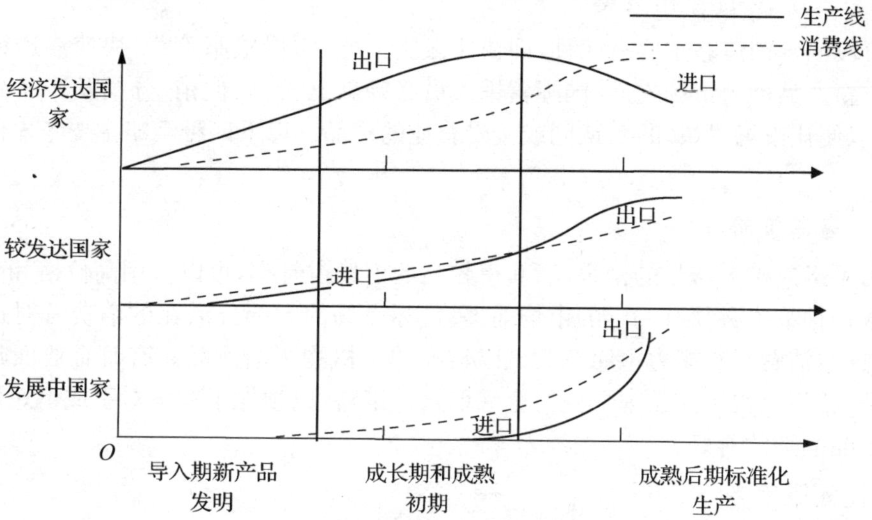

图 6-7 国际产品生命周期循环图

经济发达国家首先致力于新产品开发，把握新产品的发明、制造和应用以满足本国消费者的需求。产品进入投入期后期及成长期后，国内产品供过于求，因此将发明产品销售到其他较发达国家及发展中国家。同时，一些较发达国家对新产品的生产技术较发展中国家容易把握，因而他们在此基础上开始仿制、研制该产品。产品进入成熟期后，产品不断完善，并已形成标准化生产并大量生产，因而可以同经济发达国家的产品相抗衡，由进口国转为出口国；而发展中国家在进口基础上，引进先进技术，以较低的成本成功地生产出标准化产品投入市场，使最先出口国的产品失去竞争优势，并逐步放弃市场上已趋饱和的产品，转向发展更新的产品和更新的技术，而从其他国家进口原产品。

国际产品生命周期理论有一定的现实意义，它可以为企业进行国际市场营销决策提供科学依据，及时调整产品结构；有利于企业根据产品在不同国家市场所处的不同阶段，调整出口产品的地区结构；有利于发展中国家及时从发达国家引进在本国仍属先进技术的淘汰产品，充分发挥本国的自然资源和劳动力优势，及时占领国外市场，促进本周期产业结构的调整和提高。另一方面，国际产品生命周期理论也存在局限性，国际产品生命周期理论说明了产品在国际的转移及国际产业结构的变化。但是，这只是表明存在着这样一种发展趋势，并不是任何产品、任何国家在任何条件下都会按这一过程发展。这种理论也无法解释发达国家之间及发展中国家向发达国家的投资现象，无法解释不具备技术产品垄断优势的企业向外投资的现象。

二、产品生命周期各阶段的营销策略

由于消费者需求与当代社会政治经济和科技日新月异的发展变化，国际产品生命周期的发展变化具有迅速、周期不断缩短等特征。同时，产品处在生命周期的不同阶段，在产品、购买者和消费者、销售额、利润、竞争者与竞争形式、促销手段等各个方面均有不同的特征,企业应根据自己产品在市场上的特征,灵活地制定相应的营销、生产、后勤、财务和人事策略,使产品在市场销售中获取最佳的收益,并尽可能地延长产品市场生命周期。

(一) 导入阶段的营销策略

导入阶段的营销策略主要有四种,即快速撇脂策略、缓慢撇脂策略、快速渗透策略和缓慢渗透策略。新产品推向市场之后,国际营销人员必须就其价格、促销、分销及产品品质对产品进行定位,以便让市场尽快知晓、认同或接受企业的产品。以下四种策略主要考虑价格和促销两种因素。

1. 快速撇脂策略

企业为了迅速扩大产品的销售额,获得较高的市场占有率,可以采用高价格和高促销开支策略。采取这种策略必须有一定的市场前提:目标市场的大部分潜在的消费者对这种新产品缺乏了解,这些消费者有能力也愿意尝试以较高的价格购买新产品。有时企业面临潜在竞争对手的威胁,希望尽快树立品牌形象时会采取这一策略,以领先于竞争对手或迅速使消费者产生对自己产品品牌的喜好。

2. 缓慢撇脂策略

企业同时采用较高的价格和较低的促销费用进行营销活动,以求得到更多的利润和最大限度节省开支。如果企业在某一容量比较小的市场上享有较好的品牌形象,加上市场上大部分的消费者已经熟悉这种新产品并愿意出高价,这种策略可以获得理想的效果。

3. 快速渗透策略

这种营销策略具有较大的攻击性,谋求快速进入市场,取得尽可能高的市场占有率。主要采用的方法是低价格、高促销开支,以最大限度提高产品知名度和刺激消费者购买该产品。这种营销策略在以下情况下较适用:市场容量庞大,潜在的竞争激烈,产品的价格有较大的需求弹性,消费者对价格反应敏感,且对此种产品缺乏了解;同时,企业有达到规模经济以降低生产成本的能力。

4. 缓慢渗透策略

这种营销策略是企业以低价格、低促销开支来推出新产品。这种营销策略要求市场容量很大,消费者熟悉公司的产品形象,但对价格有较大的需求弹性。这样,产品虽以低价格销售,但由于成本水平较低,公司在取得大销售额的条件下也能获得较好的利润。

(二) 成长阶段的营销策略

随着产品进入成长阶段,早期使用者已熟悉企业的产品,大部分追随者开始加入购买者行列,产品销售量大幅度上升,企业的销售利润向上走势强劲。与此同时,市场利润的巨大潜力吸引新的竞争对手加入竞争行列,由于新进入者在产品特征和分销形式方面具有新的特点,竞争呈现出多样化状态。因此,这一阶段的策略重点主要在于在多方面加强产品竞争力,以应付日益激烈的市场竞争,尽可能地维持其市场的可持续成长。

然而,这一阶段的策略会使企业面临争取更高的市场占有率和追求目前更高的利润的两难命题。如果企业愿意将巨额的开支投资在改善产品、促销活动及销售渠道上,那么企业就有可能获得市场竞争的优势地位。但这样的话,企业有可能必须增加额外的成本,而牺牲目前的最大利润。市场成长期可供选择的营销策略主要有以下几种。

1. 改进产品质量

企业要不断改进产品质量、为产品添加新的功能、变换或提供新的产品款式等，提高产品的竞争力，满足消费者更为广泛的需求，吸引更多的消费者购买企业产品。

2. 扩大规模降低价格

企业通过扩大生产规模，可以产生规模效应，降低成本，以便在适当的时机可以采取降价措施，刺激需求扩大，使那些对价格反应敏感的消费者产生购买欲望并采取购买行动。另外，在行业竞争日趋激烈、市场平均利润水平下降的情况下，扩大规模降低价格策略可以阻止新竞争者的加入，而企业还有余力寻找和打入新的尚未饱和的细分市场。

3. 树立品牌形象

这一阶段的重点之一就是企业要把广告宣传的重心从纯粹介绍产品转到树立产品的品牌形象，使自己的产品产生名牌差异化优势，增加顾客的购买信心，使企业的产品不仅能维持老顾客，更能吸引新顾客，提高公司在社会上的美誉度。

（三）成熟阶段的营销策略

随着产品销售量到达某一点后，销售成长率开始减缓并趋于下降，产品进入成熟阶段。这一阶段又可分为三个阶段：成熟期中的成长阶段，这时后期的使用者加入购买者行列，但产品销售增幅已小于以往；成熟期中的稳定阶段，此阶段所有的潜在消费者都已购买使用了企业的产品，产品销售量增长与人口增长呈正比，如果人口表现为零增长，则产品销售量达到顶点；成熟期中的衰退阶段，早期顾客开始尝试购买其他企业的新产品，造成销售量下滑。一般来说，比起前两个阶段，这一阶段会持续更长的时间。

由于大部分产品都处于生命周期的成熟阶段，企业需根据成熟期不同阶段的特点，尽量采用恰当的措施和策略延长成熟期。

1. 市场改良策略

这种策略是通过扩大市场来增加成熟产品的销售额，而并不改变产品本身。具体有四种可选策略。一是寻找新使用者。企业可以寻找有潜在需求的新顾客，组成进入新的细分市场，包括地理、人口细分的市场，大大增加产品销售量。二是吸引竞争者的顾客，企业通过争取竞争者的顾客试用或采用本企业的产品，使他们转向购买自己的产品。三是鼓励使用者增加使用频率或增加用量。四是寻求新的用途，帮助启发消费者了解产品的多种用途，以增加消费者对产品各种用法的认识。

2. 产品改良策略

改进产品策略侧重于顾客的不同需要，创新性地改进产品自身的内涵，达到吸引具有不同需求的顾客的目的。产品在销售过程中，竞争者会以更高品质的产品争夺顾客，而顾客在许多情况下希望使用表现更佳的产品。因此，为了在竞争者中取得领先地位，企业须不断改良产品的品质，并设法让购买者相信品质确已改进，有时企业不妨在成本许可的条件下，以定制的形式满足消费者需要改良的产品，如增加产品的新特性，包括规格大小、重量、材质及附属品等，使产品的多样性、安全性、便利性得以扩大。产品服务在当今国际市场上起到越来越重要的作用，它既是产品的重要附加部分，也是产品的主要组成部分之一。改进或添加新的服务应该属于企业改进产品策略的重要措施，有助于提高产品的竞争能力，使顾客买得放心，用得舒心，这对于扩大产品销售具有极大的促进作用。

3. 改变市场营销组合策略

市场营销环境的改变要求企业具有针对性地改变市场营销组合要素，以延长产品的成熟阶段。其方法是以改变定价、分销渠道和促销方式来提高产品竞争力，增加市场对产品的需求。一些常用的措施有：以降价、优惠、折扣方式进行促销，增加广告支出，改变广告媒体组合，或增加销售人员的数量和质量，加快交货速度，提高服务质量等。

但是这一策略往往易为竞争者模仿，特别是在降价及额外服务方面，使企业的努力难以取得预计的效果。因此，企业必须充分利用自身的优势和结合当地的实际情况，使自己的营销组合策略具有难模仿性，以期获得预期的营销组合的效果和利润。

（四）衰退阶段营销策略

产品进入衰退阶段时，其主要特征表现为产品成熟后期缓慢下降的销售量，产品价格在激烈的竞争中已降至最低点，几乎已无利可图。即使这样，企业仍应认真分析市场形势，采取合适的策略，让产品以合理的方式退出市场(见图 6－8)。

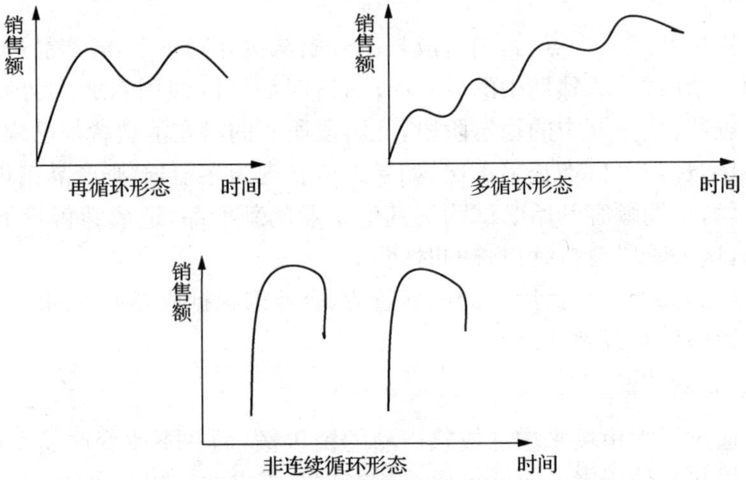

图 6－8　三种常见的不规则产品生命周期形态

1. 继续维持策略

继续沿用以往的策略，按照原来的细分市场，使用相同的分销渠道、价格和促销方式，利用恰当的时机，使这种产品“全身而退”。

2. 收缩榨取策略

产品进入衰退阶段以后，这种产品在某些细分市场上尚有一定的需求。企业可以收缩战线，把资源集中在这些尚有利可图的细分市场和产品上，把促销水平大幅度降低，尽量减少开支，以尽可能地增加利润。

3. 放弃撤离策略

对于市场上确已无利可图的产品，企业应该当机立断，停止生产经营该产品。

不同阶段特点和营销策略如表 6－1 所示。

表 6-1　不同阶段特点和营销策略

	导入期	成长期	成熟期	衰退期
产品	基本形态	花色品种增加质量提高	多样化差别化	产品组合合理化
价格	高	下降	低	稳中有降
促销	高	高	低	低
广告	品牌认知	品牌信誉度	品牌忠诚	选择性广告
分销	选择分销	广泛分销	广泛分销	分销调整
重心	创新	营销	效率	降低成本
销售量	低	快速增长	缓慢增长	下降
利润	负	快速增长	缓慢下降	下降
营销目标	快速进入	提高市场份额	增加利润	撤出产品
竞争者	很少	数目增加	稳中有降	数目减少
差别优势	产品功效	品牌形象	价格服务	价格

第四节　国际新产品开发策略

国际新产品开发的基本目标是寻找投资报酬率最佳的产品，开发最能发挥本企业财务或管理方面优势的产品。

一、新产品的概念和种类

市场营销学中的新产品是从市场和企业两个角度界定的，指某个市场上第一次出现的产品或某个企业第一次生产销售的产品。市场营销意义上的新产品是一个广义的新产品概念，它具体可以包括新发明产品、改进的产品、改型的产品和新的品牌。

小贴士

新产品除包含因科学技术在某一领域的重大发现所产生的新产品外，还包括如下几个方面：在生产销售方面，只要产品在功能或形态上发生改变，与原来的产品产生差异，甚至只是产品单纯由原有市场进入新的市场，都可视为新产品；在消费者方面，则是指能进入市场给消费者提供新的利益或新的效用而被消费者认可的产品。

按产品研究开发过程，新产品可分为全新产品、改进型新产品、换代新产品、仿制新产品、市场再定位型新产品和降低成本型新产品。

（一）全新产品

全新产品是指采用新原理、新技术、新材料，具有新结构、新功能的产品，这种新产品在全世界首先开发，能开创全新的市场，如计算机、电视机、冰箱等产品最初上市时都属全新产品。

(二) 改进型新产品

在原有老产品的基础上进行改进,从而在结构、功能、品质、花色、款式及包装上具有新的特点、新的突破的产品称为改进型产品。

(三) 换代新产品

在原有产品的基础上部分采用新结构、新材料、新技术制造的,使其性能显著提高的产品。如黑白电视机发展到彩色电视机。

(四) 仿制新产品

企业仿制国外已研制生产出来的新产品也称为本企业的新产品。合法的仿制是不能排除的。

(五) 市场再定位型新产品

以新的市场或细分市场为目标市场的现有产品称为市场再定位新产品。

(六) 降低成本型新产品

以较低的成本提供同样性能的新产品,主要指企业利用新技术、改进生产工艺或提高劳动生产率来降低原有产品的成本,但保持原有产品功能不变。

二、国际市场新产品设计、开发的程序

(一) 国际新产品开发的目标和战略

伴随企业外部环境的变迁和企业战略的转换,阶段性新产品开发目标会有所不同,但追求销售额和利润的成长这一大目标是长期不变的,是大多数企业共有的目标。在这个大目标下,企业应依据自身内外部环境的特点制定相应的目标来开发、设计新产品。

(二) 新产品设计、开发程序

国际市场新产品的开发过程是一个复杂的系统工程,它需要营销、开发、生产等各部门的参与,而且风险较大,因此遵循科学的开发程序十分重要。新产品设计开发过程分为八个阶段:构思产生、构思筛选、概念发展和测试、初拟营销计划、商业分析、产品实体开发、市场试销、正式上市(见图 6-9)。

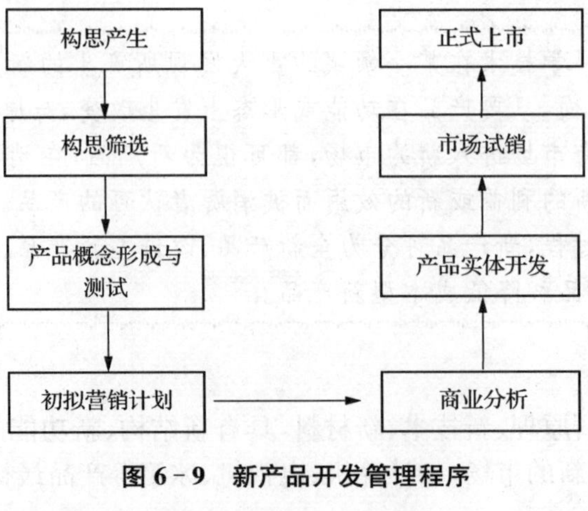

图 6-9 新产品开发管理程序

1. 新产品构思的产生

具体地，国际市场新产品的构思可来源于诸多方面：国外消费者和用户对现有产品的反应以及新的需求，公司技术人员及经理人员，国外经销商和企业海外营销人员，国外科技情报，国外营销调研公司，国际竞争对手的产品启示，国际产品展览会、展销会、博览会，以及政府出版的行业指导手册等。

2. 构思筛选

新产品构思筛选是采用适当的评价系统及科学的评价方法，对各种构思进行分析比较，从中把最有希望的设想挑选出来的一个过滤过程。在这个过程中力争做到除去亏损大和必定亏损的新产品构思，选出潜在赢利大的新产品的构思。构思筛选包括以下两个步骤。首先，要确定筛选标准。其次，要确定筛选方法。对构思进行筛选的主要方法是建立一系列的评分模型。评分模型一般包括以下几方面：评价因素、评价等级、权数和评分人员。其中确定合理的评价因素和适当的权数是评分模型是否科学的关键。影响国际市场新产品开发成功的各主要评价因素可以从企业拓展海外市场目标、技术优势、生产的可能性，产品的国际市场吸引力，产品的赢利能力等方面进行评价，以提高筛选的准确程度。

3. 新产品概念的发展和测试

该产品提供的主要利益是什么？何时使用该产品？新产品概念测试主要是调查消费者对新产品概念的反应。测试的内容如下：产品概念的可传播性和可信度；消费者对该产品的需求程度；该产品与现有产品的差距；消费者对该产品的认知价值；消费者的购买意图；谁会购买此产品及购买频率。

4. 制订营销战略计划

营销战略计划包括三个部分：第一部分是描述目标市场的规模、结构和行为，新产品在目标市场上的定位，市场占有率及头几年的销售额和利润目标等；第二部分是对新产品的价格策略、分销策略和第一年的营销预算进行规划；第三部分则描述预期的长期销售量和利润目标以及不同时期的市场营销组合。

5. 商业分析

在新产品进入正式产品开发阶段以前还需对已经形成的产品概念进行商业分析。商业分析的主要内容是对新产品概念进行财务方面的分析，即估计销售额，估计成本和利润，判断它是否满足企业开发新产品的目标。

6. 产品实体开发

新产品的实体开发是将新产品概念转化为新产品实体的过程，主要解决产品构思能否转化为在技术上和商业上可行的产品这一问题。它是通过对新产品实体的设计、试制、测试和鉴定来完成的。新产品开发过程是对企业技术开发实力的考验，能否在规定时间内用既定的预算开发出预期的产品，是整个新产品开发过程中最为关键的环节。

7. 市场试销

市场试销是对新产品的全面检验，可为新产品是否全面上市提供全面、系统的决策依据，也为新产品的改进和市场营销策略的完善提供启示，但试销也会使企业成本增加。由于产品试销一般要花费一年以上的时间，这会给竞争者提供可乘之机，而且试销成功并不意味着市场销售就一定成功,因为各国及各地区消费者的心理本身不易准确估计,还有竞争的复杂多变等因素,因此企业对试销结果的运用应考虑一个误差范围。

8. 商业化

如果新产品试销达到了预期的结果,企业就应该决定对新产品进行商业性投放。

三、新产品的采用与推广

(一) 新产品的采用过程

新产品的采用过程是潜在的消费者如何认识、试用和采用或拒绝新产品的过程。从潜在的消费者发展到采用者要经历五个阶段,即知晓、兴趣、评价、试用、正式采用。

(二) 新产品的推广

影响新产品推广速度快慢的主要因素是国际目标市场消费者和新产品的特征。

(1) 相对优越性(Relative Advantage),即创新产品被认为比原有产品好。创新产品在功能性、可靠性、便利性、新颖性等方面比原有产品的优势越大,就越容易让消费者采用。

(2) 兼容性(Compatibility),即创新产品与消费者行为及观念的吻合程度。创新产品与消费者的需求结构、价值观、信仰和经验相适应或较为接近时,就容易被迅速采用。

(3) 技术复杂性(Technological Complexity),即认识创新产品的困难程度。创新产品越是难以理解和使用,其采用率就越低。这就要求企业在新产品设计、整体结构、使用维修和保养方法等方面与目标市场的认识程度相接近,尽可能设计出简单易懂、使用方便的产品。

(4) 可试用性(Trialability),即创新产品在一定条件下可以试用,减少购买风险,提高采用率。

(5) 可观察性和可传播性(Observability and Communicability),即创新产品在使用时,是否容易被人们观察和描述,是否容易被说明和示范。

全球视野

健达出奇蛋

"健达出奇蛋"(Kinder Surprise)是一种用巧克力包着精巧玩具的蛋形儿童糖果。该产品于 1972 年首次在意大利亮相。随后,健达出奇蛋很快征服了所有欧洲人的心。1975 年它进入加拿大市场,其创意来自意大利糖果业巨头费列罗(Ferrero)。

当健达出奇蛋刚面世的时候,零食市场主要的品种包括糖果、口香糖、坚果、咸味食品、冰激凌和巧克力。当时市场已细分到一定程度,如今更是有过之而无不及;而巧克力类的品牌更是趋于饱和,市面上的巧克力条不仅大小各异,种类繁多,而且口味齐全,为的是竞相俘获小孩和父母的心。很多时候是父母给孩子购买巧克力,而且他们需要了解和控制孩子的饮食。费列罗很好地把握了这一点。

当公司决定推出一种新的巧克力条产品时,它本可以考虑改变该产品的味道、成分、设计等(纵向的创新思维)。但是,费列罗推出了一个新奇的概念:藏有玩具的巧克力蛋——每颗巧克力蛋里的玩具都是可供儿童收集的一系列玩具中的一员。

巧克力里包玩具?倘若我们考虑在巧克力条市场中寻求创新,玩具会是不合逻辑的选择。我们是糖果制造商,对吧?

健达出奇蛋在电视广告中将自己定位为健康食品——富含热量和碳水化合物。而蛋形的大小给儿童提供了合适的巧克力摄取量。当孩子们打开巧克力蛋时，他们会开始玩起里面的玩具，不再嚷着要更多的巧克力了。这两点使得父母(购买者)相信健达出奇蛋就是他们在众多糖果中的最佳选择。

对儿童而言，健达出奇蛋可谓是一"吃"三得：巧克力、玩具，还有收集飞船、动物、鬼怪等各种玩具的机会。健达出奇蛋通过创造新的糖果亚类重新界定了糖果市场。目前，健达出奇蛋仍是该类的领导者，尚无其他竞争者可以与之抗衡。

要是费列罗推出一款夹花生的巧克力，又能卖出多少呢？充其量不过是占有3%～5%的市场份额而已。也许有些人看不出健达出奇蛋与其他巧克力之间有什么不同。健达出奇蛋在"吃"的需求中加入了"玩"的需求，市场立刻发生了变化。普通巧克力若不做任何改动，是无法满足消费者玩的需求的，而健达出奇蛋做到了。

第五节　国际产品品牌、商标、包装及保证策略

一、国际品牌与商标策略

(一) 品牌与商标的含义

美国营销协会对品牌的定义是：品牌是用来识别一个或一些销售者的产品或服务的，并用以与竞争者的产品或服务进行区别的一个名称、符号、标志、设计或它们的组合。产品品牌由品牌名称和品牌标志两个部分组成。品牌名称是企业给自己的商品或服务起的一个名称，使自己生产或出售的商品或服务易于记忆，并与竞争者生产或销售的商品或服务区别开来。品牌名称是品牌中用语言称呼的部分，如惠普、联想都是著名的电脑品牌名称。品牌标志是品牌中不能直接用语言称呼，但可以被识别的部分，如符号、图案、颜色等。例如，可口可乐以红色作为品牌的部分标志，而百事可乐则以蓝色作为品牌的部分标志。

商标是一个具有法律意义的名词，是产品品牌和品牌标志在政府有关部门登记注册之后，获得专用权而受到法律保护的品牌或品牌的一部分，通常被称为注册商标。

品牌与商标是企业宝贵的无形资产，优质的品牌形象反映商品的质量和内涵，有助于吸引国际消费者，扩大国际市场占有率，在竞争中发挥重要的作用。

2018年5月，全球权威的品牌调研机构Millward Brown发布了年度"BrandZ全球最具价值品牌100强"排行榜，其中前十大品牌价值排名如表6-2所示。

表6-2　2018年5月全球十大品牌价值排名

2018年排名	品　牌	行　业	2018年品牌价值(百万美元)	国　家	2017年排名
1	谷歌	科技	302 063	美国	1
2	苹果	科技	300 595	美国	2
3	亚马逊	零售	207 594	美国	3
4	微软	科技	200 987	美国	4

续 表

2018年排名	品 牌	行 业	2018年品牌价值(百万美元)	国 家	2017年排名
5	腾讯	科技	178 990	中国	5
6	Facebook	科技	162 106	美国	6
7	visa	支付	145 611	美国	7
8	麦当劳	快餐	126 044	美国	8
9	阿里巴巴集团	支付	113 401	中国	10
10	AT&T	电信服务	106 698	美国	14

注:数据来源于 Millward Brown 官方网站。

(二) 品牌和商标设计原则

国际产品品牌和商标的设计除应遵循产品品牌和商标设计的一般性原则,如简单易懂、便于识别、有助记忆、构思独特新颖、引人注目、适应产品性质、便于宣传商品外,还应注重以下设计原则。

1. 符合各国消费者的传统文化和风俗习惯

出口商品的商标设计应注意与各国和地区的文化和习俗相适应,因此,必须充分认识和了解各国消费者对颜色、数字、动物、花卉、图案、语言等方面的喜好与禁忌。

2. 符合国际商标法和目标国商标法的规定

符合国际商标法的规定是国际产品商标设计必须遵循的一个重要原则,主要是遵循保护工业产权的《巴黎公约》和关于商标国际注册的《马德里协定》等。这些国际公约对商标的国际注册、商标权利在不同国家互不牵连、驰名商标的保护、商标的转让以及不能作为商标注册的内容等问题都做出了明确的规定。企业还必须充分了解和遵守目标国有关商标的法规,以避免法律纠纷和蒙受经济损失,并使企业的商标得到目标国的法律保护,如美国采用“商标使用在先”的法律,而我国则是遵循“商标注册在先”的法律。

(三) 国际品牌与商标策略

1. 无品牌与商标策略

使用品牌和商标有助于对产品的宣传,帮助消费者识别本企业产品,但也会给企业增加相应的成本费用。国际市场产品是否采用商标主要应根据产品的性质、消费者购买习惯及权衡使用商标的得失来决定。下列产品通常可采用无商标策略:农、牧、矿业初级产品,电力、煤炭等这些并不会因生产经营者不同而形成不同的特点的产品;消费者购买对习惯上不辨认品牌和商标或无必要选择品牌和商标的产品,如盐、糖及品种繁多的技术含量不高的小商品等。近几年随着国际市场竞争的不断加剧,西方一些企业为了促进销售,吸引顾客,对一些传统无须使用品牌和商标的产品也开始使用品牌和商标,注重包装。尽管成本增加了,但的确起到了好的促销效果。

2. 采用制造商或中间商品牌策略

企业进入国际市场的产品,可采用自己商标,也可采用中间商的商标。企业产品采用制造商的商标,其好处是可以建立起企业的国际信誉,建立消费者对本企业产品的忠诚,为以后扩大销售打下基础。但生产商常常会面临着如何迅速打开国际市场的难题，许多知名度不高、实力不雄厚的企业，为使产品能顺利迅速进入目标国市场，更倾向选择使用经销者的商标。

西方许多批发商、经销商都使用自己的商标。借助经销商的商标信誉可使产品迅速打开销路，但抹杀了企业的功绩，不利于企业在国际市场上的进一步发展。总之，企业在选择商标归属时，应衡量生产者商标和经销商商标的声誉、费用开支、企业的未来发展以及企业进入国际市场的方式等因素。如果企业以间接出口、直接出口方式进入国际市场，通常面临的选择是采取本企业商标或者采用经销商商标；以许可证贸易方式进入国际市场的企业则是由许可方向国外的受证方提供生产制造技术的使用权、专利使用权的同时，提供其商标的使用权。如果企业采用合资和直接投资方式进入外国市场，其产品的商标策略面临以下选择：采用本企业的商标；或采用合作伙伴的商标；或采用合资双方的共同商标；或根据目标国的法规及消费偏好，合资双方可共同设计新的品牌商标。

全球视野

中外零售商自有品牌差异性比较

中国零售商的自有品牌是在改革开放后慢慢发展起来的，经过近年来的努力取得了一定的成绩，但还停留在低质低价阶段，同国外零售商自有品牌相比，仍存在较大差距。

1. 发展规模方面的差异

在西方发达国家，自有品牌商品占有相当大的比重，且呈逐年上升之势。世界著名的零售商 J. C. Penney（彭尼）的自有品牌占总销售额的 40%，Sears Roebuck（西尔斯·罗巴克）占 55%，百货商店 Kohl's 中自有品牌占 20%左右，Target 的服装销售中自有品牌占 80%。而中国大部分零售企业仍以销售制造商品牌商品为主，对零售商自有品牌的认识还处于探索阶段。首先，发展自有品牌的意识仍然很淡薄，国内只有屈臣氏、上海华联、恒源祥等少数信誉和质量较为可靠的零售商自有品牌初具成效，大多数中小企业尚没有自有品牌意识。其次，冠以自有品牌的商品不仅品种少，多集中在食品类等低价值的生活日用品上，而且市场占有率很低。另外，中国消费者对自有品牌的认知度较低，2003 年尼尔森的调查显示，上海消费者购买自有品牌的人数比例只有 15%，这与美国自有品牌协会调查中 75%的信赖度以及英国 56%和法国 38%的数据形成较大差距。

2. 市场管理方面的差异

国外众多零售企业拥有较强的市场与产品开发意识，他们定期利用电脑排列出所有商品的销售排行榜，从中选出较为畅销的商品类别作为自有品牌进行开发、生产，通过收集顾客需要，经过系统分析，将结果快速、准确地传送至供应商那里，以更了解顾客需求的产品优势、具有竞争力的价格优势、连锁经营的分销优势和较低成本的促销优势为手段，赢取市场和利润的双丰收。

与国外零售商相比，中国零售商受传统观念和自身实力的束缚，过分依赖供应商，没有能力或勇气开发自有品牌，从而错失开发良机。也有不少零售商对本企业战略目标和实力的分析不够客观，对本企业在市场中的定位认识不清，盲目开发或随意延伸自有品牌，导致在消费者心目中形象的混乱。许多零售商所做的市场调查不准确或根本就不进行调查，不了解消费者的需求及变化，草率进行目标市场选择和产品市场定位；而且他们过分相信和依赖自身的产品价格优势、渠道优势和企业营销能力,表现为定价方法单一,促销策略僵化,经常出现杀鸡取卵式的市场短期行为,没有将自有品牌作为企业长期战略来考虑。

3. 品牌管理方面的差异

零售商借助于业态创新获取更大发言权,将自身当作品牌来经营时,必须考虑品牌定位、品牌延伸、品牌保护等完整的品牌战略管理。国外零售业品牌管理较为成熟和完善,有的零售企业(如德国的ALDI和英国的Sainsbury)实施多品牌策略,有针对性地进行市场定位;有的零售企业实施统一品牌,借助家族形象帮助新产品迅速打开市场;还有部分零售企业实施公司品牌,强化消费者对零售商的识别。沃尔玛于1992年推出的Great Value品牌从当时的350种商品延伸到现在的1 300多种,它秉承细节营销和整合营销的理念,采用产品创新、包装革新、顾客至上、员工参与等管理方式,成为全球知名品牌。

中国零售企业的自有品牌管理过程缺乏科学性、整体性和长期性。在品牌策略选择时,大多使用企业名称作为自有品牌,不考虑产品形象与企业形象之间的关系和影响,加大了企业信誉风险。一旦创建一个自有品牌便无限制地延伸和过度拓展,放弃必要的品牌需求调研、品牌定位、品牌提升等营销支持。而且忽视自有品牌的产权保护,对自有品牌商标和外观设计只知道使用而忽略注册,一旦被他人抢注,严重损害其品牌价值。

3. 统一品牌商标策略

统一品牌商标策略即企业生产的各种产品都采用同一商标。采用此策略的企业常常具有较强的竞争实力,且该商标在国际市场已获得一定的知名度和美誉度。采用统一商标的产品具有较高的相同质量标准。此外该商标的名称或标识必须符合目标国的法规和风俗习惯。例如,日本东芝家用电器公司,其全部产品均采用"TOSHIBA"这一品牌;我国海尔集团的系列产品空调、彩电、冰箱等也全部采用"海尔"这一品牌。统一品牌策略有利于企业利用品牌已取得的声誉扩大企业的影响,有利于企业将其他新产品带入国际市场或扩大原有产品的国际市场份额,同时还可节约品牌及商标设计和广告促销的费用。

4. 个别品牌商标策略

企业根据不同产品的性质和特点采用不同的商标。此策略有助于消费者从商标上区分商品的档次、质量和价格差异,以满足不同消费者的需求,在市场机会发生变化时,可以分散企业的风险。在国际市场上运用个别商标策略的缺点也十分显著,对每一商标都必须分别做广告,其促销费用过大;一种产品采用一种商标,造成信息多,不便记忆,不利于企业树立统一的国际形象。因此,企业须根据企业规模、实力及企业已有的国际形象等谨慎选择品牌商标策略。

5. 同一产品的国际品牌商标策略

对于出口到不同国家或地区的同一产品,企业往往面临着是采取单一的国际品牌还是在不同国家或地区分别采用不同的品牌这两种策略的选择。选择单一的国际品牌的理由是:为世界市场创造一种优秀的品牌或商标比为各国市场创造品牌要容易得多。首先,在所有国家使用同一品牌可以取得促销的规模经济效益。其次,当今世界由于信息技术的快速发展,国际互联网在全球的开通,广告媒介的跨国界传播信息,都将促使企业使用单一品牌,有利于企业产品信息的传递,如许多把奥林匹克运动会作为促销机会的公司,如果没有统一的国际品牌或商标，将影响其促销效果。最后，由于各国消费者的跨国旅游日趋频繁，采用单一品牌便于消费者认出企业的品牌。

但是采用单一的国际品牌和商标也会遇到许多意想不到的阻力，需要设计者充分考虑国际市场消费者的消费需求共性，避免与各国的风俗习惯、宗教信仰、禁忌等相冲突。同一产品在不同的国家和地区采用不同的品牌和商标，其目的是为了迎合目标市场的风俗习惯和消费偏好，以增加品牌和商标的促销效果。

二、国际市场产品包装策略

（一）国际市场出口包装设计的基本要求

国际市场产品包装设计是一项技术性和艺术性很强的工作，应做到美观、实用、经济，具体要求如下。

1. 准确传递商品信息

世界各国一般都对产品包装上应标识的内容有明确的规定，如生产日期、重量、保质期等，企业应如实注明。另外，包装上的文字、图案、色彩均应与商品的特色和风格相一致。切忌包装物上的说明、彩色图片等夸大商品的性能、质量，金玉其外、败絮其中的包装要严格禁止。

2. 包装应与商品价格相适应

包装物的价值应与商品价值相配套，如高级珠宝应配以高档包装，以烘托商品的名贵。如果包装物的价值超过商品本身的价值则会引起消费者反感，从而影响销售。

3. 考虑国际目标市场的需求

进入国际市场的产品包装要考虑各个国家和地区的储运条件、分销时间的长短、气候状况、消费偏好、销售条件、环境保护、风俗习惯、审美观、收入水平及各国的法律规定等，如在非洲和拉丁美洲一些国家，由于道路状况不太理想，用玻璃作为包装材料则不太适用。在一些发展中国家，包装消费品在分销渠道中滞留的时间可长达六个多月，而在美国只需两三个月，这样对包装质量要求不同。出口到热带国家的食品的包装则重点要考虑产品的保质问题，以避免炎热的气候环境而导致产品变质。包装规格也要因国而异，在低收入的国家消费者更习惯于数量少的包装。在某些国家，环境保护主义者对包装材料是否造成环境污染十分关注。此外，产品包装还需考虑各国零售商的需要。

（二）产品包装策略

1. 类似包装策略

企业对其生产的各种产品都采用相同图案、近似的色彩、相同的包装材料和相同的造型进行包装，便于顾客识别出本企业产品。类似包装可以促进销售、节约费用。但若企业产品的品质相差过大，则不宜采用这种包装策略。

2. 配套包装策略

按各国消费者的消费习惯，将数种有关联的产品配套包装在一起成套供应消费者购买、携带和使用；同时还可扩大产品的销售。例如，茶杯、茶壶的包装，家用器皿的组合包装等，这样的包装方便消费者购买，携带和使用，有利于企业增加销售量。

3. 再使用包装

再使用包装指包装内的产品使用完后,包装物还有用途。例如,精美的食品盒可以做装饰物,药品包装可以做茶杯,精巧的酒杯可作花瓶。这样可以起到广告宣传作用。

4. 附赠包装策略

附赠包装策略即在商品包装物内附赠奖券或实物,或包装本身可以换取礼品,吸引顾客的惠顾效应,导致重复购买。特别是针对儿童、妇女用品的附赠能起到促销作用。

5. 改变包装策略

改变包装策略即改变和放弃原有产品的包装,改用新的包装。采用新的包装可弥补原包装的不足,企业在改变包装的同时必须配合做好宣传工作,以消除消费者以为产品质量下降或其他的误解。

三、国际市场产品的保证策略

产品的保证策略包括产品的担保与服务。

(一) 产品担保策略

产品担保是卖方向买方提供的对产品质量的承诺,即保证消费者对购买本企业产品的期望效用的实现,如果发现产品的功效达不到规定的要求,买方有权要求退换或卖方负责修理。产品担保往往是受到政府强制的行为,它可使买方消除承担产品质量风险的顾虑,增强对产品的信心,从而产生购买行为。企业为消费者提供良好的产品担保不仅能达到促销效果,也是现代企业竞争的一个强有力的工具。

产品担保的内容会因企业、产品、市场的差异而有所不同,但通常应包括以下内容:产品的基本效用、对产品进行维修的方法和地点、对产品各部件的保证期限等。国际市场产品担保策略包括最低担保策略和附加担保策略。最低担保策略是对目标市场提供当地法律所要求的最低限度的产品担保。附加担保策略是指企业除提供最低担保以外,还额外提供更为苛刻的担保条件,让消费者利益得到更大限度的保护。在竞争激烈的市场中,提供额外担保可以吸引更多的顾客,但会增加企业成本。

(二) 服务策略

服务是企业通过送货、安装、调试、维修、人员培训等方式来保证产品功能的正常发挥,使产品担保条款得以落实,实现对消费者的承诺的营销手段。消费者购买国外产品的最大顾虑便是担心售后服务得不到保证。事实上,有许多企业因对出口产品在国外市场的担保和服务不够,而导致本来倾向本企业产品的消费者流失。良好的售前、售中和售后服务是企业在国际市场上的重要竞争手段,它有助于消除消费者的顾虑,赢得大量的消费者。通常企业为消费者提供以下内容的服务:向消费者提供产品和企业信息,帮助消费者了解和选购产品;为消费者提供业务技术咨询,帮助消费者了解产品性能、正确的使用方法、产品的保养、维护等方面的知识;产品的安装、调试、维修与备品配件供应;及时处理用户的来信、来电及来访,及时处理各类问题;产品质量的保证服务,为顾客提供信用服务;还可根据用户的特殊要求提供特殊的服务。

国际市场的产品服务还会面临着以下几个问题的决策。

1. 由谁实施产品服务

当企业产品在国外市场拥有较高的市场占有率并且销售量极大时，企业可选择在国外设立自己的维修服务网，直接为当地消费者提供服务。对于一些高技术产品、成套设备、精密仪器等，企业可与国外用户保持经常联系，定期上门检修。若企业产品的国际市场销售面广，企业不可能在每个市场都设立维修服务网时，可委托国外的经销商或代理商向顾客提供服务，也可由企业与经销商或代理商联合共同向顾客提供服务。

2. 维修服务人员的培训

对各国或地区市场维修服务人员的培训计划有三种方式：邀请各地经销人员到本企业接受培训，这一方式适用于接受训练的人不多、语言障碍较小、培训内容复杂的情况；由企业选派技术人员到各国或地区市场培训人员；在某些主要市场建立固定的培训中心，对其区域内的服务网点人员进行轮流培训。

3. 国外维修服务网点、零配件的供应

随时为国外维修服务网点提供适量的零配件，既能保证维修服务业务的正常顺利进行，又可为企业减少运输、保管等系列成本费用。这需要企业科学地测定和推算各种零配件的使用率，对零配件的运输方式、运输时间都要做出精心的安排。

知识拓展

发展国际品牌的步骤

发展一个国际品牌并不存在神秘的公式，但是有证据表明某些方法更能提高成功的概率。下面的步骤虽然不一定总是有效，但却是十分实用的。

1. 准备基本条件

将一个弱小的地区性品牌转变成一个国际品牌存在一些基本的要求。在这些条件成熟之后，可以向品牌全球化方向迈进。

(1) 持久的竞争优势。

企业必须高度客观性地评估本品牌与其所有的在市场中可能遇到的竞争对手相比，具有哪些差别化优势。

(2) 一定的经济规模。

生产成本函数并不是线性的，也就是说，成本并不总是随着产量的上升而稳定地下降。在短期内成本会急剧上升。因此，必须弄清楚当实现何种预期的国际销售水平时成本会达到一个有竞争力的水平。

(3) 细分市场的规模。

各地的细分市场不一定要有同样的规模，但是每一细分市场都必须足够大，才能支持品牌进入足够多的市场。

(4) 全球化组织的保障。

实施全球营销必须对企业进行组织结构的调整。无论是集权还是分权，都必须将组织的资源集中起来。在一个集权的组织机构里，中心品牌小组制定发展战略，然后这一战略传递到所有目标国家实施。在一个分权的组织结构中，可以让一个品牌小组负责一个国家的品牌发展过程。

2. 界定品牌资产,发展品牌战略

在企业已全面了解的本地市场、能够发挥企业优势的市场或竞争激烈的市场(能产生对企业创造、发明和效率的激励作用),界定品牌资产并发展整体品牌战略。这并不意味着忽视全球市场的消费者,而是使用一个特定的市场来检验品牌战略的有效性。

(1) 了解消费者。

深入了解及瞄准消费者的需要,全面分析当时市场上的竞争对手形势。这也涉及企业组织的人员配备,必须由懂市场、懂语言、懂文化的人组成。1985 年,美国宝洁公司对亚洲市场进行广泛的消费者调查测试发现,消费者真正想要的是健康亮丽的头发,于是"潘婷"品牌定位于"拥有健康,当然亮泽"。

(2) 定义品牌资产。

准确了解品牌所代表的东西所能延伸的范围与界限。"护舒宝"是宝洁公司所拥有的世界强势品牌之一,它确定的基本性能资产是"一种更清洁更干爽的呵护感觉"。

(3) 设计整体品牌战略。

设计整体品牌战略包括界定品牌精髓、价值观、特点、差异性、定位、个性、目标市场区域和营销组合。

3. 检查目标市场

对所有重要的目标市场进行检查,以确定哪些因素会对品牌的营销组合产生影响和制约作用。比如消费者原有的偏好可能会抵制新品牌的短期销售增长,已占有当地市场的地方企业对外来竞争会予以强烈的反击,当地政府的某些政策法规不能通融等等。

"潘婷"在品牌全球化过程前期,挑选数个国家做实地市场测试,先在美国和中国台湾推出广告活动,吸取当地市场经验。

4. 检查营销组合

为了适应市场而做必要的变通时,要检查重要市场中所有的营销组合要素。视情况对产品特色、品牌要素、标签、包装、颜色、材料、价格、销售促进、广告(主题、媒介和执行)等方面做相应的调整。

所有的调整要以市场测试结果为前提,不能主观臆断。多芬香皂曾打入许多国家,但是公司很清楚这个词在意大利语中是"哪儿"的意思,这看上去好像不太合适。但市场反应表明,这并不是一个障碍。

在调整营销组合要素时要注意品牌识别系统的金字塔结构,品牌价值是最根本的要素,不能随意变动。

5. 挑选国家,迅速扩张

这是一个复杂的选择过程,涉及对很多国家的详细分析。总的目标是要保证品牌在国际市场中获得高度的市场占有率。比如,若以欧洲为总市场,则不得不先进入德国、法国、意大利、英国和西班牙等市场;若一开始就以全球为总市场,则应先进入南亚和欧洲等市场。

对于品牌首次上市是在原产国还是在其他国家、进入多少个国家、具体是哪些国家等诸多策略性问题,要根据产品的性质、市场和竞争情况做出权衡。不过,要使利润最大化,应该在尽可能快的时间内向尽可能多的国家同时推出这一品牌,以免给竞争者留下"复制"的时间。

6. 不断创新，维护品牌资产优势

不断深入地了解消费者的内在心理和需要，开发更新的技术和生产方法。宝洁公司的经验表明这一点对维护品牌的持久生命力十分重要。它通过更深的消费者洞察、新的技术或新的制造科学等不断推出更新产品。

本章小结

1. 了解产品整体概念及分类，产品组合策略的含义及其宽度、长度、深度和相关性；
2. 了解产品组合的调整和优化，掌握产品生命周期理论及策略；
3. 了解品牌、商标、包装策略的内容以及新产品开发、采用、扩散等相关内容。

课后习题

【名词解释】

产品标准化策略　差异化策略　产品生命周期　撇脂渗透

【简答题】

1. 如何理解国际市场营销中产品的概念？
2. 消费品营销决策要注意什么问题？
3. 什么是产品生命周期和国际产品生命周期？
4. 同一产品的国际品牌商标策略有哪些？
5. 国际市场出口包装设计的基本要求有哪些？

案例分析

“我们不生产水，我们只是大自然的搬运工。”农夫山泉天然饮用水是凭借纯天然无添加的差异化而成功上市的。

依照我国《饮料通则》(GB 10789—2007)的定义，“其他天然饮用水”目前尚未有国家标准，因此产品的质量系依照企业标准或当地的地方标准来保障。农夫山泉占据四大优质的天然饮用水源——浙江千岛湖、吉林长白山、湖北丹江口、广东万绿湖。只经简单过滤，不改变水的本质，保有水源天然特征指标。由于来自天然水源保护区，因此水源的保护非常重要，农夫山泉公司与当地政府都签订了水源保护协议，保证工厂不会造成水源的二次污染，也配合国家政策积极从事水源保护工作，以免水质不稳定造成产品发生质量问题。

农夫山泉一开始就树立了绿色、纯天然的、健康的品牌形象。采用山清水秀的形象，把产品品牌形象定位到大自然风格上，富于个性化。农夫山泉水质天然、水源无污染。从不使用城市自来水，每一滴农夫山泉都有其源头，坚持水源地建厂，水源地生产。只生产天然弱碱性的健康饮用水，坚决反对在水中添加任何人工矿物质。

当前的人们，尤其是年轻人追求个性化、提倡标新立异。无疑，市场上的矿泉水都有添加剂的味道,但是农夫山泉无任何异味,特别是由于来自天然山水,细细品尝还有点甜味。具有普通水无法比拟的天然优势,再加上好的工艺,较少的添加剂,导致水喝到口中,有种甜丝丝的味道,十分独特。所以,“农夫山泉有点甜”。

采用自动灌装系统,瓶子第一次消毒后进入无菌灌装间。从第二次消毒、排瓶、进瓶、冲洗、加盖、压盖、外检、塑封、包装生产工艺一次完成。运动瓶盖也成了差异化的记忆点。农夫山泉应用包装创造差异,1998 年 6 月上海一家媒体曾以“水战”胜机在瓶盖为题阐述了瓶盖在矿泉水市场竞争中的重要性,并传播“运动瓶盖”把农夫山泉引向成功的盖子。“运动盖”吸引了更多的市场注意力,特别是目标中小学生的注意力。超市的货架上,在琳琅满目的饮用水产品中,农夫山泉依据自己的独特红色,自然的瓶身,往往显特别引人注目。农夫山泉的包装分为三种主要特色:鲜艳的红色,热情大方;Logo 为四个大字,突出品牌名;上方为水源地标志,山清水秀,自然绿色。

在消费者心中,农夫山泉不仅水质好,自然、健康而且还有浓厚的亲近感。

思考题:

1. 农夫山泉整体产品包括哪些层次?
2. 农夫山泉的差异化主要体现在哪几个方面?

武汉理工大学
精品在线开放课程
教学视频一第六章

第七章 国际市场营销的价格策略

【学习目标】

了解影响国际商品价格及变化的因素;国际市场产品定价的基本方法和策略;企业调价的原因和具体策略。

案例导入

优步、滴滴合并,打车价格"上涨"

2018年8月1日,滴滴出行突然宣布收购优步中国,两者将共同为用户提供便捷的出行服务。滴滴优步的合并应该是经过了漫长的谈判和协商,从2014年优步正式宣布入华以来,滴滴与优步在国内展开了数轮价格战,补贴、减免、返券一波接着一波,打得不可开交,很难想象曾经的死对头如今变成了一家人。

据了解,本次合并是由双方的投资人牵头,他们迫切希望赶快中止无尽的烧钱和亏损状态,合并是目前看来的最佳解决方案。根据此前Uber CEO透露的数据,仅2015年优步中国的亏损额就超过了10亿美金。虽然滴滴方面没有明确说出过用于补贴的金额,但这个数字肯定也不会低。在数轮融资之后,无论是滴滴还是优步,背后的投资方都不忍再看到自己的钱就这么被烧掉。

恰逢《网络预约出租汽车经营服务管理暂行办法》(以下简称《办法》)颁布,网约车的身份被肯定,私家车也可以上路载客了,涨价在情理之中。在合并之后,滴滴方面曾表示:"未来很长一段时间内仍将以最大限度提升用户出行体验为业务方向之一,在相当长的时间内,针对乘客的红包补贴和司机的奖励将继续发放。"但恐怕实现起来不那么容易。

首先,《办法》中规定:网约车运价实行市场调节价,城市人民政府认为有必要实行政府指导价的除外。这意味着网约车的价格不会再像之前那么任性了,过低的价格会被认作是扰乱正常市场秩序。

其次,滴滴与优步的合并后将是国内最大的出行平台,在市场占有率上有绝对优势,在定价方面也更有话语权。其实在合并之前用户就已经发现滴滴、优步、神州等出行平台都悄悄地调高了价格,从补贴比拼过渡到了服务、口碑比拼。

合并之后,媒体关心的是两者未来的发展,盈利的模式,以及对整个出行市场的影响,但乘客关心的是会不会涨价。有竞争的市场才是健康良性的市场,但显然最初那种近乎疯狂的补贴并不是正当的竞争手段,价格回归到正常水平是大势所趋,也许用户们不习惯,但从长远来看对市场对用户都是有利的。

(资料来源:改编自 http://www.sohu.com。)

第一节　影响产品定价的因素

一、定价目标

任何企业都不能孤立地确定价格,而是必须按照企业的目标市场战略及市场地位战略的要求来进行。假如企业管理人员经过慎重考虑,决定为收入水平高的消费者设计、生产一种高质量的豪华家具,那么这样选择目标市场和定位就决定了该产品的价格要高。此外,企业管理人员还要确定一些具体的经营目标,如利润额、销售额、市场占有率等,这些都对企业定价具有重要影响。企业制定的每一个价格对其利润、收入、市场占有率也均有不同的含义。所以,公司的营销目标是影响公司定价的一个首要因素。不同公司的营销目标,或同一个公司不同时间的营销目标是多种多样极其不同的,但归结起来,最通常的目标有以下几种。

(一) 维持生存

当企业经营管理不善,或由于市场竞争激烈,顾客的需求偏好突然发生变化等原因,而造成产品销路不畅、大量积压、资金周转不灵,甚至濒临破产时,企业只能为其积压了的产品定低价,以求迅速出清存货,收回资金。但这种目标只能是企业面临困难时的短期目标,长期目标还是要获得发展,否则企业将面临破产。

(二) 当期利润最大化

在正常情况下,每个公司都要追求一定的利润目标,这些目标通常是以投资收益率或资产收益率来评估的。公司欲从中选择的利润目标一般有以下三种:① 长期利润目标,此时公司制定正常的行业价格,但生产优质的产品,将来可渗透到竞争者的市场中去;② 最大当期利润目标,公司一般根据已知的需求和成本情况,制定一个在当季或当年可获得最大利润的价格;③ 固定的利润目标,此时公司往往制定一个具体的利润目标,这样可保证公司获得一定固定的投资收益。

有些企业希望确定一个能使当期利润最大化的价格。他们先估计需求和成本,然后据此选择一种价格,使之能产生最大的当期利润、现金流量或投资报酬率。该目标的前提条件是企业对其产品的需求函数和成本函数有充分的了解,因而可借助需求函数和成本函数制定确保当期利润最大化的价格。

(三) 市场占有率最大化

有些企业想以此为目的为公司获得占统治地位的市场占有率,即实现市场占有率最大化,往往就把价格尽可能定得最低,以便把竞争者的顾客吸引到自己这边来,使自己产品在市场上的占有率达到绝大多数的份额。他们之所以这样做,是认为享有最大市场占有率的公司可把成本降到最低,并获得最大的长期利润。实际上也是这样,随着市场占有率的不断提高,公司可以积累更多的生产和营销经验，从而使成本大大降低，而成本的降低则可进一步导致利润的增加。

企业也可能追求某一特定的市场占有率。例如，企业计划在一年之内将其市场占有率从10%提高到15%。为了实现这一目标，企业就要确定相应的市场营销计划和价格决策。当具备下述条件之一时，企业就可考虑通过低价来实现市场占有率的提高。

(1) 市场对价格高度敏感，因此降价能刺激需求的迅速增长。

(2) 生产与分销的单位成本会随着生产经验的积累而下降。

(3) 价格能击退现有的和潜在的竞争者。

(四) 产品质量最优化

企业也可以考虑产品质量领先这样的目标，并在生产和市场营销过程中始终贯彻产品质量最优化的指导思想。一些公司为了在市场上树立一个产品质量最优的形象，往往在生产成本、产品开发研究以及促销方面投入较大。为补偿这些支出，他们通常都给自己的产品或服务制定一个较高的价格。这种较高的价格反过来又进一步提高了产品的优质形象，增加了对追求高档产品的那部分高消费者的吸引力。

这就要求用高价格来弥补高质量和研究开发的高成本。产品优质优价的同时，还应辅以相应的优质服务。

全球视野

柯达的"反击战"

柯达公司生产的彩色胶片在20世纪70年代初突然宣布降价，立即吸引了众多的消费者，挤垮了其他国家的同行企业，柯达公司甚至垄断了彩色胶片市场的90%。到了80年代中期，日本胶片市场被"富士"所垄断，富士胶片压倒了柯达胶片。对此，柯达公司进行了细心的研究，发现日本人对商品普遍存在重质不重价的倾向，于是制定高价政策打响牌子，保护名誉，进而实施与富士竞争的策略。他们在日本发展了贸易合资企业，专门以高出富士1/2的价格销售柯达胶片。经过五年的努力和竞争，柯达终于被日本接受，走进了日本市场，并成为与富士平起平坐的企业，销售额也直线上升。

二、成本因素

成本核算在定价中十分重要。产品销往的地域不同，其成本组成也就不同。出口产品与内销产品即使都在国内生产，其成本也不会完全一样。如果出口产品为了适应国外的度量衡制度、电力系统等其他"要求"而做出了改动，产品成本就可能增加；反之，如果出口产品被简化或者去掉了某些功能，生产成本就可能降低。

某些相同的成本项目对于国际营销与国内营销两者的重要性可能差异很大，如运费、保险费、包装费等在国际营销成本中占有较大比重。而另外一些成本项目则是国际营销所特有的，如关税、报关、文件处理等。现在我们将对国际营销具有特殊意义的成本项目分别进行说明。

(一) 关税

关税是当货物从一国进入另一国时所缴纳的费用，它是一种特殊形式的税收。关税是国际贸易最普通的税收之一，它对进出口货物的价格有直接的影响。征收关税可以增加政府的财政收入和保护本国市场。关税额依据关税税率计算金额大小，可以按从量、从价或混合方式征收。事实上,为产品缴纳的进口签证费、配额管理费等其他管理费用也是一个很大的数额,成为实际上的另一种关税。此外。各国还可能征收交易税、增值税和零售税等,这些税收也会影响产品的最终售价。不过,这些税收一般并不仅仅是针对进口产品。

全球视野

化妆品的关税

中国对化妆品征收高额税收。假设某化妆品国外售价100元,首先征40%关税。到了中国就变成140元,再加上30%的进口消费税,价格就变成182元,再加上17%的增值税,价格就超过200元。

比如某爽肤水美国标价16美元,还有15%的折扣,按2013年8月15日汇率折算,折合人民币约86.34元。8月国内乐蜂网限时直降时标价为人民币189元。

(二)中间商分销成本与运输成本

各个国家的市场分销体系与结构存在着很大的差别。在有些国家,企业可以利用比较直接的渠道把产品供应给目标市场,中间商负担的储运、促销等营销职能的成本也比较低。而在另外一些国家,由于缺乏有效的分销系统,中间商进行货物分销必须负担较高的成本。

出口产品价格还包括运输费用。据了解,全部运输成本约占出口产品价格的15%左右,可见,运输费用是构成出口价格的重要因素。

(三)风险成本

在国际营销实践中,风险成本主要包括融资、通货膨胀及汇率风险。由于货款收付等手续需要比较长的时间,因而增加了融资、通货膨胀以及汇率波动等方面的风险。此外,为了减少买卖双方的风险及交易障碍,营销过程经常需要银行信用的介入,这也会增加费用负担。这些因素在国际营销定价中均应予以考虑。

三、供求关系

产品的竞争可能会使产品的价格跌到价值以下。反过来,如果供给不变,需求量增加,买方的竞争可能会使产品价格高于产品价值。因此,供求关系是使价格围绕价值上下波动的因素。以菜刀为例,如果生产者在一定的时期把10万把菜刀供应给市场,每把平均价值10元,而社会上对菜刀的需求量也是10万把,供给等于需求,菜刀就会按价值出售。如果需求不变,菜刀的供给增加,比如生产出12万把,就会把菜刀的价格降到价值以下。如果供给不变,菜刀的需求增加,比如市场需求为12万把,就会把菜刀的价格提到价值以上。这种情况的出现,也会刺激菜刀的生产,使供给增多,需求减少,从而使价格下跌。

产品的最高价格取决于该产品的市场需求,产品的最低价格取决于该产品的成本费用。在最高价格和最低价格的幅度内,企业能把产品价格定多高,则取决于竞争者的同种产品的价格水平。可见,市场需求、成本费用、竞争产品价格对企业定价有着重要影响。而需求又受价格和收入变动的影响。因价格与收入等因素而引起的需求的相应的变动率叫作需求弹性。需求弹性分为需求的收入弹性、价格弹性和交叉弹性。

企业制定的每一种价格都会产生不同的需求水平。通常情况下,产品的需求量与产品价格成反比(根据需求定律。当然,对于某些高档名牌产品来说,其需求量与价格可能成正比)。

因此，需求决定产品价格的上限。

（一）需求的收入弹性

需求的收入弹性（Income Elasticity of Demand）是因收入变动而引起的需求的相应的变动率。有些产品的需求收入弹性大，这意味着消费者货币收入的增加导致该产品的需求量有更大幅度的增加。一般来说，高档食品、耐用消费品、娱乐支出的情况是这样的。有些产品的需求收入弹性较小，这意味着消费者货币收入的增加导致该产品的需求量的增加幅度较小。一般来说，生活必须支出的情况是这样的。也有的产品的需求收入是负值，这意味着消费者货币收入的增加将导致该产品需求量的下降。例如，某些低档食品、低档服装就有负的需求收入弹性，因为消费者收入增加后，对这类产品的需求量将减少，甚至不再购买这些低档产品，而转向购买高档产品。

（二）需求的价格弹性

需求量对价格变动的反应敏感程度称为需求的价格弹性（Price Elasticity of Demand）。

价格会影响市场需求，在正常情况下，市场需求会按照与价格相反的方向变动。价格升高，市场需求就会减少；价格降低，市场需求就增加。所以，需求曲线是向下倾斜的，这是供求规律发生作用的表现，但也有例外情况。例如，香水提价后，其销售量有可能增加。当然，如果香水的价格提得太高，其需求和销售将会减少。

因为价格会影响市场需求，所以企业确定的价格高低会影响企业产品的销售，进而会影响企业市场营销目标的实现。因此，企业的市场营销人员在定价时必须知道需求的价格弹性及了解市场需求对价格变动的反应。换言之，需求的价格弹性反映需求量对价格的敏感程度，如果按需求变动的百分比与价格变动的百分比之比值来计算，那么需求的价格弹性意味着价格变动百分之一会使需求变动百分之几。

在以下情况下，需求可能缺乏弹性。

(1) 市场上没有替代品或者没有竞争者。

(2) 购买者对高价格不在意。

(3) 购买者难以改变购买习惯，也不积极寻找较便宜的东西。

(4) 购买者认为产品质量有所提高或者存在通货膨胀等，所以认为价格较高是应该的。

如果某种产品不具备上述条件，那么这种产品的需求就有弹性。在这种情况下，企业应考虑适当降价，以刺激需求、促进销售和增加销售收入。

（三）需求的交叉弹性

在为产品大类定价时还必须考虑各产品项目之间相互影响的程度。产品大类中的某一个产品项目很可能是其他产品的替代品或互补品，同时，一项产品的价格变动往往会影响其他产品项目销售量的变动，两者之间存在着需求的交叉价格弹性（Cross-Price Elasticity of Demand）。交叉弹性可以是正值，也可以是负值。如为正值，则此两项产品为替代品，表明一旦产品 Y 的价格上涨，则产品 X 的需求量会增加；相反，如果交叉弹性为负值，则此两项产品为互补品，也就是说，当产品 Y 的价格上涨时，产品 X 的需求量会下降。

所谓替代性需求关系，是指在购买者实际收入不变的情况下，某项产品价格的小幅度变动将会使其关联产品的需求量出现大幅度的变动。而互补性需求关系，则是指在购买者实际收入不变的情况下，虽然某项产品价格大幅度地变动，但其关联产品的需求量并不发生太大的变化。

四、市场竞争结构

企业必须采取适当方式,了解竞争者所提供的产品质量和价格。企业获得这方面的信息后,就可以与竞争产品比质比价,更准确地制定本企业产品价格。如果两者质量大体一致,则两者价格也应大体一样,否则本企业产品可能卖不出去;如果本企业产品质量较好,则产品价格可以定得较高;如果本企业产品质量较差,那么,产品价格就应定得低一些。企业还应看到,竞争者也可能随机应变,针对其他企业的产品价格而调整其价格;也可能不调整价格,而调整市场营销组合的其他变量,与其他企业争夺顾客。当然,对竞争者价格的变动,企业也要及时掌握有关信息,并做出明智的决定。

为便于研究市场经济条件下的企业定价,有必要将市场结构进行划分。划分依据主要有三个:一是行业内企业数目;二是企业规模;三是产品是否同质。假定企业以追求最大利润为目标,并且管理人员了解本企业产品的成本费用与需求情况,这样,市场结构便可划分为完全竞争、垄断竞争、寡头竞争、完全垄断四种类型。我们将分别考察不同市场结构下的企业定价问题。

在由需求决定的最高价格与由成本决定的最低价格之间,企业能把价格定多高,则取决于竞争者同种产品的价格水平。因此,企业应该将自己的产品与竞争产品比质比价。

(一) 完全竞争

完全竞争的市场必须具备以下六个条件:

(1) 市场上有许多卖主和买主,他们买卖的商品只占有商品总量的一小部分。

(2) 他们买卖的商品都是相同的。

(3) 新卖主可以自由进入市场。

(4) 卖主和买主对市场信息尤其是市场价格变动的信息完全了解。

(5) 生产要素在各行业之间有完全的流动性。

(6) 所有的卖主出售商品的条件(如运送物品条件、包装、服务等)都相同。

如果只具备前三个条件,这种市场形势叫作纯粹竞争。只有完全具备上述六个条件,才能叫作完全竞争。

在完全竞争条件下,企业只能按照市场价格出售其产品。对于任何个别企业来说,其产品的价格弹性为无穷大,只要其产品售价超过市场价格,其需求便会减少至零。其需求曲线是水平的,同时,需求曲线也是平均收益曲线和边际收益曲线。此时,企业依据边际成本等于边际收益的法则决定其产量。不过,边际收益实际上也就是市场价格。就短期而言,这一特定价格可能高于平均总成本,故企业可获得超额利润。但就长期而言,会吸引更多企业进入该行业或现有企业扩大生产规模,最后必将使市场价格下降至最低平均总成本,从而达到长期均衡状态。

事实上,在完全竞争的条件下,没有哪一个卖主或买主对现行市场价格能有很大影响。如果某一个卖主的产品价格高于市场价格,买主就不买他的产品,因为买主对市场信息完全了解,而且其他卖主的产品也相同。同样,卖主没有必要降低产品价格,以低于市场价格的价格出售产品,因为他们按照现行市场价格就能卖掉其全部产品。如果价格和利润上升,新卖主能很容易地进入市场。因此在完全竞争的市场,卖主和买主只能按照由市场供求关系决定的市场价格来买卖商品。这就是说,在完全竞争条件下,卖主和买主只能是价格的接受者,而不是价格的决定者。在完全竞争的市场,卖主无须花很多时间和精力去从事市场营销研究、产品开发、定价、广告、宣传、销售促进等市场营销工作。

（二）垄断竞争

垄断竞争是一种介于完全竞争和纯粹垄断之间的市场形式，既有垄断倾向，同时又有竞争成分，因而垄断竞争是一种不完全竞争。

在垄断竞争的市场上有许多卖主和买主，但各个卖主所提供的产品有差异，有些是质量、花色、式样和产品服务的差别。有些不同品牌的产品，虽然实质上没有什么差异，但购买者因受广告、宣传、商品包装的影响，在主观和心理上认为它们有差异，因而有所偏好，愿意花不同数额的钱购买。由于各个卖主所提供的产品在实质上有差异或购买者在心理上认为它们有差异，其需求曲线不是水平的，因此，各个卖主对其产品有垄断性，能控制其产品价格。这就是说，在垄断竞争的条件下，卖主已不是消极的价格接受者，而是强有力的价格决定者。

在不完全竞争的条件下，卖主定价时广泛地利用心理因素。在这种条件下，产品差异是制造商控制其产品价格的一种主要战略。例如，不同企业所生产的阿司匹林实质上都是一种东西，但不同品牌的药品制造商千方百计地通过广告宣传和包装等来影响广大消费者，使消费者在心理上认为它们有差异，因此，不同品牌的阿司匹林价格有所不同。

在垄断竞争条件下，各个企业依照边际成本等于边际收益的原则决定其产量和价格。不过，在短期状态下，企业有赚取超额利润的可能。但是，在长期状态下，由于新加入该行业的企业的竞争压力，会使需求曲线向左下方移动，从而使超额利润降低为零。

（三）寡头竞争

寡头竞争是竞争和垄断的混合物，也是一种不完全竞争。我们知道，在垄断竞争的条件下，市场上有许多卖主，他们生产和供应的产品不同。在寡头竞争的条件下，在一个行业中只有少数几家大公司（大卖主），它们所生产和销售的某种产品占这种产品的总产量和市场销售总量的绝大部分比重，它们之间的竞争就是寡头竞争。显然，在这种情况下，它们有能力影响和控制市场价格。在寡头竞争的条件下，各个寡头企业是相互依存、相互影响的。各个寡头企业调整价格都会马上影响其他竞争对手的定价政策，因而，任何一个寡头企业做出决策时都必须密切注意其他寡头企业的反应和决策。

寡头竞争的形式有两种。

1. 完全寡头竞争

在这里，各个寡头企业的产品都是同质的（如钢铁、石油、轮胎等）。用户对这些企业的产品并无偏好，不一定非得买哪一家企业或哪一品牌的产品不可。例如，用户购买钢材时可按钢种、型号、规格等技术指标订货，而不一定非得买哪一家公司的钢材。因为用户认为这些寡头企业是无区别的，所以完全寡头竞争又叫作无区别的寡头竞争。在完全寡头竞争的条件下，每一个寡头资本家都时刻警惕着其竞争对手的战略和行动。如果某一家寡头企业降低产品价格，用户就会纷纷转向这个企业，这样就会使其他的寡头企业不得不随之降价或增加服务。在这种情况下，这家寡头企业就要考虑是否降价，因为，如果它降价，其竞争对手必然随之降价，结果谁也没有得到好处，最多只能吸引一些新顾客。反之，如果某一家寡头企业提高产品价格，其竞争对手绝不会随之提价，在这种情况下，这家寡头企业必然撤销提价，否则就会失去很多顾客。所以，在完全寡头竞争的条件下，整个行业的市场价格比较稳定，但各个寡头企业在促销等方面竞争较激烈。

2. 不完全寡头竞争

在这里，各个寡头企业的产品（如汽车、电脑等）都有某些差异。因此，从顾客方面说，他们认为这些企业的产品是有区别的,对这些产品有所偏好,这些产品是不能互相替代的,所以这种寡头竞争又叫作差异性寡头竞争。从寡头企业方面来说,每一个寡头企业都千方百计地使自己变成有区别的寡头,使顾客深信任何其他寡头企业的产品都不如它的产品好,不能代替它的产品。这样可以将本企业的有区别的名牌产品的价格定得较高,以增加赢利。

(四) 纯粹垄断

纯粹垄断(或完全垄断)是指在一个行业中某种产品的生产和销售完全由一个卖主独家经营和控制。纯粹垄断有两种:一种是政府垄断,即政府独家经营的业务;另一种是私人垄断,即私人企业控制的业务,其中又包括私人管制垄断(如美国 AT&T)和私人非管制垄断(如美国杜邦公司推出尼龙)。

在纯粹垄断的条件下,一个行业中只有一个卖主(政府或私营企业),没有别的企业与之竞争,这个卖主完全控制了市场价格,它可以在国家法律允许的范围内随意定价。但是,不同类型的纯粹垄断的定价有所不同。

(1) 政府垄断。由于定价目标不同,产品价格定得高低不同。例如,有些产品与广大人民群众生活关系密切,价格定得低于成本;有些产品的价格定得较高,以限制消费。

(2) 私人管制垄断。政府对某些私人垄断企业的定价要加以调节和控制。例如,美国政府允许某些私人垄断企业的收费能得到中等的效益。

(3) 私人非管制垄断。在这种情况下,政府允许私营企业随意定价。但垄断企业因怕触犯反托拉斯法,或怕引起竞争,或想以低价加速市场渗透,往往不敢随意提价。

在纯粹垄断条件下,随着产品价格的涨落,产品销售额随之增减,致使垄断企业产品的需求曲线,即整个行业产品的需求曲线向右下方倾斜。无论从长期还是从短期来考虑,垄断企业都是根据边际成本等于边际收益的法则来决定其产量。

五、币值和国家价格政策

(一) 币值是影响价格水平的重要因素

货币是价值的计量尺度,价格往往要通过这个计量尺度来表现,因而,货币也就成为影响价格的一个重要因素。在当代经济生活中,金银一般不再充当货币参加流通,而由国家发行纸币作为价值符号在市场上流通。纸币的发行必须遵循货币流通规律,即流通中的货币量取决于商品价格总额和货币流通速度。如果纸币发行过多,超过流通所需要的货币量时,就会出现纸币贬值和物价上涨。

(二) 价格政策

价格政策包括使价格与价值一致或偏离两个方面。在正常情况下,国家的基本价格政策应该是使价格趋向价值。在特殊的情况下,可以有计划地使价格偏离价值。比如,为了促进农业的发展,对农产品收购价格实行保护政策。因为农产品生产受气候等自然条件的影响很大,丰年、歉年的单位产品价值高低不一,如果价格与价值保持一致,就会使农产品的收购价格畸高或畸低,这样既不利于农业的发展,也不利于生产者(农民)和消费者的生活稳定。所以,我们对农产品价格相应地采取了保护性的政策。又如为了保护本国产品,提高某些进口商品的价格。

此外,国内市场价格还受国际市场价格变动的影响。一般来说,对进出口贸易依赖程度大的国家,市场价格受国际市场价格变动的影响较大;反之,则影响较小。

第二节　定价方法

在了解和掌握影响某种产品定价的各种因素并确定定价目标后，接下来的工作就是研究定价方法，为产品制定其基本价格。如前所述，成本、需求和竞争是影响价格行为的三个最主要因素，而在进行具体定价时，又往往侧重于其中的某一因素，这样就形成成本导向、需求导向、竞争导向三大类定价方法。

一、成本导向定价法

成本导向定价法(Cost-Oriented Pricing)是一种主要根据产品的成本决定其销售价格的定价方法。其主要优点在于简单易用、比较公平。常用的成本导向定价法有成本加成定价法、目标利润定价法和边际成本定价法。

(一) 成本加成定价法

1. 成本加成定价法的含义

成本加成定价法(Cost-Plus Pricing)是以产品成本为基础，加上预期利润，结合销售量等有关情况，确定产品的价格水平。成本又分为生产成本(包括固定成本与可变成本)和经营成本(包括运费、关税及促销费等)。成本加成定价是企业最基本、最普遍采用的定价方法。其基本公式为

$$P = C \cdot (1 + R)$$

式中，P——单位产品售价；

C——单位产品成本；

R——成本加成率。

确定加成率的几条常识性规则：① 价格相同时，加成率与单位产品平均生产成本成反比；② 加成率与产品流转额成反比，大宗产品如糖、面粉、咖啡等加成率低，而专业用品加成率高；③ 中间商给产品的加成率一般比制造商给产品的加成率高。

2. 成本加成定价法的优缺点

成本加成定价法的优点是：① 成本的不确定性一般比较少，将价格盯住单位成本，可以大大简化企业定价程序，而不必根据需求情况的瞬息万变而做调整；② 只要行业中所有企业都采用这种定价方法，则价格在成本与加成相似的情况下也大致相似，价格竞争也会因此降至最低限度；③ 许多人感到成本加成法对买方与卖方讲都比较公平，当买方需求强烈时，卖方不利用这一有利条件谋取额外利益而仍能获得公平的投资报酬。

成本加成法的主要缺点是忽视了市场供求关系的变化及影响产品销售的其他因素。当市场出现供大于求时，企业定高价而使产品难以销售出去；当市场出现供不应求时，产品定低价，使购买者认为企业产品质量低劣，影响企业和产品的形象。

(二) 目标利润定价法

目标利润定价法(Target-Return Pricing)又称为投资收益率定价法，是根据企业的总成本和

计划的总销售量,加上按投资收益率制定的目标利润作为销售价格的定价方法。计算公式为

$$P=\frac{C+R}{Q}$$

式中,P——单位产品售价;

C——总成本;

R——目标利润;

Q——总销售量。

目标收益率评定法的优点是可以保证企业既定目标利润的实现。这种方法一般是用于在市场上具有一定影响力的企业、市场占有率较高或具有垄断性质的企业。目标收益率评定法的缺点是只从卖方的利益出发,没有考虑竞争因素和市场需求的情况。

(三) 边际成本定价法

边际成本定价法(Marginal Cost Pricing)是指产品售价以边际成本为基础,价格或收益大于边际成本或高于可变成本。

该方法以变动成本作为定价基础,只要定价高于变动成本,企业就可以获得边际收益(边际贡献),用以抵补固定成本,剩余即为盈利。其计算公式为

$$P=\frac{CV+M}{Q}$$

式中,P——单位产品价格

CV——总的变动成本;

Q——预计销售量;

M——边际贡献,$M=S-CV$;

S——预计销售收入。

如果边际贡献等于或超过固定成本,企业就可以保本或盈利。其适用情况有如下几种:企业主要商品已分摊企业固定成本后的新增商品定价;企业达到保本点后的商品定价;企业开拓新地区市场的商品定价,即在现有市场的销售收入已能保本并有盈利的情况下,为拓展市场,可对新客户或新设网点的商品按变动成本定价;企业经营淡季时的定价。

二、需求导向定价法

企业采取需求导向定价法(Demand-Based Pricing)时,通常可以采取认知价值定价法、反向定价法和差别定价法。下面重点阐述认知价值定价法,简单介绍反向定价法,差别定价法将在后面专门论述。

(一) 认知价值定价法

所谓认知价值定价法(Perceived-Value Pricing),就是企业根据购买者的认知价值来确定价格的方法。认知价值定价与市场定位观念相一致。企业在为其目标市场开发新产品,在质量、价格、服务等各方面都需要体现特定的市场定位观念。因此,首先要决定新产品所提供的价值及价格;之后,企业要估计在此价格下所能销售的数量,再根据这一销售数量决定所需要的产能、投资及单位成本;最后,管理人员还要计算在此价格和成本下能否获得满意的利润。

如能获得满意的利润，则开发这个新产品；否则，就要放弃这一产品观念。

认知价格定价的关键，在于准确地计算产品所提供的全部市场认知价值。企业如果过高估计认知价值，便会定出偏高的价格；如果过低估计认知价值，则会定出偏低的价格。企业为准确把握市场认知价值，必须进行市场营销研究。

认知价值定价法的关键是企业要正确地估计消费者对产品的认知价值。

假如有A、B、C三家企业均生产同一种开关，现抽取一组产业用户作样本，要求他们分别就三家企业的产品予以评比，有三组方法可供使用。

1. 直接价格评比法

运用直接价格评比法，要求产业用户为三家企业的产品确定能代表其价值的价格。例如，他们可能将A、B、C三家企业的产品分别定价为2.55元、2元和1.52元。

2. 直接认知价值评比法

运用直接认知价格评比法，要求产业用户根据他们对三家企业开关的价值的认知，将100分在三者之间进行分配，假设分配结果为42、33、25。如果这种开关的平均价格为2元，则我们可得到三个反映其认知价值的价格：2.55元、2元和1.52元。

3. 诊断法

运用诊断法，要求产业用户，就三种产品的属性（假定有产品的耐用性、产品的可靠性、交货的可靠性、服务质量四种属性）分别予以评分。对每一种属性，分配100分给三家企业，同时根据四种属性重要程度的不同，也将100分分配给四种属性。假设结果如表7-1所示。

表7-1　诊断法定价

重要性	属　性	A企业产品	B企业产品	C企业产品
25	产品耐用性	40	40	20
30	产品可靠性	33.33	33.33	33.33
30	交货可靠性	50	25	25
15	服务质量	45	35	20
100	认知价格	41.75	32.75	25.50

（二）反向定价法

所谓反向定价法（Reversed Pricing），是指企业依据消费者能够接受的最终销售价格，计算自己从事经营的成本和利润后，逆向推算出产品的批发价和零售价。

三、竞争导向定价法

企业采取竞争导向定价法（Competition-Based Pricing）时，通常有两种方法，即随行就市定价法和投标定价法。

（一）随行就市定价法

所谓随行就市定价法（Going-Rate Pricing），是指企业按照行业的平均现行价格水平来定价。在下列情况下往往采取这种定价方法：① 难以估计成本；② 企业打算与同行和平共处；③ 如果另行定价，就很难了解购买者和竞争者对本企业的价格的反应。不论市场结构是完全竞争的市场,还是寡头竞争的市场,随行就市定价法都是同质产品市场上的惯用的定价方法。随行就市定价法是同质产品市场的常用定价方法。

(二)投标定价法

投标定价法(Sealed-Bid Pricing)通常采用公开招标的方法,即采购机构(买方)在报刊上登广告或发出函件,说明拟采购商品的品种、规格、数量等具体要求,邀请供应商(卖方)在规定的期限内投标。政府采购机构在规定的日期内开标,选择报价最低的、最有利的供应商成交,签订采购合同。某供货企业如果想做这笔生意,就要在规定的期限内填写标单,上面填明可供应商品的名称、品种、价格、数量、交货日期等,密封送给招标人(政府采购机构),这叫作投标。这种价格是供应企业根据对竞争者的报价的估计确定的,而不是按照供货企业自己的成本费用或市场需要来确定的。供货企业的目的在于赢得合同,所以他的报价应低于竞争对手(其他投标人)的报价。这样的定价方法叫作投标定价法。

企业要想夺标,必须在其他供货条件相同的情况下使自己的报价低于竞争对手的报价。当然,企业的报价不能低于边际成本。

第三节　定价的基本策略

一、折扣与折让定价策略

企业为了鼓励顾客及早付清货款,大量购买,淡季购买,还可以酌情降低其基本价格。这种价格调整叫作价格折扣或折让策略(Discount & Allowance Pricing Strategies)。价格折扣和折让有七种:

(1) 现金折扣(Cash Discount)。这是企业给那些当场付清货款的顾客的一种减价。

(2) 数量折扣(Quantity Discount)。这种折扣是企业给那些大量购买某种产品的一种减价,以鼓励顾客购买更多的货物,因为大量购买能使企业降低生产、销售、储运、记账等环节的成本费用。

(3) 贸易折扣(Trade Discount)。这种价格折扣是制造商给批发商或零售商的一种额外折扣,促使他们愿意执行某种市场营销功能(如推销、储存、服务)。

(4) 季节折扣(Seasonal Discount)。这种价格折扣是企业给那些购买过季商品或服务的顾客的一种减价,使企业的生产和销售在一年四季保持相对稳定。例如,滑雪橇制造商在春季和夏季给零售商以季节折扣,以鼓励零售商提前订货;旅馆、航空公司等在营业额下降时给旅客以季节折扣。

(5) 让价策略。这是另一种类型的价目表价格的减价。例如,一辆小汽车标价 4 000 元,顾客以旧车抵扣 500 元购买,只付 3 500 元。这叫以旧换新折扣,或称促销折让。

(6) 价格折让(Allowances)。这是直接给顾客一定的折让。

(7) 贴息贷款(Interest-Absorption Financing)。这是以免息贷款的方式给买方提供的优惠。

二、地区定价策略

一般地说，一个企业的产品，不仅卖给当地顾客，而且同时卖给外地顾客。而卖给外地，把产品从产地运到顾客所在地，需要支付装运费。所谓地区定价策略(Geographical Pricing Strategies)，就是企业要决定：对于卖给不同地区(包括当地和外地不同地区)顾客的某种产品，是分别确定不同的价格，还是制定相同的价格。也就是说，企业要决定是否制定地区差价。地区定价的形式如下。

(一) FOB原产地定价

FOB原产地定价(FOB-Origin Pricing)指顾客按照出厂价购买某种产品，企业只负责将产品运到产地某种运输工具上交货。交货后，从交货地到目的地的一切风险和费用均由顾客承担。如果按产地某种运输工具上交货定价，那么每一个顾客都各自负担从产地到目的地的运费是很合理的。但是这样定价对企业也有不利之处，即较远地区的顾客就可能不愿购买这个企业的产品，而倾向于购买其附近企业的产品。

(二) 统一交货定价

这种形式和FOB原产地定价相反。所谓统一交货定价(Uniform Delivered Pricing)，就是企业对卖给不同地区顾客的某种产品，都按照相同的厂价加相同的运费(按平均运费计算)定价；也就是说，对全国不同地区的顾客，不论远近，都实行一个价。因此，这种定价又叫作邮资定价。例如，我国邮资也采取统一交货定价，平均邮资都一样，而不论收发信人距离的远近。

(三) 分区定价

这样的形式介于前两者之间。所谓分区定价(Zone Pricing)，就是企业把全国(或某些地区)分为若干价格区，对于卖给不同价格区顾客的某种产品，分别制定不同的地区价格。距离企业远的价格区价格定得较高；距离企业近的价格区，价格定得较低。企业采取分区定价问题：① 在同一个价格区内，有些顾客距离企业较近，有些顾客距离企业较远，前者就不划算；② 处在两个相邻价格区界两边的顾客，他们相距不远，但是要按高低不同的价格购买同一产品。

(四) 基点定价

基点定价(Base-Point Pricing)就是企业选定某些城市作为基点，然后按一定的出厂价加上从基点城市到顾客所在地的运费来定价(不管货物实际上是从哪个城市起运的)。有些公司为了提高灵活性，选定许多个基点城市，按照顾客最近的基点计算运费。

(五) 运费免收定价

有些企业因为急于和某些地区做生意，负担全部实际运费。这些卖主认为，如果生意扩大，其平均成本就会降低，因此足以抵偿这些费用开支。采取运费免收定价(Freight-Absorption Pricing)，可以使企业加深市场渗透能力，并且能在竞争日益激烈的市场上站住脚。

三、心理定价策略

心理定价策略(Psychological Pricing Strategies)包括以下几种。

（一）声望定价

所谓声望定价(Prestige Pricing)，是指企业利用消费者仰慕名牌商品或名店声望的心理来确定价格，故意把价格定成整数或高价。质量不易鉴别的商品的定价最适宜采用此法，因为消费者有崇尚名牌的心理，往往以价格判断质量，认为高价代表高质量。但这种价格也不能过高，否则消费者不能接受。

（二）尾数定价

尾数定价(Tail Pricing)又称奇数定价，即利用消费者数字认知的特殊心理制定带有零头的价格，使消费者产生价格较便宜的感觉，还能使消费者产生卖主定价认真的印象：有尾数的价格是经过认真的成本核算才得出来的。这样，就容易使消费者对定价产生信任感。

小贴士

心理学家的研究表明，价格尾数的微小差别，能够明显影响消费者的购买行为。一般认为，5元以下的商品，末位数为9最受欢迎，5元以上的商品末位数为95效果最佳；100元以上的商品，末位数为98、99最为畅销。尾数定价法会给消费者一种经过精心计算的最低价格的心理感觉；有时也可以给消费者一种是原价打了折扣的商品便宜的感觉；同时，顾客在等待找零钱的期间，也可能会发现和选购其他商品。

（三）招徕定价(Loss Leader Pricing)

零售商利用部分顾客求便宜的心理，特意将某几种商品的价格定得较低以吸引顾客。某些商店随机推出降价商品，每天、每时都有一两种商品降价出售，吸引顾客经常来采购廉价商品，同时也选购其他正常价格的商品。

全球视野

醉翁之意

珠海九洲城里有只3 000元港币的打火机。许多观光客听到这个消息，无不为之咋舌。如此昂贵的打火机，该是什么样子呢？于是，许多顾客慕名前来，一睹打火机的“风采”。

这只名曰“星球大战”的打火机看上去极为普通，它真值这个价钱吗？站在柜台前的观光客都表示怀疑，就连售货员对此亦未置可否地一笑了之。它被搁置在柜台里很长时间无人问津，但它身边的3元港币一只的打火机购者踊跃。许多走出九洲城的游客坦诚相告：我原来是看那只“星球大战”的，不想却买了这么多东西。

与此类似，日本东京都滨松町的一家咖啡屋，竟然推出了5 000日元一杯的咖啡，就连一掷千金的豪客也大惊失色。然而消息传开，抱着好奇心理的顾客蜂拥而至，使往常冷冷清清的店堂一下子热闹起来，果汁、汽水、大众咖啡等饮料格外热销。

四、差别定价策略

差别定价策略(Segmented Pricing Strategies)包括以下几种。

（一）顾客差别定价

顾客差别定价(Customer-Segment Pricing)即企业按照不同的价格把同一产品或劳务卖给不同的顾客。例如，某汽车经销商按照价目表价格把某种型号汽车卖给顾客A，同时按照较低价格把同一型号汽车卖给顾客B。这种价格歧视表明，顾客的需求强度和商品知识有所不同。

（二）产品形式差别定价

产品形式差别定价(Product-Form Pricing)即企业对不同型号或形式的产品分别制定不同的价格，但是，不同型号或形式产品的价格之间的差额和成本费用之间的差额并不成比例。

（三）产品部位差别定价

产品部位差别定价(Location Pricing)即企业对于处于不同位置的产品或服务分别制定不同的价格，即使这些产品或服务的成本费用没有任何差异。例如，剧院，虽然不同座位的成本费用都一样，但是不同座位的票价有所不同，这是因为人们对剧院的不同座位的偏好有所不同。

（四）销售时间差别定价

销售时间差别定价(Time Pricing)即企业对不同季节、不同时期甚至不同钟点的产品或服务也分别制定不同的价格。

差别定价的适用条件如下：

(1) 市场可以细分，且各细分市场有不同的需求强度。

(2) 不会有人低价买进、高价卖出。

(3) 竞争者不会在企业高价销售的市场以低价竞销。

(4) 价格歧视不会引起顾客反感而放弃购买。

(5) 价格歧视形式不违法。

五、新产品定价策略

新产品定价是营销策略中一个十分重要的问题。初上市产品索价多少，将决定它是否能在市场上站住脚，也将影响到可能出现的竞争力量。常见的新产品定价策略(New-Product Pricing Strategies)有撇脂定价、渗透定价、满意定价。

（一）撇脂定价

撇脂定价(Skim Pricing)是指新产品初上市，将价格定得很高，尽可能在新产品投入期内获得较高的收益。“撇脂”一词来自英文，其原意是把牛奶中的奶油撇取出来，含有提取精华之意。

(1) 在下列情况下企业可采用撇脂定价：

① 市场上有足够的购买者且其需求缺乏弹性。

② 高价不会刺激竞争者蜂拥而至。

③ 市场上没有替代产品，企业拥有专利或技术秘密。

④ 产品生产能力有限，且较小产量的单位成本不致抵消高价带来的收益。

(2) 撇脂定价策略的优势：

① 便于有效竞争。在产品生命周期的介绍期，作为竞争手段，价格相对次要，而且竞争的产品种类少，产品的独特性还创造了非价格竞争的机会。

② 便于价格调理。撇脂定价对于企业来说安全可靠，因为如果证明决策失误，纠正起来容易得多。由高价向下调整，顾客乐于接受。

③ 便于控制需求。给新产品定较高的起始价，有助于企业把需求保持在企业生产能力的限度内。

(3) 撇脂定价法的缺点：

① 价格远高于价值，损害消费者利益。

② 当新产品在消费者心目中的声誉尚未建立之时，不利于开拓市场。

③ 如果高价投放而销路旺盛，则极易诱发竞争，潜在的竞争者竭力挤入市场，会迫使价格惨跌，好景不长。

全球视野

雷诺圆珠笔的撇脂定价

1945 年年底，"二战"刚刚结束，战后第一个圣诞节来临之际。美国消费者都热切希望买到一种新颖别致的商品，作为战后第一个圣诞节的礼物送给亲朋。于是雷诺公司看准了这个时机，从阿根廷引进了美国从未见过的圆珠笔并很快形成了规模生产。

当时每支圆珠笔的生产成本只有 0.5 美元，那么，市场的零售价应该是多少呢？如果按照通常的成本导向型定价，定 1 美元就能赚一倍，1.5 美元就是 200%的利润。似乎应该满足了。但公司的专家们通过对市场的充分研究后认为：圆珠笔在美国属于首次出现，奇货可居，又值圣诞节，应用高价格引导刺激消费，于是公司决定以 10 美元批发给零售商，零售商则以 20 美元卖给消费者。

事情果然如预料的那样，圆珠笔尽管以生产成本的 40 倍的高价上市，仍立刻以其新颖、奇特、高贵的魅力风靡全美国。虽然后来跟风者蜂拥而至，生产成本降到了 0.1 美元，市场价也跌倒了 0.7 美元，但雷诺公司早已狠狠地赚了一笔。

(二) 渗透定价

渗透定价(Penetration Pricing)策略与撇脂定价策略正好相反，它是新产品上市时以微利、无利，甚至亏损的低价向市场推出，待产品在市场上打开销路和站稳脚跟后，再逐步将价格提高到一定的水平。它是因以新产品迅速向市场渗透为主要目的而得名的。

采用渗透定价策略，主要是利用消费者求廉实用的心理。在新产品刚上市时以低价刺激人们的需求，给消费者留下一种经济实惠的感觉，从而在消费者心目中树立起该产品的良好形象，取得顾客的信赖。其着眼点是为了尽快打开产品销路来夺取市场份额，尽早取得市场的支配地位，并阻止竞争者进入市场。例如，美国得克萨斯仪器公司在半导体工业刚起步时，对自己生产的半导体芯片的定价低于初始成本。打开销路后，随着产量的增加，成本相应下降，利润也逐渐上升。当产量达到一定水平，其他竞争者也早被赶出半导体市场。

从国际营销实践看，企业采取渗透定价需具备以下几个条件：

(1) 市场需求弹性大，顾客对价格比较敏感。

(2) 企业的生产成本和经营费用会随着销售量的增加而下降。

(3) 低价不致引起竞争者的报复和倾销的指控。

全球视野

家乐福的渗透定价

家乐福在北京一开业首先采取了低价策略，其主营产品为家庭日用品，目标市场为工薪阶层，因而吸引了大量的顾客前来购买，并且通过这些顾客的口碑传播，使家乐福迅速提高了知名度。据调查，目前家乐福的知名度高达90%，远远领先于其他几家超市。

家乐福是靠低价策略打开市场的，同样其市场在一定程度上靠不断的低价来维持。家乐福始终有10%左右的低价商品，然而这10%的商品带动了其他90%的正常价格商品的销售。这些低价商品又主要以低利润、购买频率高、购买量大的日用化妆品和食品饮料为主，一般的低价商品比正常价格低10%～20%。这也正迎合了人们的敏感价格心理，人们在买大件商品时多花几元、十几元也不会太在乎，却会因为几分钱与小贩讨价还价，通过这些低价商品诱惑，使得消费者对家乐福更是情有独钟。

家乐福在店庆和节日活动期间还会采用一些低价策略。例如，在店庆期间，一辆永久自行车仅售396元，而进价则为392元，最后与厂家结算时平均每辆车的利润仅0.5元。一种迷你衣柜进价159元，售价却只有149元。一种休闲沙发床正常售价779元，此时也仅售599元。这些特价商品，强烈刺激了顾客的购买欲，使店庆期间几天的销售额就超过了400万元。

（三）满意定价

所谓“满意”，就是确定的价格使生产企业和消费者双方都感到满意。具体来说，企业新产品刚投放市场时，企业所定价格使企业利润很少或者有少量的亏本，待市场销路打开后，很快就能转亏为盈。满意定价(Neutral Pricing)就是将价格定在撇脂定价所定的价格与渗透定价所定的价格之间。

六、产品组合定价策略

当产品只是某一个产品组合中的一部分时，企业就需要研究出一系列价格，使整个产品的利润实现最大化。因为各种产品之间存在需求和成本的相互联系，而且会带来不同程度的竞争，所以定价十分困难。如果产品线上某一产品的定价不合理，将直接影响整体产品线中其他产品的销售水平，进而影响产品线的总利润贡献。因此企业必须重视产品线定价。企业在对同一产品线上的各产品项目进行定价时，必须决定产品线上各种产品之间的价格等级。价格等级的确定必须考虑各产品间的成本差距、顾客对产品不同特点的评价、产品间的相互替代程度和竞争者同类产品的价格水平等。产品组合定价策略(Product-Mix Pricing Strategies)包括以下几种。

（一）产品线定价(Product Line Pricing)

企业通常开发出来的是产品线(即产品大类)，而不是某个单一产品。当企业生产的系列产品存在需求和成本的内在关联时，为了充分发挥这种内在关联性的积极效应，应采用产品线定价策略。在定价时，首先确定某种产品的最低价格，它在产品中充当领袖价格，吸引消费者购买产品线中的其他产品；其次，确定产品线中某种商品的最高价格，它在产品线中充当品牌质量和回收投资的角色；再次，产品线中的其他产品也分别依据其在产品线中的角色不同而制定不同的价格。在许多行业，营销者都为某一种产品事先确定好价格点。例如，男士服装店可能经营三种价格档次的男士服装:1 500 元、2 500 元和3 500元。顾客会从这三个价格档次联系到高、中、低三种质量水平的服装。即使这三种价格同时提高,男士们仍然会按照自己偏爱的价格点来购买服装。营销者的任务就是确立质量差别认知,来使价格差别合理化。

(二) 选购品定价(Optional-Product Pricing)

选购品可以与主要产品一起销售,也可以分开销售,其价格可高可低。许多公司提供各种选购产品或具有特色的主要产品。然而,制定这些选购产品的价格是个棘手的问题。例如,餐馆提供饭菜和酒水饮料,并必须对这些选购品固定价格。餐馆负责人可以将饭菜的价格定得高而将酒水饮料的价格定得相对较低,去充当招揽生意的廉价品。

(三) 附带产品定价(Captive-Product Pricing)

所谓附带产品,即是必须与主产品一同使用的产品。在日常生活中,有的主产品必须附属产品配合使用,比如照相机(主产品)和胶卷(附属产品),照相机和胶卷配套使用才能发挥作用,满足人们照相留念的需求,它们就是连带品。因而在定价上,不能把主附产品分离考虑,而应组合考虑。通常,主附产品定价策略是,将主产品的价格定得很低,利用附属产品的高额加成或大量消费来增加利润。在服务行业中,这种策略叫两部分定价,即将服务分成固定费用和可变的使用费。其定价策略是使固定的费用低到足以吸引人使用其服务,从可变使用费中获取利润。例如,游乐园通常收取较低的入场费,期望通过场内的各种可选消费获利。

全球视野

柯达的附带产品定价

柯达公司对它的照相机的定价定得低,因为它将应赚的钱放在销售胶卷上。不销售胶卷的照相机制造商不得不将它们的照相机价格定得高些,为的是获得同样的综合利润。企业可以将主要产品的价格定得较低,将附带产品的价格定得较高,通过低价促进主要产品的销售来带动附带产品的销售。

(四) 分部定价(Two-Part Pricing)

服务性企业经常收取一笔固定费用,再加上可变的使用费。例如,电话用户每月都要支付一笔最少的使用费,如果使用次数超过规定还要再交费。游乐园一般先收门票费,如果游玩的项目超过规定的就再交费。在新加坡,新车的价格包括两个部分:第一部分是包括进口税在内的汽车成本;第二部分是获取驾驶执照的价格——拥有新车的权利。后者在拍卖行可以购得,拍卖行每月都提供一定数量的用于不同车辆的驾驶执照。成功的驾车执照投标人要为享有买车的权利而支付费用。服务性公司面临着和补充产品定价同样的问题,即应收多少基本服务费。这类公司固定费用的价格可以定得较低,以推动服务销售,利润可以从使用费中获取。

(五) 副产品定价(By-Product Pricing)

在生产加工食用肉类、石油产品和其他化学产品中,常常有副产品。如果副产品没有价值而且事实上在处理它们时要花费很大,这些会影响主要产品的定价。企业确定的价格必须能够弥补副产品的处理费用。如果这些副产品对某些顾客群体具有价值,必须根据其价值定价。副产品如果能带来收入,将有助于公司在迫于竞争压力时确定较低的价格。副产品的收入无论多寡,都将使公司更易于为其主要产品制定较低价格。

（六）捆绑产品定价(Product-Bundle Pricing)

企业可以将相关产品或服务组合在一起，为它们制定一个比分别购买更低的价格，进行一揽子销售；但要注意不能搞硬性搭配。

当某种产品为产品组合的一部分时，对这种产品的定价必须从整个产品组合考虑。产品组合定价是对其相关产品进行综合考虑和评价，从中找出一组满意价格，从而使整个产品组合利润最大化，如电影院可出售季度预订票，售价可低于分别购买每一场电影票的费用。由于顾客本来无意购买全部产品，在这个价格上节约的金额必须相当可观，这就吸引了顾客购买。

第四节　价格变动和对价格变动的反应

一、企业降价与提价

（一）降价(Initiating Price Cuts)

在现代市场经济条件下，企业降价的主要原因如下。

1. 生产能力过剩，产品积压

企业的生产能力过剩因此需要扩大销售，但是企业又不能通过产品改进和加强销售工作等来扩大销售。在这种情况下，企业就必须考虑降低价格。

2. 维持或提高市场占有率

在强大的竞争者的压力下，企业的市场占有率下降。例如，美国的汽车、电子产品、照相机、钟表等行业，由于日本竞争者的产品质量较好而且价格较低，已经丧失了一些市场阵地。在这种情况下，美国一些公司不得不降低价格经销。

3. 产品生产成本下降

企业的成本费用比竞争者低，企业通过降低价格来掌握市场或提高市场占有率，从而扩大生产和销售量，降低成本费用，在这种情况下，企业也往往降低价格。

4. 竞争产品降价

在市场营销实践中，有实力的企业率先降价往往能给弱小的竞争者以致命的打击。例如，1920 年，大资本家刘鸿在苏州创建了鸿生火柴厂。1927 年李益石创建了民生火柴厂。鸿生厂为了挤垮民生厂，生产“吉祥”“多福”牌火柴，其目的就是以最低的售价来搞垮民生厂。民生厂的生意做到哪里，苏州的廉价火柴也跟到哪里，民生厂终因不能抗衡而关门了。

（二）提价

虽然提价(Price Increases)会引起消费者、中间商和推销人员的不满，但是，一个成功的提价可以使企业的利润大大增加。引起提价的主要原因如下：

(1) 由于通货膨胀，企业的成本费用提高，因此，许多企业不得不提高价格。在通货膨胀条件下，许多企业往往采取各种方法来调整价格，对付通货膨胀。① 采取推迟定价的策略，即企业暂时不规定最后价格，等到产品制成时或交货时才规定最后价格。工业建筑和重型设备制造等行业中一般采取这种定价策略。② 在合同中规定调整条款,即企业在合同中规定在一定时期内(一般到交货为止)可按某种价格指数来调整价格。③ 采取不包括某些商品和劳务的定价策略,即在通货膨胀的条件下,企业决定产品价格不动,但原来提供的某些劳务要计价付费。这样,原来提供的产品的价格实际上就提高了。④ 减少价格折扣,即企业决定削减正常的现金和数量折扣,并限制销售人员以低于价目表的价格来拉生意。⑤ 取消低利商品。⑥ 降低产品质量,减少产品特色和服务。企业采取这种策略可保持一定的利润,但会影响声誉和形象,失去忠诚的顾客。

(2) 企业的产品供不应求,不能满足其所有的顾客的需要。在这种情况下,企业就必须提价。提价方式包括:取消价格折扣,在产品大类中增加价格较高的项目或开始提价。为了减少顾客的不满,企业提价时应当向顾客说明提价原因,并帮助顾客寻找节约的途径。

二、顾客对企业调价的反应

(一) 对降价的反应

有利反应:认为企业让利于顾客。

不利反应:认为产品过时;认为产品有缺陷;认为企业资金周转困难;产生价格进一步下跌的预期等。

(二) 对提价的反应

有利反应:质量提高;产品供不应求,不及时买就可能买不到;价格可能继续上升等。

不利反应:认为企业想要获取更多的利润。

三、竞争者对企业调价的反应

企业在考虑改变价格时,不仅要考虑到购买者的反应,而且还必须考虑竞争对手对企业的产品价格的反应。当某一行业中企业数目很少,提供同质产品,购买者颇具辨别力与相关知识时,竞争者的反应就愈显重要。

企业如何去估计竞争者的可能反应呢?假设企业只有一家大的竞争者,竞争者的可能反应可从两个不同的出发点加以理解。一是假设竞争者有一组适应价格变化的政策,二是假设竞争者把每一次价格变动都当作挑战。每一个假设在研究上均有不同的含义。

假设竞争者有一组价格反应政策,至少有两种方法可以了解它们:通过内部情报和借助统计分析。内部情报的取得方法有好几种,有些是可接受的,有些则近乎刺探。有一种方法是从竞争者那里挖来经理,以获得竞争者考虑程序及反应形式等重要情报。此外,还可以雇用竞争者以前的职员专门设立的一个机构,其工作任务就是模仿竞争者的立场、观点、方法来思考问题。关于竞争者的想法的情报,也可以由其他渠道(如顾客、金融机构、供应商、代理商等)获得。

企业可从以下两个方面来估计,预测竞争者对本企业的产品价格变动的可能反应:

(1) 假设竞争对手采取老一套的办法来对付本企业的价格变动。在这种情况下,竞争对手的反应是能够预测的。

(2) 假设竞争对手把每一次价格变动都看作是新的挑战,并根据当时自己的利益做出相应的反应。在这种情况下,企业就必须断定当时竞争对手的利益是什么。企业必须调查研究竞争对手目前的财物状况，以及近期的销售状况、生产能力、顾客忠诚度以及企业目标等。如果竞争者的企业目标是提高市场占有率，他就可能随着本企业的产品价格的变动而调整价格。如果竞争者的企业目标是取得最大利润，他就会采取其他对策，如增加广告预算，加强广告促销或者提高产品质量等。总之，企业在发动价格变动时，必须善于利用企业内部和外部的信息来源，观测出竞争对手的心思，以便采取适当的对策。

实际问题是复杂的，因为竞争者对本企业价格降低可能有种种不同理解，如竞争者可能认为企业想偷偷地侵占市场阵地；或者认为企业经营不善，力图扩大销售；或者认为企业想使整个行业的价格下降，以刺激整个市场需求。

如果企业面对着好几个竞争者，在调价时就必须估计每一个竞争者的可能反应。如果所有的竞争者反应大体相同，就可以集中力量分析典型的竞争者，因为典型的竞争者反应可以代表其他竞争者的反应。如果由于各个竞争者在规模、市场占有率及政策等重要问题上有所不同，那么它们的反应也有所不同，在这种情况下，就必须分别对各个竞争者进行分析。如果某些竞争者随着本企业的价格变动而变价，那么就有理由预料其他的竞争者也会这样干。

在异质产品市场上，竞争者一般不会追随企业的调价。

在同质产品市场上，竞争者通常追随企业的调价。但不同的竞争者反应的模式不尽相同。反应模式因竞争者的经营目标、经济实力、一贯作风等因素不同而不同。因此，企业应根据对竞争者有关特点的分析，预测竞争者可能做出的反应。

四、企业对竞争者调价的对策

（一）不同市场结构下的企业反应

在同质产品市场上，如果竞争者降价，企业必须随之降价，否则顾客就会购买竞争者的产品而不购买该企业的产品；如果某一个企业提价，并且提价会使整个行业有利，其他企业也会随之提价，但是如果有一个企业不随之提价，那么最先发动提价的企业和其他企业也不得不取消提价。

在异质产品市场上，企业对竞争者调价的反应有更多的选择余地。因为在这种市场上，顾客选择卖主时不仅考虑产品价格因素，而且考虑产品质量、服务、性能、外观、可靠性等多方面的因素。因而在这种产品市场上，顾客对于较小的价格差异并不在意。

面对竞争者的调价，企业必须认真调查研究如下问题：① 为什么竞争者调价？② 竞争者打算暂时调价还是永久调价？③ 如果对竞争者调价置之不理，将对企业的市场占有率和利润有何影响？④ 其他企业是否会做出反应？⑤ 竞争者和其他企业对于本企业的每一个可能的反应又会有什么反应？

（二）市场主导者的反应

在市场经济国家，市场主导者往往遭到一些小企业的进攻。这些小企业的产品可能与市场主导者的产品相媲美，它们往往通过进攻性降价来争夺市场主导者的市场阵地。在这种情况下，市场主导者有以下几种策略可供选择。

1. 维持价格不变

市场主导者认为，如果降价就会减少利润，而维持价格不变，尽管对市场占有率有一定的影响,但以后还能恢复市场阵地。当然,维持价格不变的同时还要改进产品质量,提高服务水平,加强促销沟通等,运用非价格手段来反击竞争者。许多企业的市场营销实践证明,采取这种策略比降价和低利经营更划算。

2. 降价

市场主导者之所以采取这种策略,主要是因为:降价可以使销售量和产量增加,从而使成本费用下降;市场对价格很敏感,不降价就会使市场占有率下降;市场占有率下降之后,很难得以恢复。但是,企业降价以后,仍应尽力保持产品质量和服务水平。

3. 提价

企业在提价的同时,还要致力于提高产品质量或推出某些新品牌,以便与竞争对手争夺市场。

(三) 企业应对变价需考虑的因素

受到竞争对手进攻的企业必须考虑:① 产品在其生命周期中所处的阶段及其在企业产品投资组合中的重要程度;② 竞争者的意图和资源;③ 市场对价格和价值的敏感性;④ 成本费用随着销量和产量的变化而变化的情况。

在激烈的市场竞争中,对知名度较高的、优秀的高档产品,生产者担心中间商和零售商削价竞销,损害企业的形象或产品形象。在供货时就明确规定,中间商和零售商必须按商品目录规定的价格浮动范围出售该商品;同时向中间商和零售商提供价格变动的承诺,一旦厂家降价,那么对经销商造成的降价损失由厂家承担。这一定价策略,既维护了企业形象和产品形象,又创造出一种相对公平的竞争环境,保护了中小零售商的利益。

面对竞争者的调价,企业不可能花很多时间来分析应采取的对策。事实上,竞争者很可能花了大量的时间来准备调价,而企业又必须在数小时或几天内明确果断地做出明智反应。缩短价格反应决策所需时间的唯一途径是:预料竞争者可能的价格变动,并预先准备好适当的对策。

在异质产品市场上,对竞争者的调价,企业做出反应的自由度很大。而在同质市场上,竞争者提价时,企业可以提价也可以不提价。但如果竞争者降价,企业通常只能降价。因此,在企业身处同质市场的情况下,应密切关注竞争者的降价动向。

在同质产品市场上,对竞争者的降价行动,企业可以选择的对策主要有:维持原价,但改进产品、增加服务等;追随降价;推出价格更高的新品牌攻击竞争者的降价品牌;推出更廉价的产品进行竞争。

第五节　国际市场价格发展趋势

一、倾销问题日益突出

对倾销的解释多种多样,没有统一的法律定义。一种比较公认的说法是,倾销是指出口到东道国市场的产品价格按低于当地市场价格销售,致使当地市场上生产和销售同类产品的企业受到实质性的损害和威胁。倾销可分为如下四种类型。

（一）零星倾销

零星倾销即制造商抛售库存，处理过剩产品。这类制造商既要保护其在国内的竞争地位，又要避免发起可能伤害国内市场的价格战，因此必然选择不论定价多高，只要能减少损失就大量销售的方法，向海外市场倾销。

（二）掠夺倾销

企业实施亏本销售，旨在进入某个外国市场，而且主要为了排斥国外竞争者。这种倾销持续时间较长，一旦企业在市场上的垄断地位确立，该企业便会提价。

（三）持久倾销

企业在某一国际市场持续地以比在其他市场低的价格销售，是持续时间最长的一类倾销。其适用前提是，各个市场的营销成本和需求特点各有不同。

（四）逆向倾销

逆向倾销是指母公司从海外子公司输入廉价产品，以低于国内市场价格销售海外产品而被控告在国内市场倾销，这种情况在国际营销实践中时有发生。

事实上，许多国际营销公司都曾经进行过倾销。它们为了逃避反倾销调查，除了用给进口商回扣、把出口产品伪装成在进口国生产的产品、开具假文件隐瞒出口产品真实价格等手段隐瞒倾销行为外，还经常通过如下措施"合法地"逃避反倾销控告。

(1) 设法使出口产品从表面上与在母国国内市场销售的产品有差别，即对实质上的同一产品，通过促销宣传，使之差异化，在国内市场上也就没有相应产品做价格比较的基础，从而使倾销行为被掩盖。这种对策不可取。

(2) 采取多种国际营销方式，变单纯的出口为在东道国生产，可以降低成本并低价销售。这是一种积极的对策。

二、价格逐步升级

同在国内销售产品相比，出口到国际市场上的产品由于地理距离的增加，经济差异的加大，导致了国际市场营销需要更多的运输和保险服务，需要更多的中间商和更长的分销渠道服务，还需要支付出口所需的各种工作费用和进口税。以上各种费用都要作为成本附加在产品的最终售价上，从而导致了产品在国际市场的最终价格要比在国内销售价格高很多的现象。我们把这种因外销成本的逐渐加成所形成的出口价格逐步上涨的现象称为价格升级。

面对价格升级，越来越多的企业采取以下措施来减少价格升级所造成的消极影响：

(1) 降低净售价，即通过降低在东道国净售价的方法来抵销关税，扩大销量。但这种策略常常行不通，一是因为降价可能使企业遭受严重的损失；二是企业这种行为可能被判定为倾销，被进口国政府征收反倾销税，使价格优势化为泡影，起不到扩大销量的作用。

(2) 改变产品形式，如将零部件运到进口国，在当地组装，这样可以按照比较低的税率缴纳关税，在一定程度上降低了关税负担，从而使价格降低。

(3) 在国外建厂生产，这样可以在很大程度上减少运费、关税、中间商毛利等价格升级造成的影响，但也会面临国外政治经济形势变动的风险。

(4) 缩短分销渠道,这可以减少交易次数,从而减少一部分中间费用。但是,有时渠道虽然缩短了,成本未必会降低,因为许多营销职能无法取消,仍然会有成本支出,在按照交易次数征收交易税的国家,可以采用这种办法来减少缴税。

(5) 取消产品的某些成本昂贵的功能特性。一些发达国家需要的功能在发展中国家可能会显得多余,取消这些功能可以达到降低成本、控制价格的目的。

本章小结

(1) 在现代市场营销过程中价格是一个决定性因素,尤其在国际市场上更为重要。

(2) 在为产品定价时,企业必须注意定价目标、供求关系、币值和国家价格政策等影响因素。

(3) 企业在确定产品的基础价格时,可以采用成本导向、需求导向、竞争导向三种定价。

(4) 按照上述各种方法制定基本价格后,往往还会对它们进行一定的调整,以适应各种变动。归纳起来,常用的价格制定与调整策略有六大类:① 折扣与折让;② 地区定价;③ 心理定价;④ 差别定价;⑤ 新产品定价;⑥ 产品组合定价。

课后习题

【关键名词】

定价策略　成本定价法　需求定价法　竞争导向定价法

【简答题】

1. 影响国际市场定价的因素有哪些?如何影响定价?
2. 国际市场定价有哪三种主要方法?各自的优缺点体现在什么方面?
3. 常见的国际产品定价策略有哪些?

案例分析

深圳异彩珠宝店专门经营由少数民族手工制成的珠宝首饰,位于游客众多风景秀丽的华侨城(周围有著名的旅游景点世界之窗、民族文化村、欢乐谷等),生意一直比较稳定。客户主要来自两部分:游客和华侨城社区居民(华侨城社区在深圳属于高档社区,生活水平较高)。

几个月前,珠宝店店主易麦克特(维吾尔族)进了一批由珍珠质宝石和银制成的手镯、耳环和项链的精选品。与典型的绿松石造型中的青绿色调不同的是,珍珠质宝石是粉红色略带大理石花纹的颜色,有大有小,式样别致、大胆。不仅如此,该系列还包括了各种传统样式的由珠宝点缀的丝制领带。

与以前的进货相比,易麦克特认为这批珍珠质宝石制成的首饰的进价还是比较合理的。他对这批货十分满意,因为它比较独特,可能会比较好销。在进价的基础上,加上其他相关的费用和平均水平的利润,他订了一个价格。他觉得这个价格十分合理,肯定能让顾客觉得物超所值。

这些珠宝在店中摆了一个月之后,销售统计报表显示其销售状况很不好,易麦克特十分失望，不过他认为原因并不是在首饰本身，而是在营销的某个环节没有做好。

于是，他决定试试在网上学到的几种销售策略。比如，店中某种商品的位置有形化往往可使顾客产生更浓厚的兴趣。因此，他把这些珍珠质宝石装入玻璃展示箱，并将其摆放在该店入口的右手侧。可是，这些珠宝的销售情况仍然没有什么起色。

他认为应该在一周一次的见面会上与员工好好谈谈了。他建议销售小姐花更多的精力来推销这一独特的产品系列，并安排了一个销售小姐专门促销这批首饰。他不仅给员工们详尽描述了珍珠质宝石，还给他们发了一篇简短的介绍性文章以便他们能记住并给顾客讲解。

不幸的是，这个方法也失败了。就在此时，易麦克特正准备外出选购产品。因对珍珠质宝石首饰销售量感到十分失望，他急于减少库存以便给更新的首饰腾出地方。他决心采取一项重大行动，将这一系列珠宝半价出售。临走时，他匆忙地给副经理留下了一张字条。告诉她："调整一下那些珍珠质宝石首饰的价格，所有都乘以 1/2。"

当他回来的时候，易麦克特惊喜地发现该系列所有的珠宝已销售一空。"我真不明白，这是为什么。"他对副经理说，"看来这批首饰并不合顾客的胃口。下次我在新添宝石品种的时候一定要慎之又慎。"

而副经理对易麦克特说，她虽然不懂为什么要对滞销商品进行提价，但她惊诧于提价后商品出售速度惊人。易麦克特不解地问："什么提价？我留的字条上是说价格减半啊。"

"减半？"副经理吃惊地问，"我认为你的字条上写的是这一系列的所有商品的价格一律按双倍计。"

思考题：

1. 请解释在这种情况下发生了什么事情，为什么珠宝以原价两倍的价格出售会卖得这么快？

2. 心理定价法的观念对易麦克特有什么帮助？你在未来的定价决策方面会给易麦克特提出什么建议？

3. 还有哪些情况下可能会发生这样"因提价而畅销"的有趣故事。

4. 请你评价一下该公司的定价策略。

武汉理工大学
精品在线开放课程
教学视频一第七章

第八章　国际市场营销的分销策略

【学习目标】

了解国际市场产品分销渠道的含义和结构特点；国际市场产品分销渠道的选择方法；国际市场产品分销渠道的管理知识；国际网络营销的含义、特点；国际物质分销渠道管理的途径；制定国际网络营销战略。

案例导入

宜家公司(IKEA)是世界上最成功的全球零售商之一。英瓦尔·坎普拉德(Ingvar Kamprad)在1943年他只有17岁的时候就成立了这家公司。2005年这家家居超级商店已经发展成为在33个国家有230个分店、每年有4.1亿顾客光临、产生148亿欧元(合177亿美元)销售额的大公司。2008年81岁高龄的他(及其家族)，以310亿美元财富排名福布斯全球富豪榜第七。

宜家的采购模式是全球化的采购模式。宜家的产品是从各贸易区域(Trading Area)采购后运抵全球26个分销中心再送货至宜家在全球的商场。公司的渠道策略是独立在世界各地开设卖场，专卖宜家自行设计生产的产品，直接面向消费者，控制产品的终端销售渠道。宜家在全球共有180多家连锁商店，分布在40多个国家。成功地使IKEA卖场成为一种生活方式的象征。宜家是一个家具卖场的品牌，也是家具的品牌。通过一系列运作，IKEA卖场在人们眼中已不单单是一个购买家居用品的场所，它代表了一种生活方式，所以当你看到追求时尚的年轻人提着印有IKEA标志的购物袋神采飞扬地走出宜家卖场，你不会惊讶——国内也有不少商家试图这样做，但并不成功。我们认为，宜家的成功不仅仅在于它整合了商流、物流，而在于它用于整合商流、物流的核心理念——生活方式。正像我们前面说的：在人们心中，去宜家IKEA已经像吃麦当劳、喝星巴克咖啡一样，成为一种生活方式的象征。

(资料来源：K. Campell, A. Sains, C. Lindblad, and A. T. Palmer, "IKEA," *Business week*, November 14, 2005, pp. 96 - 101; K. Campell et al., "What a Sweetheart of a Love Seat," *BusinessWeek*, November 14, 2005, p. 101; P. M. Miller, "IKEA with Chinese Characteristics," *Chinese Business Review*, July-August 2004, pp. 36 - 69; and C. Daniels, "Create IKEA, Make Billions, Take Bus," *Fortune*, May 3, 2004, p. 44。)

什么是分销渠道？每个市场都有一张分销网，有很多渠道可供选择。它们的结构独特，而且在短期内固定不变。有些市场的分销结构具有多层次、复杂、效率低下甚至奇怪的特点，常使新来的企业很难渗透进去；在另一些市场，除了在主要的城市区域，几乎没有专业的中间商；

还有一些市场，一种充满活力的兼具新旧分销体系特点的分销机构正在全球范围内形成。凡能从各种可供选择的渠道中建立最有效的分销渠道的公司，不管占主导地位的分销结构如何，都将具有竞争优势。鉴于全球贸易仍在不断发展，而实体分销的基础设施又相对落后，所以在21世纪可能会面临更大的挑战。

第一节　国际分销渠道的概念和结构

一、国际分销渠道的概念

美国著名的市场营销学权威菲利普·科特勒认为：分销渠道是指某种货物或劳务从生产者向消费者转移时，取得这种货物或劳务的所有权或帮助转移其所有权的所有企业或个人。因此，分销渠道主要包括独立中间商和代理中间商。此外，它还包括处于分销渠道起点和终点的生产者和消费者。菲利普·科特勒比较清楚地阐述了分销渠道这一概念。无论是国内分销渠道还是国际分销渠道，它都是适用的，只不过是范围不同。所谓国际分销渠道，是指商品从一个国家的生产者流向国外用户或消费者转移时所需经过的流通途径。

分销渠道的作用在于它是联结生产者和消费者或用户的桥梁和纽带。企业使用分销渠道是因为在市场经济条件下，生产者和消费者或用户之间存在空间分离、时间分离、所有权分离、供需数量差异以及供需品种差异等方面的矛盾。分销渠道的意义表现在它能够提高企业的工作效率，降低企业的交易成本。

使用与不使用中间商条件下的经济效益比较如图8-1所示。

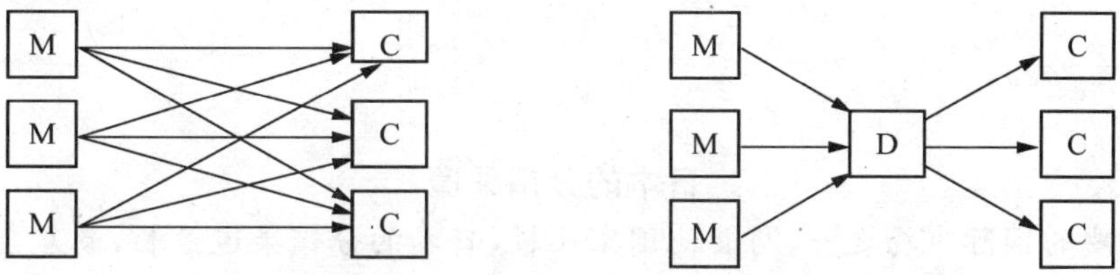

图8-1　使用与不使用中间商条件下的经济效益比较

二、国际分销系统的结构

国际分销系统一般有三个基本因素：制造商、中间商和最终消费者。制造商和最终消费者分别居于分销系统的起点和终点。企业采取不同的分销策略进入国际市场时，一般经过以下三个环节：第一环节是出口国的国内分销渠道，第二环节是由出口国进入东道国之间的分销渠道，第三环节是东道国的分销渠道，如图8-2所示。

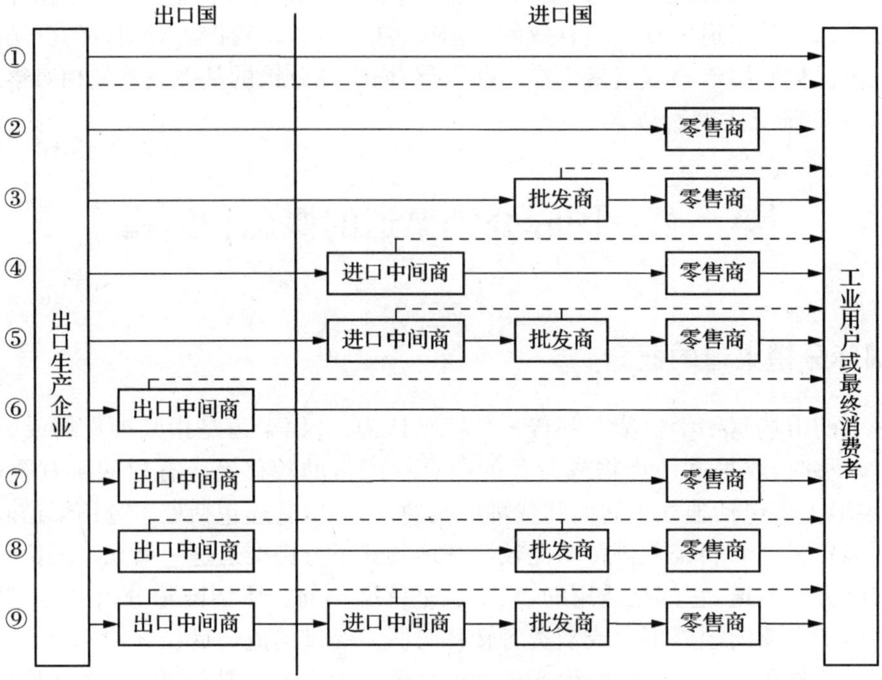

图 8-2　国际分销系统结构

国际分销系统的结构可以分为出口国与东道国两大部分。各种中间商按照是否拥有商品的所有权可以分为两种基本类型:一种是经销中间商,他们买断商品的所有权,然后进行销售,以赚取价格;另一种是代理中间商,他们不拥有产品所有权,而是在销售中起媒介作用,以赚取佣金。

全球视野

日本的分销渠道

日本是主要的国际市场之一,与其他国家比较,日本的分销渠道最长,最复杂,最令人难以捉摸。美国人愤怒地把日本的渠道结构视为非关税壁垒,经常性的贸易纠纷也由此而产生。因此,对日本分销渠道的分析研究,在国际分销渠道的决策方面是有现实意义的。日本分销渠道的特点如下。

1. 批零企业特别多

据有关资料显示,日本批发商约有 40 万家,零售商约为 170 万家;零售商与批发商之比约为 4∶1,零售商与人口的比例约为 1∶70,即平均每 70 人就拥有一家零售商店。

2. 小零售商的销售比例特别大

每个国家都拥有众多的小零售商,其中日本的小商店不但数量多,而且在零售业中起着举足轻重的作用,其零售额约占整个社会零售额的 90%。以日、美市场为例,日本小型食品商店的销售占食品零售总额的 57.7%;美国小型食品商店的销售额则仅占食品零售总额的 19.2%。

3. 分销渠道特别长

在日本，企业把汽车零件提供给最终使用者一般都要经过多个环节，日用品会经过更多的环节。正如有人形容的那样，一块牛排从饲养场到消费者的过程常常要涉及十几个中间商。为此，产品的价格特别高，进口产品经长渠道的七转八转后，市场价格往往比进口价高出2～3倍。日本生产的产品在国内的市场价格甚至比出口到香港等地的价格要高得多，这便吸引了一些日本人到外国市场购买日本货。近年来，日本还兴起个人进口商品的风潮，因为通过国际邮局寄回的服装、皮包等商品，即使加上邮费，售价也只有日本的一半。

4. 进入日本市场特别难

日本市场的封闭性世界闻名，它所实行的商业经营制度令许多外国企业望而生畏，无所适从，如美国的加州杏仁在日本摸索了5年也找不到产品的分销渠道。日本特殊的商业制度和法律如下：

(1) 日式退货制度。在日本，商品所有权甚至储存管理权均归厂商和批发商，零售商进了货只负责销售，商品卖不出去可随时无条件地退回给厂商和批发商，零售商不承担商品经营风险。这就迫使进口商对进口商品的种类、数量、质量等方面进行严格的控制。

(2) 回扣制度。由于历史上的原因，在日本进行市场营销，厂商或批发商须给零售商赠款或赠送礼物，赠送的数量不公开，且标准不统一，外国企业就不易把握。

(3) 系列店制度。日本的分销渠道多为厂商所掌握，厂商不但拥有自己的销售公司，而且还吸收中小批发商和零售商作为特约店、代理店形成针插不进、水泼不入的渠道系统，外国企业根本无法使用这种销售网络。另外，日本的一些"行业协会"也对渠道进行严格控制，规定哪家协会成员只能与哪些外国企业打交道，并借助垄断渠道的优势以优惠的交易条件进口产品。外国企业企图通过"行业协会"外的商店分销商品有时也行不通，因为这些商店也害怕得罪协会成员而遭到报复。

(4) 大店法。日本出于历史(零售店历来规模小而数量多)、文化(消费者习惯在固定的小区域范围内购买商品)、社会(就业机会减少)、政治(选民投票选举的选择)等方面的原因，长期以来通过"大店法"来保护小零售商的利益。该法明确规定：凡是各地方要开设营业面积超过500 m^2的大型商店都必须经过地方政府主管商会的严格审批。而商会成员多为小零售店业主，所以开设大店的申请很难获得批准，这又给外国企业在日本自建分销渠道增加了一重障碍。

值得注意的是，自20世纪60年代末以来，由于日本的国内外的政治、经济等因素的变化和压力，日本流通业已分阶段逐步开放，外国产品进入日本市场的障碍逐步减少。例如，修改后的"大店法"把开设大店的审批时间由10年减至18个月；大店关门时间由原来的晚6时延长至晚7时；取消"凡商店销售进口商品的柜台营业面积超过100 m^2 的须经地方政府审批"的规定。日本的大型百货公司、超市连锁店发展迅速，外国产品通过它们可分销到日本各地市场。其中，连锁店直接从国外进口的商品占其进口商品经营总额的32%；据日本官方资料称，40%的商店已经或将开始经销进口商品。某些外国大公司也能在日本建立起自己的分销系统，如美国苹果电脑公司1983年进入日本市场，因售价高和分销网络封闭而一度受挫；但经过十多年的努力，1994年在全日本已拥有3 000个经销店，市场占有率达13.9%，成为日本第二大PC供应商。

第二节　国际分销渠道的选择

一、国际分销渠道的长度

从国际分销渠道长度来看,企业选择的渠道结构有直接分销渠道与间接分销渠道、长渠道与短渠道之分。国际分销渠道的长度就是指产品或服务从生产者到最终用户或消费者所经过的渠道层次数。每个在推动产品及其所有权向最终买主转移的过程中承担一定职能的中间商就是一个渠道层次。

国际市场直接分销渠道是指产品在从生产者流向国外最终消费者或用户的过程中,不经过任何中间商,而由生产者将其产品直接销售给国内出口商、国外消费者或用户。直接分销渠道是两个层次的分销渠道,也是最短的分销渠道。在国际市场上,直接分销有以下几种方式和途径:

(1) 生产企业直接接受国外用户订货,按购货合同或协议书销售。

(2) 生产企业派推销员到国际市场做个别访问,上门推销。这种方式既可以推销产品,又可以解答用户的疑问,提供咨询服务,开展市场调研。

(3) 生产企业在本国开设出口部,或在国外设立分支机构,现货销售,或接受国外客户的订货。

(4) 生产企业参加国内外商品博览会、展销会、交易会、订货会等,在会议期间直接与国外客户签订合同。

(5) 采取邮购方式,直接将产品销售给国外最终用户或消费者。

(6) 生产企业通过电视、电话、计算机网络、电报、传真等将产品直接销售给最终用户或消费者。

(7) 生产企业直接将产品销售给国内出口商,再由国内出口商将产品销售到国外。企业初次从事国际市场营销可采取这种方式。

直接分销是工业品分销的主要方式,因为工业品技术性较强,有的是按用户的特殊要求生产的,售后服务非常重要。另外,这类产品的用户较少,购买批量较大,购买频率低。直接分销方便,有利于节省费用,保证企业信誉,更可以获得较高的利润。但对消费品则不同,消费品的技术性不强,在国际市场使用面广,每次购买量少,消费者也比较分散,许多生产企业不能或很难将产品直接销售给广大的国际市场消费者。所以,作为消费品分销渠道一般较宜通过国外进口商采取间接分销,而不是直接分销(当然也有特殊情况,如随着现代网络技术的发展,许多消费品生产企业也可以通过网络直销自己的产品)。

国际市场间接分销是指产品经由国外中间商销售给国际市场最终用户或消费者的一种分销形式,如以出口方式进入国际市场时就属这种形式。较典型的间接分销渠道是制造商→出口中间商→进口中间商→经销商→最终消费者。间接分销渠道有三个或三个以上的商品流转层次。

消费品分销渠道长度模式如图 8－3 所示。

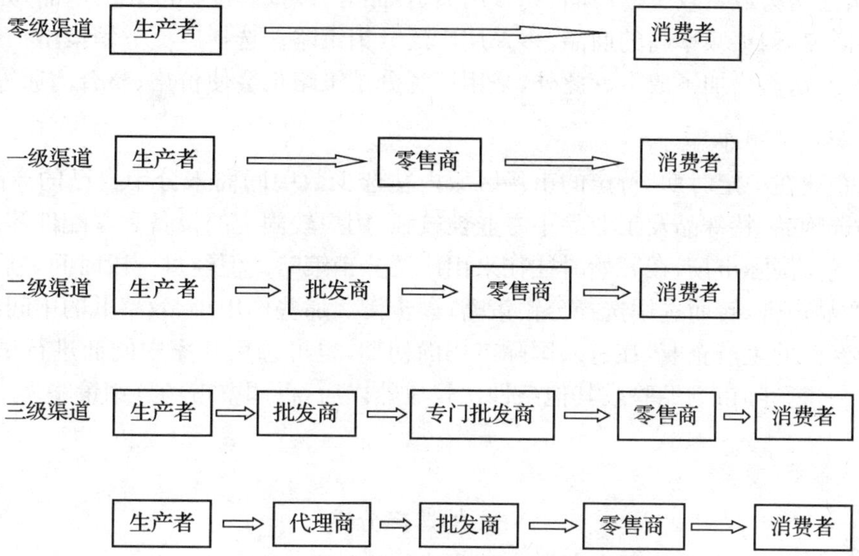

图 8－3　消费品分销渠道长度模式

知识链接

国际中间商的类型包括国内中间商、国外中间商和制造商设立的国外分支机构三种。国内中间商包括出口商和出口代理商；国外中间商包括进口经销商（进口商、经销商、批发商、零售商）和进口代理商；制造商设立的国外分支机构包括国外销售办事处和国外销售分公司。

对分销层次的确定，生产企业应综合考虑进出口条件、国际市场容量（特别是目标市场容量）、中间商销售能力、产品特点、生产企业本身的状况和要求、消费者购买要求以及其他的国际市场环境。例如，生产企业有较强的国际市场销售能力（组织机构、营销经验、推销员等），运输、仓储条件好，财力能够承担，而经济效益又合理时，可减少中间层次。在出口商或进口商能力强、信誉高的条件下，生产企业也可以使用较少的中间层次，甚至在国外某一区域内只设一个特约经销商或独家代理商。但有时根据国家法律、政策和国际惯例，生产企业又必须采取某一特定的分销渠道。

二、国际分销渠道的宽度

分销渠道的宽度是指渠道的各个层次中所使用的中间商数目。依据渠道的宽度，国际分销策略可以被区分为宽渠道策略与窄渠道策略。制造商在同一层次选择较多的同类型中间商（如批发商或零售商）分销其产品的策略，称为宽渠道策略；反之，则称为窄渠道策略。具体来说，国际营销企业在渠道宽度上可以有以下三种选择。

（一）广泛分销策略

这是指在同一渠道层次使用尽可能多的中间商分销其产品，企业对每一中间商负责的地区范围不做明确规定，对其资格条件也不作严格的要求。这种策略的主要目的是使国际市场消费者和用户能有更多的机会,方便地购买其产品或服务。在国际市场上,对价格低廉、购买频率高、一次性购买数量较少的产品,如日用品、食品等,以及高度标准化的产品,如小五金、润滑油等价格低廉,购买频率高的商品,多采用广泛分销策略。选择广泛分销策略一般要进行大量的广告宣传,从而增加了成本。此外,采用广泛分销策略也会使价格、整合沟通等较难控制。

(二) 选择分销策略

这是指企业在一定时期、特定的市场区域内精选少数中间商来分销自己的产品。适用于消费品中的选购品、特殊品及工业品中专业性较强、用户较固定的设备和零配件等。有些产品为了能迅速进入国际市场,在开始时往往采用广泛分销策略。但经过一段时间之后,为了减少费用,保持产品声誉,转而选用选择分销策略,逐步淘汰那些作用小、效率低的中间商。缺乏国际市场营销经验的生产企业,在进入国际市场的初期,也可选用几家中间商进行试探性分销,待企业有了一定国际市场经验或其他条件比较成熟以后,再调整市场分销策略。

全球视野

Nike的选择分销

Nike在五种不同类型的商店中销售运动鞋和运动衣:

- 体育用品专卖店,如高尔夫职业选手用品商店;
- 大众体育用品商店,供应许多不同样式的耐克,如劲浪、海豚体育用品专卖店;
- 百货商店,集中销售最新样式的耐克产品;
- 耐克产品零售商店,设在大城市中的耐克城,供应耐克的全部产品,重点是销售最新款式;
- 工厂的门市零售店,销售的大部分是二手货和存货。

(三) 独家分销策略

这是指企业在某一时期、特定的市场区域内,只选择一家中间商来分销其产品。双方通常签订书面合同,规定这家中间商不能经营其他竞争性产品,而制造商也不能在该地区内直销自己的产品或使用其他中间商分销其产品。消费品中的特殊品,尤其是名牌产品,多采用这种分销策略。对于制造商而言,独家分销有利于激发中间商的积极性,促使其努力提高营销效率,做好售后服务工作,同时也有利于制造商对渠道成员的控制(如决定价格和销售方式等)。但是,一定时期在一定地区只有一家经销商,可能会因此失去一部分潜在消费者。最关键的问题是,如果这个独家经销商选择不当,如在国际市场上资信条件不好,经营作风不正,工作能力差或效率低,可能会给企业带来失去市场的巨大风险。

全球视野

好孩子集团通过独家代理开拓美国市场

江苏好孩子集团在美国和卡斯科(Casco)公司合作推出“Casco - Geoby”品牌童车,获得空前成功。在合作过程中,“好孩子”以高度的契约意识来约束自己;面对“Casco - Geoby”日益扩大的市场份额,另一些美国公司许以更优惠的合作条件,希望与好孩子集团合作,好孩子集团均予以婉言谢绝,恪守与卡斯科公司的既定协议。这赢得了合作者的信任,至今卡斯柯也只代理了“好孩子”一家产品。

表 8-1　国际分销渠道宽度模式的选择

渠道策略	渠道宽度		
	广泛分销	选择分销	独家分销
中间商数目	选择较多的中间商	有限数目的中间商	一个地区只有一个中间商
渠道费用	高	较低	较低
宣传任务	制造商、出口商	中间商	制造商、中间商
适宜商品类型	便利品	价格较高的选购品、特殊品	高单价的商品或特殊品

三、影响企业选择国际分销渠道的因素

营销者在选择国际分销渠道时一般要考虑六个因素：成本(Cost)、资金(Capital)、控制(Control)、覆盖面(Coverage)、特征(Character)和连续性(Continuity)。这六个因素被称为渠道决策的六个"C"。

(一) 成本

国际分销渠道的成本，包括开发渠道的投资成本和维持渠道的维持成本。在这两种成本中，维持成本是主要的、经常的。它包括维持企业自身销售队伍的直接开支；支付给中间商的佣金；物流中发生的运输、仓储、装卸费用；各种单据和文书工作的费用；提供给中间商的信用；广告、促销等方面的支持费用；业务洽谈、通信等费用。

支付渠道成本是任何企业都不可避免的，营销决策者必须在成本与效益间做出权衡和选择。一般来说，如果增加的效益能够补偿增加的成本，渠道策略的选择在经济上就是合理的。较高的渠道成本常常是企业开拓国际市场的重要障碍。评价渠道成本的基本原则是能否用最小的成本达到预期的销售目标，或能否用一定的费用最大限度地扩展其他五个"C"的利益。

(二) 资金

资金是指建立渠道所需要的资金。如果制造商要建立自己的国际市场分销渠道，使用自己的销售队伍，通常需要大量的投资。如果使用独家中间商，虽可减少现金投资，但有时需要向中间商提供财务上的支持。通常情况下，资本不是渠道设计中的关键因素，除非企业的业务正处在不断扩展阶段，或者建立自己投资的国际分销渠道。而其他几个因素才是左右渠道设计的关键。

(三) 控制

渠道设计会直接影响企业对国际市场营销的控制程度。企业自己投资建立国际分销渠道时，将最有利于渠道的控制，但会增加分销渠道成本。如果使用中间商，企业对渠道的控制将会相对减弱，而且会受各中间商愿意接受控制的程度的影响。一般来说，渠道长度越长，渠道宽度越宽，企业对价格、促销、顾客服务等的控制就越弱。

渠道控制与产品性质有一定的关系。对于工业品来说，由于使用它的客户相对比较少，分销渠道较短，中间商较依赖制造商对产品的服务，所以制造商对分销渠道进行控制的能力较强。而就消费品来说，由于消费者人数多，市场分散，分销渠道也较长、较宽，制造商对分销渠道的控制能力就较弱。

(四) 覆盖面

覆盖面是指国际营销企业在目标国家销售产品的市场区域或细分市场,企业在目标市场的覆盖面不是越大越好,而是要求以下列三点为着眼点:

(1) 获得每一市场所能获得的最佳销售额,这是由各个市场的潜量和竞争程度等方面决定的。

(2) 取得合理的市场占有率。市场占有率过低会影响经济效益,过高同样会影响经济效益,还可能把竞争者吸引过来群起而攻之,或受到目标国家反垄断法等法律限制。

(3) 取得满意的市场渗透率。即在某一区域市场里争取原有顾客重复购买、增加购买、诱导更多的潜在顾客购买等。市场渗透率的提高,有时可侧重于人口稠密的目标市场。例如,日本60%的人口集中在东京、名古屋、大阪这三个连成一体的城市区域,这三个城市的购买力就占全国半数之上。从事国际市场营销的企业,在考虑市场覆盖时还必须考虑各类、各个中间商的市场覆盖能力。对于大中间商来说,尽管数量不多,但一个中间商的市场覆盖面非常大;而小中间商虽然为数众多,但单个中间商的市场覆盖面非常有限。例如,对于进入美国市场的中国消费品生产企业来说,如果能够与沃尔玛、西尔斯这样的零售公司建立伙伴关系,它的产品就能够迅速覆盖整个美国市场。当然要与这些一流的零售商建立伙伴关系,并取得它们在商品陈列、货架空间、顾客服务等方面的有力支持,也不是件容易的事情。

全球视野

美国夏普公司"借海出船"

美国夏普公司在决定进入日本市场时,最初也如同其他从事国际营销的企业一样,对日本的零售模式感到非常担心,但夏普公司最终通过与日本7-11零售公司的合作取得成功。他们通过与7-11公司签署协议,由7-11公司负责销售它的日用商品,这使得美国夏普公司迅速接触到每天光顾7-11公司的4 000家商店的400万消费者。

(资料来源:吴晓云.国际市场营销学教程.天津:天津大学出版社,2004。)

(五) 特征

营销者在进行国际市场分销渠道设计时,必须考虑自身的企业特征、产品特征以及进口国的市场特征、环境特征等因素。

1. 企业特征

企业特征涉及企业的规模、财务状况、产品组合、营销政策等。一般来说,企业的规模越大,越容易取得中间商的合作,因此,可选择的渠道方案也越多。财务状况好、资金实力强的企业,则有条件自设销售机构,少用中间商;而财力较弱的企业,往往只能借助中间商才能进入国际市场。企业的产品如果种类多,差异大,则一般要使用较多的中间商。企业的产品组合中如果产品线少而深,则使用独家分销比较适宜。企业产品组合关联性越强,越应该考虑使用性质相同或相似的分销渠道。此外,企业的营销政策也对分销渠道的选择产生影响。如果企业奉行的是快速交货的客户政策,就需要选择尽可能短的分销渠道。

2. 产品特征。

不同的产品可能会对分销渠道具有不同的要求。一般来说，对鲜活产品、易腐产品、生命周期短的产品等，应尽量使用较短的分销渠道；单位价值较低的产品、标准化的产品，分销渠道可相应地长一些；技术要求高，需要提供较多客户服务的产品，如汽车、机电产品等，较宜采用直销的方式，或选择少数适宜的中间商销售；原材料、初级产品一般适于直接销售给进口国的制造商。这一方面的要求与国内市场分销基本相同。

3. 市场特征

由于各国经济、文化、政治法律、物质、技术等环境的差异，各国的市场各有其自身的特征。分析研究市场特征主要是分析研究市场集中程度、潜在顾客的数量、顾客的购买习惯和购买频率、销售量的大小、分销渠道的结构和竞争产品的分销渠道等内容。

市场集中程度是指市场、顾客在地理上的集中或分散的程度。如果市场集中，可采用较短的渠道甚至直销渠道；如果市场分散，则需采用间接销售的方式；如果潜在顾客的数量多，市场容量大，分布地区广，可采用较长的分销渠道。

从顾客的购买习惯和购买频率来看，日用品一般是就近购买，可采用比较广泛的分销渠道。对于特殊品，顾客一般是向专业商店购买，则不宜采用广泛的分销渠道。如果市场中顾客购买某种商品的次数很频繁，但每次购买的数量不多，则宜使用中间商。顾客一次购买批量大的，可选择直接销售的方式。销售量小的产品一般选用代理商较好，因为代理商可代表制造商向大型零售企业推销，避免经销环节过多而增加零售价格。

在国际市场营销中，渠道策略及其他营销策略的选择必须考虑各目标市场国家分销渠道结构的特点，如日本的分销渠道可以说是世界上最长、最复杂的。相比来说，美国市场的分销渠道则要短得多，简单得多。当目标市场国家的分销渠道太长，太复杂时，有时选择直销渠道或只使用零售商一个渠道层次可能会更有利。

竞争者的分销渠道是渠道决策时需要考虑的另一重要因素。对于某些出口产品来说，制造商在确保产品质量并提供良好服务的前提下往往希望采用与竞争者相同或相近的渠道来销售。一方面是利用该渠道的市场覆盖面和中间商的经验；另一方面是以此来与竞争者抗衡，争取一定的市场份额。在市场竞争非常激烈的情况下，如果制造商的渠道费用不充足，或者强行打入竞争者的市场要付出巨大的代价。或者竞争者的渠道不能满足制造商的要求，制造商也可以利用或发展其他分销渠道。此外，在某些特殊情况下，如进口国的竞争者采用种种手段封锁分销渠道时，会给出口国的制造商制造较大的困难。

4. 环境特征

目标市场国家的政府可能会禁止或限制某些分销渠道的安排，如一些发展中国家规定某些进口业务必须由特许的企业经办。有些地区规定要对代理商征收代销税，因此代理商往往希望采用表面买断而实际上提取代理佣金的形式，为制造商提供分销服务。就经济环境来说，当经济衰退时，一般应尽可能地使用短渠道，以较低价格将产品尽快地卖给最终用户或消费者。

（六）连续性

一个企业国际市场分销渠道的建立往往需要付出巨大的成本和营销努力。而且一个良好的分销渠道系统，不仅是企业重要的外部资源，也是企业在国际市场中建立差异优势的一个基础。

因此，企业要维持分销渠道的连续性，必须做到以下几点：

(1) 慎重地选择中间商，并采取有效的措施提供支持和服务。同时在用户或消费者中树立品牌信誉，培养中间商的忠诚。

(2) 对已加入本企业分销系统的中间商，只要其愿意继续经营本企业的产品，而且也符合本企业的条件和要求，则不宜轻易更换，应努力与之建立良好的长期关系。

(3) 对那些可能不再经营本企业产品的中间商，企业应预先做出估计，预先安排好潜在的接替者，以保持分销渠道的连续性。

(4) 时刻关注竞争者渠道策略、现代技术以及消费者购买习惯与购买模式的变化，以保证分销渠道的不断优化。

全球视野

微系统公司的海外机构

在过去的营销过程中，美国微系统公司不断开展国际市场营销的业务活动，该公司拥有50个中间商和6个海外分支机构，这些分支机构分别分布在美国、法国、德国、瑞士、西班牙等国，它在德国的法兰克福设有办事机构，以协调整个欧洲、中东和非洲的业务。它还在新加坡设立了一个办事机构，负责亚洲和太平洋地区的事务。现在，微系统公司28%的产品出口，为了在国外市场服务得更好，微系统公司雇用了许多当地人提供优质、满意的服务，因为当地人了解当地的文化，他们对微系统公司在当地的发展起到了很大的推动作用。

（资料来源：陈宏.国际营销新概念.北京：对外经济贸易大学出版社，2001。）

第三节　国际分销渠道的管理

国际市场分销渠道确定之后，出口企业就与一个或多个中间商形成了相对固定的业务关系，双方之间既有共同的利益，更有利益上的矛盾。为保持产销双方合作关系的理想状态，实现分销渠道的持久畅通，出口企业需要对所选择的分销渠道进行必要的管理。这种管理的主要内容包括以下几个方面。

一、选择国内外中间商

生产者要评估中间商经营时间的长短及其成长记录、清偿能力、合作态度、声望等；当中间商是销售代理商时，生产者还需评估其他产品大类的数量和性质、推销人员的素质和质量；当中间商打算授予某百货公司独家分销权时，则生产者尚需评估商店的位置、未来发展潜力和经常光顾商店的顾客类型等。

二、保持与渠道成员良好的合作关系

渠道成员一经选定，出口企业就应从兼顾双方利益的原则出发，通过各种有效措施调动渠道成员的积极性，维护良好的合作关系，具体对策如下：

(1) 坚持向中间商提供质量合格，适销对路的产品。特别是在企业产品销路看好、市场需求旺盛、产品供不应求、货源紧张之时，生产企业不能轻易抛弃合作的中间商，而应坚持与老客户的合作，如此方能显示出生产企业的合作诚意，这是对中间商的最大激励。

(2) 根据中间商的进货及付款情况，灵活运用各种定价技巧，特别是数量折扣和现金折扣，以刺激中间商经常大量进货，并及时结算货款，减少企业资金积压，加速资金周转，降低资金风险。

(3) 以延期付款或售后付款的方式给予中间商融资便利。

(4) 与中间商协作搞好产品的促销工作。

(5) 如果企业产品的技术含量较高，可为中间商提供人员培训服务，提高销售人员的推销业务水平。

(6) 在条件允许时，企业可成立一个专门机构，定期与中间商交流产销信息，共同设计销售计划、库存水平、商品陈列、广告宣传等营销工作，使中间商充分认识双方的共同利益，与企业保持良好的合作关系。

全球视野

苹果公司的销售渠道管理

苹果电脑公司的销售渠道和销售战略在进入专业人员和企业用户市场中起了重要作用。该公司与750～800家独立零售商建立了密切的关系，并通过向用户提供免费软件热线、月报杂志等，向用户介绍电脑的应用。此外公司还与经销商开展合作广告活动。根据经销商购买金额的多少，给予其购买金额30%的广告补贴。苹果电脑公司还规定，电脑的销售必须借助经过严格训练的直接推销队伍，只有这样才能牢牢抓住用户。

依靠这种分销方式，苹果电脑公司得以保持很高的利润收入和较低的直接销售成本。苹果电脑公司还通过自己的区域辅助中心，直接向零售商销售，从而减少了中间环节，其目标是实施更有效的存货控制，使公司产品更接近最终用户。公司通过举办"苹果意味着经营"的销售研讨班，对经销商进行直接培训，便于教育最终用户。此外，公司还向经销商提供必要的条件，使之能及时向用户提供维修和免费换件服务。

（资料来源：寇小萱，王永萍. 国际市场营销. 北京：首都经济贸易大学出版社，2002。）

三、对中间商的督促与检查

生产企业并非被动地为中间商服务，为保证自身利益，企业在维护合作关系的同时，还应进行积极的引导和督促，以保证中间商正常开展推销业务。一般说来，企业要确定一定的评估标准，经常性地对中间商的推销业绩进行检查和评估，以便及时发现问题，采取调整措施。这些标准应包括：一定时期内的销售额、平均的库存水平、对顾客提供的服务水平、与企业的协作状况等。这其中,销售指标最为重要,因为国际市场营销中某一地区中间商的推销规模很大程度上就是企业在该市场销售目标实现的规模。根据销售业绩,企业可对各个中间商进行评价,鼓励先进,并对发现的问题及时采取相应措施。

四、分销渠道的调整

通过企业定期对中间商的检查评估,可及时发现现有渠道中存在的问题。这些问题可能有:渠道模式不合理、个别渠道成员推销业绩较差、某些渠道成员与企业的合作不理想等。对这些问题,企业应及时采取调整措施加以解决,但是由于渠道决策的相对稳定性,分销渠道的调整特别是在国际市场营销活动中,往往难度较大。根据有些国家的规定,生产企业单方终止与中间商的合作需付出很高成本。为此,国际市场分销渠道的调整需十分慎重。

分销渠道调整涉及增补或剔除、更换某一渠道成员,增加新的渠道类型,改变原有渠道类型。调整难度主要体现在剔除或更换个别渠道成员上。一般来说,只是在以下情况发生时,企业才考虑进行调整。

(1) 某一中间商长期以来销售业绩较差,无法实现企业在既定市场上的销售目标。

(2) 某一中间商与企业合作关系较差,企业较难贯彻其销售意图。

(3) 市场上购买者行为发生重大变化,原有中间商无法适应。

(4) 企业新开发出与原有产品组合关联度较小的新产品,超出了原有中间商的经营范围。

(5) 企业拥有一定的销售力量后,或者在某一目标市场上的局面已经打开,可以考虑将间接渠道改为直接渠道。

五、协调好分销渠道内各成员之间的关系

国际市场营销中,企业主要选择间接式渠道,即一条渠道内有多个中间商,各中间商之间很容易出现利益上的冲突和矛盾。对企业来说,为了发挥出整条渠道的高效率,应尽量使各渠道成员的矛盾冲突降至最低限度。渠道内各中间商的矛盾主要有两类。一方面,在同一地区同时有几家中间商经营本企业产品。这些中间商在产品价格、促销、服务等方面可能会发生程度不同的竞争,如处理不当,就会影响企业产品销售、企业声誉,导致整个流通环节效率低下。例如,中间商为争夺市场份额竞相降价就会导致众败俱伤的后果。另一方面,同一渠道中不同层次的中间商,如批发商和零售商之间也可能因利益分配出现矛盾,从而影响合作关系和产品销售。为较好地解决上述两类矛盾,协调好分销渠道内各成员之间的关系,企业应根据中间商的不同功能和业绩,合理确定让利水平,尽量避免不公平竞争,使中间商能共同为实现企业销售目标而努力。

第四节　网络营销

一、网络营销的含义及特点

所谓"网络营销"(On Line Marketing)是指商户在电脑网络上开设自己的主页,在主页之

上开设“虚拟商店”(Visual Mall)，用以陈列宣传其商品。顾客通过任何一部网络计算机都可以进入虚拟商店，浏览、挑选、下订单、支付都在网上完成，商户接到订单后就送货上门的一种营销方式。这种营销方式与邮购、电视购物等方式并列，从属于直接营销这一概念。

与传统营销相比，网络营销主要有以下几个特点：

(1) 网络营销是一种以消费者为导向、强调个性化的营销方式。网络营销的最大特点在于以消费者为主导，消费者拥有比过去更大的选择自由。

(2) 网络营销具有极强的互动性，是实现全程营销的理想工具。传统的营销管理强调4P(产品、价格、渠道和促销)组合，现代营销管理则追求4C(顾客、成本、方便和沟通)，然而无论哪一种观念都必须基于这样一个前提：企业必须实行全程营销，即必须从产品的设计阶段就开始充分考虑消费者的需求和意愿。

(3) 网络营销能满足消费者对购物方便性的需求，提高消费者的购物效率。

(4) 网络营销能满足价格重视型消费者的需求。网络营销能为企业节省用于促销的巨额流通费用，使产品成本和价格的降低成为可能；而消费者则可在全球范围内寻找最优惠的价格，甚至可绕过中间商直接向生产者订货，因而能以更低的价格实现购买。

二、企业网上营销的基本手段与方法

(一) 市场研究

市场研究是网络营销的最重要手段与方法之一，其具体方法很多，最主要的有虚拟市场营销、数据挖掘和网上市场调研。虚拟营销是一种利用计算机网络进行模拟市场研究的一种方法，它的主要手段是在网络上进行全仿真模拟销售；数据挖掘是指对企业从网络上每天获得的巨大的信息流进行捕捉和开发，然后决策者可以利用数据分析工具，根据营销决策需要对其进行分析，并用于辅助决策的活动。网上市场调研是一种与传统市场调查类似的方法，不过它是通过电子邮件和在线访问进行的。电子调查表的回复率要比传统方式回复率高，费用低，并且可以做到互动交流。

(二) 直接销售

完全意义上的网上直接销售目前主要以网上零售为主，网上直接销售在西方主要是从电脑组件、电子产品和图书开始的，现在在日用百货、音像制品、礼品、鲜花、食品等方面已有很多成功的例子。网上直销的实现途径很多，既可以在自己的站点上直接销售，也可以加入电脑网络广场和虚拟电子商场。当然，像生产资料交易这样的大笔交易，考虑到风险和安全问题，目前很多还是通过网上取得信息并进行网上初步洽谈，网下进行交易。网络安全问题和人们的传统观念有突破性进展，客户信用体系进一步完善后，这种类型的完全网上交易也会大规模实现。

(三) 网上促销

在公众面前树立良好形象，为公众提供产品信息，是传统促销同时也是网上促销的重要内容。例如，赞助运动会、赞助绿色和平运动等，赞助商在这些页面上通过一个超链接指向自己公司的页面。当然，企业资助的活动内容最好与自己的产品和服务有关，如关心运动的人们在看运动会的间隙通过鼠标点击链接到出售体育用品的公司页面上浏览的可能性是很大的。

第五节　国际物质分销

一、国际物质分销的概念

物质分销又称实体分配、物质流通、物流等,是指产品实体从生产者手中运送到消费者手中的空间移动。其基本功能是在购买者需要的时间和需要的地点,向他们提供所需要的产品。

同国内物质分销一样,国际物质分销也主要包括商品的包装(保护性包装)、装卸、储存、运输、加工整理等。其中,储存与运输是物质分销的中心环节。但国际物质分销比国内物质分销复杂得多。在国际市场营销中,企业必须面对不同于国内的物质分销机构(如运输公司、仓储公司)、物质分销习惯,以及相关的社会文化、政治法律、经济和技术环境。而且与国内物质分销相比,国际物质分销中的产品移动距离、所需耗费的时间和费用一般也要多一些。

二、国际物质分销目标

企业的国际物质分销目标是以企业战略目标和销售目标为基础的,是为实现企业营销总目标而确定的一个次级目标。同时,它又是企业制定物质分销策略,进行国际物质分销管理的依据。归纳起来,国际物质分销目标可分为以下几类。

(一) 经济性目标

经济性目标即企业把降低运输、储存、装卸等费用作为国际物质分销的目标。追求物质分销中的规模经济效益就是经济性目标的一种具体体现。要实现这一目标,企业应把实体分配中的各项费用作为一个整体,在不断改善服务的前提下,力求降低总费用的水平。因为各项费用是相互关联的,如以水运代替陆运虽然可以减少费用,但会延缓资金周转;又如节省了包装,往往会加大运输中的损耗。

(二) 安全性目标

安全性目标即企业把保证按照正确的数量与质量,准确、及时、完整地将产品运送到指定购买地点作为国际物质分销的目标。一般来说,安全性越高,代表着服务水平越高,顾客的满意度也就越高。

(三) 灵活性目标

灵活性目标即企业把保证和提高物质分销系统的灵活性和应变能力作为国际物质分销的目标。在国际市场营销中,不断地跟踪企业环境的变化,特别是现代通信、交通运输、自动化、集装箱等技术的变化,并根据变化对物质分销系统做出调整和改进,有时可能会成为改善整个企业营销绩效的关键。在那些环境变化快的市场中,保持物质分销系统的灵活性往往是企业在国际物质分销决策和管理中的首要目标。

(四) 方便性目标

企业在建立国际物质分销系统时,有时可能会选择以尽可能地方便顾客购买作为国际物质分销的目标，如日用消费品的国际分销中就往往以方便性作为企业的物质分销目标。

当然，除了上述几类目标外，企业在国际市场营销中可能还会制定其他物质分销的目标，如扩大市场覆盖面的目标。而且这里列举的几类目标之间往往是相互矛盾的，如要提高顾客购买的方便性通常就需要以牺牲规模经济为代价。因此在同一时期应注意不要同时确立几类相互矛盾的目标；否则，会在物质分销中引起混乱。

三、国际物质分销渠道管理

在国际物质分销中，成本费用上升和决策失误是两个主要的问题。一般来说，国际物质分销渠道系统的设计和管理不能以国内的业务经营为准则，也不能仅仅从自己的业务角度出发。制定决策必须考虑企业市场营销整体活动与企业外部环境的协调，特别是与国际市场文化、政治、法律和经济环境的协调。要做到这一点，企业开展国际物质分销活动，就必须以市场为出发点，充分考虑目标市场用户的位置、中间商和用户对产品流通的便利性需求以及竞争者的服务水平等等，并在此基础上制定出有效的国际物质分销策略，不断改善对顾客的物质分销服务。国际物质分销渠道管理主要包括订货决策、存货控制、仓库管理、运输方式的选择等。

（一）存货决策

企业在制定国际物质分销策略时，需要在服务水平与服务成本间寻求一个平衡点。因为要提高物质分销的服务水平，企业就需要增加存货，采用最迅速、最周到、最安全的方式将产品实体运送到顾客的手中。然而随着服务水平的提高，分销成本不断增加，而且当服务水平接近100％的顾客满意水平时，分销成本会直线上升。为此，企业必须确定科学的订货量和订货点。首先是订货数量。在供应较充裕，销售量较均衡的情况下，企业要权衡进货费用和储存费用，求得总费用最少的进货数量，达到经济合理的储存量，即经济批量。进货费用包括订购费用、运输管理费用、行政管理费用和货品检验费用等，这些费用与进货频率（次数）有关。储存费用包括财务费用、保管保养费用、搬运费等。它们与进货数量有关。在全年销售量确定的条件下，其总费用可用下式表示

$$S = K \cdot n + h \cdot (1/2Q) \cdot T \cdot n + M \cdot p$$

式中，S——全年的总费用；

K——一次订购费用；

n——全年订购次数；

h——单位商品年保管费用率；

T——订购周期；

M——全年总订购量；

Q——一次订购量；

p——商品单价。

由于　　$n = M/Q, T = Q/R$　（R 为平均月需要量）

所以　　$S = K \cdot M/Q + (h \cdot M/2R) \cdot Q + Mp$

对 Q 求偏导并令其等于 0，则得

$$-K \cdot M/Q + h \cdot M/2R = 0$$

推导得

$$Q = 2RK/h$$

这就是经济订货量。

其次是订货点问题。当存货随着销售下降到一定数量时，就要求购进下一批商品，这一数量水平称为订货点。其计算公式如下

订货点存储量=(备运天数+误期天数)×平均销售量

式中的备运天数包括下订单、办理采购手续、在途运输和验收入库等时间。误期天数乘以平均销售量实际上是企业根据历史资料和管理水平确定的保险储备量。

(二) 仓库决策

依据企业是否拥有仓库的所有权，仓库可分为自有仓库和公共仓库；而根据仓库的业务性质又可分为储存仓库和分配仓库。自有仓库的所有权归制造商、批发商、零售商等工商企业拥有，主要用于本企业的商品储存、分配之用。公共仓库则由专业的仓储经营机构所拥有，主要用来向社会出租仓位而获利。公共仓库包括一般商品仓库、特殊商品仓库、冷冻仓库和保税仓库等。使用公共仓库时，租赁企业只要支付仓位租金就可以享受相应的仓储服务，而不必负担建立自有仓库的投资和增加管理费用。但使用公共仓库的租金相对于使用自有仓库的日常费用一般要高一些。如果储存商品是经常性的，数量大，则使用自有仓库会经济一些。

企业在国际市场营销中除了要决定使用公共仓库还是自有仓库之外，还要对仓库位置做出选择。企业在选择仓库位置时要注意以下几点：

(1) 用户的地理分布和要求的运输量。由于运费等于运输量、运输里程和单位运价三者的乘积，所以仓库位置应选在运输吨公里最大的用户的位置。

(2) 用户要求的服务水平，在运输方式既定的情况下，仓库位置应尽可能选在能够满足主要客户订货要求的位置。

(3) 仓库位置与仓库数量的配合关系。仓库数量多，较容易满足客户的需求，总运输费用也相对较低，但仓储费用会增多。仓库数量少，仓储费用会低一些，但运费会增多，运输时间会延长，因此可能会降低顾客服务水平。

(三) 运输决策

总的来说，国际物质分销对商品运输的基本要求是使商品按照合理的流向，力求以最短的运输里程、最少的转运环节、最省的运输费用，安全完好地从产地运送到销地。在具体组织商品运输时，企业应根据商品的特征、数量、价值、市场需要的缓急情况等，结合各种运输方式的特点进行正确的选择，主要标准应是选择合适的运输方式，运费省且运送快。

其次，应在条件允许时组织直达运输和“四就直拨”运输。直达运输是指产品自生产企业直接运往销地和主要用户手中，中间不经过任何转运环节和中转仓库。“四就直拨”是指就站就港直拨和就厂就仓直拨。就站就港直拨是指产品由生产企业运送到目的地车站或港口后，直接送交需用单位，无须经中转仓库分装整理。这样可以减少商品的装卸次数，加速商品运送。就厂就仓直拨是指按销售合同，就厂或就仓将商品验收分装后，直接发送给需用单位，或由需用单位自提。这样也减少了中间环节，可以缩短运送时间。

最后，应加强商品运输的计划性。搞好物流计划工作不仅是降低运费、加快商品运送速度、提高运输效率的需要，而且也是实现产、运、销整合的需要。要加强运输的计划工作，应处理好运输计划与生产计划和销售计划或销售合同之间的衔接。销售计划或销售合同是整个计划工作的起点，运输计划是完成销售计划的保证，而生产计划的完成又是保证按计划发货的前提。

全球视野

沃尔玛在中国的三种业态

沃尔玛购物广场、山姆会员商店、沃尔玛社区店、沃尔玛折扣店是沃尔玛公司的四种经营业态，沃尔玛这四种经营业态为顾客提供不同的产品和服务。目前沃尔玛在中国引入了前三种经营业态。

沃尔玛开创购物广场的理念是为顾客节省时间和开支，并提供一站式独特的购物体验，沃尔玛购物广场营业面积通常在10 000平方米以上，经营商品种类在20 000种以上，沃尔玛中国目前有52家大型购物商场。

作为会员顾客的采购代理，山姆会员商店采取大包装、低利润的经营方式，以会员特惠价格向商业会员和个人会员提供超值商品。山姆会员商店商品种类在4 000种左右，每一件商品都经过精挑细选，能完全满足会员对各类商品的品质追求，为会员免除挑选商品的烦恼，节省时间和金钱。

沃尔玛社区店是沃尔玛公司继沃尔玛购物广场和山姆会员商店之后开创的全新的经营业态，沃尔玛中国于2002年将这一全新的经营业态引入中国，在深圳开设了两家沃尔玛社区店。它坚持“便利、优质、平价”，继承“天天平价”的传统，但又有别于沃尔玛购物广场和山姆会员商店。它植根于社区，营业面积在3 000平方米左右，为社区居民提供日常所需的各种优质低廉的商品。

本章小结

(1) 国际分销渠道，是指商品从一个国家的生产者流向国外用户或消费者转移时所需经过的流通途径。

(2) 国际分销渠道由不同的渠道成员构成。在现实的国际营销活动中，出口生产企业可以直接或通过少量和众多的渠道成员把产品送达进口国的工业用户或最终消费者手中；可利用各种性质不同的中介完成商品流通过程。同时，产品进入进口国后，各国的商业习惯、产品分销方式也有很大的差异。这样，就会形成许许多多非常复杂的国际分销渠道结构。

(3) 从国际分销渠道长度来看，企业选择的渠道结构有直接分销渠道与间接分销渠道，或长渠道与短渠道之分。国际分销渠道的长度就是指产品或服务从生产者到最终用户或消费者所经过的渠道层次数。每个在推动产品及其所有权向最终买主转移的过程中承担一定职能的中间商，就是一个渠道层次。

(4) 产品从生产企业流向国际市场消费者或用户的过程中，所经过的渠道层次越多，分销渠道越长；层次越少，分销渠道越短。对分销层次的确定，生产企业应综合考虑进出口条件、国际市场容量、中间商销售能力、产品特点、生产企业本身的状况和要求、消费者购买要求以及其他的国际市场环境。

(5) 分销渠道的宽度是指渠道的各个层次中所使用的中间商数目。国际营销企业在渠道宽度上的选择可以有三种策略:广泛分销策略、选择分销策略和独家分销策略。营销者在选择国际分销渠道时一般要考虑六个因素:成本、资金、控制、覆盖面、特征和连续性。这六个因素被称为渠道决策的六个"C"。

(6) 国际分销渠道管理的主要内容包括:保持与渠道成员良好的合作关系、对中间商的督促与检查、分销渠道的调整、协调好分销渠道内各成员之间的关系等几个方面。

(7) "网络营销"是指商户在电脑网络上开设自己的主页,在主页之上开设"虚拟商店",用以陈列宣传其商品。与传统营销相比,网络营销主要有以下特点:① 网络营销是一种以消费者为导向、强调个性化的营销方式;② 网络营销具有极强的互动性,是实现全程营销的理想工具;③ 网络营销能满足消费者对购物的方便性需求,提高消费者的购物效率;④ 网络营销能满足价格重视型消费者的需求。

(8) 面对网络对企业整个经营活动的冲击,为能取得竞争优势,企业应从决定国际网络工具、慎选 ISP、注册域名、树立网络形象 CNI、确定目标市场、确定适合网络营销的产品、建立忠实的顾客群、整合其他促销手段等几个方面采取策略。

(9) 国际物质分销是指产品实体从生产者手中运送到消费者手中的空间移动,其基本功能是在购买者需要的时间和需要的地点,向其提供所需要的产品。它的目标可分为经济性目标、安全性目标、灵活性目标和方便性目标等。为实现它的目标,国际物质分销渠道管理需要在订货决策、存货决策、仓库管理、运输决策等方面做出有效选择。

课后习题

【名词解释】

国际分销渠道　直接分销渠道　间接分销渠道　国际分销渠道的长度　网络营销
国际分销渠道的宽度　国际物质分销

【简答题】

1. 国际分销渠道有哪些主要模式?日本的分销渠道有哪些特点?
2. 在国际市场上,直接分销有哪几种方式和途径?
3. 国际营销企业在渠道宽度上有哪几种选择?
4. 如何对国际分销渠道进行管理?
5. 什么是网络营销,它有哪些特点?
6. 企业如何制定正确的网络营销战略?
7. 什么是物质分销?如何实施对国际物质分销的管理?

案例分析

京东自建仓储物流

自 2007 年 8 月开始,京东商城先后赢得今日资本、DST 和老虎基金等共计三轮融资,金额高达 15 亿美金,每一轮融资都给京东商城带来了蓬勃的发展动力。2009 年年初,京东商城就斥巨资成立自己的物流公司开始分别在北京、上海、广州、成都、武汉设立了自己的一级物流中心，随后在沈阳、济南、西安、南京、杭州、福州、佛山、深圳8个城市建立了二级物流中心，这些城市的顾客是京东商城的主要顾客。以华东物流中心——上海为例，每日能正常处理2.5万个订单，日订单极限处理能力达到5万单。目前，京东商城正在筹建一个新的项目——亚洲一号，即在上海嘉定购置260亩土地用于打造亚洲最大的现代化B2C物流中心。“亚洲一号”将至少支持百万级的SKU(Stock Keeping Unit，库存量单位)，目标是适应未来5到10年的发展。正是有了如此大规模的自营物流体系的支持，京东商城才敢在2010年4月正式推出了“211限时送达”服务，即指每天上午11点前下订单，下午送达；晚上11点前下订单，次日上午送达。这样可以使电商更好地控制时间，压缩成本，提高服务，还可以使京东配送车辆达到广而告之的效果，同时增加并保持消费者的认可度。比如在春节、“双11”这些节日等特殊时期业务稳定等效应。2016年“双11”大战中，京东在仓储物流配置、快递员配送及全程物流服务方面都下足了功夫，赢得了优势。总的来说，京东商城的自建物流的最大有利点是他们把电商发展的主动权抓在自己手里，让京东商城的销售额居高不下，同时也使物流成本降到最低，给消费者提供更快捷方便的服务，从而也使京东商城健康稳定地发展，成为电商行业的巨头。

（资料来源：改编自 https://wenku.baidu.com。）

思考题：

1. 结合课本知识和本例说明渠道在京东发展中的重要意义和作用。
2. 自建仓储物流对京东来说主要有什么利和弊？

武汉理工大学
精品在线开放课程
教学视频一第八章

第九章 国际市场营销的促销策略

【学习目标】

了解国际市场人员推销的步骤;影响国际广告策略的主要因素;国际营业推广的促销策略;国际公共关系的主要内容和形式。

第一节 国际市场人员推销

案例分析

万宝路的促销策划

MARLBORO 其实是“Man Always Remember Love Because Of Romantic Only”的缩写,意为男人只因浪漫铭记爱情。其广告口号是“像五月的天气一样温和”,用意在于争当女性烟民的“红颜知己”。为了表示对女烟民关怀,莫里斯公司把“Marlboro”香烟的烟嘴染成红色,以期广大爱靓女士为这种无微不至的关怀所感动,从而打开销路。然而,“万宝路”从 1924 年问世,一直至 20 世纪 50 年代,始终默默无闻。它的温柔气质的广告形象似乎也未给广大淑女们留下多少利益的考虑,因为它缺乏以长远的经营、销售目标为引导的带有主动性的广告意识。莫里斯的广告口号“像五月的天气一样温和”显得过于文雅,而且是对妇女身上原有的脂粉气的附和,致使广大男性烟民对其望而却步。

第二次世界大战爆发以后,烟民数量上升。过滤嘴的出现让消费者觉得,过滤嘴可以使有害的尼古丁进入不了身体,烟民们可以放心大胆地抽自己喜欢的香烟。菲利普·莫里斯公司也忙着给“万宝路”配上过滤嘴,希望以此获得转机。然而令人失望的是,烟民对“万宝路”的反应始终很冷淡。

抱着心存不甘的心情,菲利普·莫里斯公司开始考虑重塑形象。让我们忘掉那个脂粉香艳的女子香烟,重新创造一个富有男子汉气概的举世闻名的“万宝路”香烟!一个崭新大胆的改造“万宝路”香烟形象的计划产生了。

产品品质不变,包装采用当时首创的平开式盒盖技术,并将名称的标准字(MARLBORO)尖角化,使之更富有男性的刚强,并以红色作为外盒主要色彩。广告的重大变化是:“万宝路”的广告不再以妇女为主要对象,而是针对硬铮铮的男子汉。

这种洗尽女人脂粉味的广告于 1954 年问世,它给“万宝路”带来巨大的财富。仅 1954—

1955 年间，“万宝路”销售量提高了 3 倍，一跃成为全美第 10 大香烟品牌，1968 年其市场占有率上升到全美同行第二位。现在，“万宝路”每年在世界销售香烟 3 000 亿支，用 5 000 架波音 707 飞机才能装完。世界上每抽掉 4 支烟，其中就有 1 支是“万宝路”。

一、国际市场人员推销的特点和步骤

（一）国际市场人员推销的特点

国际市场人员推销，是指受企业委派，涉外推销人员在国际市场通过一系列促销手段使顾客购买产品或服务的过程。这一系列手段包括近距离接触和远程交流。前者主要是面对面的咨询和劝说，后者包括书信、电话和互联网上的咨询和劝说等。人是国际市场营销中最活跃的因素，人员推销也具有更强的灵活性、创造性。

知识链接

世界上最伟大的推销员

乔・吉拉德，1928 年 11 月 1 日出生于美国底特律市的一个贫民家庭。9 岁时，乔・吉拉德开始给人擦鞋、送报，赚钱补贴家用。乔・吉拉德 16 岁就离开了学校，成为一名锅炉工，并在那里感染了严重的气喘病。35 岁那年，乔・吉拉德破产了，负债高达 6 万美元。为了生存下去，他走进了一家汽车经销店，3 年之后，乔・吉拉德以年销售 1 425 辆汽车的成绩，打破了汽车销售的吉尼斯世界纪录。从此，乔・吉拉德就被人们称为“世界上最伟大的推销员”。

国际市场人员推销的特点如下。

1. 灵活性

人员推销既可以是面对面的交谈，也可以是以其为基础的间接交流。促销人员可以根据顾客的不同需求和购买动机随时变换策略，以最适宜顾客需求的方式达到推销目的。这有利于顾客对产品或服务规格、性能、用途的了解，消除由于文化、习俗、观念而产生的疑虑。

2. 反馈性

人员推销的另一个特点是双向的沟通，以语言、文字为媒介向顾客传递产品或服务信息，同时也获得顾客的信息，了解对方对产品或服务的需求或潜在需求程度，对本企业的了解程度，以及推销品、推销人员、委派企业的信任度。企业获得反馈信息，可以及时调整经营和营销策略。

3. 服务性和创造性

推销人员在推销的同时，也能提供与推销品有直接或间接关系的服务。比如，解答顾客的疑难问题，通过潜移默化的影响宣传企业文化，通过自己的态度影响顾客的信任度，推销人员还可能通过一些简单的演示让顾客尝试产品或服务。在长期的推销过程中，推销人员还可能与顾客建立良好的关系和友谊。

人员推销是比较传统的促销方式，具有其他方式没有的特点。推销可以是一个人员对一个顾客，也可以是对多个顾客，还可以是几个推销人员组成一个推销小组对应一个顾客群体。虽然一对多、多对多的方式可以节省时间，但是顾客通常很难集中起来，并且顾客常常需要一对一的沟通。所以,最普遍的情况还是一对一,并且一对一方式的效果是最好的。这也决定了人员推销的工作量很大,成本很高。在劳动力价格很高的国家,人员推销的开支可以占到很高的比例。国际市场人员推销的费用不仅包括工资,还包括差旅费、保险费等。在推销人员缺乏的市场,高级推销人员会要求更高的工资。所以费用高是国际市场人员推销的一个缺点。

(二) 国际市场人员推销的步骤

国际市场人员推销的步骤根据产品特点、顾客群体特点和推销目标不同而有差别。一般来说,国际市场人员推销都要有以下几个步骤。

1. 发掘顾客

首先要确定推销对象,寻找哪些人或集体可能是产品或服务的购买者。这一过程可以是在繁华地段中流动人群通过宣传找寻,也可以是在商业区域中有消费欲望的人群通过介绍发现,还可以上门在特定住宅或工作地区找寻,还可以通过现有顾客的介绍发现新的顾客,还可以通过查找电话号码、传真、电子邮箱等得到顾客的回复。

2. 推销准备

这一步骤并不一定在第一步骤之后,可能在发掘顾客之前或正在发掘的过程中就开始了,但必须以确定的顾客特点为前提。比如,了解顾客的喜好、收入层次、年龄、生活习惯等。此外,还必须掌握产品或服务的特点、功用,同类、相似产品或服务的特点、功用,这是推销人员必须具备的知识。

3. 推销

这是最主要的部分。国际市场人员必须在推销中以最适合顾客的方式让其获得推销品的信息,通过一系列的推销方式吸引对方,使其产生购买欲望。推销人员还必须应付顾客随时提出的疑难。推销过程是使产品或服务被销售的最关键步骤,其结果也是衡量国际市场人员业绩的重要指标。

4. 跟踪反馈

完整的国际推销过程还包括对本产品或服务的跟踪反馈。比如,了解消费者对产品或服务的满意度,掌握消费者的意见和建议。在理论上这一过程是与其他过程分开的,而在实践中,对前一销售品的跟踪反馈可能就包含在后一推销过程中了,也可能有一部分包含在单独的售后服务中。比如,老顾客在继续购买推销品的时候可能反馈一些关于以前消费品的信息。

同时,在推销过程中,国际市场人员推销的技巧和策略是很重要的。以下有几种推销的技巧和策略:① 触发介入。针对对方陈述一些事实或提出问题引起思考,从而保证推销能够持续。② 以客为主。潜在客户是最终决定购买者,推销人员站在帮助客户的角度进行咨询和推销。③ 互相尊重。尊重对方的人格和风俗习惯,尊重隐私,合理保持距离。④ 优点特征。简单而自信地描述产品或服务的特性,特别是优于同类产品的。⑤ 注意聆听与巧妙回答。密切注意顾客的反应以及话语,把握住要点,回答不能答非所问,既要符合问题又要抓住时机进行推销。⑥ 合理举例。例子是最使人信服的,略加修饰但符合事实的例子能加强推销的说服力。

案例分析

佩玻公司与客户签订销售合同的技巧

(1) 尝试性签约:"如果你选择了佩玻公司的产品,你会舍弃哪一个牌子?"

(2) 假定客户已同意购买:询问一些怎样买或何时买等具体问题。提一个选择问句:"你认为你需要多少? 六个还是七个?"

(3) 采取行动:先与客户签订合同的行动,填写订单或其他文件。

(4) 诱导客户:使用一个特殊的促销方法,通常是打折(该技巧只有在别的技巧都失败的时候使用;但销售员发现产品对客户一点吸引力也没有的时候,千万不要使用该方法)。

(5) 总结情况:总结产品的定位、好处及介绍销售材料中的其他内容。

(6) 平衡性行动:用一个利弊分析来列出购买产品的风险和利益。

二、国际市场推销人员的管理

企业对国际市场推销人员的管理一般分为培训、激励、监督和评估四个方面。

(一) 培训

国际市场推销人员的培训有很多内容,不同企业、预备接受不同推销任务的推销人员接受的培训课程差别很大。推销人员首先要掌握目标市场的基本情况,包括市场规模、消费者特点、商业习俗等,通晓目标国的语言。其次是关于本企业的历史、目标、组织结构和主要产品、服务和市场的培训,使培训人员知道产品是怎样生产出来的以及怎么使用。再次是顾客和竞争者的特点培训,使培训人员了解同类产品竞争者的战略,分析不同类型的顾客和他们的需求、购买动机和购买习惯。最后就是让推销人员合理分配时间安排工作:在较活跃并显示购买欲的顾客和潜在顾客之间如何分配时间,怎样更有效地与顾客交流而节省费用支出。

针对国际市场的特点,企业还必须合理安排培训的地点和内容。对本国推销人员可以较多地进行关于目标市场的培训,而对目标市场国推销人员应多进行关于本企业和产出品的培训。根据不同需要和条件,培训地点可以在本国和目标市场国中变换,还可以设在第三国。除了对新推销人员进行培训外,企业针对产品更新、市场变化等形势也要经常对现有推销人员进行培训。

(二) 激励

要想留住推销人员,企业必须有吸引人的激励机制。对国际市场推销人员的支付一般包括固定项目、可变项目、费用项目、额外福利等。固定项目是不变的。可变项目是根据销售业绩对销售人员额外的努力的奖励。费用项目是对国际市场推销有关的开支的补偿。额外福利包括带薪休假、生病或偶发事件的福利、养老金、人身保险,使工作更有保障。企业的管理层决定以上四个项目的比例。比例不同,对国际市场推销人员的支付的特点也不同——可以分为四种性质的支付:直接薪资型、直接佣金型、薪资奖金型和薪资佣金型。一般来说,企业支付的薪资占六成,而激励性质的奖金占四成,但因任务的不同、推销人员来源地不同而有差别。比如对于创造性较强的推销任务,应把激励性的支付设置更大的比例;又比如亚洲国家的推销人员比较习惯有较多的固定薪资,而来自美国的推销人员喜欢更多的奖励。

对海外推销人员的激励,更要考虑到不同社会文化因素的影响。海外推销人员可能来自不同的国家或地区,有着不同的社会文化背景、行为准则与价值理念,因而对同样的激励措施可能会做出不同的反应。研究表明,日、美两国一些具有可比性的公司销售代表给一系列源于工作的潜在回报打分,总分为100%,结果如表9-1所示。从中可以看出,日本人比美国人更注重社会认可,而美国人更注重个人成长与发展。

表9-1　各种回报(激励)对于营销人员的重要性程度　　单位:%

各种回报指标	相对重要性	
	日本人	美国人
工作安全感	18.3	17.6
职务晋升	13.7	14.9
表现出色增加工资	24.7	26.2
成就感	18.5	18.2
社会认可	8.1	5.2
个人成长与发展	16.6	17.8
总分	100	100

(三) 监督

除了对国际市场推销人员的培训和激励,企业通过监督来指导和促进推销人员把工作做得更好。监督方法有许多种,随企业、员工和市场不同而变化。比如年度电话监督方式,就是列出每个电话分别联系的是哪个客户或潜在客户,进行了哪些活动包括贸易展示、参加销售会议和市场调研等。

(四) 评估

对国际市场推销人员的评估是对其支付薪资和给予奖励的依据。最重要的评估依据就是销售报告,包括定期工作计划和长期市场计划。当然推销人员也会报告他们的活动情况和递交经费报告。企业通过这些以及私人观察、用户口碑、其他同事意见对每个国际市场推销人员进行评价,从而表彰典型,发现问题并加以改进。

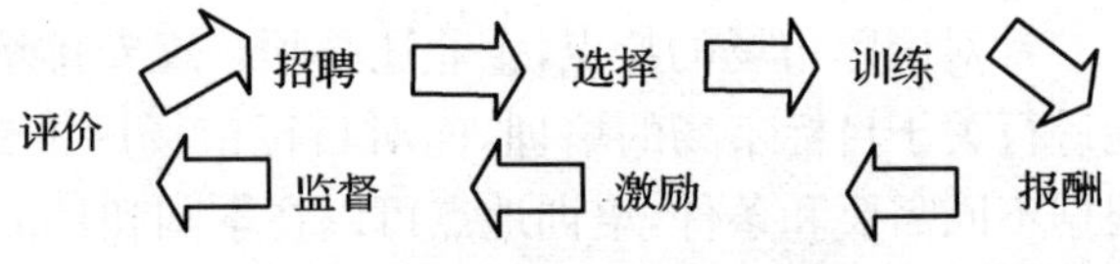

图9-1　人员推销的管理决策

人员推销的管理决策见图9-1。

第二节　国际广告

一、国际广告概述

广告,是通过各种媒体向公众介绍商品、服务内容或文娱体育节目的一种宣传方式。市场营销学中的国际广告取广告中的商业含义,是指在国际市场中,企业通过付款以非人员的方式在目标对象国推销和宣传理念、产品和服务。因此，国际广告至少包含三个因素：企业，广告策划发布者，顾客、潜在顾客和其他人组成的广大市场(也就是广告接受者)。企业是广告费用的承担者，支付所有的广告费用。广告策划发布者是广告费用的接受者，策划并通过各种媒体发布广告，企业也有自己的广告策划部门，承担一部分广告策划的任务。从信息传播的角度来讲，广告由策划者制作，通过媒体传播到市场。国际广告是一种非人员的推销方式，在国际市场上，采用非人员的方式比采用有人员方式具有更多优势，因此被企业更多地运用来促销产品和劳务。

国际广告相对于其他几种国际促销方式有以下几个特点：

(1) 广泛性。国际广告面向广大消费者群体，是一种一对多的信息传递方式，能有效促进国际商品和劳务的销售。

(2) 渗透性。从媒介来看，国际广告无孔不入，通过路牌、广播、电视等方式向顾客市场传播信息。

(3) 多样性。国际广告通过有形和无形的方式进行传播，可以通过文字、声音、图像的多种变化达到吸引顾客的效果。

国际广告的任务是在国际市场上推销产品和劳务，因此国际广告必须符合广告所属国的法律规范、文字语言表述方式、风俗、宗教信仰等。

二、国际广告目标与预算

国际广告策划一般有四个步骤：制定广告目标、制定广告预算、广告策略、广告活动评估。其中广告策略又包括广告信息和广告媒体，按照菲利浦·科特勒的5M法，可以分为广告目标(Mission)、广告预算(Money)、传播信息(Message)、媒体(Media)和效果评估(Measurement)，如图9-2所示。

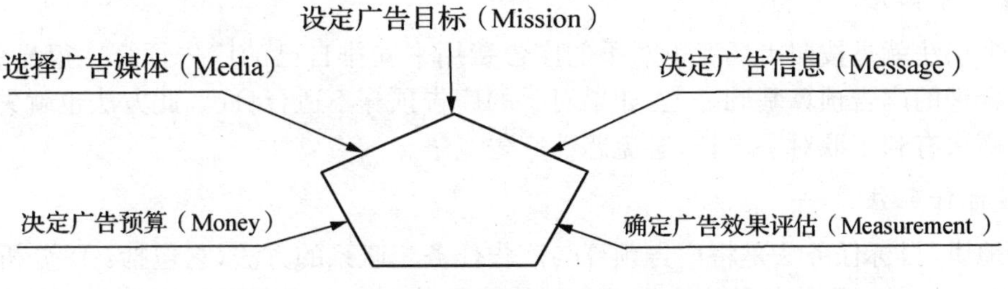

图9-2　国际广告策划5M法的主要内容

(一) 国际广告的目标

广告目标的确定必须建立在目标市场选择、定位和市场混合的基础之上。制定广告目标就是在一定时期确定一个特别的目标受众。随着目标受众的不同，广告又可分为告知性广告、劝说性广告和提醒性广告。

1. 告知性广告

告知性广告是介绍新产品的主要方式。告知性广告主要介绍该产品与目标受众的适应性，引起目标的购买需求。比如，宝洁公司(P&G)对于最新研制的适合亚洲女性的玉兰油品牌(Olay)护肤产品净白莹采(White Radiance)打出的广告主要是介绍产品的成分及其功能效用。

2. 劝说性广告

劝说性广告在国际竞争中被越来越多地使用,任务是使目标受众在众多产品中有选择性地购买本企业的产品。这类广告劝说消费者“某品牌是最物有所值的”。比如,快餐食品公司麦当劳(McDonald's)的“我就喜欢”广告就属于劝说性广告。一些劝说性广告已经变成比较性广告,它们直接或间接地拿本产品的品牌与其他产品的品牌做比较。

3. 提醒性广告

提醒性广告适合于成熟型产品。当产品已经为广大消费者所知的时候,企业往往选择提醒型广告来提醒消费者继续购买此类产品。比如老牌饮料公司可口可乐(Coca-cola)就打出提醒性广告:“Live on the Coke Side of Life”。

(二) 国际广告预算

确定广告目标之后,企业需要对产品广告确定预算支出。比较常用的预算方式有:量力而行法、销售百分比法、竞争平衡法、目标任务法等。

1. 量力而行法

量力而行法是将国际广告预算支出设定为企业可以承担的水平,计算所有的收入并减去经营费用和资金耗费,将剩下的一定比例的资金用于广告。该方法的优点在于不会超出企业的承受能力,缺点是由于已经设定了其他预算,用于广告的剩余资金往往很少。

2. 销售百分比法

销售百分比法是按照销售额的一定比例或者产品价格来安排国际广告预算支出。该方法的优点在于将预算和卖价、利润按某种比例联系起来,比较简便。缺点是没有考虑产品性质、品牌,也没有设定可行的比例。拥有高销售量老牌企业要进行高额的广告投入,然而很多新品牌的产品需要更多的广告投入来占领市场。

3. 竞争平衡法

竞争平衡法就是按照市场竞争对手的广告费用来安排自己的广告预算。很显然,必须建立在对手合理的广告预算基础之上,如果对手的广告预算不适合自己,此方法也就失效了。不过竞争平衡法有利于取对手之长,避免恶性广告竞争。

4. 目标任务法

通俗地讲,目标任务法是将广告预算与广告任务相联系的方法,它包括:① 分析具体的产品;② 推销产品所需要的各种广告形式;③ 估算各种广告形式所需要的开支。所有开支加在一起就是广告预算。由于受益不易计算,目标任务法是四种方法中最复杂的一种。

不同的企业、不同的产品可以选用不同的预算方式,任何一种方式都不是万能的。制定国际广告预算是一件很复杂的事情。它必须考虑产品的生命周期,比如,新产品一般需要大量的广告预算来建立和开拓市场,而成熟品牌需要较少的广告费用;它还必须考虑市场份额,比如市场地盘小的产品需要大量的广告支出,又比如在被充斥了同种产品的市场中,某品牌产品需要大量的广告支出使自己变得独树一帜。

三、国际广告策略

国际广告策略包括两个步骤:国际广告信息和国际广告媒体。

(一) 国际广告信息及其制定

国际企业对其广告信息的决定有两种方法,一种是"标准化"策略,一种是"个性化"策略。"标准化"策略按照统一标准制定广告信息,各地区的广告宣传信息大体上一致。可口可乐公司(Coca-cola)的广告策略就属于这种,各地的广告主题是统一的。"个性化"策略是针对不同市场制定不同的广告信息,伴随这种策略的往往是差异性的品牌和包装。

国际广告信息的制定需要注意的方面很多,主要有以下几点。

(1) 语言大众化。语言形式要适合当地消费者,多数广告使用口语信息,比如雀巢咖啡的广告语是"The taste is great"(味道好极了)。

(2) 信息要符合国际规范和当地的法律规范,一般不得贬低其他生产经营者的商品或者服务,使用数据必须真实、准确等,并且广告也受知识产权保护。另外,具体产品有具体规定,比如烟草产品的广告就受到诸多限制。

(3) 适合该产品消费者的年龄层、职业、兴趣等,比如国际商业机器公司(IBM)的广告语是"No business too small, no problem too big",麦当劳(McDonald's)的广告语是"I'm lovin' it",迪士尼(Disney)的广告人物以卡通人物或小孩为主。

(4) 适合当地市场的经济、社会发展状况。比如,肯德基(KFC)广告人物的白色双排扣西装换成了红色围裙,体现了从高层向平民的转变。松下公司(Panasonic)的松下洗衣机的广告之一底色是浅蓝色和深蓝色,是适合普通家庭的色调。

知识链接

经典广告词欣赏

雀巢咖啡:味道好极了
德芙巧克力:牛奶香浓,丝般感受
可口可乐:永远的可口可乐,独一无二好味道
百事可乐:新一代的选择
大众甲壳虫汽车:想想还是小的好
耐克:JUST DO IT(想做就做)
诺基亚:科技以人为本
柯达:串起生活每一刻
舒肤佳:促进健康全家

(二) 国际广告媒体及其选择

广告媒体,又称广告媒介,它是广告信息借以传播的物质技术手段。在日常生活中,我们从广播里听到各种广告,从电视里看到各种广告,从 Internet、报纸、杂志等阅读到各种广告,这些诸如广播、电视等介质就扮演了广告媒体的角色,它们为公众传达一定的广告信息。我们对广告媒体的分类主要有以下几种。

1. 按广告表现形式划分

(1) 印刷媒体,通过在纸张上印制一些广告而进行广告宣传的媒体,我们平常所看到的报纸、杂志、说明书等都属这一类广告媒体。

(2) 电子媒体,是以一定的电子手段,通过先进的电子信息技术来进行广告宣传的媒体。常见的电视、广播及 Internet 等属这一类。目前,这类媒体发展很快,特别是 Internet 即将成为主导的广告媒体。

2. 按照广告诉求的表达方式划分

(1) 硬广告,也称硬广,平时在报刊、电视广播、户外广告等媒体介质上直接表达产品诉求信息的广告就是硬广告。

(2) 软广告。在平面媒体(如报纸、杂志、DM)上以大幅文字内容铺陈故事,或者以消费体验展现方式进行的广告为软文,电视媒体、广播媒体等以采访或者产品场景出现的形式为软广告。

3. 按广告功能划分

(1) 视觉媒体,包括海报、传单、月历、报纸、杂志等。其主要通过对人的视觉器官的刺激,来进行信息传播。

(2) 听觉媒体,包括无线电广播、有线广播、录音及电话等。其主要通过对人的听觉器官的刺激来达到信息传播的目的。

(3) 视听两用媒体,主要包括电影、电视、智慧城市等,它们主要通过对视觉、听觉器官进行宣传,来达到宣传的目的。

一般来讲,选择广告媒体要从企业或商品特点和促销目标出发,选择覆盖面广、传播速度快,直接接触目标市场,节省广告成本,能获得最佳促销效益的广告媒体。

不同的广告媒体有不同特点,运用时要考虑以下几点:

(1) 目标市场。广告的目的就是对目标市场的潜在顾客发生影响,从而促进购买。因而,选择广告媒体要考虑消费者易于接触,并乐于接受的媒体;并且要根据目标市场范围,选择覆盖面与之适应的媒体。例如,在各种宣传媒体中,电视影响最大的是委内瑞拉、秘鲁和哥斯达黎加,但是在那些没有商业电视、广播广告有限制的国家,印刷品的宣传就会占很高的比重。

(2) 广告商品的特性。由于商品的性质、性能、用途不同,宜选择不同的广告媒体。例如,对于生活用品,可用电视、广播或进行家庭走访;对于专业技术性强的机械设备等,则宜利用专业性报刊,或邮寄广告形式,以便更直接地接触广告对象。

(3) 媒体性质。主要是考虑媒体本身的流通性、时间性、覆盖面和表现力等。企业应当选择信誉高的媒体做广告,且广告播送必须及时,过时的广告是毫无作用的。

(4) 媒体的成本。不同媒体费用不同,同一媒体不同时间、位置费用也会不同。企业在选择时要根据自身财力和对广告效果预期选择适宜的媒体。例如,在 11 个欧洲国家,广告传到目标受众的成本不相等,在意大利是 1.58 美元,在丹麦是 2.51 美元,在德国是 10.87 美元。

知识链接

日本泡沫经济破裂后,在街头开始兴起散发纸巾广告。纸巾广告通常是在比巴掌还小一点的塑料袋里装上十来张纸巾和印刷得十分鲜艳而醒目的广告,其中有简明扼要的商品介绍,也有公司或店铺的地址电话等。纸巾广告的散发区域往往就在做广告的店铺附近,与报刊、电视广告相比更贴近自己的生活。另外其低廉的成本实在是其他广告难以匹敌的,如果大量批发,一包纸巾还不到 10 日元,而要是达到一亿个,单价只有 6~7 日元,与动辄几百万几千万乃至上亿日元的报刊、电视相比无疑既省钱又见效。如今,这种纸巾广告已逐渐同报纸、杂志、电视、广播等一样,成为一种固定的广告媒体方式在日本扎下根来。

四、国际广告代理商的选择

广告代理商是策划、发布国际广告的重要组织,他们的目的就是制作、发布广告,因此具有经验丰富、效率高的特点。在不同的国家,他们的性质和有效性有明显的区别。发达国家通常拥有能提供大量的全方位服务的广告代理商。贫穷的国家和较小的市场的广告代理商的数量和服务的质量趋于下降。例如美国的广告代理商是国际上最多的,也是最有影响力的,效率也很高。这些广告代理商在世界各地设有子公司。

(一)广告代理商代理广告的形式。

第一种是专属代理。广告代理商与企业签订定期合同,广告代理商承担企业的一切广告促销活动。企业向广告代理商提出委托代理要求后,广告代理商就会负责企业在整个国际市场上的广告宣传活动,企业不再向另外的广告代理商提出委托要求。这种代理形式比较简便,但是企业没有控制广告的权力。

第二种是个别代理。企业将广告按媒体类别、地区类别、消费者类别分成不同的部分,分别与不同广告代理商签订代理合同,每个广告代理商代理不同的广告业务内容。企业对广告代理商的控制与影响程度加强了,也可考察不同广告代理商的效率以便对其进行选择。个别代理能促使各个广告代理商的互相竞争,从而提高广告活动的效果。但是这种形式需要企业协调多个广告代理商的国际广告业务活动,否则国际广告会出现重复和效率低下的情况。

第三种是临时代理。企业就某一特定的广告活动委托广告代理商实施。这种代理形式灵活方便,企业据有充分的主动权,但是不能有效地显示出广告的整体宣传效果。广告代理商也可能因为临时代理而不了解企业和产品的详细情况。总之,企业应该根据产品自身情况来合理选择广告代理商和代理形式。

(二)国际广告代理机构的选择

选择国际广告代理商需要考虑的主要因素有如下。

1. 广告公司的作业能力是否具备

作业能力包括设备、人力、创意、制作、实施和调查测定等。广告的作业能力是广告公司的支柱,广告主付出费用所要求的就是这种能力。对广告代理商作业能力的了解,最简便的办法,是通过目前的广告客户去了解,也可以通过广告媒体了解。

2. 广告公司的经验与实绩如何

一个好的广告公司总是有其成功的实绩。但是,对于广告公司只从“名气”上了解是不够的,还必须了解广告代理商过去的客户有哪些,它对哪些行业比较熟悉,所经办的主要是哪些产品的广告等。其广告经验与实绩是否有利于本公司的广告代理活动。

3. 广告规模的大小

如果广告的项目多、要求高,便需要相当规模的广告代理商方能胜任;如果广告的项目较少,规模不大,那就不一定要找大型代理商,小的代理商的重要客户可能会胜于大代理商的一个附加小客户。

4. 广告代理商是否具备一定的资金能力

如果代理商的规模很小,就难以向广告主提供良好的服务。因此公司应当寻找那些有资金实力,善于经营的广告代理商做广告。

第三节　国际市场营业推广

一、国际市场营业推广概述

国际市场营业推广是在国际市场环境下的销售促进(Sales Promotion),是国际市场营销的促销(Promotion)策略之一,一般是除人员推广、广告、公共关系之外,短期内促进国际产品或服务的销售的所有手段的总称。它是一种有着明确目标的市场营销工具,通过提供一些临时性的附加利益,产生对消费者、中间商及厂商销售人员交易行为的积极影响。

人们在社会交往中进行着信息的传递与反馈,并发生相互影响,如流行、舆论、暗示、流言等都会形成一系列的连锁反应,进而影响人们的心理与行为。

根据对象的不同,营业推广可分为对消费者和最终用户的营业推广、针对进出口商和国外各种中间商的营业推广和针对推销人员的营业推广三大类。

营业推广的作用如下。

(一) 可以吸引消费者购买

这是营业推广的首要目的,尤其是在推出新产品或吸引新顾客方面,由于营业推广的刺激比较强,较易吸引顾客的注意力,使顾客在了解产品的基础上采取购买行为,也可能使顾客追求某些方面的优惠而使用产品。

(二) 可以奖励品牌忠实者

因为营业推广的很多手段,譬如销售奖励、赠券等通常都附带价格上的让步,其直接受惠者大多是经常使用本品牌产品的顾客,从而使他们更乐于购买和使用本企业产品,以巩固企业的市场占有率。

(三) 可以实现企业营销目标

这是企业的最终目的。营业推广实际上是企业让利于购买者,它可以使广告宣传的效果得到有力的增强,破坏消费者对其他企业产品的品牌忠实度,从而达到本企业产品销售的目的。

知识链接

营业推广的不足

(1) 影响面较小。它只是广告和人员销售的一种辅助的促销方式。

(2) 刺激强烈,但时效较短。它是企业为创造声势获取快速反应的一种短暂促销方式。

(3) 顾客容易产生疑虑。过分渲染或长期频繁使用,容易使顾客对卖者产生疑虑,反而对产品或价格的真实性产生怀疑。

二、消费者营业推广

消费者营业推广是直接面向消费者的促销策略的总称。针对消费者销售促进的主要工具有:样品、优惠券(赠券)、现金返还(折扣)、打包价格、奖品、惠顾奖励、展销、有奖活动等。

(一) 样品

样品(Samples)就是让消费者试用的产品。就许多新上市的产品而言,先要让消费者试用、试穿、试吃、试饮,他们亲身感受到产品的性能和质量后,才能激起购买欲望。样品就是一种能够帮助消费者实现第一次尝试的促销方法。样品是最有效也是花费最贵的介绍新产品的方法。企业一般免费提供样品,但有时也会收回一点成本。样品可能是在目标市场中以各种各样的方式来提供:挨家挨户地送出,通过邮件寄出,在一些商店发出,随其他商品送出,或者在广告中送出。通过样品促销,企业能够建立消费者对产品和品牌的认同,同时还获得一种意外的收获,满足了潜在顾客被尊重与被信任的心理感受。

全球视野

百事可乐公司

百事可乐公司(Pepsi)曾在美国发起了一次别出心裁的试饮活动,以比较可口可乐与百事可乐的受欢迎程度。他们在一个公共场所请行人蒙住眼睛免费饮用这两种饮料,然后赠送一瓶饮用者认为更好喝的饮料,结果多数人饮后都要百事可乐,百事可乐以3∶2的强势战胜可口可乐。从品尝的第一印象来看,百事可乐比较占优势,因为它的含糖量比可口可乐多出9%。这一场面被百事可乐在电视上反复播放,在美国这个喜欢直截了当的国家里,产生了令人兴奋的攻击性效果,引起许多一直选用可口可乐的老主顾纷纷改饮百事可乐,许多零售商也改弦易辙。百事可乐销售量直线上升。

(二) 优惠券或赠券

优惠券或赠券(Coupons)就是在消费者购买特定产品或服务时,给予节约一部分花费的优惠凭证。优惠券能够刺激一个成熟品牌的销售或者促进一个新品牌的早期销售,是一种有效的促销方式,被广泛使用。

除了优惠券,企业有时也通过以旧换新的方式来促销,就是允许消费者利用旧产品或用过的产品作为类似优惠券的凭证来购买企业的新产品,当然消费者需要支付一定的费用。企业能够通过旧产品的回收获得一定的补偿。这种方式,一方面能够扩大新产品的销售,促进产品的更新换代;另一方面也为消费者解决了存放旧产品的顾虑,同时还能树立企业节约资源的环保形象。

全球视野

肯德基优惠券

作为世界上最大的炸鸡快餐连锁企业,肯德基(Kentucky Fried Chicken, KFC)与老对手麦当劳(McDonald's)的优惠券之争由来已久。这些优惠券以套餐优惠、折价优惠、学生优惠等折价方式,通过免费派送和消费赠送的途径,派送到消费者手中。消费者还可以自己在双方的网站上打印优惠券的图片,在有效期内拿到优惠券上所标明的城市内的肯德基或麦当劳店即可享受优惠项目。虽然这些优惠券都标明有效期,但新一轮的优惠券很快就产生,同时优惠内容组合也有新的变化。作为一种促销手段,肯德基似乎打破了"产品促销期不宜太长"的促销原则。事实上,这种长期促销手段已经成为一种变相的降价销售手段,它的目标并不是促销后能够提高多少销量,而是在长期促销价下产生的销量。

(三) 现金返还和折扣

现金返还(Cash Refund Offers)就是确认消费者已经购买某种产品或服务时,厂商返还这种产品或服务价格的一部分现金。折扣(Rebates)是把消费者购买和返还现金合为一体,相当于直接从价格上扣除一个百分比,因此与现金返还是同一类型。它们都能较强地引起消费者的注意,并刺激消费者做出购买决定,增加销售数量。常见的促销方式如下:

(1) 直接打折。它是指对某商品的直接价格折扣,如 less 10% discount(九折优惠)、"特价销售"等,都是直接的折价促销方式,消费者可以很清楚地知道该商品究竟便宜了多少。

(2) 数量折扣。它是指对大量购买某种商品的消费者提供的一种价格折扣。通常是按照购买数量的多少,分别给予不同的折扣,购买数量越多,折扣越大。一般是消费者购买的某种商品达到一定数量或一定金额时,销售商按总购买量给予某一级的折扣优惠。当然,也有销售商按购买的所有商品的数量或金额给予折扣优惠。

(3) 附加赠送。它是指消费者购买一定数量或一定金额的产品后,销售商按一定比例附加赠送同类产品。"买一送一"就属于这种方式,消费者花一份产品的钱可以购得两份产品,相当于享受了五折优惠,其实质还是折价销售。

(4) 加量不加价。加量不加价和附加赠送的方式相似,区别在于该方式是在产品出厂之前,将赠送的产品装在包装内,以未加量的价格出售,让顾客以同样的价格买到更多的产品。

(5) 现金返还,也叫凭证退费。它是指消费者购买一定商品或累计达到一定金额时,销售商要么凭消费者提供的购买证明退还一定数额的现金,要么只收取减去这部分数额之后的费用。后者就和折扣这种方式很相似,比如"买 X 减 Y"。

(四) 奖品和有奖活动

奖品(Premiums)就是作为刺激购买某产品或服务欲望的免费或低价商品,奖品于销售时送出。有奖活动是指让消费者有机会赢得现金、旅行票或商品的促销活动。消费者通过参加活动,不仅得到了额外奖励,还在了解品牌和购买产品的过程中感受了乐趣。因此,这种促销方式,一方面可以激发消费者的购买欲望;另一方面还可以通过活动主题来强化产品形象,提高产品和品牌的知名度。厂商在开辟新市场、推销新产品、更换新包装、鼓励重复购买,以及重大事件和节庆活动时,均适合运用这两种方式。具体的促销方式有:① 附送赠品;② 自助获赠;③ 集点换物;④ 抽奖;⑤ 游戏与竞赛。

(五) 惠顾奖励

惠顾奖励(Patronage Rewards)是对长期或定期消费本企业产品或服务的消费者的现金或其他奖励。比如,航空公司对长期乘坐某航班的客户给予其免费再乘坐一次该航班的奖励。会员制这种常见的手段就属于惠顾奖励。会员制又称“俱乐部”制(Very Important Person，VIP)，是销售商和消费者之间建立起一种相互信任的关系后，利用会员资格作为载体，向会员提供优惠、便利或其他服务。加入会员组织的条件可以是一次或累计购买一定数量的产品，也可以是一次性缴纳一笔入会费。

由于人类在心理上有一种团体归属的需求，他们需要从属于某个有形的组织，使自己成为其中的一员，以此获得被认同感和归属感。当然，前提是这个组织的宗旨必须符合他的价值理念，能够满足他的心理需要。因此，会员制促销方式从本质上讲，是以提供消费者心理利益为主的一种促销方法。会员制的促销形式可以是对会员以折扣优惠，也可以是积分换物。销售商还会给会员一点小小的便利，比如定期提供新产品资料和样品，提前消费或优先消费等，让会员享受到一点“特权”。

(六) 展销

展销(Point-of-Purchase/POP Promotion)就是在售卖过程中的展示和表演，通过吸引更多的消费者来达到促销的目的。

案例分析

2008年北京国际车展

2008年4月20—28日，第十届北京国际汽车展览会在北京国际展览中心新馆举行。售价在2 500万元的高性能跑车布加迪威龙(Bugatti Veyron)16.4参与了展出，它的极速可以达到每小时400多公里。目前世界上规模最大的汽车展是每两年在德国法兰克福举行一次的车展，展场面积25万平方米。每次约有30多个国家的2 000多家厂商参展，展品种类繁多，涵盖面广，从头到尾把车展看完，就需要3天。车展一方面能宣传和打造厂家的品牌，有利于各大厂家技术方面的交流和提高，并以此来观察市场动态；另一方面是向消费者展示汽车的性能，就如同小商品在商场上被摆在货架上一样，吸引消费者来购买。每次车展过后，除了少量高档车被拍卖出去，厂商或代理销售商会接到大量的订货单。

以上是常见的促销方式，企业在国际市场营销中可结合当地实际来采取一种或多种促销方式。它们之间大多只是方式的不同，甚至在日常生活中并不是那么容易区分。多种促销方式经常结合起来使用，比如，展销同时还伴随着其他方式，如优惠券或奖品等。另外，方式的变换能造成消费者的新鲜感，营销人员常常变换花样来刺激消费者的购买欲望。

三、非消费者营业推广

除了对消费者的营业推广外，在国际市场营销中，针对批发商、零售商、经销商、代理商等中间商和进出口商的促销手段，以及针对销售人员的促销手段也是用得很多的。

(一) 针对中间商和进出口商的营业推广

中间商包括经销商和零售商，进出口商是指国际市场销售中产品出境和入境中涉及的代理商。针对中间商和进出口商的营业推广手段主要有：折扣、奖金、有奖推销竞赛、津贴、赠品等。

1. 折扣

折扣包括现金折扣、数量折扣、附加赠送、提前采购折扣、职能折扣、协作力度折扣、进货品种折扣等。折扣具有直接的激励性,能够对中间商和进出口商产生短期明显的促销效果,应付厂商的销售紧急状况。尤其是针对销售季节性较强的产品。然而,从长远来看,根据进货数量实行折扣价格或附加赠送本产品,会引起中间商的超前购买,甚至导致部分经销商低价抛售。虽然折扣是厂商常用的竞争手段,但高折扣对厂商是不利的。它不仅削减了厂商的利润,而且经常性的折扣降低了激励性功能。

2. 奖金

奖金又称销售奖励,是指根据某一时间段的实际销售目标的完成情况,给予中间商或进出口商的奖励,包括年度销售奖励和其他阶段销售奖励。与折扣相比,销售奖励是和实际的销售目标完成情况挂钩的,因此更具有现实性。厂商有时根据一定的销量进行利润返还,即返利。但中间商和进出口商可能在事先知道返利政策的情况下,根据往年的销量推算出出货的价格底线,将实际销售价格拉低,年末再用厂商的返利来补足利润。这样,不公平行为就产生了。因此,厂商应谨慎使用。

3. 有奖推销竞赛

有奖推销竞赛是对销售目标完成情况展开竞赛,并对优胜者给予奖励。它能够激发参赛者的热情,鼓舞参赛者的士气,增强厂商凝聚力,提升销售业绩,实现销售目标,包括销售量竞赛、销售技术竞赛、陈列竞赛、店铺装饰竞赛和创意竞赛等。作为以利益为基本出发点的中间商和进出口商,并不一定对竞赛感兴趣。因此,厂商要制订吸引人的竞赛计划,激发销售人员的积极性。

4. 津贴

津贴也称补贴,是厂商增加支持度,给予中间商和进出口商的补贴,包括广告补贴、商品陈列和展示补贴、存货补贴、库存补贴、延期付款和分期付款、赊销和代销等。补贴能够加强厂商与中间商和进出口商的联系,还能够实现阶段性的销售目标,如减轻存货压力、提升进货量等。但是,高额补贴会成为厂商沉重的负担,延期付款和分期付款、赊销和代销会造成流动资金紧张。

5. 赠品

赠品即产品经销的附赠品,既可以是产品、样品、纪念品,也可以是赠品券、折价券、抽奖券、优惠券等。赠品不需要和产品有关联,有的直接为中间商和进出口商私人所得。厂商通过这种常见的方式来吸引推销人员。但是,基于这种方式的竞争十分激烈,厂商之间为了吸引推销商或其他中间商,拼命增加赠品的价值,而中间商的胃口也越来越大,不断追求额外利益。

(二)针对推销人员的营业推广

厂商对销售人员开展促销的主要目标是:鼓励他们推销新产品、开拓市场、寻找新的顾客,或者是推销积压商品。针对推销人员的营业推广的物质手段主要有:补贴、销售竞赛、提高佣金、红利、利润分成和赠品等。另外企业还可通过非物质手段来提高在国际市场上的推销人员的积极性,包括本国推销人员、目标国推销人员和第三国推销人员。比如,开展企业人员和国际推销人员的联谊，公开表扬推销成绩显著的员工等。

知识链接

各国有关营业推广的法律限制

法国的法律规定，禁止抽奖的做法；赠送礼品的金额不得超过促销商品价值的5%，必须与促销的商品有关，如购买咖啡赠送杯子或者购买洗衣机赠送洗衣粉等。比利时的法律规定，严格禁止有奖销售。新西兰的法律规定，禁止使用交易贴花的做法，折价券仅限于兑换现金。意大利的法律规定，禁止现金折扣。德国的法律规定，禁止使用折扣券，对低值产品限制使用赠送方式，除非某个公司在整年内都保持一致的政策，否则它不能使用优惠券、抽奖、免费样品等促销方式。日本的法律规定，特殊赠品和象征性优惠等促销方式只有在得到当地政府的批准后才能使用。

四、国际市场营业推广需要注意的问题

（一）国际法规和各国的法律对销售促进的限制

许多国家对营业推广的方式都有具体的法律规定，企业在选择各种营业推广的方式时，一定要遵守当地的法规。比如法国的法律禁止抽奖的做法，并规定，免费提供给买者的价值不得高于购买总价值的5%；德国法律禁止使用折价券，并规定免费礼品价值不得超过0.1德国马克；新西兰法律规定，折价券只限于兑换现金。

（二）规定适当的销售促进成本，合理运用销售促进手段

销售促进是有成本的，所有折扣都是在利润中扣除的，所有奖励、活动都要花费人力、物力、财力。因此，必须注意销售促进的成本不能高于产品或服务将要获得的利润，否则会入不敷出。比如，折扣的比例不能高于获利百分比；否则，不仅没有利润，还可能遭到其他竞争者的报复。

（三）了解各国行之有效的销售促进形式

销售促进的形式多种多样，但并非各种形式在所有国家都收到一样的效果。因此，企业在采用销售促进的具体形式时，一定要考虑这种形式在当地的有效性。例如，在法国，比较有效的形式是商店降价、贸易折扣和免费礼品；在巴西，较为有效的形式是附赠礼品；在瑞典，中间商喜欢合作广告；而在匈牙利、荷兰、希腊等国，中间商则欢迎贸易折扣。

（四）必须取得当地零售商的合作

销售促进的许多形式都需要与零售商配合进行，如发放折价券、安排展览设备、附送礼品、现场示范等。如果得不到零售商的协作，许多针对消费者的营业推广形式将难以开展。

（五）营业推广的副作用

国际营业推广是一种促进销售的短期内产生效果的手段，能在竞争激烈的市场条件下为刚刚进入国际市场的产品或服务打开一个缺口。但是，从长远观点来看，国际营业推广不应成为国际市场促销策略中主要的方法，因为它会影响产品形象及企业的声誉。对于消费者来说，经常使用销售促进的产品往往意味着产品的质量不过硬。

五、制定和实施国际市场营业推广

企业必须在整体国际营销促销策略的框架内制订和实施系统完整的国际市场营业推广方案。国际营业推广策略主要有以下几个步骤。

(一) 确定营业推广的目标、对象和手段

首先要制定明确的营业推广决策目标。营业推广的目标取决于基本的为开发待定产品而制定的营销目标和营销沟通目标。具体推广目标的选择要随目标市场类型的变化而变化。从消费者方面来看,国际市场营业目标包括鼓励消费者购买产品或服务,争取未使用者试用,增加销售量。从推销人员方面来看,国际市场营业目标主要是鼓励他们积极推销新产品,努力寻找潜在顾客等。从零售商方面来看,国际市场营业目标包括吸引零售商维持足量的存货,建立在零售商良好的口碑和争取获得进入新的零售网点的机会,抵消各种竞争对手的促销影响等。营业推广的对象可以是任何人,也可以是有选择的一类人。一般而言应是那些能最有效地扩大销售的顾客和潜在顾客。企业确定了具体的推广目标和对象后,就要选择相应的营业推广手段。企业在选择国际营业推广手段时,必须综合考虑市场类型、促销目标、竞争态势以及每种手段的成本效益。

(二) 制定国际市场营业推广方案

制定一个完善的易于实施的营业推广方案必须考虑以下一些因素。

1. 国际市场营业推广的规模

国际营业推广不是面越宽、规模越大就好。一定的最低限度的刺激对国际营业推广的成功是必要的。较高的刺激水平能引起较多的销售反应,然而,刺激效应是递减的。因此企业应比较推广费用与销售额来确定最优营业推广规模。

2. 国际市场营业推广的时机和期限

抓住营业推广的时机很重要:产品不同,市场条件不同,推广时机也不一样。因此,企业应根据产品特性、市场状况、商业习惯、目标市场周期、消费的季节性等因素确定营业推广的时机。营业推广的持续时间应以能够达到促销目的为宜。如果推广的时间过短,许多潜在顾客因为无法重新购买产品或服务而得不到推广的好处;如果时间过长,则不易激发推广对象的积极性,成本高而收益少,促销效果不明显。一般而言,营业推广的最佳持续时间是一个平均购买周期的长度。

3. 国际市场营业推广预算

企业可采取两种方法制定营业推广预算:一种是根据所选用的推广方式来确定开支,另一种是按一定比例从总的促销费用中留一部分给营业推广。在企业各个部门纷纷争取预算的情况下,更为常用的是后一种方法。

(三) 国际市场营业推广方案的实施、控制和评估

企业制定好营业推广方案和在小范围市场中试验成功以后,就进入方案全面实施和控制阶段。在这一阶段,企业应努力收集反馈回来的信息,及时掌握方案实施过程中存在的各种问题、洞悉营销环境和企业自身经营状况的变化,从而能及时控制和调整方案。在国际市场营业推广实施后,企业要对推广进行评估,它直接影响了企业能否顺利地实施和调控营业推广方

案。最常用的评估方法就是比较企业在推广前后的销售状况。当其他促销手段既定，销售量的变化可以视为是营业推广的结果。这种方法还可用于比较同一种推广方式对于不同产品或者不同推广方式对于相同产品的效果。除了比较法之外，企业还可以运用消费者调查、消费者样本数据等手段对营业推广的效果进行评估。

第四节　国际市场公共关系

国际市场公共关系或国际公共关系(International Public Relations)是企业通过获得国际市场公众的青睐，树立企业形象，防止或处理不利于企业的流言、故事和事件的发生，与有关各界公众建立良好的关系。公众一般又可分为雇员、股东、居民和社区组织、消费者、新闻界、金融机构、供应商、政府等。国际公共关系作为企业一项必要的营销管理活动发挥着不可替代的作用。

一、国际市场公共关系的功能和作用

(一) 企业公共关系部门的功能

(1) 发展新闻界关系或新闻代理，也就是创造有新闻价值的信息并将它刊登于新闻媒体，以引起大众对某些人物、产品或服务的注意。

(2) 宣传，即宣传某些特定的产品或服务。

(3) 国际公共事务，即建立和维持国际、国内和当地的社区关系。

(4) 游说，即建立和维持与国际、国内和当地的社区立法者及政府官员的良好关系，对立法者施加影响，以制定出有利于公司的立法和规章。

(5) 维持国际投资者关系，即维持与股东和其他金融界人物的关系。

(6) 国际发展，即发展与国际、国内和当地的社区捐款人或非营利组织会员的公共关系以赢得财务上或志愿者的支持。

公共关系可针对产品、人物、地点、设想、活动、组织，甚至于国家。一些行业协会曾运用公共关系来重新激起原来不再受到青睐的产品。有的国家也使用公共关系来吸引更多的观光游客、外资和国际支持。

(二) 国际市场公共关系的作用

取得广大公众的了解、信任和支持，树立产品或服务以及企业的良好形象，配合其他促销手段实现占领和扩大国际市场的目的。国际公共关系能提高企业的知名度和在国际公众中建立良好的信誉。这里所说的“形象”，是指企业在公众心目中所确立的综合印象，也就是公众对一个企业的全部看法和总体评价。

知识链接

(1) 在国际市场营销案例中，很多企业通过公共关系来提高企业的声誉——也就是好的信誉和名望，即知名度。比如麦当劳(McDonald's)公司通过报纸、杂志刊登了许多显示麦当劳的数据资料，很多就是麦当劳自己统计的，如“将所卖的汉堡包连接起来，可来回月球几次”。

麦当劳公司还主动创造记者采访机会,参加公益活动,每年捐出4%的营业所得用于各项赞助活动。还专门设有“麦当劳叔叔之家”,大多建于儿童医院附近,专门提供免费或低价的住宿环境,招待病童的父母。通过这些方式,全球很多儿童以及大人都了解了麦当劳。

(2) 以较低成本取得比其他手段更有效的促销成果。企业通过公共关系使信息被重新采集、分析和处理。在现代社会中,信息服务不管是对生产还是销售,都起着至关重要的作用。信息的获取越是充分、及时、全面,企业在生存竞争中越是能占据优势地位。更重要的,这种手段能使企业的销售获得长足发展。

公共关系能以比广告更低的成本对公众的认知产生强烈的影响。公司对媒体提供的空间或时间不付费,它只对开发传播信息和处理事件的人付费。如果公司能设想出一个有趣的事件,它可能被多家媒体选中报道,其效果虽然与花了几百万美元的广告一样,但其可信度会超过广告。

二、国际市场公共关系工具

(1) 新闻(News)。

促销人员寻找或创造一些对企业和其产品或人员的有利新闻。有的新闻是自然产生的。有的时候,促销人员可以发起一些事件或活动,它们可以成为新闻。

(2) 演讲(Speeches)。

演讲也能提高产品和企业的公共关系。企业管理者必须越来越多地面对媒体的问题或者在贸易洽谈会或买卖会上发言。这些言谈既可以树立一个企业的形象,也可能损坏一个企业的形象。

(3) 特殊事件(Special Events)。

诸如新闻发布会、新产品新技术的介绍会、展览会、研讨会、招待会、聚餐会、各种纪念活动、集体参观、企业向外部开放、烟火、激光表演、多媒体演示甚至飞机空中表演、热气球发传单以及为目标公众设计的教育节目等。

(4) 移动营销(Mobile Marketing)。

向消费者宣传品牌的促销旅游观光。

(5) 文字材料(Written Materials)。

对目标市场的文字材料,包括年度报告、资料手册、文章、简讯和杂志等。

(6) 音像材料(Audiovisual Materials)。

比如电影、有声幻灯片、录音录像制品等。

(7) 企业标志材料(Corporate Identity Materials)。

它们能够在公众认知中迅速树立一个企业形象。公司徽标、信纸、资料手册、符号、商业表格、名片、建筑、制服和企业轿车、卡车等,只要它们有吸引力,能够分辨并被记住,就属于营销工具。

(8) 公共服务活动(Public Service Activities)。

企业也可以在公共事业上投入一定的时间和金钱来提高公众支持度,比如对教育、体育、卫生、福利等公共事业的赞助或捐款等等。这些活动不仅能在消费者心目中树立良好的爱心形象,更能减少目标市场国政府的一部分负担,优化与政府的关系。

全球视野

蒙牛的体育赞助

2008年5月7日，内蒙古蒙牛集团(蒙牛)和美国职业篮球协会(NBA)宣布，双方达成一项全新而多年的市场合作伙伴协议，旨在通过运用蒙牛和NBA各自在食物营养和运动领域的专业知识，向亚洲的青少年推广健康生活的方式。由2007年起，蒙牛的产品成为NBA在中国唯一指定乳制品，而这项亚洲的新协议将标志着双方在中国市场成功合作的延伸。

根据新的协议，蒙牛将与NBA联手在亚洲的六个国家及地区包括中国香港、印度尼西亚、中国澳门、马来西亚、菲律宾及新加坡，通过NBA主题的市场推广、球迷活动和NBA媒体平台，推广运动和营养的重要性。

NBA全球业务总裁海蒂·尤伯罗斯(Heidi Ueberroth)表示：蒙牛是中国的第一乳制品供货商，亦是我们教育青少年有关营养的重要的最佳合作伙伴。健康与强体都是我们两家机构的重心，我们期待着把我们的合作关系及市场推广活动扩展至亚洲。

2007年，NBA在中国举行了170场球迷活动，而蒙牛亦广泛参与其中，如NBA篮球大篷车及NBA中国赛2007等。另外，蒙牛又在他们在中国的六千万盒牛奶包装上推广2007年NBA季后赛，而这亦是区内最大型的推广活动之一。正是蒙牛的这一举措，使得它成为中国乳业的知名品牌！

三、国际市场公共关系的步骤

(1) 开展公众调查，搜集、了解目标市场公众对本企业产品或服务的意见和态度，分析企业及其产品或服务在公众中的形象和知名度。

公共关系调查不同于市场调查。进行市场调查的目的是了解产品形象，分析研究消费需求，寻求维护和开拓市场的方法。进行公共关系调查的目的，是了解国际客户意见、当地习惯与习俗、目标市场社会需求与趋势，寻求建立信誉，协调企业经济效益的途径，属于树立企业形象，争取目标市场的消费者了解和支持的活动。因此，国际公共关系调查的主要对象应该是特定区域的目标受众和当地的传播媒介。

(2) 根据促销目标，确定公共关系目标，制订详细的公共关系远、近期计划。

公共关系活动的目标不仅要和企业的总体活动目标相一致，并且公共关系活动各目标也应该前后一致，各子目标之间相互协调。另外，所确定的目标应主题鲜明、方针明确、清晰明了，既容易为所有参与活动的部门和人员所理解、牢记，又容易吸引公众的注意力，获得公众的支持，从而具有广泛的动员力量。

案例分析

人机大战

给公众所传递的目标信息往往采用“口号”的形式，1997年5月上旬，国际商用机器公司(IBM公司)出资110万美元举行了由IBM公司设计的超级计算机“深蓝”(Deep Blue)和国际象棋特级大师卡斯帕罗夫之间的国际象棋比赛。比赛就叫作“人机大战”(Match Between

Man and Machine),表示 IBM 公司生产的电脑已经成熟到可以和人脑相媲美的程度了。后来,“深蓝”以 3.5∶2.5 的比分赢得胜利,人脑和电脑的讨论成为热门话题,IBM 公司强大的技术能力得到了展示,其主要产品的销售量都以惊人的速度增长。此外,在“人机大战”举行期间,全世界每天有 1 000 万以上的用户通过国际互联网访问 IBM 公司的网址,关注棋局的发展,IBM 公司名声大噪。沸沸扬扬的“人气”使 IBM 公司的股票大幅度上扬,其收益净增 2 亿美元——这种花几千万美元的广告费都无法保证达到的宣传效果,却让 IBM 公司凭借几局棋赛奇迹般地实现了!

(3) 根据计划具体实施公共关系策略,注意目标市场的可接受程度及法律规范。

公共关系计划的实施构成整个公共关系活动的中心环节。而计划实施是运用各种传播手段,把预期的信息传达给对象公众,联络公众的情感,改变公众对企业的态度和行为,从而创造对企业有利的舆论环境。因此,实施计划的过程就是信息传播的过程,又被称为策动传播。企业实施公共关系计划的过程中,需要发挥人员的创造性,通过选择传播手段、确定活动模式、利用有利时机和创设新奇方式,以保证计划的成功实施。

案例分析

李宁公司的公共关系策略

2008 年,70∶47,这个比分让李宁有限公司意外地成为当年男篮世锦赛的商业最大赢家。身披李宁战袍的西班牙男篮出人意料地杀入决赛,并且战胜欧洲冠军希腊队夺得世界冠军。让世界为之疯狂的聚光灯下,李宁——这家来自中国的体育用品公司战胜了耐克和阿迪达斯,成为全场的又一焦点。

这是中国体育运动品牌在世界最具影响力的体育赛事中首次赞助一支外国国家队成为冠军,符合李宁所倡导的宗旨——“一切皆有可能”。

同时在美国,李宁公司经过一连串的磋商之后,也成功地成为 NBA 官方合作伙伴,获准在 NBA 比赛及其他比赛中推广李宁品牌的产品。这意味着李宁公司的以国际化推动本土销售的战略又迈进了一大步。

为了达到全面进驻国际商场的目标,李宁公司也开始真正借助 NBA 这个“超级踏板”跻身国际市场。这就是在后来签约了 NBA 历史上最伟大的中锋之一——奥尼尔,奥尼尔成为其品牌的代言人,对李宁公司来说简直是一次国际化的巨大胜利。签约之后,“奥胖”应邀来到中国,所到之处掀起的球迷热潮,也激发着中国消费者对“李宁”的真实好感。

(4) 根据实施前后的销售量进行效果评估。

国际市场公共关系活动的检查与评估,是为了对整个活动进行审慎的评价和反思,总结经验,并通过信息的反馈调整、修改目标,使之更符合企业的促销目标。检查评估国际市场公共关系活动的效果,可以从三个方面搜集和反馈信息:公共关系部门的自我评价;公共关系专家的评估;公众和新闻媒介的评价。其主要方法有以下四种。

① 个人观察反馈法。由企业主管人亲自参加国际市场公共关系活动,现场了解其进展情况并评价其效果,并同计划目标相比较,提出评价和改进意见。这种方法的优点是能够迅速评价反馈,改进意见具体,易于落实。缺点是难以检测国际市场公共关系活动的长期效果。

② 目标管理法。这种方法要求在制订计划时就考虑到效果测评，在确定国际市场公共关系活动目标时把目标具体化，使其完成情况可以被测量评估。这样一来，在活动实施后，将测量到的结果与原定目标相比较，就能够衡量和评价国际市场公共关系活动的成果。

③ 舆论调查法。测评国际市场公共关系活动效果的舆论调查法有两种具体方式：一是比较调查法，即在一次活动前后分别进行一次舆论调查，比较先后调查的结果，分析活动的效果；二是公众态度调查法，即在一系列活动之后，对主要公众对象进行调查，了解其对企业的评价和态度的变化，分析活动效果。

④ 内外部监察法。内部监察法是由企业内部人员对公共关系部门的工作和活动进行检查和评估。主要检查范围有：所进行的工作和取得的成果；目前存在的问题；将来的计划安排。外部检查法是指聘请企业外部专家对国际市场公共关系活动及其效果做出比较客观的衡量和评价，并就未来活动提出建议和咨询。

第五节　全球促销战略

前面四节已经讲述了国际市场人员推销、广告、营业推广、公共关系等促销手段。如何在国际市场上合理运用它们，确定一个合理的促销组合（Promotion Mix），与其他国际型企业相竞争，就是全球促销战略所涉及的内容。

一、促销方式比较

要成功地组合若干种促销方式，就要在了解每一种促销方式的基础上对各种促销方式进行综合比较。

广告是一种高度大众化的信息传递方式，可多次重复，因能充分利用文字、声音和色彩而极富表现力，适合向分散于各地的众多目标顾客传递销售信息。对单个目标顾客传递信息而言，其成本是很低的。但是，在一个成熟的市场，广告早就充斥了消费者的业余活动。消费者容易产生反感情绪，通过有意避开的方式来抵消广告的作用。就拿电视或广播来说，观众或听众会在广告来临时调向另外一个台，多次转台就能避免广告的侵袭，也就形成所谓的“杂拼”。

人员推销是面对面的直接信息传递，说服性最好。与广告相比，它有三个最显著的特点：一是灵活，由于是直接接触，可就近观察到目标顾客的态度和需要，随时调整；二是促进买卖双方建立友谊，保持长期联系；三是推销人员能及时得到购买与否及顾客和潜在顾客对其产品或服务的评价的反馈。因此，对某些产品或服务来说，人员推销是最有效的促销方式，特别是在取得顾客信任、引起顾客购买欲望和促成购买方面，效果更为突出。不过，人员推销是一种最昂贵的促销方式。因为要支付每个推销人员的工资，而且推销人员的技术越高，相应的工资也会更高。

营业推广或销售促进是公司在短时间内采用特殊的手段或方法对消费者或中间商进行强烈刺激，以激励他们较快或较多地购买特定产品或服务。与前两种促销方式不同，营业推广多用于短时期的特别促销。可以说，广告提供了购买理由，营业推广提供的是购买刺激，推动顾客快买多买。营业推广一方面对消费者和中间商产生强大的吸引力，促使其当机立断、马上购买；但另一方面营业推广的许多做法显示出卖者急于出售商品的意图，作为有思想的消费者会怀疑产品或服务质量。过于频繁的营业推广将降低商品的身价。所以，企业在运用营业推广时必须慎重考虑。

公共关系是一种间接的促销方式,并不要求达到直接的销售目标,但它对企业仍具有特殊意义,因为多数人认为新闻报道较广告更为客观、可信。通过公关,公司可有效地将营销信息传递给那些习惯于避开推销员和广告的顾客。

以上各种促销方式在产品生命周期的不同阶段和顾客购买准备的不同阶段所产生的成本效应分别如图 9-3 和图 9-4 所示。

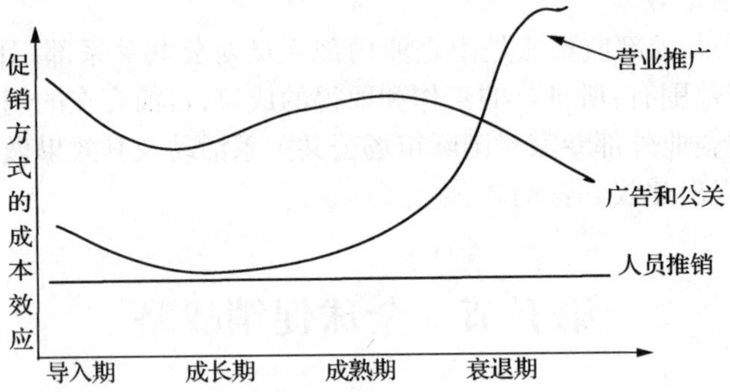

图 9-3　各种促销方式在产品生命周期不同阶段的成本效应

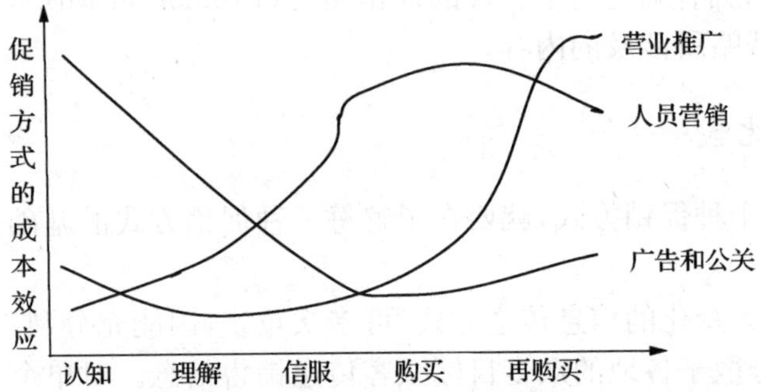

图 9-4　各种促销方式在顾客购买准备不同阶段的成本效应

二、制约促销的因素

(一) 促销费用

促销费用常常制约着促销策略的制定。企业在决定促销手段时首先要考虑其承受能力。

(二) 促销目标

促销目标是根据企业经营的总体目标制定的。根据不同的促销目标采取不同的促销组合,促销目标通常有以下三种。

1. 以介绍为目标

这种促销目标是通过信息的传递,使消费者对企业和产品有所了解,并初步形成购买动机。促销手段以广告为主,配合使用公共关系。

2. 以说服和提示为目标

这种促销目标是使购买者对企业、产品和服务形成特殊偏好,以重复购买本企业的产品和服务。促销手段以人员推销或广告为主。

3. 以树立企业形象为目标

这种目标是使消费者或公众对企业和产品、服务形成良好形象。促销手段通常以公共关系和广告为主，配合使用人员推销。

（三）促销总策略

企业促销活动的总策略可分为“拉”策略和“推”策略。“拉”策略是以最终消费者为主要促销对象，目的是引起顾客或潜在顾客对产品的需求和兴趣。如果促销奏效，顾客便会纷纷购买产品。采取这种策略其促销手段以人员推销为宜。“推”策略是以中间商为主要促销对象，把企业的产品和服务推向分销渠道，推向最终市场。采用这种策略的促销手段以广告为佳。

（四）产品的性质与市场寿命周期

工业品市场和消费品市场在顾客数量、购买量和分布范围上相差甚远，各种促销方式的效果也不同，不同促销手段在工业品市场和消费品市场的重要性也不相同。工业品市场上更多采用人员推销，而消费品市场上则大量采用广告。因为工业品市场的顾客数量少，分布集中，购买批量大，适宜人员推销；反之，消费品市场顾客数量多而分散，通过广告可以较低的相对成本达到推销的目的。消费品公司往往将资金更多地投入广告，其次为营业推广、人员推销，最后才是公共关系。相反，工业品公司则将大部分的资金放在人员推销，其次为营业推广、广告和公共关系。一般而言，昂贵和具风险性的产品，以及销售者较少而规模较大的市场，常常采用人员推销的方式。

（五）市场特点

并不是每个市场都同时适合于某种促销手段，企业在制定促销策略时必须根据市场特点选择正确的促销方式。对于范围小、顾客数量少的市场，可以广告为主配合使用其他促销方式；对于那些产品供过于求、竞争十分激烈的市场，可采取公共关系策略，树立品牌，以便迅速占领市场。

三、标准化和本土化

在第九章第二节第三部分国际广告策略中，我们曾经提到过标准化战略和本土化战略。标准化(Standardization)战略意味着以一个地区或世界范围为基础，提供统一的产品。为了符合当地法规或市场条件，产品通常要进行细微的改动。然而，这些改动大体上不会导致大幅度的成本增加。统一的产品政策着眼于各国消费者的共同需要，目标是使成本最小化。通过低价策略，所节约的产品成本能够传递给公司的客户。本土化(Customization)战略意味着公司着眼于目标客户在需求方面的跨国差异。在这种情况下，产品应该进行适当的调整以满足当地市场的具体条件。企业对于两种战略应该斟酌选择。标准化属于产品驱动导向——通过大规模生产来降低成本，而个性化属于市场驱动导向——通过调整产品以适应当地需求来增加客户满意度。

随着世界经济全球化趋势的加强，标准化战略变得越来越有利。以下是支持标准化战略的五个原因。

（一）客户需求的趋同

不同国家的消费者对于多种产品有着相似需求，因为产品的使用功能、使用条件及效用越来越具有互通性。

(二) 客户的全球化

由于跨国公司的数量不断增多,规模不断壮大,在企业间的营销中,对于许多公司而言,业务越来越来自大型跨国公司。购买和外包决策通常需要公司总部集中化,或者至少也要在地区总部实行集中管理。所以,这些客户普遍要求产品和服务在全球范围内做到协调一致。

(三) 规模经济

在大多数情况下,生产过程中的规模经济及产品的全球化分销是标准化运动的关键驱动力。同时,由于外包所创造的效率或研发开支的缩减,企业有条件节约成本。节约的成本能够通过降低价格转移给企业的最终客户。尽管在许多行业里,这种规模经济的原理已失去一定的魅力,但规模经济的确能给全球的竞争者提供优于当地或地区竞争者的巨大竞争优势。

(四) 上市的时间

创新在众多的行业里并不都有助于提高企业的竞争力,企业还必须设法缩短新产品项目上市的时间。标准化战略把研究和新产品开发能力集中整合到少数的项目上,有利于缩短产品上市的周期。

(五) 区域性市场协定

区域性市场的形成,为企业推广区域性产品,或者重新以泛区域的品牌来设计现有的产品提供了驱动力。比如1993年形成的欧洲市场,到2004年5月,成员国已达25个,它为许多行业提供了统一的技术标准,有利于泛欧洲产品战略。

在标准化和个性化之间达到平衡是很微妙的事情。过度标准化(Overstandardization)会扼制当地子公司一级的创新和实验。然而,过度个性化(Overcustomization)的危险不容忽视。由于进口产品的部分吸引力来自其所具有的异质性,因此倘若根据当地市场条件进行过多的调整,这种异质性会逐渐消失,而使产品仅仅成为一种仿效的品牌,与当地品牌相差无几。

本章小结

(1) 促销(Promotion)是指企业通过人员和非人员的方式,向消费者或用户传递有关企业及其产品的信息,激发他们的购买欲望,使其产生购买行为的市场营销活动。促销实质上是一种信息沟通活动。促销主要包括人员促销(即人员推销)和非人员促销方式(包括广告、公共关系和销售促进)。

(2) 国际市场人员推销(International Personal Selling),是指受企业委派,涉外推销人员在国际市场上通过一系列促销手段使顾客购买产品或服务的过程;国际广告,是指在国际市场中,企业通过付款以非人员的方式在目标对象国推销和宣传理念、产品和服务;国际市场营业推广或销售促进(Sales Promotion),是除人员推广、广告、公共关系之外,短期内促进国际产品或服务的销售的所有手段的总称;国际市场公共关系是指企业通过获得国际市场公众的青睐,树立企业形象,防止或处理不利于企业的流言、故事和事件的发生,与有关各界公众建立良好的关系。

(3) 不同的促销方式分别有各自的优缺点,企业在具体选择中应根据自身产品类型、产品生命周期阶段、“拉”式(pull)和“推”式(push)策略、顾客购买准备阶段、促销预算等进行综合考量和有机组合运用。

课后习题

【简答题】

1. 国际市场人员推销的特点和任务是什么？
2. 国际市场人员推销有哪些步骤？
3. 结合实际谈谈你对于国际市场推销人员的管理方案。
4. 国际广告有哪些特点？
5. 国际市场营业推广主要有哪几类？它在国际促销策略中处于什么地位？
6. 国际市场营业推广与其他促销方式有何不同？有哪些营业推广方式？如何正确使用它们？
7. 公共关系在促进出口销售中是怎样发挥其作用的？
8. 怎样设计好促进出口销售的策略组合？

案例分析

哪种促销方案可行

22岁的Seth从一所常春藤大学拿到了MBA后，来到宝洁公司(P&G)的包装肥皂和洗涤剂部门的Cheer品牌组上班。他从部门厚厚的册子中了解到，Cheer牌的洗涤剂是专门为开顶式洗衣机设计的一种白色并有蓝色和绿色微粒的洗涤产品。

在以百亿美元计算的美国洗涤品市场上，宝洁公司的汰渍(Tide)独占鳌头，远远领先其他产品，Cheer虽然比不上老大哥，却也排名第二。而在全球范围内，三巨头瓜分了大部分市场：美国的宝洁(P&G)、高露洁—棕榄(Colgate-Palmolive)，还有一家是欧洲的联合利华(Unilever)。研究表明，大多数顾客在走进商店时，心中早就想好了要买什么牌子的洗涤品。因此，它们都创造了几十个眼花缭乱的品牌来占据客户内心最首要的位置。因此，各式各样的折扣、优惠券、小礼品是它们进行激烈却司空见惯的厮杀的惯常工具。

这天，公司促销部的Sonya，想和Seth谈谈Cheer新促销方案的事。

在促销部里，Seth被琳琅满目的小礼品惊呆了："这么多五花八门的玩意儿，怎么知道哪个适合Cheer啊？Cheer也不常采用小礼品来促销的，我不知道部门的同事会怎么想呢。Cheer适不适合礼品促销，什么礼品适合它？"

"完全正确，"Sonya回答，"但是至少值得一试吧，我们这儿有完善的测试手续，每件产品都有自己独特的地方，我请你来就是希望你能选择几件你觉得适合Cheer的小礼品，也许能够促进Cheer的销售呢？"Seth坐下来，仔细察看每件小礼品，从毛巾、烹饪书到小玩具，什么都有。他越看越觉得Cheer不适合这样的促销手段，Sonya也有些灰心了。

正当Seth要离开的时候，某个蓝绿色交织有红斑纹长腿的小玩意儿吸引了他的注意："这是什么？""噢，这是新来的样品，一种橡胶玩具，给很小的小孩玩的，它们无毒，又足够大，让小孩子无法吃下去，安全耐用。"Seth把它抓在手里："我带这个回去给大伙儿看看。"

面对这个小玩意儿,部门的同事有不同的看法。Skip 看了一眼,就说:“纯粹浪费时间。”然后扬长而去。Lorinda 是三个小孩的母亲,她说:“我带回去给我的孩子们看看有什么反应。”经理 Tom 觉得这么做是个好主意。

第二天 Lorinda 很兴奋地跑来说,她的孩子们爱不释手。这让 Seth 觉得很受鼓舞。如果能够成功,他就可以成为公司引人注目的人物了,晋升也是十拿九稳的事情。他赶紧和 Sonya 联系,Sonya 答应用这件产品以及另外四件参照做一系列测试。一个月后,就在 Seth 觉得这事可能没戏了时,Sonya 打来电话告诉他令人震惊的结果:这个玩具不仅很受欢迎,而且成为整个公司历史上最畅销的三件促销礼品之一。Seth 简直手舞足蹈了,他给它命名为 Cheery 怪物,并仔细考虑各种的促销选择。

根据采购部门的估计,每件玩具的成本大约 6 分钱。这包括制造成本和从亚洲的产地运到辛辛那提的运费。Seth 的设想是每个大包装的 Cheer 放三个 Cheery 怪物来促销。那么,一盒就要增加 18 分的成本,如果增加销售的效果好的话,抵消这部分成本绰绰有余。Seth 分析了所有能想到的促销方式。

(1) 邮寄促销。让顾客把洗涤剂包装盒上的 UPC 寄到公司换取礼品。这样的方式对生产毫无影响,但无疑会减少礼品的吸引力;邮寄和等上两三个礼拜来收取小玩意儿实在是一件烦琐的事情。预计增加销量 200 000 盒,成本上每三件礼品的包装邮寄处理费用是 75 分。

(2) 放在包装内。礼品放在包装内,那么包装外面就必须有醒目的提示。包装过程不受影响,但是包装盒制造要修改一下,况且设计吸引顾客的提示也是个问题;另一个消极因素是,顾客不能直接看到可爱的小怪物。预计增加销量 500 000 盒,成本上改变包装的额外花费不会高于 1.30 元。

(3) 放在包装外面,但是和产品捆在一起。用真空包装膜将礼品和 Cheer 洗涤剂捆在一起,这要看工厂有没有专门的设备了。但是爱占便宜的客户可能会将礼品扯下偷走,而不买产品。不过放在外面的直观性要强多了。预计增加销量至少 750 000 盒,成本上外包其他包装厂将礼品捆绑在产品外的费用是 1.75 元。增加体积导致每大包装内盒数减少产生的费用:0.45 元。

(4) 随产品派送。别打产品包装的主意了,在购买点即时奉送好了。这要求零售商安排额外人员,而且,也许某些小的零售店就干脆“贪污”了这些小礼品或者拿出来卖……预计增加销量 600 000 盒,成本上每 300 个 Cheery 怪物运费是 25 元。全国有超过 8 000 家零售商。

(5) 互联网上促销。Seth 没能马上想到如何用互联网来促销,但是他觉得这也许是条路子,无论如何,不能不考虑互联网的潜在作用。

思考题:

1. 在向上司 Tom 详尽汇报之前,Seth 需要做出选择和决定。Seth 可以做出哪些促销计划?
2. 这些方案各有什么利弊? 应该如何选择?

武汉理工大学
精品在线开放课程
教学视频一第九章

第十章　国际服务营销策略

【学习目标】

了解服务业在世界经济中的作用；服务贸易与一般商品贸易的不同；国际服务的有形化和标准化。

案例导入

中国移动通信

中国移动通信集团公司，简称“中国移动通信”，于 2000 年 4 月 20 日成立，注册资本为 518 亿元人民币，资产规模超过 5 000 亿元，是中国在境外上市公司中市值最大的公司之一，也是亚洲市值最大的电信运营公司。中国移动通信主要业务是电信服务，经营移动话音、数据、IP 电话和多媒体业务，并具有计算机互联网国际联网单位经营权和国际出入口局业务经营权。作为一个通信服务型企业，它的网络规模和客户规模位居全球第一，并且以 717.49 亿美元的年营业收入在美国《财富》杂志评选的 2010 年度全球五百家最大公司中排名第 77 位。

第一节　服务与产品的区别

一、服务的含义

关于服务的定义，菲利普·科特勒认为是“一方提供给另一方的不可感知且不导致任何所有权转移的活动或利益”。美国市场营销学会将其定义为：“主要为不可感知，却使欲望获得满足的活动，而这种活动并不需要与其他的产品或服务的出售联系在一起。生产服务时会或不会利用实物，而且即使需要借助某些实物协助生产服务，这些实物的所有权将不涉及转移的问题。”还有的学者认为，“服务是一种涉及企业或个人向社会提供满足需求的活动、过程和结果”“服务是任何采取直接或间接支付方式的无形的收益，而且常常包括或多或少的实物或技术的成分”。

将这些说法概括起来，我们可以得到服务的定义：服务——与产品一样，都能满足顾客的需求——是在顾客与员工的直接或间接的互动关系中，以一些有形资源为媒介或以它们为基础，由一系列无形活动所构成的一种过程。

案例分析 10－1

海尔的服务

海尔全天候 24 小时服务做到了以诚待客的典范:24 小时电话咨询服务、24 小时服务到位、365 天服务等。全方位登门服务做到了同行业无微不至的楷模。售前详尽咨询服务、售中全部送货上门、售后全部建档回访、上门调试各类问题,这种温馨的服务举措看似举手之劳,却充分展示了名牌企业处处为消费者着想的求实精神。全免费义务服务做到了一诺千金的表率,使海尔特色的服务美誉深深扎根于用户心中。海尔是中国第一家推出“三全”服务的彩电生产企业,它几乎囊括了服务方面的所有内容。这种服务措施的推出,对整个行业的服务都起到了规范和推动作用。

二、服务的基本特点

服务与产品的区别,主要在于服务有以下五个特点。

(一) 不可感知性

在购买服务之前消费者不能够看到、品尝出、触摸到、听到或闻到“服务”。比如去博物馆参观或听钢琴演奏之前,观众或听众不能够感知到任何服务,因为他们购买的就是即将要感知的服务,或者说就是一种意境的感知。

另外,服务的不可感知性还包含服务的无形性。服务不是有形的物体,而是一组由一系列活动所组成的过程。在这个过程中,生产和消费同步进行,按照传统的方式营销和管理营销质量是非常困难的,因为在服务被售出和消费之前,没有提前生产出的质量可以控制。而且,不同的服务情况会有所不同。当一个顾客来到理发店并接受服务时,顾客至少可以通过看到发型在改变而知道服务在进行。但是,当货物被运输时,客户只能从货物运达目的地这则消息中了解服务已经结束了。但在一些服务中,许多有形要素也包含在内,如饭店中的饭菜、邮寄公司的文件、修理厂所使用的零部件等。

(二) 不可分离性

服务不可能被它们的供应者分开,不管供应者是人还是机器。牙科医生给病人拔牙,医生可能会对病人实施麻醉,在麻醉之后必须马上拔牙,否则麻醉就没有效果。

(三) 差异性

服务质量取决于很多因素:谁提供服务,什么时间、什么地点,服务是怎样被生产出来的。比如在跆拳道馆学习跆拳道,教的人的水平和学的人的精神状态以及学习氛围都会影响到跆拳道的学习。

(四) 不可储存性

不可储存性即转瞬即逝,服务不能保存到下一次售卖和使用。一些医生因为病人延误了病情而感到为难,因为及时治病才有效果。服务价值体现在某一时点上,过了这个时点就没有价值了。中国古代名医扁鹊曾经想为得病的蔡桓公治病,但是蔡桓公一直不愿接受治疗,直到他病入膏肓，最后病重死掉了。

（五）缺乏所有权

缺乏所有权是指在服务的生产和消费过程中不涉及任何东西的所有权转移。

既然服务是无形的又不可储存，服务产品在交易完成后便消失了，消费者并没有实质性地拥有服务产品。以银行取款为例，通过银行的服务，顾客手里拿到了钱，但这并没有引起任何所有权的转移，因为这些钱本来就是顾客自己的，只不过是“借”给银行一段时间而已。缺乏所有权会使消费者在购买服务时感受到较大的风险。如何克服此种消费心理，促进服务销售，是营销管理人员所要面对的一个严峻挑战。

知识链接

服务的特征决定了服务营销同产品营销具有不同的特征，具体表现在以下几个方面：

(1) 借助有形来展示无形；

(2) 服务主客体之间的互动性；

(3) 要求更高的供需平衡能力；

(4) 服务质量评价的差异性；

(5) 服务产品的难以传输性。

案例分析 10－2

互联网上的服务型公司

互联网搜索公司，是互联网上以提供搜索服务为主要业务的公司，它同时服务于两大主体：用户和客户。用户指在互联网上运用搜索引擎进行搜索的人；客户是有关单位、公司和网站，他们是被搜索的对象。互联网搜索公司的主要收入不是来自数量庞大的用户群体，而是通过关联广告、软件服务、竞价排名和搜索联盟等服务——也就是所谓的推广服务，收取客户的费用。Google 公司，是全球最大的搜索公司，总部位于加利福尼亚山景城。有报道说 Google 是阿根廷、澳大利亚、比利时、巴西、加拿大、丹麦、法国、德国、印度、意大利、墨西哥、西班牙、瑞典、瑞士、英国和美国的头号搜索引擎。每月全球唯一身份 Google 用户人数达到 3.8 亿人。

百度公司于 1999 年年底成立于美国硅谷。2000 年 Google 推出中文版后，Google 公司与百度两大公司在中国市场上进行了激烈的较量，最终百度获胜。2006 年，百度成为中国市场收入最多的搜索引擎运营商，并占据了 55.2％的市场份额。2005 年 8 月 5 日，这家全球最大的中文搜索商，在美国纳斯达克正式上市。股票发行价为 27 美元，上市时即以 66 美元跳空开盘，在首日的交易中股价最高达到 151.21 美元，收盘于 122.54 美元，上涨了 354％，创造了“美国股市 5 年来新上市公司首日涨幅之最”“进入美国有史以来上市当天收益最多的股票前 10 名”和“在美国上市的国外企业中收益最好者”三大纪录。2010 年 1 月 13 日，谷歌撤离中国，分析师预测百度 2010 年收入将增加 3.5 亿美元。2011 年 2 月，百度在中国搜索引擎市场所在份额达 83.6％。

第二节　服务业在世界经济中的作用

一、服务业的划分

服务业作为一个产业,是继农业(种植业、畜牧业、林业、水产业)和工业(重工业、轻工业)之后又一个产业,一般被认为是利用设备、工具、场所、信息或技能为社会提供服务的业务。从第十章第一节可以看出,服务业也可以被认为是非产品行业。事实上,服务业和制造业之间并没有十分严格的区分。特别是有许多企业既生产产品,又提供服务。因此,判断它们是否是服务业的标准是看哪一部分更多一些,或者沿袭传统的区分方法。根据关贸总协定乌拉圭回合达成的《服务贸易总协定》,服务部门包括如下内容:商业服务,通信服务,建筑及有关工程服务,销售服务,教育服务,环境服务,金融服务,健康与社会服务,与旅游有关的服务,娱乐、文化与体育服务,运输服务和其他服务。

知识链接

中国的三个产业的划分将大部分的服务行业划进了第三产业。根据中国国家统计局2013年印发的《三次产业划分规定(2012)》以及2018年发布的对《三次产业划分规定(2012)》的修订,第三产业即服务业,是指除第一产业、第二产业以外的其他行业。第三产业包括:批发和零售业,交通运输、装卸搬运和仓储业、邮政业,住宿和餐饮业,信息传输、软件和信息技术服务业,金融业,房地产业,租赁和商务服务业,科学研究和技术服务业,水利、环境和公共设施管理业,居民服务、修理和其他服务业,教育,卫生和社会工作,文化、体育和娱乐业,公共管理、社会保障和社会组织,国际组织,以及农、林、牧、渔业中的农、林、牧、渔专业及辅助性活动,采矿业中的开采专业及辅助性活动活动,制造业中的金属制品、机械和设备修理业。

中国第三产业自改革开放以后蓬勃发展,为中国国内生产总值(GDP)的增长做出重要贡献,并且吸引了大量劳动力。图10-1描述了近年来第三产业的贡献率以及占第三产业占国内生产总值的比重。

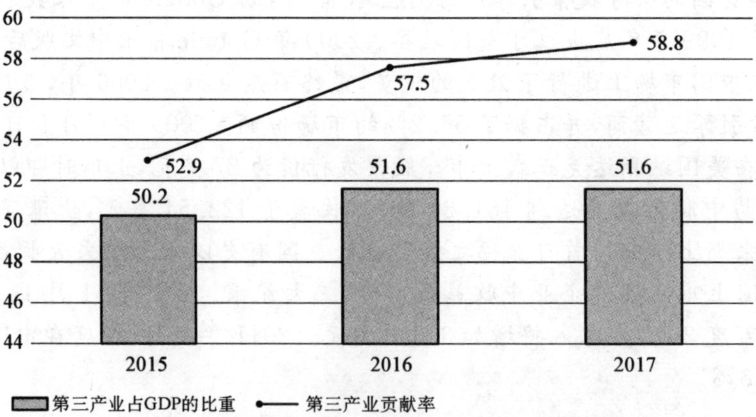

图10-1　近年来第三产业的贡献率及占国民生产总值的比重

二、服务业在世界经济中占据举足轻重的地位

服务业的增长是全球现象，在工业国家，60％以上的 GNP 是服务业创造的，在其他国家服务业的增长也是最快的。例如，墨西哥的服务业占全国 GDP 的 70％，南非是 65％，泰国是 46％以上。甚至在不发达国家，服务业占 GDP 的比例也在 45％以上。在这些国家，服务业的增长率超过农业和制造业，这有助于提供更多的就业机会。表 10－1 显示服务行业在世界各国的重要性。有趣的现象是服务业的增长同性别之间有一定的联系，服务业劳动力比例比较高的国家，女性的就业率就比较高。

表 10－1　世界的服务业状况

国　家	服务业占 GDP 的百分比	劳动力占服务业的百分比
美国	78.3	83
加拿大	68.7	74
巴西	50.6	66
澳大利亚	69.6	70
日本	73.5	70
欧盟	70.1	66.9
比利时	74	74.2
丹麦	73.8	79
芬兰	66.5	70
法国	76.1	71.5
德国	70.3	63.8
希腊	71.7	68
爱尔兰	49	63
意大利	69.1	63
卢森堡	83.1	86
荷兰	73.5	73
葡萄牙	65.9	60
西班牙	67.9	64.4
瑞典	69.7	74
英国	72.9	79.5

资料来源：迈克尔·R. 津科特. 国际市场营销学。

第三节　国际服务贸易

一、服务贸易的概念

虽然服务业作为一个传统的产业部门已经有数千年的发展史，但是“服务贸易”(Trade in

Services)这一概念的提出相对于古老的货物贸易而言,则是一件并不遥远的事情。国际货币基金组织(IMF)在进行各国国际收支统计时一直把服务贸易列入无形贸易(Invisible Trade)一栏中,这种情况直到1993年才做出了调整,而中国过去一直把服务贸易称为劳务贸易。在1986年9月发起的乌拉圭回合多边贸易谈判之前,服务贸易只是在发达国家的有限范围内展开,还谈不上作为国际贸易的普遍问题引起人们的高度关注。

据文献记载,"服务贸易"这个概念,最早出现在1972年9月经济合作与发展组织(OECD)提出的《高级专家对贸易和有关问题报告》中。1974年美国在其《1974年贸易法》第三百零一条中首次使用了"世界服务贸易"的概念。

目前,由于服务的界定本来就很复杂,此外不同的国家和研究人员从各自的立场出发有不同的视角,因此关于国际服务贸易,各国统计和各种经济贸易文献并无统一的、公认的、确切的定义。下面介绍几种有代表性的定义。

(一)联合国贸发会议的定义

联合国贸易与发展会议是联合国处理有关贸易和发展问题的常设机构。它从过境这一视角来阐述国际服务贸易,将国际服务贸易定义为:货物的加工、装配、维修以及货币、人员、信息等生产要素为非本国居民提供服务并取得收入的活动,是一国与他国进行服务交换的行为。

狭义的国际服务贸易是无形的,是指发生在国家之间的符合严格服务定义的直接服务输出与输入活动。而广义的国际服务贸易既包括有形的劳动力的输出输入,也包括无形的提供者与使用者在没有实体接触的情况下的交易活动,如卫星传送与传播、专利技术贸易等。一般人们所指的服务贸易都是广义的国际服务贸易概念。

(二)《美加自由贸易协定》的定义

国际服务贸易是指由代表其他缔约方的一个人——既可以是法人,也可以是自然人——在其境内或进入某一缔约方境内提供所指定的一项服务。这里所说的"指定的一项服务"包括:① 生产、分配、销售、营销及传递一项所指定的服务及其进行的采购活动;② 进入或使用国内的分配系统;③ 奠定一个商业存在,为分配、营销、传递或促进一项指定的服务;④ 遵照投资规定,任何为提供指定服务的投资及任何为提供指定服务的相关活动。

(三)乌拉圭回合《服务贸易总协定》的定义

乌拉圭回合谈判在1994年4月签订了《服务贸易总协定》(*General Agreement on Trade in Service*,GATS),于1995年1月1日生效。根据该协定,服务贸易是指:"从一成员境内向任何其他成员境内提供服务;在一成员境内向任何其他成员的服务消费者提供服务;一成员的服务提供者在任何其他成员境内以商业存在提供服务;一成员的服务提供者在任何其他成员境内以自然人的存在提供服务。"服务部门包括:商业服务,通信服务,建筑及有关工程服务,销售服务,教育服务,环境服务,金融服务,健康与社会服务,与旅游有关的服务,娱乐、文化与体育服务,运输服务和其他服务。

知识链接

中国的学者探讨服务贸易是从20世纪90年代开始的。最早的代表者可能是汪尧田、周汉民教授。他们就服务贸易概念曾经明确指出:"国际服务贸易在概念上有广义与狭义之分。狭义的国际服务贸易是无形的,是指发生在国家之间的符合严格服务定义的直接服务输出与输入活动。而广义的国际服务贸易既包括有形的劳动力的输出输入,也包括无形的提供者与使用者在没有实体接触的情况下的交易活动，如卫星传送与传播、专利技术贸易等。”服务贸易的概念不仅仅是学者们专门讨论的理论问题，而且是一个实践性和政策性很强的问题。在关贸总协定乌拉圭回合谈判过程中，服务贸易的概念一直是各国争论的焦点之一。

二、国际服务贸易的特点

由于服务具有与产品不同的特点，国际服务贸易和国际物品贸易也有很大不同。除了服务本身的四个特点外，国际服务贸易不是像物品那样以进口和出口的方式进行的，它总是伴随着资本、人员、信息（如数据资料）等生产要素跨国境流动，并且这种生产要素的流动是服务贸易实现的重要条件。很多跨国服务不反映在各国海关进出口的统计中，而显示在各国国际收支表中。对服务贸易的监控往往只能通过国家立法和制定行政法规来达到目的，因此它所涉及的法规形式和强度都远远超过货物贸易。

关贸总协定乌拉圭回合达成的《服务贸易总协定》第一条第二款对服务贸易下的定义是“提供服务”，具体包括以下四种形式：

(1) 跨境交付，从某成员的境内向其他成员境内提供服务。

(2) 境外消费，某成员的消费者在其他成员境内享受服务提供者提供的服务。

(3) 商业存在，某成员的服务提供者在其他加盟成员境内通过商业场所提供服务。

(4) 自然人流动，某成员的服务提供者在其他成员境内通过成员自然人的商业场所服务。

协定第一条第三款把服务贸易的范围限定在成员采取的影响服务贸易的各项措施，具体包括中央政府、地方政府的措施以及政府授权而行使权力的非政府团体所采取的各项措施。服务本身包括所有部门的一切服务。根据协定第一条第三款(b)、(c)项的规定，政府当局实施职能所需的服务，比如护照的发行、警察的治安管理属于政府提供的非商业性服务，同其他的服务提供者之间没有竞争关系，不在协定的范围内。

三、国际服务贸易壁垒与服务贸易总协定

（一）服务贸易壁垒的特点

在全球化的大趋势下，各国在服务贸易领域也不乏一道道壁垒。由于服务贸易在跨国界移动时是以人员、资本、服务产品、信息等的流动表现出来的，一般不进行海关登记，故利用关税和配额等边境措施保护本国的服务业不受外来冲击未必有效。相反，限制外国服务者的法律、法规和行政措施，变成了主要的保护手段，并成为国际服务贸易发展的障碍。

服务贸易壁垒有以下几方面主要特点：① 以国内政策为主；② 较多对“人”（自然人、法人及其他经济组织）的资格与活动的限制；③ 由国内各个不同部门掌握制定，庞杂繁复，缺乏统一协调；④ 灵活隐蔽，选择性强，保护力强；⑤ 除了商业贸易的利益外，还强调国家的安全与主权利益等作为政策目标。

（二）服务贸易壁垒的分类

由于国际服务贸易壁垒种类繁多，形式各异，很难对服务贸易壁垒作精确的分类，这里从阻碍服务贸易的要素，即人员、资本、信息、服务产品在国际市场上流动和经营角度将其分为以下五类。

1. 资本移动的壁垒

主要涉及的是商业存在问题，即东道国是否允许外国企业在本国设立机构开展业务。

2. 人员移动的壁垒

主要涉及各国移民限制的法律。由于各国移民法及工作许可、专业许可的规定不同,限制的内容和方式也不同。

3. 信息移动的壁垒

由于信息传递模式涉及国家主权、垄断经营和国家公用电信网、私人秘密等敏感性问题,因此各国普遍存在各种限制。而这些措施还不只阻碍信息服务贸易的发展,还因信息流动又是金融、旅游、运输、仓储、建筑、会计、审计、法律等服务者提供服务的先决条件,所以同时制约着其他服务贸易的进行。

4. 服务产品移动的壁垒

主要涉及市场准入的限制,即东道国允许外国服务者进入本国市场的程序。这类限制通常规定服务供给的最高限度,当外国服务者提供的服务超过限度时,东道国就会完全阻止外国服务产品进入国内市场,只允许使用本国服务。

5. 经营的限制

这类壁垒通过对外国服务实体在本国的活动权限进行规定,以限制其经营范围、经营方式等,甚至干预其具体的经营决策。值得注意的是,随着服务贸易自由化的逐步推进,以开业权限制等为表现形式的绝对的进入壁垒正面临越来越大的国际压力,而对具体经营权限的限制则既体现了适度的对外开放,又往往能有的放矢地削弱外国服务经营者在本国的竞争力和获利能力。因此,这将成为国际服务贸易的一种十分重要的壁垒形式。并且,这还是一种"可调性"较强的壁垒,各种经营限制的内容及限制的程度、方式等均可依本国社会经济及产业发展的要求和国际服务贸易自由化推进的要求而不断做出相应的变化和调整。

(三) 服务贸易总协定的主要原则

服务贸易壁垒显然阻碍了全球居民在服务方面福利的享受,由于服务的流通比物品的流通要难,服务贸易壁垒比一般的商品贸易壁垒具有更强的效力。但只要是世界贸易组织的成员国,就必须遵守《服务贸易总协定》。服务贸易总协定的主要原则如下。

1. 最惠国待遇

最惠国待遇规定本协定的任何措施,每一缔约方给予任何缔约方的服务或服务提供者的待遇,除符合附录第二条有关免除条款规定者外,应立即无条件地以不低于前述待遇给予其他任何缔约方的服务或服务提供者。

2. 透明度

透明度是指除非在紧急情况下,应迅速将涉及或影响本协定实施的所有有关适用的措施,最迟在它们生效以前予以公布。如果它是涉及或影响服务贸易的国际协定的签字国,该项国际协定也必须予以公布。每一缔约方对现行法律、法规或行政规定,如有任何新的规定或有所改变以致严重影响本协定项下有关服务贸易的特定义务时,应立即或至少每年向服务贸易理事会提出报告。

3. 发展中国家更多参与

各缔约方通过对承担特定义务的协商,促使发展中国家在世界服务贸易中更多地参与。主要是:① 加强发展中国家国内服务业力量及提高效率和竞争力,特别是通过引进商业性技术方面；② 促进销售渠道和信息网络的改善；③ 对各部门市场准入的自由化以及提供对发展中国家有利的服务出口方式等。此外，发达国家缔约方还应对发展中国家服务提供者提供有关市场进入的资料。

4. 市场准入

每一缔约方给予其他缔约方的服务和服务提供者的待遇，应不低于根据其承担义务计划中所同意和规定的期限、限制和条件。在对市场准入承担义务的服务部门里，缔约方除了在所承担义务安排表中所确定的之外，不应在某一地区分部门或在整个国境内维持或采用下列限定的措施：① 限制服务提供者的数量；② 限制服务交易或资产的总金额；③ 限制业务的总量或用数量单位表示的服务提供的总产出量；④ 限制某一服务部门或服务提供者为提供特定服务所需要雇佣自然人的总数；⑤ 限定服务提供者需通过特定的法人实体或合营企业才可提供服务；⑥限定外国资本参加的最高股权额或限制个人的或累计的外国资本投资额。

5. 国民待遇

规定每一缔约方在其承担义务计划安排表内所列的服务部门中，根据表内所列的各种条件和资格，给予其他缔约方的服务和服务提供者的待遇，应不低于其给予本国相同的服务和服务提供者。

6. 逐步自由化

这部分是服务贸易多边谈判的主旨所在，其关键就在于各缔约方所承担的自由化义务和适应性，以及服务贸易自由化进程安排。协定规定：为减少或消除对服务贸易的各项措施在有效进入市场方面的不利影响，应在互利的基础上，本着为促进所有缔约方的利益，谋求达到权利和义务的全面平衡。

因此，可以在健全服务业管理法规，发展服务行业协会的基础上，利用其中的一项或几项原则特别是最惠国待遇原则和市场准入原则来应对服务贸易壁垒。

第四节　国际服务营销战略

服务作为一种营销组合要素，在 20 世纪 80 年代后期才真正引起人们重视。这时期，由于科学技术进步和社会生产力的显著提高，带来产业升级和生产的专业化发展，一方面产品的服务含量，即产品的服务密集度日益增大；另一方面，随着劳动生产率的提高，市场转向买方市场，消费者随着收入水平提高，他们的消费需求也逐渐发生变化，需求层次也相应提高，并向多样化方向拓展。

一、国际服务营销概述

1981 年布姆斯和比特纳(Booms and Bitner)建议在传统市场营销理论 4Ps 的基础上增加三个“服务性”的“P”，即：人(People)、过程(Process)、物质环境(Physical Evidence)。7Ps 的核心在于：揭示了员工的参与对整个营销活动的重要意义，企业应关注在为用户提供服务时的全过程，通过互动(Interact)，了解客户在此过程中的感受，使客户成为服务营销过程的参与者，从而及时改进自己的服务来满足客户的期望。

服务营销中常常涉及服务组合(Service Package)的概念。所谓服务组合是指由有形服务、无形服务共同组成的一组服务产品。其组成部分主要包括两部分:核心或主要的服务和附加或附属的服务。附加服务一般是指外围的或支持性的服务,如在酒店中,住宿就是核心或主要服务,而接待服务、客房服务、餐厅服务和门卫服务等,可纳入服务组合中的外围或支持性服务的范畴。这些服务均是服务组合中的有机组成部分,而且是企业竞争力的主要来源。

服务营销是企业在充分认识满足消费者需求的前提下,为充分满足消费者需要在营销过程中所采取的一系列活动。它源于企业对消费者需求的深刻认识,是企业市场营销观的质的飞跃。随着社会分工的发展、科学技术的进步以及人们生活水平和质量的提高,服务营销在企业营销管理中的地位和作用也日益重要。

企业对员工的管理和员工对顾客的影响与企业与顾客之间的关系如此不同,以至于我们用内部营销和互动营销来区别它们。如图 10－2 所示,服务型企业在传统的外部营销基础上还需要内部营销和互动营销。

内部营销指的是服务型企业必须有效地训练和激励与顾客打交道的雇员,并支持他们,使服务人员作为一个团队给消费者以满足,市场组织者必须让所有人以顾客为中心。所以,内部营销必须先于外部营销。

互动营销意味着服务质量十分依赖于服务过程中买者和卖者的互动质量。在产品市场,产品质量很少与怎样获得产品有关系。但是在服务市场,服务质量既依赖于服务供应者又依赖于供应的质量。因此,服务市场组织者必须掌握内部市场技能。

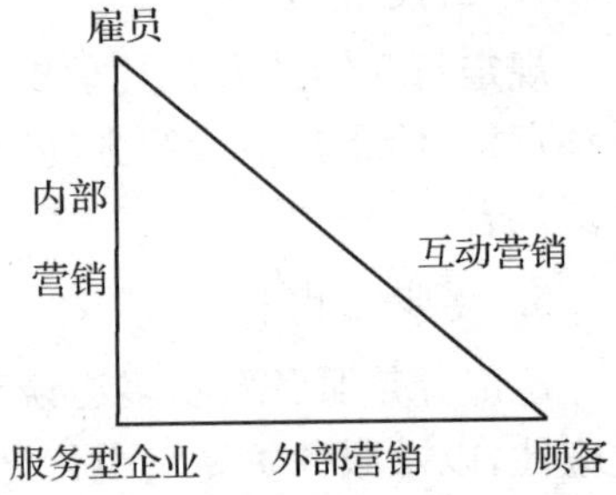

图 10－2　服务产业的三种营销类型

案例分析 10－3

创维集团的服务营销理念

2001 年,根据国家权威部门统计资料显示,创维集团连续 8 年蝉联国内彩电出口量第一名,并成功进入中国彩电前三强之列。2002 年上半年,创维集团彩电的出口量与去年同期相比增幅高达 150%,国内销售额也比去年同期增长了 80%。

创维集团中国区域市场营销总经理兼创维集团执行董事杨东文先生认为,对于创维乃至类似的企业来说,不管最终的发展方向是什么,生存之道首先在于选择一个好的市场营销模式,做好市场,并建立一支战无不胜的营销队伍。

创维集团在市场营销活动中贯彻服务营销理念。在产品上,创维集团力争提供技术领先、品质优秀、差异性显著并能领导市场潮流的新产品;价格上,保持产品的中档价格,在降价大战中不领先也不拖后;在渠道上则整合社会资源,利用商业资本的庞大市场营销终端,并同时不断完善自身拥有的终端网络,适当选择一批有实力、高信誉的经销商,进而形成卓越的经销网络;促销方面,注重对促销人员进行推销技巧、产品知识、卖点挖掘、经验介绍、潜能训练和语言训练等方面的培训。通过上述市场营销管理,创维集团力争建立起“制造业理想的市场营销模式”:运营成本低、物流速度快、资源效率高、市场控制力强、客户信用高和员工积极性高。

二、服务—利润链

和制造产品的行业一样，服务业也运用市场定价来选择目标市场。但是，由于服务业形式多样，它们经常需要额外的营销策略。在产品市场，产品分类有标准，只需要放在柜台上等待消费者就行了。但是在服务市场，消费者和处于一线的服务人员互动(Interact)来创造服务。因此，提供服务的人员必须有效地和消费者互动来创造高价值。而有效互动又依赖于处于一线的服务人员的技术和消费者对他们的配合与支持。

服务—利润链将服务公司的利润和员工、消费者的满意度连接起来。服务—利润链包括内部服务质量、服务人员的素质、良好的服务质量、顾客的满意度和忠实度、服务公司的运行状况五个环节。

"顾客就是上帝"，居于美国《财富》杂志评出的2005年世界500强首位的沃尔玛的缔造者、1992年美国总统自由勋章获得者山姆·沃顿先生曾说过："我们的老板只有一个，那就是我们的顾客，是他们付给我们每月的薪水。只有他们有权解雇上至董事长的每个人。道理很简单，只要他们改变一下购物习惯、换到别家商店买东西就是了。"20世纪70年代以来，流行着以塑造和传播企业形象为宗旨的企业形象战略(Corporation Identity，CI)。然而，随着市场环境的变化，竞争日益激烈，越来越多的企业意识到只有顾客满意，才能获得顾客忠诚，使企业的长期获利能力优于竞争对手，能够承受技术与顾客需求变动带来的影响，这些企业有着良好的自我保护、自我调整能力。因此，一种超越企业形象战略的顾客战略(Customer Satisfaction)蓬勃兴起，顾客满意成了服务营销的核心理念。顾客满意是一种心理活动，是顾客的需要得到满足后的愉悦感。它分为物质上的和精神上的，包括五个方面的内容：企业的经营理念满意、行为满意、视听满意、产品满意和服务满意。而服务满意就是指企业服务带给内外顾客的满足状态，包括绩效满意、保证体系满意、服务的完整性和方便性满意，以及情绪和环境满意等。

三、服务补救

对企业来说，服务过程完美无缺是一种最理想的状态。但是，这一点是无法做到的。员工会犯错误，机器、系统会出现故障，一些顾客的行为会给另外一些顾客造成麻烦，顾客可能不晓得如何参加到服务过程中来，或者顾客在服务过程中改变所需的服务内容。由于上述种种原因，计划得很好的服务过程并不能完全按照企业所设想的方向前进，顾客无法得到他们所期望得到的服务。所以，服务失误是不可避免的。如何看待、处理服务失误是对服务提供者是否具有顾客导向的真正考验。

服务补救(Service Recovery)是一种管理过程，它首先要发现服务失误，分析失误原因，然后在定量分析的基础上，对服务失误进行评估并采取恰当的管理措施予以解决。它与处理顾客抱怨有区别，后者一般不会对顾客做出赔偿，本质上不是建立在顾客导向的基础上的。而服务补救是建立在顾客导向的基础上的，它遵循以下一些基本原则：

(1) 发现服务失误或其他质量问题是企业的职责。如果企业没有做到这一点，顾客可以直接指出服务问题或者进行公开的抱怨。

(2) 如果有必要让顾客提出正式的意见，意见的处理程序和方式应当尽可能便于顾客表达意见。必须消除推诿或扯皮现象。只有当十分必要比如牵涉法律问题或者牵涉的金额十分巨大时,服务提供者才可以使用书面的抱怨处理方式。

(3) 并不是所有顾客都主动抱怨或提出意见,真正提出意见的顾客只占一半或更少,这取决于服务失误对顾客的影响。因此服务人员应善于发现和引导顾客提出意见,并且以和蔼的补救态度给顾客造成良好的印象。否则,很多顾客在遇到服务失误时选择离去而不是抱怨,再也不会接受企业所提供的服务。

(4) 服务提供者要在解决服务失误过程中,时刻让顾客了解进展情况,特别是当不能立刻解决问题的时候。

(5) 要主动并且迅速而有效地解决服务失误问题,不能等顾客提出来再去解决。

(6) 道歉是必要的,但在很多情况下是远远不够的,还必须对顾客的损失做出恰当的赔偿。

(7) 出现失误,绝对不能拖延,要立即对顾客做出赔偿。为一个能够为企业带来大量利润的顾客做出全面的赔偿,从经济角度来讲是合算的,它可以防止由此给企业带来的利润损失;同时,也可以避免顾客对企业产生恶评。

(8) 关注服务失误对顾客的精神所造成的伤害。顾客在遇到失误后,通常会产生焦虑和挫败感,企业应当在解决好服务事务的同时,对顾客精神上的伤害予以特别的关注。

(9) 授权员工解决失误,建立有效的服务补救系统。在这个系统中,那些得到授权的与顾客接触的员工和具有顾客意识的管理者的作用举足轻重。

(10) 顾客抱怨所涉及的部门和管理人员通常会对服务补救起阻碍作用,因此,有必要任命一个专门负责服务补救的经理来支持服务补救系统的高速运行。

四、国际服务的有形化和标准化

国际服务有形化是指服务型企业借助服务过程中的各种有形要素,把无形的服务尽可能地实体化、有形化,让目标所在国的消费者感知到服务的存在、提高享用服务的利益过程。服务有形化包括以下四个方面的内容。

(一) 国际服务产品有形化

国际服务产品有形化即通过服务设施等硬件,如自动对讲、自动洗车、自动售货、自动取款等来实现服务自动化和规范化,保证服务行业的前后一致和服务质量的始终如一;通过能显示服务的某种证据,如各种票券、牌卡等代表消费者可能得到的服务利益,区分服务质量,变无形服务为有形服务,达到使消费者更好地感知到服务的效果。

(二) 国际服务环境有形化

国际服务环境是企业提供服务和消费者接受服务的具体场所和气氛,它能给企业带来"先入为主"的效应,是服务产品存在的不可缺少的条件。比如,许多餐饮企业大手笔装饰门面和内部环境,让顾客一走进来就产生购买服务的欲望。

(三) 国际服务提供者的有形化

服务提供者是指直接与消费者接触的企业员工,其所具备的服务素质以及与消费者接触的态度等,会直接影响到国际服务营销的实现。为了保证服务营销的有效性,企业应对员工进行服务标准化的培训,让他们了解企业所提供的服务内容和要求,掌握进行服务的必需技巧,以保证他们所提供的服务与企业的服务目标相符合。

（四）国际服务评估的有形化

人们通常会以主观的方式来感知服务。顾客用来形容服务的词汇一般包括“经历”“信任”“感觉”“安全”等。这些词对服务的描绘都是非常抽象的。顾客使用这些词的原因是服务是无形的。由于服务的无形性，顾客对服务质量的评价是非常困难的。事实上，顾客对经常使用的一些描述服务质量的词汇并不能十分清楚地反馈给提供服务的企业，如究竟什么是“信任”，什么是“感觉”，我们不一定了解其真正含义。因此，我们在对服务的评估过程中，必须努力利用有形的证据将无形的服务有形化。比如，在措辞方面，对于服务内容要严格区分“简陋”“欠缺”“全面”“周到”“体贴”；对于服务态度，要严格区分“冷淡”“礼貌”“友好”“热情”；对顾客的满意程度，要严格区分“一般满意”“非常满意”等。

服务产品不仅仅是靠服务人员，往往还要借助一定的技术设施和技术条件，这为企业服务质量管理和服务的标准化生产提供了条件，企业应尽可能地把这部分技术性的常规工作标准化，以有效地促进企业服务质量的提高。具体做法如下。

(1) 制定要求消费者遵守的内容合理、语言文明的规章制度，以诱导、规范消费者接受服务的行为，使之与企业服务生产的规范相吻合。

(2) 从方便消费者出发，改进设计质量，使服务程序合理化。

(3) 使用价格杠杆，明码实价地标明不同档次、不同质量的服务水平，满足不同层次的消费者的需求。在不同时期、不同状态下，通过价格的上下浮动调节消费者的需求，以保持供需平衡，稳定服务质量。

(4) 改善服务设施，美化服务环境，使消费者在等待期间过得充实舒服，如设置座椅，放置书报杂志，张贴有关材料等，为消费者等待和接受服务提供良好条件。

(5) 规范服务提供者的言行举止，制定严谨的基本语句或基本行为规范，营造宾至如归的服务环境和气氛，使服务的生产和消费能够在轻松、愉快的环境中完成。

五、国际服务营销战略

20世纪80年代中期，赫斯科特提出了战略性服务观点。这一理论由目标市场细分、服务概念、经营战略、服务提供系统四个基本因素构成：其服务利润链所采用的观点是“顾客所获得的价值是结果与成本之差”。此后，服务的营销战略不断被发展完善，在传统的营销战略基础上加进了不少新的内容。

（一）产品策略

服务产品提供者必须基于用户所期望的利益和竞争者状况来选择核心产品（商品或者服务）。也就是说，服务者必须注意那些能够为用户创造价值的服务活动的所有方面。

下面以餐饮业为例进行分析。现代餐饮产品是整体产品，它是由核心产品、有形产品和附加产品三个层次构成的综合体，如图10－3所示。

1. 核心产品（核心利益）

核心产品是餐饮产品最基本的层次，又称作核心利益，是餐饮产品给消费者带来的核心效用，如充饥、满足、快乐等。

2. 形式产品（展现成分）

形式产品是餐饮产品的第二个层次，又叫展现产品形式，是餐饮顾客核心利益赖以存在的载体,如菜品、建筑物、装饰、装修的有形物;也可以是地理位置、周围环境、餐厅气氛、服务形态、服务能力、听觉、嗅觉、触觉感应等无形成分,这一系列的因素都能展现餐饮产品的核心利益。实际上,一个餐饮产品的形式产品部分,就是上述这些负载核心利益的有形物和无形成分构成的综合体。

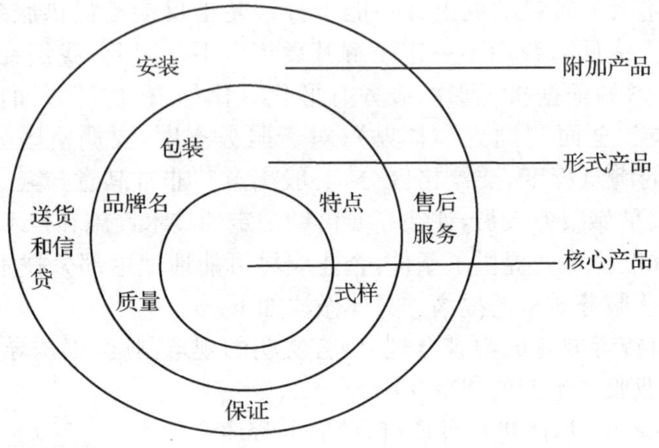

图 10-3　产品层次

3. 附加产品

附加产品又称为附加利益,是指餐饮产品提供的满足消费者核心利益之外的附加效用。它是现代产品概念中加入的第三个层次,是产品概念演变的结果。例如,餐饮企业为客人免费泊车、洗车、为预订客人送餐、接受陌生顾客电话咨询、为等待就餐的客人缩短等候时间或改善等候状况,以及保证菜品质量和数量、注重饮食营养搭配等。

餐饮产品有两方面的现实意义,即一方面有利于正确界定餐饮产品的构成范围,另一方面有利于把握产品竞争的方向。准确理解餐饮产品概念有利于正确界定餐饮产品的构成范围,注意界定“菜品”“服务”“就餐环境”与“餐饮产品”之间的区别和联系。

准确理解餐饮产品概念有利于把握产品竞争的方向。目前,绝大多数餐饮企业都在用最大的努力来维护顾客的核心利益,并在形式产品上狠下功夫。但是,对于附加产品的有效提供方面,就少有出色者值得夸耀了。这一点又反过来为餐饮企业的产品竞争指明了方向。所以,现代餐饮产品竞争的焦点,既不在核心利益之上,也不在形式产品之上。要想在竞争中取胜,竞争的着眼点应放在为顾客设计和提供附加产品上来。

(二) 定价策略

服务的价格策略会对餐饮企业本身的销售产生直接的影响,因此,经营者需要在制定价格策略的时候采取灵活多样的方式。可以从以下几个方面制定价格策略。

1. 高价位策略

这类定价策略适合知名度高的品牌企业,但是实行这种策略通常要具备两个条件:

一是服务产品的独特性,市场无竞争对手,容易在市场中占据主导地位。

二是服务企业本身的品牌效应强,信誉卓著,具有一定的高消费顾客群。

2. 渗透定价策略

与暴利定价策略相反,渗透定价策略是指服务企业将推出的服务产品以较低的价格投放市场的策略。为了促销新产品、出清存货或加快现金周转，把某些价格定在比成本低或接近边际成本的价格，以扩大本类产品及相关产品的市场接受率，达到薄利多销的目的。企业采取渗透定价策略，最好具备下列条件：

一是市场对价格的敏感度高时，采用渗透定价策略有助于拓展市场。

二是要以增加销售量来降低餐饮企业产品的单位成本。

三是企业要阻止其他的竞争者进入市场而采用低廉价格的策略，应具有一定的耐受力。

3. 折扣定价策略

该策略完全是利用消费者乐于享受各种优惠待遇的心理需求而制定。在实际操作中，折扣定价策略包含了真实折扣和虚假折扣两种形式。真实折扣是经营者在原有价格的基础上给消费者实在的优惠比例，使消费者在购买此服务时减少支出。而虚假的折扣是经营者用打折来吸引消费者，先提价再折扣，保持实际折扣的价格水平与原来核定的真实价格水平基本相当。由于消费者对此并不知情，所以无论真实折扣还是虚假折扣，都具有一定的吸引力。在实际工作中还可以采用回赠优惠券、免去零头、发放实物礼品、赠送服务、免费享受特价服务等做法来吸引顾客。

4. 时段定价策略

这一策略是根据客人消费的不同季节、日期、时间等采取不同层次的优惠价格策略，包含的内容主要有：季节优惠、周末优惠、时间优惠等。服务企业要选择适合自身的价格策略，来达到经营成本最小和销售利润最大的目的。

5. 地点定价策略

这是一种目前流行的按地点定价的优惠策略，也叫分价消费。以餐饮业为例，即把包厢和大堂的消费价格分开，店堂与外卖的消费价格分开。这种新兴的定价策略是店家考虑到顾客的消费能力及消费的环境而采取的手段。

6. 心理定价策略

心理定价是最常使用的一种定价策略，利用得好可以满足顾客的消费心理。一般常用的方法有尾数定价策略、首数定价策略、固定数定价策略。

根据心理学的分析和市场调查的统计数据显示：在消费者的心目中，4.9 元与 5 元、9.9 元与 10 元、38 元与 40 元的对比定价，在理性认识时，这些价格是一回事；但在实际中，消费者对这些价格的心理反应还是不一样，他们认为 4.9 元比 5 元、9.9 元比 10 元、38 元比 40 元便宜。因此，针对消费者不同的心理反应，餐饮产品的定价应遵循一定的要求，通常有奇数和偶数两种尾数定价法。

（三）分销策略

由于服务不能被运输，要么顾客必须到服务地点去，要么服务的提供者必须上顾客那里去。对消费者要上门来寻求的服务，如理发、美容、服装干洗、银行储蓄、汽车修理等等，企业应选择方便顾客和顾客能够去的地点。“方便”是顾客选择这类服务的主要因素。在某些情况下，服务也可以通过分销渠道“运输”。其中一些服务的分销可以利用电子媒介来进行。

根据目标顾客的需要，选择提供服务的位置和渠道是两个关键性决策策略。由于服务不能储存，服务的生产与消费具有同步的特性，要考虑怎样将服务提供给顾客和应该在什么地方提供。“地点”一方面是提供服务的环境，另一方面也是顾客感知服务价值和利益的组成部分。

服务营销人员应该寻找和制定为企业获得竞争优势的、适宜的交付服务的位置及渠道。为了交易方便,在定位选择上要采取不同的措施。

(1) 当顾客不得不来找服务提供者时,位置显得非常重要,要选择方便顾客光顾的地方,还可考虑在多个地方提供服务,比如餐馆(Restaurant)、宾馆(Hotel)和汽车旅馆(Motel)的地点选择。

(2) 某种服务必须在特定的范围内进行,服务提供者能够去找顾客,经营位置就变得不重要了,如电梯维修、害虫控制和保洁服务,经营者必须为顾客提供高质量的服务,树立品牌。

(3) 服务提供者和顾客可以在触手可及的范围内交易时,服务供应者的位置就无所谓了,如法律咨询、银行自动取款。企业应提供顾客自助服务环境,并给予信息和指导。

(4) 对于能够分离的部分服务,为了减少经营开支,可以把运营放在低价地区,在昂贵的繁华大街设立代办点,提供收取和发送服务,如洗衣、送餐。

(5) 选择位置还要考虑地域内有无大量潜在顾客,市场内竞争对手的位置及实力等。

(四) 促销策略

有形商品可以被展示出来,而服务不能存放在货架上,只能被描述出来,对复杂的服务的描述就受到很大的限制。因此需要采取更积极的促销策略。

1. 节日促销

产品的推广促销要抓住各种机会甚至创造机会吸引客人购买,以增加销量。各种节日是难得的促销时机,企业一般每年都应做自己的促销计划,尤其是节日促销计划,使节日的促销活动生动活泼,富有创意,以取得较好的促销效果。

2. 内部宣传促销

在店内促销中,使用各种宣传品、印刷品和小礼品、店内广告进行促销是必不可少的。常见的内部宣传品和方式有:

(1) 定期活动节目单。

将本周、本月的各种活动印刷后放在门口或电梯口、总台发送、传递信息,也可以将这些信息进行特别设计处理。例如,写在布上;写在扇子上;印染或书写在布帘上;直接写在桌面或写在墙壁所挂的大型饰物上;写在CD、VCD封套上;写在茶杯垫上;写在服务员制服上等,以引起客人关注,增加宣传效果。

(2) 门口告示牌。

例如,酒店招贴菜肴特选、特别套餐、节日菜单和增加新的服务项目等;秋季螃蟹上市,酒店在大厅旁或电梯边张贴色泽艳丽、形象诱人的螃蟹广告来推广销售等。

(3) 菜单促销。

固定菜单的促销作用是毋庸置疑的,各类特选菜单、儿童菜单、情侣菜单等对不同的宾客均有推广促销作用。

(4) 电梯内广告。

电梯的三面通常被用来做产品促销广告。陌生人一起站在电梯内是较尴尬的,周围的文字对其则更有吸引力,也能更好地取得效果。

(5) 小礼品促销。

在一些特别的节日和活动时间,甚至在日常经营中送一些小礼品给用餐的客人。这些小礼品要精心设计,根据不同的对象分别赠送,效果会很理想。常见的小礼品有:生肖卡、特制的口布、印有餐厅广告和菜单的折扇、小盒茶叶、卡通片、巧克力、鲜花、精制的筷子等。

值得注意的是，小礼品要和企业的形象、档次相统一，要能起到好的、积极的宣传促销效果。在实施小礼品促销前，应进行必要的预算。在有限的预算范围内，可以寻找购买价廉而富有意义的物品。“价廉”并不意味着低质，尤其是在做礼品预算时，应当切记：与其大量赠送低价位的礼品，不如用同等的价钱购买精致的礼品。例如，赠送一打劣质的汤匙，不如送一个品质优良的杯子更受欢迎。赠品是联系客人的最佳沟通渠道，因此，应特别注意其设计或选购的独创性、纪念性和实用性。

3. 服务技巧促销

寓促销于服务中，是常见而有效的方法，它不仅可以起到推广销售的作用，同时还可以渲染和活跃服务环境气氛。

下面以餐饮业为例进行分析，可以采用以下方式：

(1) 利用客人点菜的机会促销。

客人点菜是服务员促销的最佳时机。在客人点菜时，服务员应主动向客人提出各种建议，促使就餐客人的消费数量增多或消费价值更高。服务员在客人点菜时，用生动的语言形容、描绘菜点的形象、特色，使客人对此产生好感，从而引起食欲，达到促销的目的。

(2) 餐厅现场烹制促销。

餐厅营业过程中，将部分菜肴的烹调过程放在餐厅里完成，或将某些菜点的最后烹调过程让服务员在餐桌上完成，如中餐烹调中的铁板大虾、锅巴虾仁、火焰醉翁虾等，西餐中的生煎牛排、煎蛋、烤面包等，让客人看到菜肴烹调过程，闻其香，观其色，看其形，从而促使客人产生冲动和决策，使餐厅获得更多的销售机会。

(3) 菜点成品试吃或现场加工促销。

对于一些需要特别推销的菜点，可由服务员用托盘或餐车将菜点推送到客人的桌边，先让客人品尝一点，如喜欢就现点，不合口味则请点其他菜点。对一些鲜活且又名贵的原料，在客人确定之后，当面进行原料的初加工，这既是一种特别的促销，也体现了良好的服务。

(五) 人员策略

服务营销组合里将人确定为元素，扮演着传递与接受服务的角色。换言之，也就是服务提供的员工与被服务的用户。许多服务依赖于用户与员工之间的直接互动。这种互动特征强烈影响用户对服务质量的感知。因此，服务企业往往把主要精力放在招募、培训和激励一线员工方面。

以餐饮业为例，餐饮业属于劳动密集型企业，员工素质和能力至关重要。我国餐饮业存在的问题是人才素质需要进一步提高，人才结构需进一步合理化。在饭店服务利润链中，顾客满意和顾客忠诚取决于饭店为顾客创造价值，而饭店为顾客创造价值的大小又取决于员工的满意与忠诚。只有满意和忠诚的员工才能提高其服务效率和服务质量。饭店服务的生产与消费过程是紧密交织在一起的。

服务人员与顾客间在服务生产和递送过程中的互动关系，直接影响着顾客对服务过程质量的感知。因此，加强饭店员工管理应是服务营销的一个基本工具。饭店员工管理的关键是不断改善内部服务，提高饭店的内部服务质量。饭店内部服务是饭店对内部员工的服务，包括两个方面：一是外在服务质量，即有形的服务质量；二是内在服务质量，即无形的服务质量。所以饭店要对员工进行持续不断的培训，并促使全体员工真诚地为顾客服务。

(六) 服务过程策略

现以餐饮业为例进行分析。餐饮作为综合性服务的行业,提供包括餐饮、娱乐、旅游、商务等各项服务以及售后的客户关系维护服务。企业应确定各种情况下的服务流程并将其制度化,增加服务人员与消费者之间的交流与互动,提高服务质量,做好以全员、全程、全方位为特征的全面质量管理。在服务过程中,员工与宾客的沟通至关重要。服务的无形性也增加了沟通的困难。

一般来说,餐饮服务沟通中存在四个层次的潜在难题,即语言、非语言行为、价值观和思维过程的差异。在这四种差异中,因语言的差异产生的难题最显而易见因而也最容易克服。非语言行为会影响服务质量,世界饭店业的通用语言"微笑"服务就是非语言行为,却能给客人带来莫大的满足。涉外接待与服务中,往往体现出价值观以及思维过程和习惯的差异。这些差异都需要饭店对员工进行针对性的培训,以使他们掌握更多的知识,利于沟通,利于控制服务过程。

(七) 有形展示策略

由于服务的不可感知性,不能实现自我展示,它必须借助一系列的有形证据才能向顾客传递相关信息,顾客才能据此对服务的效用和质量做出评价和判断。由于服务行业竞争激烈,应在以下三方面做好有形展示。

1. 环境要素

这类要素通常不会引起顾客立即注意,也不会使顾客感到格外的兴奋和惊喜,但如果忽视了这些因素,使环境达不到顾客的期望和要求,则会引起顾客的失望,降低顾客对服务质量的感知和评价。

2. 设计要素

这类要素是顾客最易察觉的刺激因素,可以用来改善服务产品的外观,使服务的功能效用更为明显和突出,以建立有形的赏心悦目的服务产品形象。

3. 社交要素

社交要素是指参与服务过程的所有人员(包括服务人员和顾客),他们的态度和行为都会影响顾客对服务质量的期望和评价。通过环境、设计、社交三类有形展示要素的组合运用,将有助于实现其服务产品的有形化、具体化,从而帮助顾客感知服务产品的利益,增强顾客从服务中得到的满足感。

本章小结

服务的五个特征是:不可感知性、不可分离性、差异性、不可存储性、缺乏所有权。服务业作为一个产业,是继农业(种植业、畜牧业、林业、水产业)和工业(重工业、轻工业)之后又一个产业,是世界经济的重要组成部分,并且支持工业和农业的发展,促进新兴产业的发展,又是吸收劳动力就业的重要市场。

按照《服务贸易总协定》的定义,服务贸易是指:"从一成员境内向任何其他成员境内提供服务;在一成员境内向任何其他成员的服务消费者提供服务;一成员的服务提供者在任何其他成员境内以商业存在提供服务;一成员的服务提供者在任何其他成员境内以自然人的存在提供服务。"

服务—利润链将服务公司的利润和员工、消费者的满意度连接起来。

服务—利润链有五个环节：内部服务质量，服务人员的素质，良好的服务，顾客的满意度、忠实度和服务公司的运行状况。

布姆斯和比特纳在传统市场营销理论 4Ps 的基础上增加三个“服务性的 P”，即人(People)、过程(Process)、物质环境(Physical Evidence)，使传统的 4Ps 增加到 7Ps。

课后习题

【名词解释】

服务　服务营销　有形展示　服务过程

【简答题】

1. 服务和有形产品有什么特点？
2. 《服务贸易总协定》给国际营销带来了哪些影响？
3. 什么是服务定位？如何进行服务定位？
4. 服务企业在国家市场营销中应如何进行质量管理？
5. 如何理解服务营销组合中的 7Ps？
6. 当前我国服务企业在国际市场竞争中面临的主要机遇和挑战是什么？

案例分析

服务营销组合由传统营销组合的 4P 发展为 7P，加入了人员、有形展示和过程三个要素。下面主要从这三个要素来分析新东方的成功。

1. 人员方面的成功

作为教育培训机构的新东方，其主要产品就是课程。雄厚的师资成为新东方成功服务营销的关键人员。学员口碑中一度传播着“新东方的老师是牛人”，的确如此。新东方汇聚了各类英才，可以说是人才济济。能够走上新东方讲台的人，不是英语过专业八级，就是高分通过GRE、GMAT、托福、雅思等高难度英语水平考试。他们或者拥有传奇性的成长经历，或者有过留学经历。据说每一个新东方老师都是经过严格的招聘与面试，正式上讲台前都要经过 30 次培训。新东方对老师在理念方面的培训也极为重视。新东方老师不仅在英语方面优秀，而且在其他方面也很优秀，他们热情奔放，对人生理想有着独到的见解并擅长在课堂教学中融入这些思想来影响新东方的学员。

2. 有形展示方面的成功

就新东方而言，有形展示在信息沟通和价格方面做得比较成功。新东方在其营销过程中打出“语言就是力量”的口号，这一符合当今时代发展的口号使消费者达到重视英语学习的诉求。在此基础上，新东方将其定位为“中国人学英语的地方”，并树立了“追求卓越，挑战极限，从绝望中寻找希望，人生终将辉煌！”的校训。这些有形化的信息传递可以让消费者与新东方达成统一诉求，使消费者产生共鸣。目前新东方已成为英语教育培训的一大知名品牌，尤其是在青少年当中具有很好的口碑。她是如何做到如此成功的呢？一个重要的原因就是其在信息沟通方面的策略做得很好。新东方有着一大批对英语、出国留学以及人生规划的研究专家，他们时刻关注这些信息并通过各种手段,比如免费讲座、新东方酷学网站、《新东方英语》杂志等把最新的资讯信息传递给消费者。新东方由创办出国留学类考试培训起家,为了吸引更多的有志青年实现理想,完成出国留学梦,新东方老师会在课堂或公开讲座中向学员讲述自己的留学经历,介绍国外高校的教育情况并告诉学员申请留学的全过程。新东方能够有今天的成就靠的是一种文化,一种精神,一种激励青年奋发向上、在绝望中寻找希望的动力!新东方的收入主要来源于学员的学费。对于一些应试类课程,新东方采取大班授课的形式,有的一个班甚至达到三四百人。这样在减少成本的同时也降低了学员的学费。新东方的低价策略与学生这一消费群体相吻合。

3. 服务过程的成功

新东方采取了完全不同的方式进行教育方式的革新,老师不再仅仅是内容的教授。一节课中,往往是教授内容占70%,幽默占20%,励志占10%。大多数新东方老师的语速比较快,一般可以达到200字/分钟左右;大多数新东方老师幽默诙谐,善于励志激励。"如果你想使自己活得更好,首先的一点并不是出国,而是无论在中国还是在国外,你都要问自己能做什么,你怎样能把一件事情做得非常好。"俞敏洪经常联系人生哲学的做法无疑也抓住了时代的特征。搭班老师之间的吹捧,对其他老师搭班宣传;对所讲内容非常精通和熟练,对考试有独到的见解和规律性的研究;对应试类的课程进行大班授课,课堂气氛活跃,互动频繁。新东方在其服务过程中使消费者达到了一定程度满意和忠诚是她成功的关键之一。

思考题:

试分析新东方的7Ps战略。

武汉理工大学
精品在线开放课程
教学视频一第十章

第四篇

加强国际市场营销管理

企业开展国际市场营销的过程就是制定和实施市场营销战略的过程,这一过程需要有效的管理。国际市场营销管理就是指企业为了满足国外消费者和用户的需要,达到获取利润的目的,而对企业与国际市场有关的各种活动进行计划、组织、指挥、协调和控制的过程。

面对越来越大的全球竞争压力,跨国公司正在努力调整他们的市场营销战略和组织结构,目的在于增强竞争力和确保适当的定位,以此把握全球市场提供的机会。国际市场营销正从多国营销大步迈向全球营销阶段,制定企业的总体全球化战略、促使企业实现其目标构成了全球营销管理的两项中心任务,同时也决定了企业的国际化程度。企业的国际营销管理的观念演变大致分为以下三个阶段:① 国内市场延伸观念:外国市场是国内市场的延伸,国内营销组合用于外国市场。② 国别市场观念:每个国家有独特的文化,应为每个国家制定恰当的营销组合策略。③ 全球市场观念:世界是一个统一的大市场,只要成本合理,文化上允许,就应该为所有国家市场制定标准化的市场营销组合策略。正如本书第一章所述,全球营销与多国营销的主要区别在于观念不同,全球营销管理侧重寻求跨文化的共同点,而多国营销管理则是基于文化差异假设的。全球营销管理有利于实现生产和营销的规模经济,有利于营销活动的良好协调和整合,有利于树立统一的全球形象。但全球战略并不是把整个世界看成是单一、同质和无国界的市场,也不仅仅只是针对跨国或大型企业,并不要求所有活动都实行绝对的标准化,而是强调能够在所选择的任何市场上进行竞争。虽然用全球观念指导经营决策的公司努力追求标准化,但是选择战略方式的最终决定因素还是在于市场。

全球营销观念的迅速崛起,对跨国公司的传统经营管理提出了新的挑战。如何面对瞬息万变的全球市场,如何统一协调不同国家与地区的市场营销活动,如何避免不同市场在政治、经济、社会文化等方面的差异所带来的负面影响等,这些因素构成了企业实施全球营销战略的主要障碍。本篇正是基于以上分析,从管理的基本职能入手,结合企业的国际市场营销战略,详细探讨了国际营销组织、国际营销计划和国际营销控制等三大环节,阐明了国际营销根据市场环境配置、组织资源的理论依据和实践路径,并介绍了全球营销组织和控制的特点与过程。

第十一章　国际市场营销的计划、执行与控制

【学习目标】

了解国际营销计划的含义；国际市场营销计划的制订过程；国际营销执行的主要内容；国际营销控制的主要内容。

案例导入

埃克森公司的组织结构设计

埃克森公司是一家从事石油、天然气的勘查、开采、加工、运输和销售的跨国公司，管理的特点是以集中的政策来领导分散的经营。

公司管理由两套班子来执行：一套是 13 家独立的分公司，大都经营石油业务，其负责人行使分公司的职权，管理和监督生产、销售等业务；另一套班子是总公司的 17 个职能部门，领导人均是埃克森公司的副总经理，负责协调和制定公司的总体规划。

总公司不经营业务，主要负责协调、促进分公司的发展，并为它们进行经济预测和服务。总公司从分公司收取利润，并向分公司提供维持和扩大营业所需的资金。分公司的经营活动有很大的独立性，各有董事会、经理人员来行使自己的职权，他们为本分公司争取更大的份额，而总公司的职能部门则考虑公司的总体利益。

埃克森公司所属的地区性和业务性分公司及其主要的业务活动简述如下：

美国埃克森公司——主要在美国国内从事原油、天然气和矿产的勘查、开采、加工、运输和销售，也经营输油管道铺设等业务。埃克森化学公司——主要协调和管理美国国内和海外石油化工企业的业务活动。埃克森国际公司——经营石油及石油产品国际销售，为子公司提供海运和技术服务。中东埃克森公司——负责管理埃克森公司在埃及、沙特阿拉伯、卡塔尔及阿布扎比等地原油及天然气业务。埃克森企业公司——负责高级办公系统、核燃料、服务站设备和发展化学和矿务以外的新业务活动……

钱德勒开始研究美国企业组织的结构变化时，发现自 20 世纪初以来，最大企业的组织演变的主要特征是越来越多的企业采用多部门组织结构。在此种组织结构下，公司的总办事处计划、协调并评估若干部分（事业部）的工作，向它们配备必要的人员、设备、资金和其他资源；负责分部的执行经理把处理一个产品主线或服务所必需的职能管理置于自己的统辖之下，每个执行经理都要对他的分部的财务结果和市场成功负责，这就是事业部制。而美国企业如何从原来的线性职能结构向多部门结构转变，被钱德勒定义为企业成长过程中组织转变问题的焦点。

最先发明多部门结构的公司是杜邦、通用、新泽西标准石油（埃克森）和零售商业的西尔

斯·罗巴克公司。这四家公司的管理者在相互独立并独立于其他企业的条件下分别发展出各自新的多部门结构。每个企业领导人都认为他们当时所面临的问题是独特的,而各自的解决办法都是真正的创新。随后,这四家公司的创新变成许多美国大企业实行类似转变的参照物。

毫无疑问,转向多部门结构的决策皆由企业管理者做出。但历史经验表明,除非受到最强大压力,管理者很少会改变其日常惯例和权力组织。新组织形式的创造取决于管理者如何意识到企业面临的紧迫需要,而他们的相应决策就是战略。

在《战略与结构》一书中,钱德勒提出,可通过一个战略和结构互动的分析框架来研究战略决策导致组织结构的变化过程。战略被钱德勒定义为"企业长期基本目标的决定,以及为贯彻这些目标所需要采取的行动方针和资源分配"。而结构则被定义为"为管理一个企业所采用的组织设计"。钱德勒认为,结构跟随战略,但在某种条件(压力和机会)下所产生的企业扩张战略导致多部门组织出现。钱德勒以案例研究方式再现了四家先行企业的"进化"轨迹。

据钱德勒研究成果,新组织结构产生的真正原因并不在于企业规模,而是在多样化扩张战略下,企业在若干不同地区或相关产品市场运营中,其决策的多样性和复杂性决定了线性职能结构必然被多部门结构取代。

而多部门结构能够取代线性部门结构的原因在于,它把对整个企业命运负责的高层经理从日常经营活动中解脱出来,从而根据时间、信息甚至心理责任感去做企业长期计划和评估;同时多部门结构把日常管理的责任和必要权威置于事业部总经理手中。

这就使得美国大企业的决策程序在实践中表现出这样的结构特征:在日常运营层次上(事业部以下),管理决策由经营单位的负责人个人负责(尽管他可能听取职能部门专家的建议);在战略层次上(公司总部),管理决策更多是由集体(董事会或执行委员会)做出。

钱德勒总结说:"战略性的增长来自更加有利可图地利用现存的或扩张中的资源。如果要有效率地经营一个被扩大了的企业,新的战略就要求一个新的或至少是重新调整过的结构。只要企业负责人不能创造出把若干行政职能有效结合成一个统一的整体所必要的行政职责和结构,他们就不能履行其基本经济职能。"

第一节 国际营销计划

一、国际营销计划概述

(一) 国际营销计划的含义

国际营销计划是国际企业/跨国公司对未来经营活动的设计与决策。企业通过国际营销计划确定预期的营销目标,并在搜集、分析资料,预测成本费用的前提下,规定实现其目标的步骤、措施和具体要求。

由于不同的企业在经营观念、营销战略、组织体制等方面存在着差异,国际营销计划在不同的企业居于不同的地位。有些企业的营销计划仅是企业整体计划的一部分,而有些企业,尤其是高度贯彻市场导向观念的企业,营销计划本身就是企业的整体计划。

(二) 国际营销计划的类别

不同的国际企业,由于其产品不同、市场不同、营销活动的先后次序和侧重点不同,因此,营销计划也不同。然而，一般来说有下述几种。

1. 短期计划

短期计划又称年度计划，包括年度营销目标、地区营销目标、产品营销目标，以及实现上述目标的方法与手段。短期计划主要由国际企业的高层和中层管理人员及计划部门制订，执行者与控制者一般也是上述人员或部门。随着国际市场的进一步扩大，市场竞争更加激烈，企业要想在复杂多变的国际营销环境中取得主动地位，就应有长远的营销设想，从而需要制订长期营销计划。

2. 长期计划

长期计划又称战略计划，可分为 5 年计划、7 年计划、10 年计划，甚至 20 年计划。长期营销计划包括长期营销目标、成长计划、竞争计划等，以及实现方法与手段。长期计划一般由高层管理人员和计划部门制定，执行者与控制者一般也是上述人员和部门。

3. 产品营销计划

产品营销计划即产品所要达到的目标、产品策略、产品预算等。

4. 投资计划

投资计划包括新产品开发计划、建立新企业计划、购买企业计划等。

5. 执行方案计划

执行方案计划主要指上述各种计划的执行时间表，它较详细地包括了实现计划的方法和手段。

（三）国际营销战略计划

国际营销战略计划是指系统地评估公司本身的资源状况、基本任务和目标，对应不同的、变化的国外环境，采取必要的政策和行动以达到公司目标的一项工作。公司的营销战略计划的内容十分丰富，制定和选择最佳的市场营销组合是战略计划的核心内容，4P 相互配合，以达到最佳化，如图 11－1 所示。任何公司在运用市场营销组合时，营销主管会根据各策略的特点，结合营销战略的需要，往往会突出营销组合中某一个或两个因素，兼顾其他因素。例如，一家仪表制造厂可能特别强调它的产品技术先进；而折扣销售商品，则主要是以价格策略作为自己的竞争手段。这样，一个公司在营销战略中突出什么策略，兼顾什么策略，就要根据公司内外环境做出抉择。这就是营销战略需要讨论的核心内容。以此为核心，用来制定市场细分策略、目标市场策略、市场定位策略、市场进入方法策略和市场进入时间策略等。

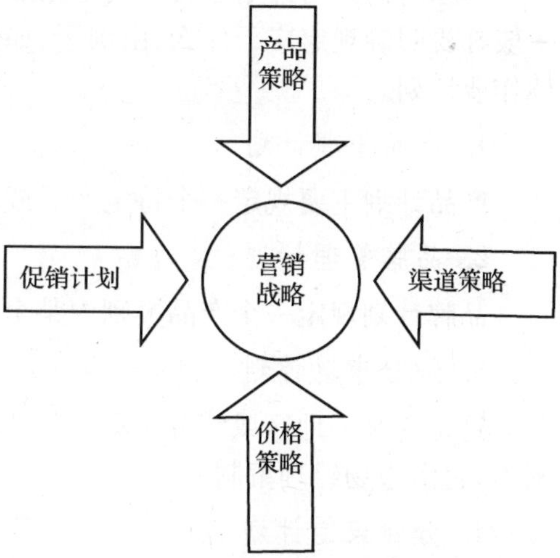

图 11－1　营销战略和 4P 的关系示意图

制定并实施科学、严密的营销战略计划，可以使公司增加利润，树立起良好的企业形象，使公司在变幻莫测的市场中维持生存和发展。具体来说，营销战略计划在营销活动中起到的积极作用有以下几方面。

1. 增强公司内部各部门工作的协作意识

运用市场营销战略计划,会使各部门增强整体观念,形成一个整体工作系统,彼此相互分工协作,共同满足目标市场的需求,努力实现公司的整体目标。在这个过程中,市场营销战略计划应成为指导和协调各个部门工作的核心。

2. 为改进管理创造条件

营销战略计划会使高层决策者从整体利益、全局利益出发,高瞻远瞩细致周全地考虑问题。对公司可能遇到的各种情况进行预测并制定相应措施,这有助于公司对实际发生的变化做出合理的有效的反应。此外,制定营销战略,还可以加强公司各部门之间的信息沟通,减少摩擦和矛盾冲突,促进公司整体利益的实现。

3. 减少管理者的盲目性

营销战略计划促使营销主管必须仔细观察、分析市场动向并对其未来的走向做出评价,从而有利于明确和决定未来的行动方向,大大减少盲目性。

4. 缓解意外事件的影响

制定营销战略,可以对意外事件留有一定余地,减轻或消除预料之外的市场波动对公司的影响,避免可能出现的混乱。例如,近年来,我国许多生产资料价格猛涨,供应不稳定,打乱了许多公司的生产经营活动,如果公司事前有一个考虑周全的战略计划,就不会手足无措而十分被动。

总之,制定营销战略,可以明确任务,统一思想和行动;能够增强营销活动的目的性、预见性、有序性和整体性;可以提高企业竞争能力和应变能力。要求得到生存和发展,就必须善于不断发现良机和及时调整战略计划,使公司的经营管理与不断变化的经营环境相适应。

(四)国际营销经营计划

国际营销经营计划是具体实施国际营销战略计划。企业进行国际市场营销的经营计划,一般都要明确规定应干什么、由谁干、如何干、何时干。国际营销的经营计划通常包括下列具体作业计划。

1. 产品管理计划

产品计划主要规定一个特定产品或产品种类的销售目标和指标,由产品经理编制。

2. 品牌管理计划

品牌计划规定一个产品类别中某个品牌的销售目标和手段,由品牌经理编制。

3. 细分市场计划

这是为某一地区或细分市场制订的经营销售计划,说明在这一市场公司应采取的战略和战术,它由市场经理编制。

4. 分销渠道计划

确定公司在某一市场对渠道的选择及扩展方案,渠道的长度、宽度,经销或代理或设立销售公司,包括对中间商的选择和训练计划。

5. 国际定价计划

根据公司的竞争战略和市场战略,确定每个市场是采用高价或低价,价格的调整和变化,每个市场价格制定的基础和方法。

6. 国际促销计划

规定各促销手段中广告的预算、广告计划、营销推广计划、人员推销计划等。

二、国际营销计划的制订

（一）确定企业国际营销目标

国际市场营销战略计划规定的目标包括两层含义：一是选择特定的国家并确定特定的市场，即选择目标市场网；二是建立特定的经营销售目标，即数量、效益指标。选择目标市场就是对要进入的国家进行分析和筛选，包括对有关国家的市场特性、营销结构（分销系统、沟通媒介、市场研究服务）、法律、产业结构、政府的政策和法令、资源禀赋（包括人力资源、资本禀赋等）以及融资环境进行分析，要特别注意国别市场的强制性因素，各国的“关税”“配额”“禁运”“外汇管制”及“非关税壁垒”等限制因素。在确定了目标市场之后，便确定企业经营销售目标。这是量化了的多项指标体系，如市场占有率、销售额增长率、企业利润率等。目标只有量化，才能变成明确的计划，各种活动的组织和评价就是通过目标差这个量化标准进行的。

（二）确定具体的营销策略

策略是企业用来击败竞争者、吸引顾客以及有效地利用资源的原则。国际营销策略常由一系列协调决策构成，主要包括目标市场策略、营销组合策略和营销费用策略三个部分。

1. 目标市场策略

由于不同的国际细分市场在顾客需求、市场对公司营销反应、获利能力以及公司能够提供的市场满足的程度等方面各有特点，公司应从最佳竞争观点出发，在精心选择的目标市场中慎重地分配它的营销力量和精力。实行于每一个目标市场的营销策略应具有个性。

2. 营销组合策略

公司针对其选择的国际目标市场，制定产品、价格、分销渠道和促销等营销组合整体策略。公司针对某一目标市场确定一种营销组合时，通常有多种不同水准的方案可供选择，对此，经营人员要辨明主次，选出最优方案，以达到预定的目标。营销组合策略包括以下几个：

(1) 产品策略，根据各个市场的需要，在设计、性能、包装和商标上适应国际市场需求的特点。一般由产品经理制定。

(2) 渠道策略，根据东道国的消费者习惯和要求、中间商的分销网络和组织结构的特点来制定国际市场分销渠道的方案，包括渠道长度、宽度、代理、设立销售公司以及对中间商的选择和训练。

(3) 定价策略，根据公司的竞争战略、市场战略、成本及市场需求的特性，制定每个国际目标市场价格的策略，并根据市场变化不断调整和变化该方案。

(4) 促销策略，根据企业的产品、销售技术、国外市场特点来制定促销预算和促销活动的方案，包括广告预算、广告计划、营业推广计划和人员推销计划等。

3. 营销费用策略

其目的在于编制能够带来最佳利润前景的销售费用预算。虽然较高的营销费用可以带来较高的销售额,但是当销售额达到某一水准时,销售额进一步提高可能无法使利润提高,反而会损害利润,所以有必要仔细研究公司执行各种营销策略所需的最适量的营销预算。

国际营销计划的编制过程见图 11－2。

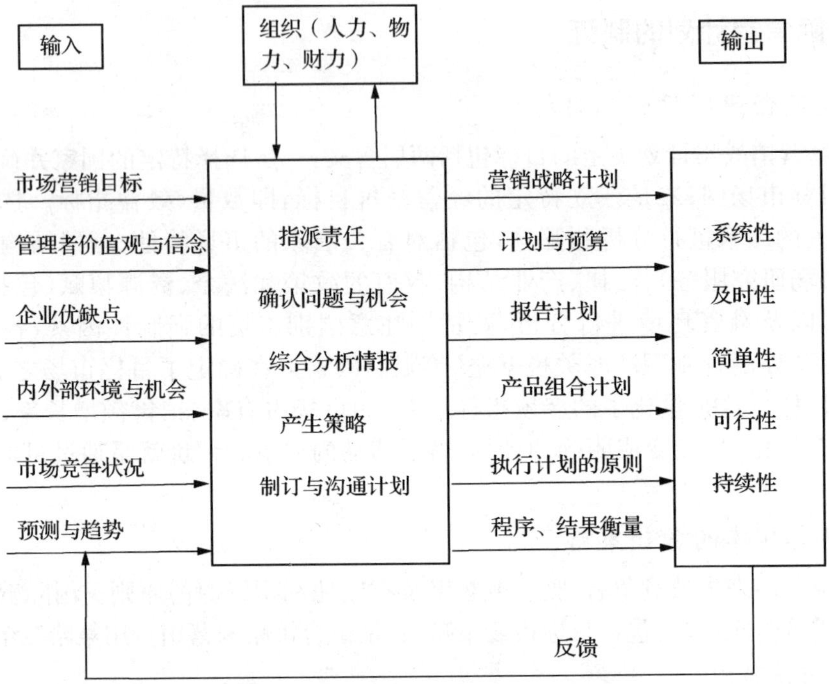

图 11－2　国际营销计划的编制过程

(三) 国际营销计划程序

国际营销计划的编制过程,实质上是将外部不可控因素对企业资源、实力任务和目标的影响纳入管理轨道的过程。它是输入因素(包括市场营销目标、高层管理者的价值观与信念、企业优劣势及内外部环境与机会等),通过计划的编制(确定企业目标、制定战略或策略),然后在组织因素(人力、物力和财力)的控制下,产生计划的输出(投资计划,产品组合计划,执行计划的原则、程序、结果衡量)。

三、母公司与子公司的营销计划

国际营销计划和战略的制定应涵盖总公司和子公司或分公司两个层次的管理活动,更进一步的计划还应该涉及具体的战略事项和经营业务。当前国际市场的激烈竞争要求跨国公司更系统地制订其营销计划。跨国公司应对未来的政治、社会和经济环境,以及所处行业的发展前景加以预测,并据以制订适当的长、短期战略/经营计划。公司营销计划包括总公司层次的营销计划与分公司或子公司的营销计划。

(一) 子公司营销计划的确定

跨国公司海外分支机构营销计划的编制应包括短期经营计划和战略计划两个层次。

1. 子公司的经营计划

可操作性的短期经营计划是子公司的主要营销计划。不同的国际企业，其子公司制订的短期经营计划内容和范围就有所不同：海外只有少量投资，海外子公司少且小，未能实现全球一体化经营的国际企业，其海外子公司的经营计划就有较强的独立性；海外已有大量投资，子公司广布世界各地，经营实现全球一体化（包括纵向或横向一体化）的大型跨国公司，由于具有明显的“交易内部化”特征，某一海外子公司在制订经营计划时，必须充分注意与总公司及海外其他子公司在业务方面的衔接。换言之，大型跨国公司的海外子公司无法独立制订和执行经营计划。

总/母公司在子公司制订经营计划过程中处于十分重要的地位。从经营计划制订的流程看，子公司的经营目标是其经营计划的灵魂或轴心，但子公司的经营目标必须服从总公司的整体经营使命与目标；同时，总公司为实现其总体目标，必须规定包括全部子公司在内的总体计划制度及相应的一系列计划指标和衡量标准。子公司的经营计划必须纳入总计划，并按照统一标准进行设计，充分考虑上级下达的指标。此外总公司还要为子公司经营计划的制订提供大量信息。

销售计划是经营计划的核心。经营计划的制订从回顾、分析过去的销售开始，然后对未来销售做出判断，即预测。销售预测除了以过去销售实绩为基础外，还应充分注意企业内外部环境的变化。未来销售量的实现取决于实际的策略实施和财务预算的支持。实际策略，即营销组合，包括产品、价格、促销与分销渠道；财务预算则包括营业收入、毛利、销售和管理费用开支等内容。财务预算既要用当地货币表示，又要用母国货币表示（以便接受总公司的管理）。因此，销售预测必须由企业部门会同财务、生产、营销、人事、调研等部门一起进行。

经营计划一旦通过子公司审查，便得以形成，而下一步它将递交总公司审查。总公司要对各子公司进行全盘考虑。通常，海外子公司负责人回国参加总经理召集的年度计划会议。对于一些设立地区总部的大型跨国公司，子公司在制订经营计划时，将提出一系列的修正意见；一旦得到总公司批准，子公司的经理应计划在下一年度贯彻执行。

在最理想的情况下，子公司短期经营作业计划应由子公司的管理部门提出。这些短期作业计划也应和子公司的战略计划、整个公司的战略保持协调一致。可是在实践中，由于计划制订的复杂性和困难性，必要的数据信息以及适当的管理导向的缺乏，这种理想的状态难以达到。例如，采用“本国中心主义”的企业往往倾向于用总公司的方法来制定战略，从而忽视了当地的环境因素。

2. 子公司的战略计划

实践中，只有很少的跨国公司分支机构制订营销战略计划，原因有以下两个：

(1) 战略规划需要一定的技术，而这种技术在子公司是缺乏的；

(2) 许多跨国公司想当然地认为，战略计划是母公司的事，不需要子公司的参与。

由公司总部制订的战略计划倾向于认为，整个世界是同质的，从而为全球市场设定同样的战略方案。但越来越多的事实表明，各国市场的差异很大，子公司有必要根据当地情况，参与本单位战略计划的制订。

世界市场是异质和分化的,公司总部无法为每一特定的市场制订适当的战略计划。制订营销战略计划的两个基本要素是市场和竞争,其他要素包括与各特定市场相联系的社会文化、技术、政治及法律、法规等各方面的考虑。营销战略计划的制订始于消费者分析,在制订过程中充分地考虑各环境因素的影响,以制订出不同的营销计划,以满足不同购买者的需求。在对消费者需求进行了充分的分析和预测之后,需要制订相应的研究发展计划和新产品营销计划。一旦母公司批准了这一营销战略计划,便进入实施过程。营销战略计划的实施可能需要数年。

(二) 母公司营销计划的确定

在母公司,营销计划的制订主要包括指导、协调以及批准子公司的营销计划,并制订整个计划的战略计划。子公司的营销计划一般说来是未来 12 个月或 15 个月的短期作业计划,而不涉及长期的战略计划。这种计划通常采取由下至上的方法制订,因而充分考虑了特定产品/市场所面临的环境因素。母公司在子公司营销计划的制订过程中起如下作用:

(1) 帮助子公司建立完善的计划作业系统;

(2) 为子公司提供指导宗旨和有关环境分析的信息;

(3) 帮助子公司设立营销目标;

(4) 为子公司提供国际营销战略的战术技巧和诀窍。

母公司的管理层扮演着两个和计划制订有关的角色。首先,它为子公司营销计划的制订提供信息输入,并负责审查和批准他们的营销计划。其次,它制订整个公司范围的战略计划,这个计划可以是一个覆盖国内和国际市场的全球营销战略计划,也可以是为国内和国际市场分别制订的两套不同的战略计划。营销战略计划只是母公司战略计划的一部分。营销战略计划的实质在于以有利于公司的方式对竞争者的行为和市场的演进施加影响。换句话说,营销战略的目的在于改变竞争环境。一个营销战略计划应包括:对于将要达到的新的竞争均衡状态的描述;达到这种状态的原因和后果;为达到这种状态需采取的战略步骤。

跨国公司国际营销战略计划重要性的上升取决于两个因素:一是对于那些国际业务量和利润占整个公司较大份额,并将国际市场作为主要的业务扩展方向的企业来说,必须利用成功的国际营销战略计划来达成其营销目标;二是在 20 世纪 70 年代之后,国际市场的竞争态势变化十分激烈,战略计划是跨国公司在海外市场上维持竞争力和战略地位的关键手段。

国际营销战略计划的制订过程如图 11-3 所示。这个过程始于企业对国际经营活动的参与。一个企业进入海外市场是以谋求长期利润的增长为目标。当国内市场的发展前景不被看好时,转向国际市场发展成为大多数公司的战略选择。企业是否选择加入国际市场经营的战略应当考虑以下因素:企业的使命和目标,海外市场长期的机会和威胁,企业的优势和劣势,国内市场的机会,以及企业进入国际市场的财务能力等。企业在决定进入某特定外国市场之前,应对东道国的经济、文化、政治及商业环境进行详细的考察。一般来说,跨国公司倾向于选择和本国市场环境类似的国家作为目标市场,这样可以大大减少环境分析的工作量。

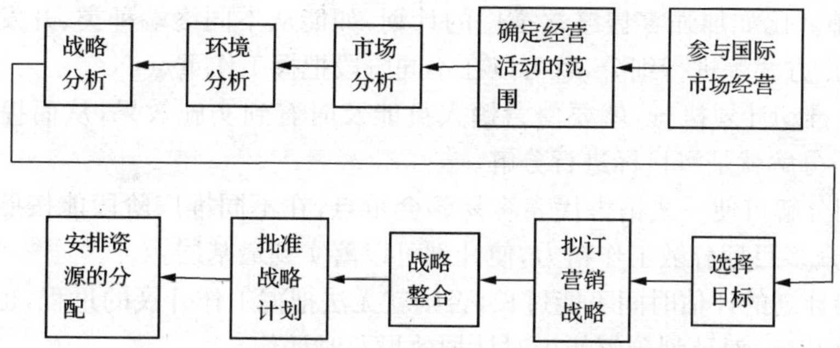

图 11－3　跨国公司母公司战略计划的制订过程

确定了海外经营的产品和目标市场之后，下一个步骤就是组合合适的战略中心或战略业务单元(Strategy Business Unit，SBU)来从事国际经营。战略业务单元是一个自成一体的业务单元，它需要满足以下五个条件：

(1) 该单位有一项具体任务，而且是一项或多项相关业务的组合；

(2) 该单位可由一个或多个相关单位组成；

(3) 该单位的外部竞争者可以明确定义；

(4) 该单位有一位专门负责的管理者，而且自主制订和实施本单位的战略计划；

(5) 该单位的赢利情况可用实际收入，而不是用分支机构代表转移支付的名义货币来衡量。

而战略业务单元要对其控制范围内的产品/市场组合做机会分析，以确定其战略。一旦适当的战略业务单元建立起来，母公司就应任命其主管负责其工作。以上的战略计划的制订步骤都是在公司的高级管理层进行。更进一步的工作则需要战略业务单元内部完成。

组建 SBU 是实现公司战略目标的有效途径，它可以摆脱公司行政机构的限制，将公司第二层次的战略目标落实到各 SBU，从而可适时调整和灵活管理公司的战略目标。

知识链接

一般而言，战略业务单元具有以下三个主要特征：

(1) 它是一项独立的业务或相关业务的集合体，而且在计划工作时能够与该公司经营的其他业务分离开来而单独编制计划。

(2) 它有自己的竞争对手。

(3) 它有专门的经理人员负责战略计划、利润业绩，而且该经理可以控制对利润产生影响的大部分因素。

第二节　国际营销计划的执行

一、营销计划的分解

(一) 营销计划的分解是计划得以有效执行的最佳方法

(1) 营销计划中对业务内容的要求是总体性的，只有对其进行分解才能把握业务重点，利于计划正确实施。比如加强零售终端推广的计划,如能从不同终端种类、开发不同终端的进度、可选择的推广方式等进行细分,就可以在不同阶段把握工作重点。

(2) 要持续推动计划执行,就要使营销人员能及时看到实施效果,从而提高执行的积极性。将计划进行分解就是将目标进行分解。

(3) 将计划分解可使一线销售代表容易领会重点,在不同推广阶段能按照单一的目标努力,而不是面对众多目标分散工作精力,使计划可以落实到最基层。

(4) 对营销计划的评估时间不能过长,否则就无法把握工作开展的过程,也无法及时衡量销售人员的工作成效,对计划分解便于对计划效果及时评估。

(二) 营销计划按时间分解

1. 周计划

执行到销售代表层面,对最基层的销售问题进行反映。这个层面的计划由各区域销售主管把握,主要反映计划执行中最直接的效果。

2. 月计划

执行到销售主管和地区经理层面,主要对各区域及整个地区的销售状况进行反映,一方面便于地区经理对本地区销售态势的掌控,另一方面便于总部对地区分部执行计划状况的掌控。

3. 季计划

执行到地区经理和总部层面,主要是对计划执行成效的阶段性反映,对计划做一个阶段的整体性评估,避免营销重点过于集中于短期,同时对整个市场形势进行整体判断,并对销售人员工作成效进行指导。

(三) 营销计划按区域分解

1. 按省级区域分解

掌握全国各大区域市场的总体分布情况,对计划在各区域的实施重点进行把握,对计划在各区域间的分配状况进行评估,掌握各区域可能产出的效益。

2. 按地市级区域分解

让地区经理掌握本区域的市场状况,并在区域间对计划进行合理分配,掌控各区域计划实施重点。

(四) 营销计划按阶段分解

1. 按市场发展阶段(导入期、成长期、成熟期、衰退期)

计划要有效执行必须考虑市场的不同发展阶段,同样的计划在不同的市场阶段,应该采取不同的对应方式。

2. 按销售季节(淡季、旺季)

这两个销售季节中消费者和经销商的行为方式都是不同的,企业在执行计划时必须考虑这种区别。例如,对一份铺货的计划,淡季应是工作重点,而在旺季则以维持为主,这样才能提高计划实施效率。

（五）营销计划按项目分解

1. 按项目种类分解

计划最终要落实在具体项目上，如广告、促销、铺货等，因此按项目分解有助于把握实施重点。比如，广告计划可分解为媒体广告和广告活动，促销可分解为消费者促销和渠道促销。

2. 按项目重点分解

将计划中的重点项目和常规项目分离出来，比如对终端推广而言，货架陈列是常规工作，而堆头陈列和特价销售则是关键性推广，这样有助于营销费用的有效使用。

（六）营销计划按产品分解

1. 按产品类别分解

每类产品的计划重点不同，因此同样的要求在具体实施时差异性可能很大，尤其是对于实施品类管理模式的企业。比如同样是实施深度分销计划，功能性食品的分销可以直接深入零售终端，而饮料类产品则适合通过覆盖批发商来间接达到对零售终端的辐射，因此具体操作方式不同。

2. 按产品销量比例分解

这主要是把握 80∶20 原则，对各类产品在销量上或是利润上的贡献进行衡量，将有限的资源尽量倾斜于能产生更大效益的产品类别。

3. 按新老产品分解

这种方式的关键在于区别产品延伸的问题。一般而言老产品占据了最大的销售比例，可能最赚钱，但其发展趋势是下滑的，而且竞争环境恶劣。这种情况下企业必须扶持有市场潜力的新产品，在计划执行时要分别确定新老产品的推广重点，在维护老产品市场份额的同时，尽快将新产品推入市场并站稳脚跟。

（七）营销计划按渠道分解

1. 按渠道类别分解

批发渠道和零售渠道有很大区别，计划执行中对其利用也不同，对批发渠道注重经销商利益，而对零售渠道则注重消费者利益，因此要对两种渠道区分计划实施重点，以实现不同的营销目标。

2. 按渠道性质分解

专业渠道、商业渠道、特殊渠道，不同特性的渠道有不同的市场地位，要求不同的营销工作重点。什么渠道应该成为计划的重点，应在具体执行过程中根据市场竞争形势和资源状况合理安排。

二、营销计划的目标管理

（一）目标管理是营销计划有效执行的良好工具

1. 使计划评估具体可行

评估的一个重要标准就是计划的目标，如果将目标从结果转变为过程中的一个环节，就能客观准确评估实施效果。

2. 使计划执行成效得以控制

要点在于透过对目标的管理，把握计划执行的重点，并掌握评估的依据，使目标成为指导计划执行或调整的方向。目标管理作为有效的工具，与计划的分解相结合，配合对分解计划的评估，使计划执行过程得到控制。

（二）目标的分类管理

1. 硬性目标

销量目标、占有率目标、费用目标、利润目标、铺货率目标等，这些目标有的能反映结果，有的能反映过程。良好的目标管理关键在于对目标进行综合评估，但许多企业只关心销量目标，相应地引导销售人员只看重销量而忽视其他目标的实现，最终无法实现计划效果。

2. 软性目标

管理制度、客情关系、价格体系、市场秩序、信息分析等，这些目标是达成硬性目标的保障。如果说硬性目标是结果，那么软性目标就是过程，只有将过程管理起来才能确保结果的有效达成。

（三）目标的绩效管理

1. 对目标结果的绩效管理

这里衡量绩效的重点是将结果与目标对比，通过差异来判断目标完成程度。如果营销目标包含了结果型和过程型两种，那么这种差异可以反映出一定的原因，但是如果只采用结果型目标，那么就无法反映真实的状况。

2. 对目标过程的绩效管理

这里衡量绩效的重点是将过程与目标对比，考察计划要求的工作有无做到位，有什么因素影响了硬性目标的实现。这种软性目标的绩效考核能够比较真实地反映实际状况，但在促进销售人员动力方面不如硬性目标直接，因此最好将其与硬性目标绩效考核结合起来。

（四）目标的细分管理

1. 分阶段目标管理

根据计划的阶段分解实施过程，根据计划的要求设置相应目标，并规定完成的时间进度。阶段可以按市场发展阶段分解，也可以按市场推广阶段分解，目的在于使各阶段衡量标准能够统一。

2. 分时期目标管理

将计划目标的完成分成不同时期，在每个时期设定相应标准，如月度目标和季度目标，然后对这些目标进行管理和评估。

3. 分项目目标管理

分项目是指设置一些项目类型，比如费用和销量项目、广告和促销项目，将每类项目的目标完成状况进行整理统计，分析各项目在整个计划中所占比例是否合理，是否满足了计划的要求。

4. 分产品目标管理

对产品实行类别目标管理，衡量每类产品为企业带来的利益。可以按新老产品分类，也可以按产品性质分类，衡量的目标有销量、利润、费用、时间、完成率等。

5. 分渠道目标管理

对不同性质的渠道实行分类管理，衡量不同渠道为企业带来的效益、评估各种渠道的价值，为制定渠道开发策略和管理政策提供依据，同时也为计划有效实施提供工作指导。

三、区域营销计划的执行

（一）区域营销计划执行管理要求

1. 编制区域营销计划书

区域营销计划主要业务内容是营销推广、客户开发和渠道管理，要提高营销计划的整体执行效果，必须对区域营销活动有系统的考虑，要在整体计划目标下结合本区域的特点，制定出更具体的营销计划，以此提高营销活动系统性并推动整个销售队伍的销售效率，同时这也能提高区域的营销推广技能，加强销售人员的营销素质。

2. 定期提交市场评估报告

目的在于将计划实施过程管理起来，对计划执行效果、目标完成状况综合评估，了解计划与实际的差异，把握营销推广重点，保持对市场的动态反应。

（二）对区域营销计划的分解

1. 对下一级区域的计划分解

一般区域分支机构的设置是在省级市场设一个点，负责全省市场开发和管理，因此公司总部的营销计划传达到这个层面后，还必须继续在各地市级区域甚至县级区域进一步分解，直至分解到每一个销售人员身上，这样才能使计划落到实处。而且在分解过程中每个层面的销售人员都能清楚了解各自工作重点，从而使计划的核心思想真正得以贯彻。

2. 对下一级区域的目标分解

目标分解是为了配合计划分解后的有效执行，对每个层面、每个阶段、每个时期，都应设置相应的目标体系对整个计划完成情况进行总结分析，掌握目标与实际运作状况之间的差异程度，然后进一步分析造成这种差异的原因，商讨对策加以改进。

（三）对区域营销计划实施的过程监控

1. 对目标的监控

对目标的监控包括对整体目标、硬性目标和软性目标的监控，使整个计划能够平衡开展，而不是仅仅为了提高销量采取短期的推广方式。通过对目标体系的综合评估，可以掌握计划落实程度，并通过调整目标结构引导销售人员的行为模式。

2. 对工作方式的监控

工作方式也可以理解为行为模式。实际运作中每个销售人员对计划的理解和认同程度是不同的，执行也各有各的方法，这样就很容易造成执行效果不统一。因此要尽量形成规范化的工作程序和步骤，增强计划执行效果。

3. 对销售信息的监控

销售信息是对市场实际状况的最直观反映，能够表现出计划执行过程中的各种症状，因此必须纳入统一的管理规范,通过整理分析使其成为分析问题、发现问题乃至解决问题的切入点,从而对计划执行效果进行动态跟踪,保障计划与市场现状的适应程度。

4. 对工作重点的监控

这是对计划核心思想和关键内容有无真正落实的监控。由于销售人员对计划认同度不同及不同区域间存在较大的差异,造成对计划执行的不同,必须判断这种不同或者调整是否合理,是销售人员意识上有问题还是计划本身存在问题。通过这种动态的监控,不至于到问题已经很严重时才感觉出来。

5. 对市场分析的监控

市场分析是对计划进行检验的重要环节,是计划调整的重要依据,必须要求销售人员加强这一工作环节;同时这也是要求销售人员在进行判断时必须有可靠的依据。通过强化市场分析,更可以提高销售一线对市场的掌控程度,使计划执行更加有效。

案例分析 11-1

联合利华公司组织结构

英—荷联合利华是一家国际食品和家庭及个人卫生用品集团。该集团在20世纪90年代经过了彻底重组。在过去,联合利华是高度分权化的,各国的子公司均享有高度的自治权。在20世纪80年代后期和90年代初,公司开始引入新的创新和战略流程,同时清理其核心业务。然而,1996年启动的杰出绩效塑造计划也造成了公司结构的实质性改变。

直到1996年,由荷兰和英国的董事长以及他们的代表组成的一个特别委员会和一个包括职能、产品和地区经理的15人董事会一直独揽着公司的决策大权,整个结构是矩阵式的,其中产品协调人(经理)负有西欧和美国的利润责任,地区经理则负有其他地区的利润责任。责任经常是模糊不清的。其内部报告曾指出:"我们需要明确的目标和角色:董事会使自己过多地卷入了运营,从而对战略领导造成了损害。"

杰出绩效塑造计划废除了特别委员会和地区经理这一层级,代之以一个8人(后变为7人)的董事会,由董事长加上职能和大类产品(即食品、家庭和个人卫生用品)的经理组成。向他们报告的是13位(后来是12位)负有明确盈利责任的业务集团总裁,后者在特定地区对其管理的产品类别负有完全的利润责任。全球战略领导被明确于执委会一级,运营绩效则是业务集团的直接责任。

在这种正式结构调整之后,国际协调是由许多正式和半正式的网络促成的。研究和发展由国际网络创新中心负责实施,其领导责任通常属于中心的专家而不是属于英国或者荷兰的总部机构。产品和品牌网络——国际业务小组——在全球范围内协调品牌和营销。同时,职能网络也开展一系列计划以便就一些关键问题,如录用和组织效能,实现全球协调。所有这些网络均大大依赖于非正式的领导,同时也依赖于电子邮件和内部网络。是否参与这种协调在很大程度上由业务集团而非公司总部确定并资助。

第三节　国际市场营销活动的控制

一、国际营销控制的含义和内容

（一）国际营销控制的含义

国际营销控制就是把企业的国际营销活动维持在营销目标可以允许的范围内。任何营销控制都包含三个基本环节：设定控制标准、衡量执行情况、纠正偏差。国际营销控制是国际市场营销管理的关键职能。

国际营销控制与组织和计划是密不可分的。企业对其国际营销活动制定了长期和短期的目标及规划，建立与之适应的组织形式，而之后实现营销目标的关键就在于协调和控制。审慎的、有计划的协调及周密计划的控制体系，既可以使营销工作适合于各个具体目标市场的特殊情况，又可以使规划、战略及营销方案在不同程度上实现标准化，使之适应全球市场的需要。

在企业的营销控制上，由于沟通上的隔阂，国际市场营销比国内市场营销困难很多。世界各地的时差、文化差异、通信的延误以及各个国别市场上的不同营销目标，对其应变能力的要求也高于传统的控制方法。

（二）国际营销控制的内容

1. 销售额控制

销售额控制具有十分重要的意义。由于销售是企业经营活动的中心，销售额的大小反映了企业的经营发展规模，销售额的增长是企业经济效益提高的前提，因此，国际营销控制首先要对销售额进行控制。销售额的控制主要是通过将每周、每月或每季度的销售数字汇总，与预期指标进行比较，以判断各因素对销售量的影响。从销售量的差异中，可以找出什么是造成差异的原因，以便对症下药；从各国市场的销售差异中，可以辨别出哪些市场对公司的发展有利；从各类产品的不同销售差异中，可以找出公司扩大生产能力的方向。销售额的大小取决于在市场营销方面的努力程度，因此可以从销售额的大小来确定营销开支和推销程度是否与潜在的收益相称。有关销售额的详细报告应当列举大量采购的数字和市场份额的信息，从而使管理部门在实施控制时不仅促进本公司的销售，而且也了解本公司相对于竞争对手所处的位置。如果市场份额下降，即使销量增加也说明公司营销不佳。

知识链接

销售差异分析

企业销售差异分析，就是分析并确定不同因素对销售绩效的不同作用。例如，假设某企业年度计划要求第一季度销售 4 000 件产品，每件售价 1.0 元，即销售额 4 000 元。在第一季度结束时，只销售了 3 000 件，每件 0.8 元，即实际销售额 2 400 元。那么，销售绩效差异为 1 600 元，或者说完成了计划销售额的 60%。显然，导致销售额差异的，有价格下降的原因，也有销售量下降的原因。问题是，销售绩效的降低有多少归因于价格下降，有多少归因于销售数量的下降。可做如下分析：

因价格下降导致销售额的差异为：(1.0－0.8)×3 000＝600(元)。

因销量下降导致销售额的差异为：1.0×(4 000－3 000)＝1 000(元)。

由此可见，没有完成计划销售量是造成销售额差异的主要原因，企业须进一步分析销售量下降的原因。

2. 价格控制

国际市场产品价格控制标准较确定，因此，企业要将注意力集中于控制不同国别市场和销售产品的赢利状况，也可以为各子公司规定一个价格范围，要求各子公司根据这一标准来定价或变动价格。

3. 产品控制

产品控制至关重要，因为在竞争空前激烈的今天，产品质量的高低、款式是否新颖、售前售后服务是否周到往往决定着企业的生死存亡。

国际企业的产品控制主要包括：① 建立统一的产品质量标准，要求企业必须严格参照执行；② 公司、地区或产品总部必须设立质量控制部门，定期或不定期对国内外市场进行产品质量检验；③ 监控中间商的服务质量，各特约经销商必须提供完善的售前售后服务，根据需要公司还可以增设服务点；④ 各控制管理部门必须建立完善的信息反馈系统，及时了解消费者对产品的意见。

4. 促销控制

促销控制主要是控制人员的推销目标、广告目标及其他促销形式的目标，以确保各分公司的业务遵循公司统一的国际营销目标。

5. 分销渠道控制

分销渠道控制主要是对中间商代理销售供应订货、售后服务等功能的执行情况、渠道的销售额、售后服务的效率进行控制。

6. 人员控制

国际营销的人员控制是指对下属机构的经理人员控制，人员控制主要包括：对聘任的经理人员必须经过严格的考核，必须定期对下属机构的经理的工作进行考核检查，并做出评价。奖惩严明，对工作积极、业绩较好的经理人员应给予奖励，工作不努力者应给予必要的批评与警告，对不称职者应及时撤换。

7. 投资控制

海外直接投资是跨国经营的基础和基本特征。由于海外投资前景具有很大的不确定性，风险又很大，因而必须进行严格控制。一般而言，海外直接投资应采取直接控制的办法，即公司总部高层负责人应直接参与海外直接投资的项目选择、可行性研究和重要的项目谈判。投资项目需经总经理的审查方能执行。项目开始执行后，总公司的高层负责人须密切关注其进展情况，并及时了解投资回收和投资报酬的情况。

8. 利润控制

国际企业的利润控制有两个方面：首先要控制企业的赢利水平。为此，公司要分析各海外分公司的损益表，以便了解它们的成本支出、经营状况及当前的国外市场形式。其次，作为国际企业（主要是跨国经营企业）必须控制利润的来源国别。按照"责任中心"管理制度的要求，各海外企业分别建立各种中心，如成本中心、销售中心、投资中心、利润中心等。为了保证企业利润总水平的提高，各中心必须各司其职，而不能从局部利益出发，片面追求自己的利润水平；当然，公司总部必须对各种中心规定不同的考核标准。

9. 销售能力控制

销售能力控制主要是对不同产品、不同市场的销售，老客户与新客户的比例，新产品与老产品的比例及市场份额等进行控制。

二、国际营销控制程序

国际营销控制程序主要包括七个步骤：

(1) 设定营销控制目标；

(2) 选择营销控制方法；

(3) 设立营销控制标准；

(4) 分配责任，指定具体责任人员；

(5) 搜集有关资料，并建立国际营销信息反馈系统；

(6) 评估审查结果；

(7) 及时纠正偏差等。

国际营销控制是一个动态的运行过程，上述七个步骤按照顺序不断重复进行，当然每次重复都在一个更高层次上进行，都有更新的内容。

（一）设定营销控制目标

控制目标有两层含义。第一层含义是指控制本身的目标，即企业对经营活动进行控制的目的何在。控制自身的目标是保证企业制定的方针、政策得以贯彻、执行，促使企业经营有效运转。但是在不同时期，面对不同的环境，控制自身目标的具体内容也会有所不同，如有时控制加强是为了促使企业上等级，有时是为了克服某些薄弱环节，有时则是为了应付面临的各种机会和挑战，等等。控制目标的第二层含义是指被控制对象应实现的目标，即一定时期内企业经营应达到的目的。我们这里所说的控制目标是其第二层含义。

目标是控制的核心，它是控制的起始点，即有了目标才能开始进行控制；它又是控制的归宿，因为唯有目标实现的程度才能说明控制是否有效。因此，确定目标是控制程序中一个十分重要的步骤。

控制的目标就是企业计划的目标。控制目标与计划目标内容是一致的，但控制目标具有两个特征：其一，控制目标必须是具体的、可操作的；其二，控制目标是比较详细的，不仅企业各个层次、各个部门（单位）的目标必须明确无误，而且各项目标的种种细节也应指明。

但刚刚开始从事国际营销活动的企业往往缺乏明确的市场目标，这对企业参与市场竞争及其长期发展极为不利。企业的管理者在进入国际市场之前，必须明确企业目的及其国际营销活动的短期和长期目标。

（二）选择营销控制方法

国际营销的控制方法主要有两种：一是直接控制；二是间接控制。

(1) 直接控制就是企业总部有关管理人员直接参与下属机构的经营管理。

例如,总公司上层领导以股东身份直接参与选择中间商和直接参与制定某项产品的销售价格,等等。

(2) 间接控制则是指企业总部有关管理人员通过各种杠杆机制干预调节下属机构的经营活动。间接控制包括下达各种指令性或指导性指标,制定和宣布一整套完善的规章制度,这两种控制方法各有优点和不足。直接控制的最大优点就是能够直接把握下属企业的发展方向,但这种方法会降低下属企业的经营积极性,而且其适用的范围十分有限。当企业规模较大,尤其是海外业务已有相当发展时,总部要直接控制显然很困难。间接控制具有明显的灵活性,因此比较适合国际企业的管理,但是它难度比较大。一般而言,国际企业应该根据不同情况,在不同的时候采取不同的控制方法。

(三) 设立营销控制标准

控制的衡量标准与目标的指标是一致的。在确定国际营销的控制衡量标准时,一般要注意三点:一是数量化,金额/数量要明确,并要确定相应的等级范围;二是要充分考虑国外企业当地的经营环境,如不同的币种及汇率,当地政府的税收、价格、金融等方面的政策;三是要顾及某些抽象目标,如进入某一国家或地区市场对企业全球战略的意义。

(四) 分配责任及指定具体责任人

1. 分配责任

国际营销因其组织的复杂性,难以分配海外营销活动的具体责任,任何一件营销活动都可能需要多方人员的合作。母公司各不同部门都必须密切关注其他部门正在进行的活动。采用产品性组织的跨国公司在国际市场上需要比在国内市场上更加密切地进行合作,采用地区性组织的跨国公司需要在各不同地区的子公司之间进行紧密合作。

2. 指定责任人

指定责任人对于建立控制系统也具有十分重要的意义,因为从某种意义上讲,控制系统本身就是由人组成的。控制系统的责任人基本分三个层次:公司总经理及中央各职能部门是最高控制者,为第一个层次;国际事业部,或地区部,或产品部的副总经理几个职能部门既是总经理及中央职能部门的被控制者,又是下属子公司的控制者,为承上启下的第二层次;子公司或其他下属机构的经理及其职能部门则是最下层的被控制者,为第三层次。

指定责任人最关键的一点是必须遵循责权利三者结合的原则,即无论是控制者还是被控制者,都必须有明确的责任、权力和利益。首先要明确各自的责任。控制者要清楚自己对哪一方面进行控制,职责范围是什么,如下达命令,提出有关建议和警告,审查上报请示和计划,等等;被控制者要清楚自己就哪些方面向谁负责,具体应该做些什么,等等。无论是控制者还是被控制者,没有完成自己的任务就是失职。其次,权力是尽责的前提。如果控制者没有足够的权力,那他们的命令、建议、警告、批示等便失去了应有的效力;一切听命于上层,那也不应让他对自己的工作负责。最后,对于尽心尽力的责任者必须给予相应的利益。当然这种利益应该包括精神和物质两个方面,不给予利益就不能激励责任者不断努力工作。

(五) 搜集资料,并建立国际营销信息反馈系统

国际营销信息反馈系统是跨国公司的中枢神经系统,对于及时有效地搜集和传递信息起

着至关重要的作用。它主要是将企业的、在国际市场上营销的各种信息和顾客信息、产品销售和服务信息、各地区和各子公司的营销活动信息、竞争者的信息、市场环境信息等，在系统中经过分类、处理和存储，获得目标营销控制的基础数据。

这一系统是由一个互相关联的人员、设备和程序所组成的复合体，它与一般的营销信息系统不同：① 范围不同——它不只是一个国家，而是包括了许多国家和地区的市场；② 层次不同——该系统分为两个层次，一是国别(地区)层次，各国(地区)信息分系统彼此间可能有显著差别；二是全球层次，它包括整个国际业务。国际营销信息反馈系统针对各国都有国别分系统，负责搜集、整理和存储企业在该国别市场进行营销活动的信息。每个国别分系统向该市场营销信息反馈系统提供信息。整个国际营销信息反馈系统汇总各个国别市场分系统的信息，为公司总部的国际营销控制提供信息。由于公司总部是以各国(地区)系统所提供的信息作为决策依据，因此建立跨国国际营销信息系统时，应当先在每个国家(地区)设立能全面反映企业营销活动信息的反馈系统。各国(地区)市场情况、企业的国际营销活动状况千差万别，所以各国(地区)的营销信息反馈系统也各有不同的需求，在各国(地区)的反馈系统设立之后，再着手设计为整个公司国际营销控制服务的国际营销信息反馈系统。

(六) 评估营销活动的结果

评估就是在占有详尽资料的基础上，依据制定的标准，将被控制单位的经营业绩与公司的有关目标进行比较，再对被控制单位的工作做出评估。评估应该严格依据既定标准，确定被控制单位的业绩是否达到预期的水平，同时应充分考虑当地的经营环境，如当地汇率变化、通货膨胀、经济不景气、政府政策变动都会对企业的经营绩效产生重大影响。评估遵循实事求是的原则十分重要。评估的过程同时又是分析的过程，尤其是被控制单位工作未能达到既定目标时，必须分析其原因，并提出相应的改进措施。

(七) 进行必要的纠正

企业必须将所搜集的信息与事先确定的控制标准加以对照，如果不符，就必须采取措施纠正不正确的营销活动，或是对控制标准加以修正。纠正偏差防止失误是控制的直接目的，因而它是控制的最关键环节。国际业务单位相距遥远，文化背景不同，组织复杂，纠正的实际操作难度较大，但是考虑到纠正的效果，纠正的操作必须及时，这就要求控制部门必须建立比较完善的纠正机制和充分利用当今发达的国际通信设备。由于国际营销控制是一个周而复始的循环过程，因此纠正既是上一控制周期的终点，又是下一控制周期的起点。

三、国际营销控制系统

任何一种营销控制系统要发挥作用，均有两个先决条件：① 控制计划；② 控制系统组织结构。国际营销控制过程的第一步是明确预期目标。因此，必须先有控制计划，然后才能着手建立控制系统。此外，为了实施营销控制，必须由专人负责在营销活动“失控”而需要纠正时采取措施，明确组织内的权限划分和职责分工。

为了确保国际营销控制的有效性，必须建立有效的控制系统，以确保各个分支机构按照公司策略计划去实现企业的目标。由于处于海外市场的每个分公司的环境条件不同，因此不能使用一个完全标准的评估系统。有效的控制系统要全面综合衡量、评价各种不同的因素，以便真实地确定各海外分公司的国际营销绩效,同时还要能制订和贯彻公司的国际营销策略计划。为了确保对各海外分公司的绩效进行有效的监督和评估,一家跨国公司的营销控制系统应当满足下列要求:

(1) 每一个海外分公司应当具有现实的目标,这些目标应考虑每个分公司的内部和外部环境;

(2) 应当使用财务和非财务资料来分析分支机构的绩效;

(3) 控制系统应当在海外分公司计划发生偏移之前就能察觉并提出报告;

(4) 评价海外分公司营销绩效的领域应当限于直接控制下的那些领域,应当考虑那些对海外分公司绩效有影响但海外分公司极少能或不能控制的因素;

(5) 控制系统不应当一成不变,而应当按照海外分公司环境变化的需求做出修正和论述;

(6) 各海外分公司的经理应参与控制系统的程序和技术的制定,并能够理解和接受整个控制过程;

(7) 控制系统应当由最高管理层和各海外分公司的经理参与评价过程;

(8) 公司总部必须将报酬与绩效联系在一起,对于突出的业绩,必须给予实质性的奖赏;

(9) 控制系统的购买成本及其他运营成本等,至少应能由该系统产生的利益来平衡。

一个典型的国际营销控制系统在营销信息系统中的控制流程如图 11－4 所示。

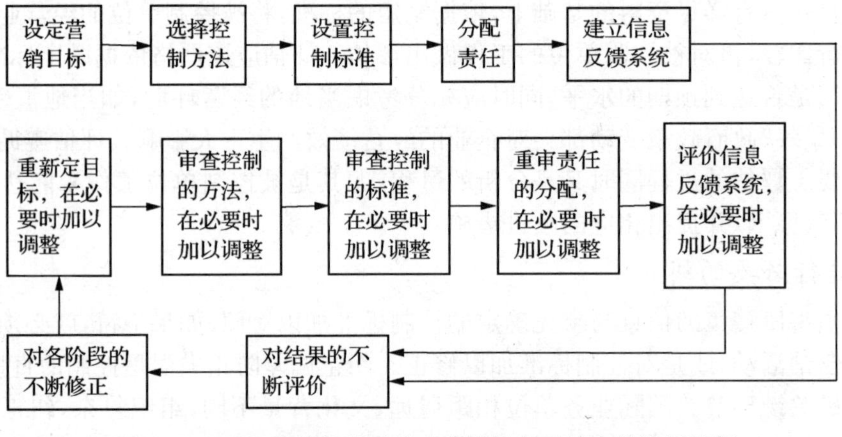

图 11－4　国际营销控制系统在营销信息系统中的控制流程

本章小结

国际营销计划是国际企业/跨国公司对未来经营活动的设计与决策。企业通过国际营销计划确定预期的营销目标,并在搜集、分析资料、预测成本费用的前提下,规定实现其目标的步骤、措施和具体要求。

不同的国际企业由于其产品不同、市场不同、营销活动的先后次序和侧重点不同,因此其营销计划也有一定的差异。然而,一般来说有下述几种:短期计划,又称年度计划;长期计划,又称战略计划;产品营销计划;投资计划。

国际营销计划的编制过程,实质上是将外部不可控因素对企业资源、实现任务和目标的影响纳入管理轨道的过程。它是输入因素(包括市场营销目标、高层管理者的价值观与信念、企业优劣势及内外部环境与机会等),通过计划的编制(确定企业目标,制定战略或策略),然后在组织因素(人力、物力和财力)的控制下,产生计划的输出(投资计划,产品组合计划,执行计划的原则、程序、结果衡量)。

当前国际市场的激烈竞争要求跨国公司更系统地制订其营销计划。跨国公司应对未来的政治、社会和经济环境以及所处行业的发展前景加以预测,并据以制订适当的长、短期战略/经营计划。公司营销计划包括总公司层次的营销计划与分公司或子公司的营销计划。

国际营销计划的执行是对上述各项计划的贯彻落实,主要包括营销计划的分解、营销计划的目标管理、区域营销计划的执行。

国际营销控制就是把企业的国际营销活动维持在营销目标可以允许的范围内。主要包含三个基本环节:设定控制标准;衡量执行情况;纠正偏差。由于跨文化沟通上的隔阂,国际市场营销比国内市场营销困难很多。世界各地的时差、文化差异、通信的延误以及各个国别市场上的不同营销目标,对其应变能力及相关控制要求也高于传统的控制方法。国际营销控制的内容主要包括:销售额控制;价格控制;产品控制;促销控制;分销渠道控制;人员控制;投资控制;利润控制;销售能力控制等。

为了确保国际营销控制的有效性,必须建立有效的控制系统,按照科学合理的控制流程,以确保各个分支机构按照公司策略计划去实现企业的目标。由于处于海外市场的每个分公司的环境条件不同,因此不能使用一个完全标准的评估系统。有效的控制系统要全面综合衡量、评价各种不同的因素,以便真实地确定出各海外分公司的国际营销绩效。

课后习题

【简答题】

1. 国际营销计划的含义是什么?它包括哪些主要内容?
2. 跨国公司母公司和子公司的国际营销计划的制订有何区别和联系?
3. 营销计划的分解包括哪几个方面?
4. 国际营销控制的主要内容包括哪几个方面?
5. 如何利用企业的国际营销控制系统对其施行有效的控制?

案例分析

走向世界　中国公司准备好了吗?

中国企业赴海外投资日益增多,在很多国家引发热议,尤其是美国。考虑到美中关系目前的大趋势,这一点或许可以理解,但一些特别有意思的问题被忽视了,即这些中国企业在奔赴海外时,有着怎样的商业意识?它们是否正在成功转变为具有全球竞争力的公司?是否已经接近实现向全球竞争的转型?

这项任务比人们想象中的更艰难。外界看到的是资金实力雄厚的大公司,拥有充足的低成本制造经验,背后还有中国政府的鼎力支持。中国政府迫切希望国内的一流企业能够称雄世界。缺乏有效的品牌建设是中国企业存在的明显弱点。另外,还有一个不太显眼的问题是管理风格和结构。很多中国企业一味依赖集中式管理,对那些有志在全球各地、不同文化背景中经营业务的公司来说,这种方法并不合适。

这些问题并非不可逾越的障碍。想想日本和韩国企业的发展历程吧。这两个国家在二战后一开始都是以低成本制造业闻名,除此之外没什么别的长处。不过,在克服了种种与中国企业目前面临的问题类似的困难后,日本和韩国企业已在多个行业成为世界领导者。

在品牌建设方面,中国已经取得了一些明显成就。例如,海尔集团的前身是青岛电冰箱总厂,后者在名称上毫无创意,更名海尔集团后,其产品在20世纪90年代中期开始行销海外。在那之前,海尔一直安于为外国品牌进行贴牌生产。据市场研究公司欧睿信息咨询有限公司(Euromonitor International)的统计,海尔目前在全球大家电市场上占有最大份额。

1999年,海尔加大步伐努力进军国际市场。它向美国和其他国家的在校大学生及葡萄酒客销售诸如小冰箱等小众产品,并在当地成立制造厂,拉近生产中心和重点消费市场的距离。在努力打造全球品牌方面,海尔在中国企业当中显得卓尔不群。海尔利用美国职业篮球联赛(National Basketball Association)这个平台开展了一系列广告和营销活动,还为北京奥运会提供赞助,这一切都巩固了它在白色家电市场上占有的主导份额。此外,海尔还开发了一系列特别设计的产品,如不用洗涤剂的洗衣机,以及销往日本的清洗宠物衣物的小型洗衣机。

在消费者和中国品牌之间建立强有力的感情纽带仍是一项尚未完成的任务。或许可以利用与中国文化或传统相关的固有元素,这些元素包括优雅、传统、堂皇大气、手工技艺、生命力、活力以及对潜能的积极追求等。创新和有创造力的设计是中国企业普遍缺乏的,这也在一定程度上说明了为什么全球消费者对中国品牌缺乏强烈的消费欲望。

除此之外,中国企业要成为全球巨头还面临其他多项挑战。其中一个有待改善的问题就是管理结构。中国企业倾向于进行集中式管理,主要决策都要由总部做出或批准。这种方法在企业走出国门之前一般是有效的。据麦肯锡公司(McKinsey & Company)的研究报告显示,电信设备制造商华为就是通过让产品或区域经理独立决策并自负盈亏,才在十年里实现了快速的全球扩张。海尔和其他中国公司已经可以利用召开电视会议等先进技术来提高内部协调,在不同国家的团队之间建立联系,营造团队合作精神。

在这方面,中国企业还有很多"功课"要做。例如,它们往往缺少具备全球经验、可在跨文化背景下处理员工或客户问题的公司高管,同时还缺少胸有成竹、训练有素、能在当地市场做决定的高管。要解决这个问题,就要进一步开放企业,招揽天下英才。有全球经验的公司高管具备专业知识,可使中国企业成为真正的跨国公司。

另外,中国公司还应在竞争激烈的海外市场中更好地理解客户需求。中国公司以前从不需要和零售客户打交道,而是把这个问题交给那些让它们进行贴牌生产的大品牌。但随着中国公司开始关注自己的品牌,它们也不得不建立有效机制,用多国语言处理客户的需求、投诉和反馈,这是一个要求很高且十分复杂的工作。华为研发的先进技术目前行销全球100多个国家,但它应该加强公司的基础设施建设,建立一套在产品销售地行之有效的全球客户服务系统。

最重要的是,中国公司应该采用更好的公司治理流程,尤其是应增加透明度。没有一家企业能在与外界隔绝的环境中运营,随着中国公司向海外市场进军,它们会和新市场中的新伙伴进行越来越多的合作，需要与之建立信任。最有效的一种办法是像那些发达经济体的公司一样行事，因为这些合作伙伴早已习惯了跟这些公司打交道。

中国企业最终会克服所有这些挑战，全世界的消费者会因中国品牌提供的产品而拥有更丰富的选择。但同样，谁都不应低估这项任务的难度，至少是中国所有高管不应如此。

思考题：

1. 中国企业在海外竞争中的优势体现在哪些方面？
2. 中国企业在走向世界的过程中，其营销战略规划的重点主要应体现在哪些方面？

武汉理工大学
精品在线开放课程
教学视频一第十一章

参考文献

[1] 菲利普·科特勒. 营销管理[M]. 北京:中国人民大学出版社,2012.

[2] 迈克尔·津科特,伊尔卡·朗凯恩. 国际市场营销学[M]. 北京:电子工业出版社,2007.

[3] 菲利普 R. 凯特奥拉,玛丽 C. 吉利,约翰 L. 格雷厄姆. 国际市场营销[M]. 北京:机械工业出版社,2012.

[4] 甘碧群,曾伏娥. 国际市场营销学[M]. 北京:高等教育出版社,2014.

[5] 陈家勤. 国际贸易经贸理论[M]. 北京:对外经贸大学出版社,2010.

[6] 达尔·尼夫. 知识经济[M]. 珠海:珠海出版社,1998.

[7] 梁幸平. 知识营销[M]. 北京:经济管理出版社,2002.

[8] 鲁格曼,霍杰茨. 国际商务[M]. 克宁,译. 北京:经济科学出版社,1999.

[9] 特普斯特拉. 国际市场营销[M]. 秀国,译. 上海:商务印书馆,1996.

[10] 马萨基·科塔比,克里斯蒂安·赫尔森. 全球营销管理[M]. 宝成,译. 北京:中国人民大学出版社,2004.

[11] 逯宇铎,常士正. 国际市场营销学[M]. 北京:机械工业出版社,2005.

[12] 王国志. 国际市场营销:WTO 国际商务英汉双语丛书[M],沈阳:辽宁教育出版社,2001.

[13] 金润圭. 国际市场营销[M]. 北京:高等教育出版社,2012.

[14] 李健. 国际市场营销理论与实务[M]. 大连:东北财经大学出版社,2011.

[15] 何永祺,张传忠,蔡新春. 市场营销学[M]. 大连:东北财经大学出版社,2008.

[16] 罗国民,刘苍劲. 国际市场营销[M]. 大连:东北财经大学出版社,2011.

[17] 萨缪尔森,诺德豪斯. 经济学[M]. 萧琛,等,译. 商务印书馆,2013.

[18] 陈宪,国际贸易:原理·政策·实务[M]. 上海:立信会计出版社,2004.

[19] 高鸿业. 西方经济学[M]. 北京:中国人民大学出版社,2014.

[20] 胡正明,张喜民. 国际市场营销学[M]. 济南:山东人民出版社,2002.

[21] 宋玉波. 比较政治制度[M]. 北京:法律出版社,2001.

[22] 蔡新春. 国际市场营销学[M]. 广州:暨南大学出版社,2011.

[23] 杰·亚伯拉罕. 优势策略营销[M]. 伍文韬,陈书,译. 世界图书出版公司,2013.

[24] 顾春梅. 国际市场营销管理学[M]. 杭州:浙江人民出版社,2002.

[25] 杨忠,赵曙明. 国际企业:风险管理[M]. 南京:南京大学出版社,1998.

[26] 寇小萱,王永萍. 国际市场营销学[M]. 北京:首都经济贸易大学出版社,2009.

[27] 李世嘉. 国际市场营销[M]. 北京:高等教育出版社,2008.

[28] 拉西特,斯塔尔. 世界政治[M]. 王玉珍,等,译. 北京:华夏出版社,2002.

[29] 薛求知. 国际市场营销管理[M]. 上海:复旦大学出版社,2006.

[30] 闫国庆. 国际市场营销学[M]. 北京:清华大学出版社,2013.

[31] 卡伦·明斯特,伊万·阿雷奎恩-托夫特. 国际关系精要[M]. 潘忠岐,译. 上海:复旦大学出版社,2012.

[32] 杨晓燕. 国际市场营销教程[M]. 北京:中国对外经济贸易出版社,2003.

[33] 克里斯廷·格罗鲁斯. 服务管理和营销[M]. 北京:电子工业出版社,2004.

[34] 王秀村. 国际市场营销学[M]. 北京:北京理工大学出版社,2002.